기독교문서선교회(Christian Literature Center: 약칭 CLC)는 1941년 영국 콜체스터에서 켄 아담스에 의해 시작되었으며 국제 본부는 미국 필라델피아에 있습니다.
국제 CLC는 59개 나라에서 180개의 본부를 두고, 약 650여 명의 선교사들이 이동도서차량 40대를 이용하여 문서 보급에 힘쓰고 있으며 이메일 주문을 통해 130여 국으로 책을 공급하고 있습니다. 한국 CLC는 청교도적 복음주의 신학과 신앙 서적을 출판하는 문서선교기관으로서, 한 영혼이라도 구원되길 소망하면서 주님이 오시는 그날까지 최선을 다할 것입니다.

추천사

박 위 근 목사
예장통합총회 증경총회장

존경하는 박아청 교수께서 『바이블 교육학으로 읽다』라는 저서를 출간하였습니다. 저는 목회자로서의 사역을 시작했을 즈음에 박아청 교수님과 함께 교회를 섬긴 일이 있습니다. 박아청 교수님은 계명대학교 사범대학 교육학과에서 교육학을 공부하기 시작하여 일본 국립 오사카대학교에서 박사 학위를 취득할 때까지 오직 한 길 곧 교육학을 연구해 오셨고, 계명대학교 사범대학장과 교육대학원장으로 후학을 양성할 때까지 교육학을 가르친 교수로서 살아오신 자타가 인정하는 교육학자입니다.

저는 그동안 박 교수께서 교육학자로서 교육학과 관련한 저서는 물론 신학과 관련한 저서를 출간할 때마다 조금은 놀랍다는 생각을 가지고 박 교수님의 저서를 읽었습니다. 물론 젊은 시절부터 교회를 섬기면서 성실하게 신앙생활을 해온 분이기 때문에 이런 일이 가능했을 것이라는 생각을 하면서도, 신학자가 아니고서는 접근하기조차 어려운 분야를 연구하고 저서를 출간하였다는 점에서 놀랍기만 하였습니다. 무엇보다도 교수로서의 사역을 정년 퇴임한 후에도 왕성한 연구 활동을 하는 것을 보면서 목회자로서의 사역을 은퇴한 저의 입장에서는 경이롭게 느껴지기도 하였습니다.

박 교수께서 이번에 출간한 저서 『바이블 교육학으로 읽다』를 읽으면서 저는 매우 놀랍다는 생각을 하지 않을 수가 없었습니다. 성경은 누가 어떤 눈으로 읽느냐에 따라 다른 관점으로 이해할 수도 있는 책입니다. 성경은 성령의 감동을 받은 사람들에 의해 쓰인 책입니다. 구약이나 신약의 차별이 있을 수가 없습니다. 물론 성경은 하나님이 그의 아들이신 예수 그리스도를 통해 모든 사람을 구원하기 위해 허락해 주신 책입니다. 그러나 성경은 교육학적인 눈으로 읽을 수도 있는 책입니다. 유대인들은 하나님이 그들에게 허락해 주신 성경을 가지고 자녀를 교육하고 훈련하는 교재로 사용하였다는 것은 주지의 사실입니다.

박 교수님은 이 책에서 66권 성경 중에서 몇 권의 책을 특정하여 연구한 것이 아니라, 성경 66권 전부를 교육학적인 관점으로 연구한 것을 볼 수 있습니다. 그러므로 이 책은 교육학을 연구하는 이들은 물론 신학을 연구하는 이들에게도 매우 유익한 책이라고 생각합니다. 더 나아가서 일반 그리스도인에 큰 가르침을 줄 수 있는 책이라고 생각합니다. 차제에 저는 교육학자인 박 교수님만 아니라, 다른 분야의 학자들까지도 그 분야에서 읽을 수 있는 성경을 연구하고 발표하는 것을 기대해 보기도 합니다.

저는 일선 목회에서 은퇴한 후에 다른 사람을 가르치기 위해 성경을 읽는 것이 아니라 비로소 저 자신을 스스로 가르치고 훈련하기 위한 목적으로 날마다 성경을 읽고 있습니다. 저는 요즘 성경을 읽으면서 지난날 목회 현장에서는 느끼지 못했던 놀라운 은혜와 깨달음을 얻고 있습니다. 성경은 하나님의 말씀이며 우리를 생명의 길로 인도하는 책이기 때문입니다. 하나님이 박아청 교수님에게 큰 은혜를 주셔서 앞으로도 더 깊고 넓은 학문적인 정진이 있기를 기도합니다.

바이블 교육학으로 읽다

A Pedagogical View of the Bible
Written by Ahchung Park
All rights reserved.
Korean Edition Copyright ⓒ 2023 by Christian Literature Center, Seoul, Korea.

바이블 교육학으로 읽다

2023년 5월 20일 초판 발행

지 은 이 ｜ 박아청

편　　집 ｜ 도전욱
디 자 인 ｜ 박성숙
펴 낸 곳 ｜ (사)기독교문서선교회
등　　록 ｜ 제16-25호(1980. 1. 18.)
주　　소 ｜ 서울특별시 동대문구 천호대로71길 39
전　　화 ｜ 02-586-8761~3(본사) 031-942-8761(영업부)
팩　　스 ｜ 02-523-0131(본사) 031-942-8763(영업부)
이 메 일 ｜ clckor@gmail.com
홈페이지 ｜ www.clcbook.com
송금계좌 ｜ 기업은행 073-000308-04-020 (사)기독교문서선교회
일련번호 ｜ 2023-40

ISBN 978-89-341-2551-8(93230)

이 책의 출판권은 (사)기독교문서선교회가 소유합니다.
신저작권법에 의해 한국 내에서 보호를 받는 저작물이므로 무단 전재와 무단 복제를 금합니다.

A PEDAGOGICAL VIEW OF THE BIBLE

바이블 교육학으로 읽다

박아청 지음

CLC

차례

추천사　박위근 목사 | 예장통합총회 증경총회장　　1

프롤로그　　9

제1부　교육학의 원조, 구약성경　　14

제1장　구약성경이란 어떤 책인가?　　15
1. 구약성경과 일반 고대 문헌　　15
2. 구약성경의 형성과 본질　　24
3. 구약성경의 정경화 작업　　28

제2장　히브리 민족의 교육 지침서　　35
1. 히브리 민족의 생존과 교육　　35
2. 교육의 원형, 토라 교육　　36
3. 유대가 선민의식을 가져야만 했던 연유　　38
4. 히브리 민족의 수난사　　39
5. 구약성경, 히브리 민족 교육서　　49

제3장　히브리 민족의 교육 체제　　54
1. 민족 교육의 이념과 목적　　54
2. 히브리 교육의 상징과 원리　　57
3. 가르치는 사람과 교육 방법　　60

제4장　히브리 민족 교육의 교과서　　67
1. 교과서와 교육 지침서　　67
2. 교육 기관　　70
3. 회당과 서기관 학교　　73

제5장　히브리 민족 교육의 교사들　　83
1. 교사의 원형(原型), 야웨 하나님　　83
2. 교사의 소명이 주어진 사람들　　85
3. 예언자들의 사명　　94

A PEDAGOGICAL VIEW OF THE BIBLE

제6장　교육 내용　114
　　1. 생활 지침서, 토라·잠언　114
　　2. 신앙을 절감하는 욥기　122
　　3. 신앙적 체험과 시편·전도서　124

제7장　예언서에 보이는 세계 교육 사상　130
　　1. 국수주의자 예언자 요나　130
　　2. 구약성경의 본심, 이방인에 대한 포용　133
　　3. 예언서에 나타난 세계주의 사상　138

제8장　구약의 정서 교육 사상　143
　　1. 율법에 나타난 순명과 갱신 감성　143
　　2. 정서 교육에 나타난 교육 원리　148
　　3. 하나님이 원하시는 감성　152

제2부　예수 교육학의 세계화, 신약성경　154

제1장　예수의 출현과 신약성경　155
　　1. 신약성경의 형성과 권위　155
　　2. 신약성경의 주인공 예수　167
　　3. 신약성경의 사상, 보편주의·세계주의　174

제2장　예수, 선한 목자·상담자　181
　　1. 인간으로 오신 예수　181
　　2. 예수의 사역　184
　　3. 예수의 사역과 여성의 역할　192

제3장　교사로서의 예수 이미지　215
　　1. 교사 예수의 이미지와 호칭　215
　　2. 교사 예수의 교육적 배경　224
　　3. 예수의 문해력과 언어력　230

제4장	예수의 교육 철학과 교육 방법	234
	1. 예수 교육 철학의 이념	234
	2. 예수 교육학의 내용	248
	3. 예수의 다양한 교육 방법	260
제5장	예수께서 활용한 비유와 알레고리	274
	1. 공관복음서에 나오는 비유	274
	2. 예수의 비유에 나타난 천국	281
	3. 신약성경에 나오는 알레고리	284
제6장	예수 교육학의 스타 교사, 바울	287
	1. 예수를 위해 모든 것을 버린 바울	287
	2. 사도 바울의 신앙 교육 주제	301
	3. 사도 바울의 신앙 교육 원리	312
제7장	명설교가 베드로와 야고보의 신앙 교육	317
	1. 성령이 충만한 베드로의 설교	317
	2. 행함을 중시한 야고보의 덕행 교육	330
	3. 예수 교육학의 학습 지도서, 야고보서	337
제8장	세계로 확장되는 예수의 교육학	343
	1. 열방으로 뻗어가는 사도들의 행로	343
	2. 지구촌 도처에 확장되는 예수 교육학	350
	3. 사도들의 선교 사역과 서신서 집필	353

에필로그	365
참고 문헌	367
찾아보기	384

프롤로그

교육자이신 야웨 하나님

박 아 청 박사

　교육학(教育學)에서 보면 성경의 엘로힘 하나님은 인류의 교육자이심을 알 수 있다. 성경의 하나님은 교육자의 상(像)을 지니고 있다. 교육자로서의 성부 하나님의 모습은 성경의 첫 번째 책, 창세기 1장-3장의 인간 창조와 인간의 타락에 관한 기사(記事)로부터 시작해서 성경의 마지막을 장식하는 책, 요한계시록 21, 22장의 신천신지(新天新地)의 새 인류군상(人類群像)의 묘사에 이르기까지 잘 나타나 있다.

　성경의 가르침은 하나님 창조의 뜻에 어긋난 행위로 하나님과 올바른 관계를 상실한 인간을 회복시키기 위한 하나님의 노력 즉, 하나님의 인간에 대한 교육을 위한 활동에 그 초점이 맞추어져 있다.

1. 성경의 주인공은 하나님, 인간은 조연(助演)

　성경은 구약성경과 신약성경으로 되어 있는데, 구약성경은 성부(聖父) 하나님이 주인공이시고 하나님이 교육자로서 활동하신 기록이다. 그러므로 4,000년 이상의 연륜을 지닌 구약성경을 '교육학의 원조'(元祖)라고 불러도 무방할 것이다.

이에 비해 신약성경은 특히 복음서는 하나님이 인간의 몸으로 오신 성자(聖子) 하나님이신 예수가 주인공으로 그의 구원 활동(교육)을 기록한 책이다. 복음서 이외의 사도행전을 비롯한 사도들의 서신들 역시 세계 열방을 향한 성령 하나님의 구원 사역(使役)을 전하고 있다.

이처럼 신약성경 대부분을 차지하고 있는 바울의 서신들은 신약 교회의 주인공이신 예수 그리스도의 사역을 전하고 있으며 사역의 감당을 성령(聖靈)이 주관하고 있음을 증거하고 있다.

구약성경이란 말은 히브리어 성경에 대한 이름이다. 구약성경은 타락한 인간의 구원과 연관된 하나님의 계획과 뜻이 적혀 있다. 1세기 기독교 교회는 구약성경을 자신들의 교리와 윤리의 원천으로 인정했다.

그리고 신약성경으로 우리에게 알려진 그들의 문학을 만들어 그것을 구약성경에 덧붙였으며, 그 둘을 합하여 성경(聖經)이라 하고 그것을 기록된 하나님의 말씀으로 받아들였다.

2. 교육학의 원조, 구약성경

히브리인들은 '구약'(舊約, Old Testament), 즉 '옛 계약'이란 예수 그리스도야말로 세계 역사의 중심에 있다고 생각하는 기독교의 입장에서 붙여진 이름으로 성경이란 말조차 2차적인 명칭이다.

예컨대, 구약성경은 히브리(히브리어로 '이주민'이란 뜻)인이라는 복수의 예술가들이 2천여 년의 긴 세월의 여정에서 때로는 한 사람이, 때로는 공동으로 고뇌하고 고통 속에서 산출한 작품이다.

그들 예술가의 관심은 어디까지나 자기의 내면에서 신음하는 소리를 밖으로 표출한 것으로, 구약이란 말도, 성경이란 말도 그들이 세상의 무대에서 사라져 간 후에 그들의 의지와는 상관없이 붙여진 이름이다.

고난과 질고의 역사 속에 살아온 유대인 민족 생존을 위한 버팀목의 역할을 구약성경이 감당해 왔다는 사실은 우리의 관심을 끈다. 구약성경은 바로 유대인 민족의 정체성(national identity)뿐만 아니라 유대인 개인의 정체성(personal identity)을 확립하는데 가장 기초적인 근거를 제공해 왔다.

이렇게 구약성경을 교육학적 관점에서 볼 때, 구약성경은 '히브리 민족 교육의 교과서'라고 말할 수 있다고 할 수 있다. 즉 구약성경은 유대 민족의 보존과 유지를 이어가기 위한 교육의 지침서라는 것이다.

구약성경은 히브리인, 히브리 난민이 하나의 소수 이주민(少數移住民)으로서 살아남기 위한 민족의 정체성을 확립하기 위한 기본교육 교과서이기도 하다. '히브리'(הברע)라는 말은 '강을 건너온 자'라는 뜻을 나타내고 있는데, 성경에서는 아브라함이 하나님의 명령으로 유프라데스강을 건너서 가나안 땅을 향해 가는 이주민(移住民, 수 1:2)으로 설명하고 있다.

이처럼 구약성경은 히브리인 인간의 삶을 논하는 민족 교육학의 교과서라고 말할 수 있으며, 구약성경 자체는 하나의 민족 교육의 커리큘럼(敎育課程)으로서 교육 과정(敎育過程)이라고 볼 수 있다.

3. 예수의 교육학, 신약성경

신약성경(헬라어: Καινή Διαθήκη, 라틴어: *Novum Testamentum*, 영어: New Testament) 또는 신약성서는 기독교의 경전이다. 그리고 신약성경은 구약성경을 구약이라고 부르는 것에 대비하여 신약이라고 부른다.

신약성경의 주인공은 예수 그리스도이시다. 신약성경은 예수의 제자들이 예수의 살아생전에 하신 말씀과 그의 행적을 기록한 자료들, 그리고 그들이 세계 각 처에 흩어져 있던 신앙의 가족들에게 보낸 편지로 구성되어 있다. 제자들이 쓴 자료가 400년쯤 지나 신약성경이란 제목의 한 권의 책이 되었다. 그것이 유대교 경전(구약성경)에 덧붙여져 성경으로 편집되었다.

그들은 자기들이 기록한 자료가 신약성경이란 이름으로 한 권의 책으로 만들어질 줄이야 상상이나 했을까?

그리고 그들이 쓴 글이 이 세상을 바꾸는 가장 영향력이 있는 책이 될 줄은 꿈에도 예상하지 못했을 것이다. 구약성경을 '교육학의 원조'라고 한다면 신약성경은 예수 교육학의 교육 실천을 기록한 책이라 할 수 있을 것이다.

신약성경은 다음과 같은 예수의 말씀을 그대로 실천에 옮긴 제자들의 예수 교육학의 실천 현장 보고서이다.

> 그러므로 너희는 가서 모든 민족을 제자로 삼아 아버지와 아들과 성령의 이름으로 세례를 주고 내가 너희에게 명령한 모든 것을 그들에게 가르쳐 지키게 하라. 보라. 내가 세상 끝날까지 너희와 항상 함께 있을 것이다(마 28:19-20).

그런 면에서 구약성경이 유대 민족을 제사장으로 하는 민족적 종교의 지침서라면 신약성경은 전 세계를 향한 예수 교육학의 세계화를 위한 안내서라고 할 수 있을 것이다.

4. 교육학의 관점에서 본 성경

이상과 같은 생각을 이론적 기저로 하여 이 책에서는 교육학적 관점에서 교육학적인 요소를 골고루 지닌 성경이 제시하고 있는 어느 인간에게나 적용 가능한 보편성을 추구하고 아울러 그것이 시사하는 현대적 의미를 탐색하려 한다.

성경을 기록된 시대적 면에서나 내용의 의미적인 면에서 구약성경과 신약성경으로 나누어 구분하고 있는 점을 고려해서 여기에서는 성경을 두 권으로 나누어 1부에서는 구약성경, 2부에서는 신약성경을 다루려고 한다.

이 책에서 사용하는 한글 성경은 『우리말 성경』(두란노서원, 2018)을 기준으로 한다. 히브리 원서 성경은 「CD Bible Works 6」에 수록된 BHS *Hebrew Old Testament*(4th ed.)를, 헬라어 원서 성경은 NESTLE-ALAND *NOVUM TESTAME GRAECE*(『네스틀레 알란트 헬라어 신약성서』 대한성서공회 2010년판)을 활용한다.

이 책 서술에는 당연히 많은 선학의 문헌과 논문으로부터 도움을 받았다. 그분들의 노고와 땀이 없었더라면 나의 작업이 가능하지 않았을 것으로 생각한다. 그런 뜻에서 다시 한번 그분들의 노고에 감사를 드리며 진정으로 경의를 표하는 바이다.

특별히 출판을 담당해 주신 기독교문서선교회(CLC) 대표 박영호 목사님과 수고하신 직원 여러분에게 감사를 드리며 아울러 책이 햇빛을 보게 된 기쁨을 후원자이며 동역자인 사랑하는 아내 김순희 권사와 함께 나눈다.

2022년 10월에

제1부
교육학의 원조, 구약성경

성경에는 하나님의 인간 구원을 위한 역사가 기록되어 있다. 그러므로 성경의 곳곳에는 하나님의 인간에 대한 손길이 나타나 있음을 볼 수 있다. 하나님의 손길은 인간에 대한 애절한 부르짖으므로 나타나고 있다. 인간을 창조하신 하나님 편에서 자신을 배반한 인간들에게로의 일방적인 짝사랑의 절규를 보인다.

인간들을 향한 하나님의 마음이 어떠한가를 표현할 때, 인간들을 만나기에 "광야에서 포도를 만남같이" 하였고, "마치 광야에서 만난 포도송이처럼 내가 이스라엘을 발견했다. 내가 너희 조상들을 무화과나무에 처음으로 열린 첫 무화과처럼 여겼다"(호 9:10)라고 하시면서 하나님의 인간에 대한 애절한 사랑을 갈망하신다.

예레미야서와 같은 예언서에서는 하나님이 이스라엘 백성을 향해 이렇게 애원하신다.

> 여호와의 말이다. 돌아오라. 믿음 없는 자녀들아. 내가 너희 남편이다. 내가 너희를 한 성읍에서 하나를, 한 족속에서 둘을 선택해 시온으로 데려갈 것이다. 그리고 내 마음을 따르는 목자들을 내가 너희에게 주어 그들이 너희를 지식과 분별력으로 양육하게 할 것이다(렘 3:14-15).

하나님의 인간에 대한 짝사랑은 구약성경의 처음을 여는 창세기를 비롯한 모세오경을 시작으로 구약의 마지막 예언서 말라기에 이르기까지 구약 전체를 통해 표현되어 있으며, 인간을 향한 하나님의 부르짖음이 곧 인간에 대한 하나님의 교육 활동으로 나타난다.

제1장
구약성경이란 어떤 책인가?

1. 구약성경과 일반 고대 문헌

　제2 성전 시대의 유대인들은 하나님의 계시를 담은 책으로 기독교인들이 구약이라고 부르는 히브리 성경을 만들어 타나크(Tanak)라고 불렀다. 타나크는 모세오경을 포함한 토라(תּוֹרָה, Torah, 율법서)와 선지서들을 포함한 네비임(נְבִיאִים, Nebiim, 예언서), 그리고 기타 문서들을 가리키는 케투빔(כְּתוּבִים, Ketubim, 성문서)으로 구성되었다.
　히브리어 성경인 타나크(TNK)라는 명칭은 삼중 구조의 각 단락 명칭의 첫 글자들을 의미한다. 즉, 첫 번째 단락인 '토라'에서 T, 두 번째 단락인 '네비임'에서 N, 마지막 세 번째 단락인 '케투빔'에서 K를 사용하여 타나크(TNK)라고 부른다.
　모세오경은 페르시아 시대에 이미 유대인들의 국가적 종교적 정체성에 대한 가장 근본적인 이야기를 담은 책으로 그 성서적 권위를 인정받게 되었고, 선지서는 헬레니즘 시대에 그리고 기타 성문서들은 제2 성전 시대를 마칠 무렵에 성경으로 그 권위를 인정받게 되었다.
　대체로 마소라 학자들은 제2 성전의 파괴 후 발생한 얌니아 회의를 구약이 최종적으로 정경화 된 시점으로 간주한다. 구약의 정경화의 과정에서 유대인들은 자신들이 권위 있게 생각하는 책들을 수집하고, 선별하고, 검

증하고, 선택하여 자신들의 성경을 탄생시켰다.[1]

그러므로 성경 그 자체에는 "규범"(Standard)이라는 의미가 있게 되는데 기독교에서는 "신앙의 규범(라틴어: *regula fidei*)[2]이 되는 신적 권위가 있는 책"[3]을 의미한다. 신앙의 규범(레굴라 피데이)이란 궁극적인 권위나 표준을 종교적인 신앙에 두는 것을 지칭한다. 이 용어는 터툴리아누스와 같은 초기 기독교 교부들 때문에 사용되었다.

프로테스탄트의 구약 39권은 유대교의 정경인 타나크(TNK)와 비교할 때 책들의 명칭, 구분 및 배열에 있어서 차이가 있지만, 그 내용에서는 동일하다. 타나크(TNK)는 히브리어 본문으로 마소라 본문(the Masoretic text)에 기초하고 있다.

일반적으로 구약성경(히브리어: תהברית הישנה, 라틴어: *Vetus Testamentum*) 또는 구약성서란 '유대교 성경'(Hebrew Bible, תנ"ך 타나크)을 기독교 경전(經典)의 관점에서 가리키는 말이다.

1) 구약성경의 주인공, 야웨 하나님

구약성경의 첫 구절 "태초에 하나님이 하늘과 땅을 창조하셨다"라는 선언으로 시작한다. 이 말은 구약성경을 구성하고 있는 기본적 철학이 무엇인지를 알려 준다. 이 뜻은 하나님이 삼라만상(森羅萬象)의 주인이시고, 역사의 주인공이시라는 것이다. 이것은 히브리 민족의 역사만 아니라 인류사에도 하나님이 직접 개입하고 있음을 의미한다.

---

[1] Richard E. Friedman, *Who wrote the Bible?* (Simon & Schuster, 2019). Chap. 2-Chap. 6. 본래 1987년 초판이 이 책에서 미국의 성경학자 프리드맨은 구약성경의 중심부인 모세오경을 중심으로 각 책의 저자들에 대한 고고학적 연구를 바탕으로 성경을 문헌과 역사 그리고 성스러운 텍스트라고 주장한다.

[2] Irenaeus, "Demonstration of the Apostolic Preaching," *Christian Classics Ethereal Library*. Retrieved 25 (2022, January).

[3] Robert S. P. Beekes, *Etymological Dictionary of Greek*, Leiden Indo-European Etymological Dictionary Series (Boston: Brill, 2010), 200.

이같이 구약성경이 다른 일반 고대 문헌과는 다른 가장 중요한 특징은 구약성경의 주인공은 하나님이시라는 점이다. 하나님은 구약성경 전체의 최종 저자이시다. 비록 그 내용이 인간의 삶을 기록한 인간사(人間史)지만, 인간은 어디까지나 조연(助演)에 불과하다.

구약성경에서 하나님은 특정한 목적을 위해 사람들을 선택하시고 부르셨다. 이 세상의 무대에 하나님이 직접 조연인 인간을 창조하시고 무대에 올렸다. 그렇지만 조연들이 주인공의 뜻을 무시함으로써 인간의 역사가 시작되었다. 구약성경은 그런 면에서 인간들의 하나님에 대한 배반의 역사이기도 하다.

구약성경을 기록한 히브리인들의 우주관은 오늘날 현대인들이 볼 때 극히 좁고, 작은 틀 속에 갇혀 있었다. 그들은 천지의 주인공은 하나님이시지만 하나님이 상대한 민족은 자신들뿐이란 선민의식(選民意識)에 사로잡혀 있었다.

구약성경에서 언급된 다른 나라와 민족들이 있지만, 구약성경은 이들을 이스라엘 민족과 하나님의 행동과 그 한 민족을 통해 주신 메시지에 보조 수단으로 보았다.

2) 하나님 이름의 유래

구약성경을 다룰 때 반드시 언급하고 지나가야 할 것이 있다. 그것은 구약의 인간 그들이 섬기는 절대자 하나님(神)의 이름에 관한 것이다. 말하자면 구약 사람들은 그들의 하나님을 어떻게 불렀는가 하는 것이다.

구약성경 연구에 있어, 하나님의 이름과 칭호들은 하나님에 관해 구약성경이 제시하는 원리를 이해하기 위한 열쇠로 인식된다.[4] 특히, 오경 연구에 있어서 그 자료들의 성격, 범위 기원을 밝히려는 성경 비평학의 노력 가운

---

4 김한성, "하나님 이름 표기와 역대기 사가의 신학적 전망 연구," 「신학과 목회」 제48권 (영남신학교, 2017), 33.

데 하나님의 이름은 관심의 주요 대상이었다. 히브리 백성들은 그들 신의 이름을 부르기를 매우 두려워했다. 모세의 계명에 이렇게 말씀되어 있기 때문이다.

> 너희는 너희 하나님 여호와의 이름을 함부로 쓰지 말라. 나 여호와는 내 이름을 함부로 쓰는 사람을 죄가 없다고 하지 않을 것이다(신 5:11).

그렇지만 그들은 하나님의 이름을 전혀 부르지 않을 수는 없었을 것이다. 그러면 하나님의 이름을 어떻게 불렀을까?

히브리어에는 모음 표기가 없다. 그러므로 하나님의 이름을 서양 표기로 고치면 YHWH(야웨)가 되기 때문에 어떻게 읽어야 할지 막막하였다. 이에 대해 YHWH라고 쓸 수밖에 없다고 주장하는 사람도 있다. 언어학자들이 추리해서 '야웨'라고 부르더라도 과연 정확한 발음인가 하는 점에서는 누구도 단정할 수 없다는 것이다.

여호와(Jehovah)는 하나님의 이름 4문자 히브리어 יהוה를 로마자로 표기하여 YHWH 등으로 표기하듯이 성경에 따르면 하나님이 사람들에게 밝힌 자신의 이름으로 알려져 있다. 표기의 혼란은 여기서 비롯되고 있다. 왜냐하면, 하나님의 이름을 말하는 것은 십계명에 위배되어 정확한 표기와 발음은 전해져 내려오지 않아 어느 것이 맞는지는 아무도 모른다.

야웨의 의미가 파생된 'אהיה אשר אהיה'(에흐예 아쉐르 에흐예)는 칠십인역 성경(LXX)의 전통에 따라 한글 성경에서 "스스로 있는 자"로 번역된다.

자음만으로 그 문자를 어떻게 발음했는지를 아무도 모르는 것이 되지 않도록 하기 위해 7세기에서 11세기 사이에 이스라엘 디베랴와 예루살렘과 바빌로니아에서 활동하던 성경 필경사들과 마소라 학자(Masoretes)들은 보통 단어에 모음을 붙여 읽도록 하였다.

유대인들은 YHWH가 "하나님의 이름을 함부로 부르지 못한다"라고 했으므로 모음 부호를 붙이지 않고, 그 대신에 '아도나이'(אדני) 즉, '주'(主)

라는 의미를 지닌 말의 모음 부호를 붙여, YHWH를 "주 되신 YHWH" 라고 불렀다.[5]

그런데 그대로 발음하면 '여호와'가 된다. 사실 정확한 발음은 야훼 (YHW/H)가 아니라 야웨(YH/WH)다. 히브리어에는 야훼라는 발음이 없다. 그래도 이미 익숙해져서 여호와, 야훼, 또는 야웨가 두루두루 사용되는 상황이다. 여호와란 말은 16세기가 되어 기독교 신학자들에 의해 부르기 시작하였다.[6]

이처럼 구약성경에서 하나님의 거룩한 이름 히브리어의 네 자음 문자는 '아도나이'(주)(אדני) 또는 '엘로힘 아도나이'(אלהים אדני)[7]으로 읽어 왔다. 신약성경을 쓴 사도들은 하나님의 이름 네 글자를 쓸 때 예외 없이 "주"라고 읽어 왔던 것이다.[8]

구약성경 본문을 신약에 인용할 때도 하나님의 거룩한 이름 네 글자만은 반드시 "주"(主)라 하였다. 기독교 2,000년의 성경 번역 전통에서도, 하나님의 거룩한 이름 네 글자는 늘 "주"로 번역되었다.

B.C. 3세기부터 히브리어에서 헬라어도 번역되기 시작한 칠십인역 구약성경이 하나님의 이름을 거룩한 이름을 "주"라고 번역한 뒤로, A.D. 4세기 라틴어 불가타역이나 16세기 루터의 독일어역, 17세기의 영어 흠정역 제임스왕 역본 등이 하나님의 거룩한 이름을 "주"라고 번역하였다.

---

5   The word "tetragrammaton" originates from *tetra* "four" + γράμμα*gramma*(gen. *grammatos*) "letter" "*Online Etymology Dictionary*," Archived from the original on 12 October 2007. Retrieved 23 (December 2007).

6   Lester L. Grabbe & Samuel E. Balentine, (ed.) *The Oxford Handbook of Ritual and Worship in the Hebrew Bible* (Oxford University Press, 2020), 100.

7   유일신 하나님을 표기하는데 단수 엘(אל, 하나님)을 사용하지 않고 복수 엘로힘(אלהים,하나님들)으로 표기한다. 지존하신 '하나님'에 대해 사용될 때는 복수로 사용되었다. 엘로힘은 다신(多神)의 의미가 아니라 신성의 권세와 능력을 강조하는 강조형 복수(Intensive Plural)로 절대적 또는 배타적인 의미를 지니고 있다. 김종성, "엘로힘(אלהים)과 야웨(יהוה) 속에 나타난 하나님의 선교." 「선교신학」 제33집 (한국선교신학회, 2013), 105-135.

8   윤 형, "구약신학적 관점에서 본 하나님의 쉠/이름," *Canon&Culture* 제7권 제2호 (한국신학정보연구원, 2013), 143-166.

원어에서 직접 번역된 세계의 주요 번역판들이 하나님의 거룩한 이름을 번역할 때 "주"라고 번역하였다. 우리나라의 성경전서 표준새번역에서는 교회의 이러한 전통과 성경 번역 전통을 따른 것을 볼 수 있다.

3) 제목이 없던 문헌들을 한 권으로 편집

구약성경은 처음부터 한 권으로 이루어진 책이 아니었다. 분명히 현재는 한 권의 책으로 구약, 신약성경을 볼 수 있으나, 한 묶음이기 때문에 한 권의 책이라고 말할 수 없는 것처럼 성경을 한 권의 책이라고 말할 수 없다는 것이다. 이것은 구약성경의 형성 과정을 보면 알 수 있다.[9] 다양한 업종에서 일하던 40여 명 저자가 일천 년이 넘는 동안에 걸쳐 쓴 구약성경을 단순한 하나의 역사서(歷史書)로 다루어서는 곤란하다.

한국성서공회 발행의 『성경전서』(聖經全書)의 목차를 본다면 구약성경은 창세기를 시작으로 27권의 책으로 되어 있다. 그 하나하나의 것이 책(冊, Book)이지만 장(章, Chapter)이 아닌 것은 영문 성경을 보면 알 수 있다. 이들이 제각기 독립된 책일 따름이다. 그렇다고 해서 그 다른 별도의 책들이 서로 관련이 없이 모인 책인가 하면 그렇지도 않다. 성경은 일정한 방침에서 편집된 그야말로 전서(全書)이다.

외국 성경(예: 중국어 역 성경, 일본어 역 성경)이나 우리나라 성경 가운데는 '성경전서'라고 표제가 붙어있는 성경이 있는데, 그 내용을 보면 구약전서와 신약전서로 나누어져 있다. 전서라는 제목이 성경의 내용을 더욱 정확하게 말하고 있다고 할 수 있다.

이처럼 구약성경은 처음부터 제목이 없던 복수의 문헌들이 한 권의 책으로 구성되었다. 구약성경에 있는 39권의 책에는 창세기라든가 출애굽기라고 하는 책 제목이 붙어 있다. 그러나 히브리어 원서에서는 그와 같은 책

---

9   조 휘, "구약성경의 형성과 전승," 「성경과 고고학」, 제49호 (한국성서고고학회, 2006), 61-75.

제목이 없었고 물론 지금도 없다.

신명기의 첫머리는 "이것은 모세가 … 말한 것입니다"(신 1:1)는 말로 시작된다. 고대의 위대한 문헌들은 이같이 그 문헌의 저자와 주제를 밝히는 문장으로 시작되고 있다. 사실 이것은 구약성경에만 한정되어 있지 않다.

고대 문헌에는 책 제목이 없는 것이 보통이다. 그런데 구약성경만이 유일하게 그 책 제목들이 수백 년의 역사를 두고 붙여진 것은 다른 일반 고대 문헌과는 다른 점이다.

4) 성경의 제목과 장(章), 절(節)의 구분

오늘날 우리가 읽고 있는 성경에 나오는 제목과 장(chapter)과 절(verse)의 구분은 처음부터 있었던 것이 아니다. 성경의 저자들이 성경을 기록하면서 제목을 붙이고 장을 쓰고 절을 구분하여 내용을 쓴 것이 아니라 제목, 장, 절은 후대에 붙여진 것이다. 성경의 내용과 달리 제목이나 장, 절 구분은 성경 영감의 일부가 아니라는 것이다.

일반적으로 성경의 제목은 칠십인역성경(LXX)의 본서의 제목을 의역(意譯)한 것으로 사용했는데, 예컨대, '창세기'란 제목은 'Genesis'는 기원, 원천 또는 시작이라는 뜻이다. 창세기의 히브리 제목은 본문의 첫 단어나 구절로 제목으로 삼는 관례에 따라 붙여진 '베레쉬트'(בְּרֵאשִׁית, bereshith)이다. 성경의 제일 첫 단어인 '베레쉬트'를 번역하면 '처음에'라는 뜻이다.

오늘날과 같은 장, 절 구분은 1560년대 제네바성경에서 해 둔 것을 따르고 있다. 그러므로 오늘의 장, 절 구분은 2000년 교회 역사에서 500년도 채 되지 않는 것으로, 절대시해서는 안 된다.

현재 사용하는 성경의 장, 절 구분도 모든 번역 성경이 일치하는 것이 아니다. 예컨대, 예배 중의 강복 선언(축도)에서 자주 사용하는 고린도후서 13:13의 경우 한글 성경은 13:13이지만, 영어 성경(KJV, NIV, NASB)을 보면 13:14로 되어 있다.

성경에서 장(chapter)의 구분이 처음 나타난 것은 4세기이다. 그런데 그 장의 구분도 현재의 성경의 장 구분과는 다르다. 4세기에 있었던 장 구분은 신약만 있었다. 구약의 장 구분이 처음 나타난 것은 1200년대에 들어와서이다.

성경의 '절'에 대한 구분이 최초로 이루어진 것은 구약인데, 구약성경의 경우 절 구분은 '장' 구분보다 먼저 이루어졌다. 절 구분의 시작은 히브리어 본문을 회중들 앞에서 낭독하고 그것을 아람어로 통역하던 때부터 비롯된 것으로 알려져 있다.

유대인들의 원래 언어는 히브리어였으나 바벨론 포로 시절을 거치면서 아람어를 사용하기 시작하였다. 그래서 아람어가 일상 언어가 되었는데, 이러한 그들에게는 히브리어 성경을 아람어로 통역하는 과정이 필요했다. 그래서 낭독자는 일정량의 히브리어 본문을 끊어서 낭독했고, 통역관은 그것을 듣고 아람어로 통역하였는데, 그러다가 어느 단계에서부터 절 구분이 확정되었다는 것이다.

1551년에 프랑스의 유명한 고전학자이며 궁정 인쇄 기술자인 로버트 1세 에스티엔느(Robert I Estienne, 1503-1559)가 최초로 성경에 장과 절을 구분하고, 장들과 구절들에 번호를 부여했다. 그가 구분한 장, 절과 각 장과 절에 붙인 번호는 현재까지도 통용되고 있다.[10]

5) 연대순을 무시한 히브리 민족사

구약성경을 히브리 민족사로 볼 때, 그것은 히브리 민족의 흔적을 시대 순으로 추적한 통사(通史)가 아니다. 즉, 구약성경은 역사적 순서로 기록되어 있지 않다는 말이다.

---

10 "The Printer's Device: Robert Estienne's Numbering of Verses and the Changing Form of the New Testament in the 15th and 16th Centuries," *Pitts. Eemory. Edu*, (Pitts Theology Library, Emory University. Retrieved, 23 January 2018).

구약성경은 창세기로 시작하는데, 그 창세기는 천지 창조(天地創造)에 관한 이야기로 출발한다. 거기에서 성경의 첫 쪽을 읽는 사람들은 성경이 역사적 순서로 기록된 것처럼 생각할 수가 있는데 사실 그렇지 않다.

같은 사건들에 대한 기록이 긴 역사 속에서 다른 관점에서 다른 이야기들이 순서로 편집된 것이 하나둘이 아니다. 예컨대, 다음에 전개되는 하나님의 천지 창조에 관한 이야기가 이에 해당한다.

창세기 안에는 천지 창조의 이야기가 2개 들어 있다. 창세기의 천지 창조 이야기는 1장과 2장으로 나누어져 있다. 그것을 읽다 보면 2:4에서는 별도의 이야기가 기록된 것을 볼 수 있다. 즉 창조의 이야기가 거꾸로 되어 있다는 것을 알 수 있다.

창세기 1:1-2:4에서 하나님의 사역은 일정한 패턴을 보이며, 같은 표현을 지속해서 사용하는 '반복법'을 구사해 하나님의 반복되는 창조 사역과 피조 세계의 아름다움을 수사적으로 표현하고 있다.

이 수사적 대선언은 환유법(幻喩法)이나 제유법(提喩法)과 유사하다. 그러나, 인간의 관점에서 양극에 있는 하늘과 땅을 통해 그 안에 있는 사물 전체를 창조하셨다는 의미의 표현이다. 이 수사법은 인간 지성의 한계를 표현하는 수사법이기도 하다.

따라서 구약성경에는 두 개의 창조 이야기가 있다고 하는 사람이 있을 만도 하다. 물론 두 개만이 아니라 다른 것도 있는데, 두 개가 있다고 해도 논리적으로 아무런 문제가 없다. 왜냐하면, 구약성경은 결코 역사를 기술하기 위한 것이 아니라 거기에서 하나의 법적인 율법을 나타내기 위해서 기록된 책이기 때문이다. 두 개의 자료에는 4, 5백 년의 시차가 있기에 생긴 일로, 창조의 순서가 역으로 되어 있다는 것을 의미하지는 않는다는 것이다.

2. 구약성경의 형성과 본질

1) 율법서, 모세오경

　구약성경은 39권의 책으로 일반적으로 ① 율법서, ② 역사서, ③ 예언서, ④ 지혜서 및 성문서(成文書) 4가지로 분류된다. 물론 성경 권수에 대해서는 그 수(數)와 배열순서 및 분류방식이 기독교의 각 교파, 즉 가톨릭과 프로테스탄트, 동방 정교회와는 조금씩 다르다.

　히브리 원문으로부터 다양한 자국어로 번역하는 과정에서 그 순서는 다를지라도 유대인들의 구약성경 구분 방식을 기본적으로 따랐지만, 최근에 이르러 영역본 가운데 3가지(토라, 네비임, 케투빔)로 구분하는 것보다 5가지(모세오경, 역사서, 시가서, 대선지서, 소선지서)로 말하는 것이 프로테스탄트에서는 관례로 되어 있다.

　도입부 첫 다섯 권이 '모세오경'(모세五經)이다. 창세기, 출애굽기, 레위기, 민수기, 신명기를 말한다. 초창기 6백 년 동안 유대인의 역사를 기술한 부분이다.

　모세가 기술했다는 증언에 따라 모세오경이라 한다. 유대인들은 이 모세오경을 토라라고 부른다. '토라'는 '가르침'이란 뜻의 히브리어다. 토라는 유대인들의 경전으로 유대인들은 같은 성경이라 할지라도 토라 이외의 예언서나 성문서는 토라를 보조하는 경전으로 본다.

　모세오경을 꿰뚫고 흐르는 주제는 "이스라엘의 하나님 야웨는 창조주 하나님이며, 이스라엘의 왕이시다"라는 신앙 고백이다. 모세오경은 천지 만물의 창조사건과 이스라엘의 창조(선택과 계약 사건) 사건이 동일한 사건의 순차적 전개 과정이라고 주장한다.

　"삼라만상(參羅萬像)과 우주의 창조주 하나님이 이스라엘과 열방의 왕이시다"라는 신앙 고백은 이스라엘이 세계 속에서 흩어져 소멸하는 것을 막아준 결정적인 신앙 자산(資産)이었다.

결국, 모세오경은 어떤 인간 왕도 개입되지 않았던 모세 시대의 신정(神政)주의적 이상(理想)의 관점에서 이스라엘의 과거(인간 왕들이 다스리던 파라오 시대 또는 이스라엘 왕국 시대)를 분석하고 미래를 전망한다.

이러므로 모세오경의 율법은 곧 이스라엘의 국가 정체성을 의미한다고 말할 수 있다. 구약성경의 율법들은 계명, 명령, 법도, 교훈 등으로 번역되는데 그것들을 의미하는 히브리어 단어들도 뉘앙스를 약간 달리하는 어휘들이다. 대체로 구약성경에서 율법이라고 번역되는 히브리어들은 일곱 단어인데 그것들은 모두 다섯 개의 어휘 계보에서 파생된 단어들이다.

이 중에서 압도적으로 많이 사용되는 단어가 토라다. 토라의 의미는 다양하고 광범위하다. 가르침, 바른 행동 지침, 올바른 삶의 도(道) 등을 의미한다.

토라(תּוֹרָה, 율법)란 말은 히브리어 '야라'(ירה)에서 파생 된 명사다. 이 단어의 원래 동사는 '가르치다', '화살을 쏘 다' 혹은 '제비를 던지다'라는 뜻을 가졌다. 화살을 쏘아 길의 방향을 알려 준 전통에서 이런 어떤 길을 선택할지를 알려 주는 지침을 의미하는 단어로 진화되었을 가능성이 있다.[11]

이처럼 토라는 지침(guidance), 방향(direction), 관습(custom), 가르침(teaching)을 의미하는 가장 포괄적인 의미의 율법(law) 지칭어다. "구약 율법의 90퍼센트 정도가 토라"[12]라는 말에 의해 표현된다.

토라의 원리를 배운 것이 예언서이고, 배운 말씀을 어떻게 삶 속에 적용하여야 할지를 이것이 성문서이다. 따라서 토라는 성경 가운데서도 계시의 핵심이다. 유대인은 합리성을 중시하면서도 계시는 합리성보다 우선한다고 믿는다. 유대인은 토라에 대한 연구는 그들이 하나님의 계시에 참여하는 가장 본질적이고도 핵심적인 수단이다. 유대인에게 토라는 영원히 현존

---

11 Jacob Neusner, *The Emergence of Judaism* (Louisville: Westminster John Knox Press, 2004), 57.
12 김회권, "구약성경의 율법들," 「법학논총」, 제19집 (숭실대학교, 2008), 32.

하는 신비한 차원의 이야기다.[13]

토라에 실린 계율의 수는 613개이다. 이 가운데 "하라"가 248개로 인간의 뼈와 모든 장기의 수와 같다. 유대인들은 이를 두고 우리가 1년 내내 "하지 말아야 할 것"들이 있는가 하면, 우리의 지체를 가지고 열심히 해야 할 것들이 있다고 여긴다.

토라는 특별하게 규제하는 것이 없으면 무슨 일이라도 할 수 있도록 허락한다. "이런저런 일을 하라"고 적혀 있기도 하지만 그보다는 "이런저런 일을 하지 말라"고 밝히고 있다. 규제를 최소화하는 시스템이다.

이렇듯 토라는 유대 민족이 어떻게 태동해 왔는지를 알려 주는 역사서이자 어떻게 살아가야 할지를 가르쳐 주는 생활 지침서이다.

2) 역사서·시가서·선지서

구약성경의 두 번째 부분은 역사서로 저작자가 누구인지 밝혀지지 않은 12권인데 히브리식으로는 선지서로 분류되는 것들이다. 좀 더 구체적으로 말하자면 선지자였거나, 적어도 예언의 은사를 받은 초기의 사람들(B.C. 9세기 이전)이 기록한 것으로 생각하기 때문에 전선지서(前先知書)라고 부른다.

세 번째 부분은 시가서(詩歌書)로서 시적, 또는 철학적 특성을 띤 문학 형식의 5권으로 이루어진다. 시가서는 욥기, 시편, 잠언, 아가, 전도서로 구성된다. 다윗과 솔로몬이 대부분 그 저자이며, 그중 일부는 유명하지 않거나 전혀 알 수 없는 사람들에 의해 진술되었다.

네 번째 부분은 대선지서(大先知書)로서 이른바 이 책들은 분량이 많고 유명한 선지자나 또는 예언 은사를 받은 자들의 산물이기 때문에 그렇게 일컫는다. 이 책들은 다섯 권(이사야, 예레미야, 에스겔, 다니엘)으로 되어 있는

---

[13] 게리 E. 쉬니쳐(Gary E. Schnittjer), 『토라 스토리』(The Torah story: an apprenticeship on the pentateuch), 박철현 역 (서울: 솔로몬, 2014), 12-32.

데, 두 권은 동일인이 썼다(예레미야, 예레미야애가).

마지막으로 열두 권으로 묶은 것이 있는데 이는 소선지서 또는 히브리 성경식으로 '12서'로 알려진 것이다. '12서'에 '소'(小, minor)라는 말을 붙이지 않은 이유는 그것들이 비교적 대선지서에 비해 덜 중요해서가 아니라 그 분량이 훨씬 적기 때문이다. 예컨대, 이사야는 60장으로 이루어져 있는 반면에 오바댜는 겨우 한 장에 불과하다.

3) 유대교에서 분리된 기독교

초기 예루살렘 교회 지역에 있던 유대 기독교인들은, 유대교의 율법을 준수하고 회당 시나고그를 출입했으나, 처음에는 특별한 제재를 받지 않았다. 그러나 부활하신 예수를 메시아로 믿는 기독교인들이 급속히 늘어나자 (특히 안디옥과 같은 이방 지역에서), 이에 유대인들이 위협을 느끼고 기독교인들을 배척하게 된다.

원래 유대교와 기독교는 예배를 함께 드렸다. 하나님을 믿는 뿌리가 같았기 때문이다. 그러나 85년 무렵 얌니아에서 랍비 사무엘(Samuel)이 유대인들이 회당 예배 때마다 바치는 18가지 기도문(שמנה עשרה, 쉬모네 에스레, Shemoneh Esreh, eighteen) 가운데 이단자들을 단죄하는 12번째 기도문에 '나사렛 사람들' 곧 기독교인들을 추가하였다.[14]

쉬모네 에스레의 12번째 기도는 교회와 유대 회당이 완전히 분리되는 A.D. 80년대에 기독교인들을 저주하는 다음과 같은 내용을 포함하여 확장되었다.

> 변절자들(유대 기독교인들)에게는 희망이 없게 하시고, 거만한 정부(=로마)를 하루속히 우리 시대에 멸절시키옵소서. 또한, 나사렛 사람들과 이단자들이

---

14 Walter A. Elwell & Robert W. Yarbrough, *Readings from the First-Century World Primary Sources for New Testament Study* (Grand Rapids, Mich.: Baker Books, 1998), 150–154.

속히 멸망하게 하시고, 이들을 생명책에서 지우시고, 의인들과 함께 기록되지 않게 하옵소서. 찬양 받으소서, 오만한 자들을 거꾸러뜨리시는 야웨시여!

회당 예배에 함께 하는 기독교인들에게 이 부분은 큰 걸림돌이 되었다. 왜냐하면, 이 기도문에 '아멘'을 할 수 없었기 때문이었다. 이 기도문으로 인해 기독교인들은 더 이상 회당 예배에 참석할 수 없게 되었고, 전통적인 유대인과 복음을 영접한 유대 기독인이 완전히 분리되었다.[15]

그 결과, 기독교인들은 이때부터 명실공히 독자적 종단으로 독립하게 되었다. 아울러 기독교는 이제 새로운 종교로서 유대인뿐만 아니라 이방인들을 대상으로 선교 활동을 하기 시작했다.

3. 구약성경의 정경화 작업

1) 구약성경의 정경화 작업 기준

기독교인들을 배척하는 그 주축은 유대교 최고의 랍비 요하난 벤 자카이 (Yohanan ben Zakai, B.C. 30-A.D. 90)이었다.[16] 그는 바리새파의 대제사장으로서, A.D. 66년-70년 열심당원이 주도한 유대 반란이 결국 실패할 것을 예견하고, 유대교의 미래를 준비하기 위해 로마 진압군 사령관 베스파시안 장군을 만나, 최소한 유대교 랍비의 존속을 허락받는다.

그 후 A.D. 70년, 로마 황제가 된 베스파시안의 아들 티투스에 의해 예루살렘 성전이 완전히 파괴된 후에, 뿔뿔이 흩어진 유대의 율법학자들이

---

15 Edward Kessler, *Introduction to Jewish-Christian Relations* (Cambridge: Cambridge University Press, 2010), 78.
16 Catherine Hezser, *The Social Structure of the Rabbinic Movement in Roman Palestine* (Tübingen: Mohr Siebeck Verlag, 1997), 64-68.

예루살렘에서 비교적 가까운 지중해 연안의 도시인 얌니아(Jamnia)로 대거 이주를 한다.

그리고 얌니아에 모인 율법학자들은, 로마 당국에 얌니아에 율법 학교를 세우고 자기네 종교 생활을 보장해 줄 것을 탄원하여, 허락을 받는다. 결국, 예루살렘이 로마에 의해 완전히 멸망 당한 후, 얌니아는 많은 숫자의 유대교 율법학자와 율법 학교가 있는 도시가 된다.

바리새파는 성전 없는 상태에서 전쟁 이후 회당과 성경을 중심으로 하는 유대교를 정의하고, 바리새파 전통의 유대교를 구축해야 했다. 그리고 동시에 급성장을 하는 기독교에 대한 태도를 결정해야 했다. 더군다나 기독교가 칠십인역 구약성경만이 아니라 새로운 기독교 경전을 형성하는 것에 자극받은 바리새파 유대인들이 경전의 마감을 서두른 것이다.

드디어 바리새파의 대제사장 요하난 벤 자카이는, A.D. 90년경에 랍비들을 불러 모아 유대교 종교 회의인 '얌니아 회의'(Council of Jamnia)를 열게 된다. 이 회의에서 율법학자들은 유대교 성경(기독교의 구약성경)의 경전 목록, 즉 구약성경의 정경을 확정한다.

성경의 원류(源流)에 해당하는 유대인의 성경 타나크는 대략 B.C. 1500-400년대 사이에 오랜 세월을 거쳐 바벨론, 블레셋, 이집트 등의 지역에서 낱권들로 기록된 경전들이 제시하는 사상들에 대한 대안적인 사상을 디아스포라 유대인들이 제시하려고 저술한 문서들이다. 이 문서들이 오랜 세월을 거쳐 한 권의 책으로 만들어졌는데, 본 얌니아 회의를 통해 현재의 분류가 확립되었다는 전승이 정설로 받아들여진다.

그러나 실제적으로는, 새로운 확정은 아니고, A.D. 400년경(일설에 의하면 에스라에 의해) 일차적으로 확정된 목록을 그대로 재확인한 셈이다. 이때 이 종교 회의가 경전 목록에 해당하는 책들을 확정할 때 적용한 주요 기준은 다음에 제시되어 있다.[17]

---

17   Walter Kaiser, *The Old Testament Documents: Are They Reliable and Relevant?* (Downers Grove: InterVarsity, 2001), 31.

① 기록된 언어: 히브리어로 저술되었는가?
② 모세오경의 정신 유지: 오경의 정신을 유지하고 있는가?
③ 저술 장소: 팔레스타인 국내에서 기술되었는가?
④ 저술 시대: 에스라 시대(B.C. 400년) 이전에 저술되었는가?
⑤ 예언자적 영감성: 영적 영감(靈感)이 있는가?

이렇게 하여, 얌니아 회의 이전까지 유대교에서 주로 성경으로 사용하고 있었던 70인역 성경에 포함되어 있었던 일부 책들을 유대교 경전 목록에서 제외했다.

그 후 기독교에서 히브리어 경전 24권을, 70인역을 따라서 39권으로 나누게 된다. 즉, 히브리어 경전의 사무엘기, 열왕기(列王記), 역대기(歷代記)를 사무엘상, 사무엘하, 열왕기상, 열왕기하, 역대기상, 역대기하로 나누고, 에스라-느헤미야를 에스라와 느헤미야로 나누고, 소예언서 열두 책을 열둘로 나누어서, 구약을 모두 39권으로 재편집하였다.

정경이 정해진 이유는, 성경의 어떤 부분은 그 기록자나 기록 연대, 상황 등에 비추어 허위일 가능성이 있다는 주장 때문에 생겨났으며, 가톨릭에서는 헬라어 70인역 성경(LXX)[18] 46권을 382년 로마 주교 회의에서 정경으로 인정했고, 이것을 트렌트 공의회(1546년)에서 다시 확인하여 오늘에 이르고 있다.

아직도 미해결인 채로 남아 있는 신학적 논쟁이 구약성경의 정경화 작업 과정에 대해 문제[19]를 제기했는데도, 기독교의 형성은 성경과 신조와 직제의 성립 때문에 확립되었다고 말할 수 있다. 특히, 정경(正經) 성립은 기독교의 정체성 형성과 그 계승에 있어서 결정적인 사건이라 하지 않을 수 없다.

---

18 캐런 H. 좁스·모세 실바(Karen H. Jobes, & Moises, Silva), 『70인역 성경으로의 초대』 (*Invitation to the Septuagint*), 김구원 역 (서울: CLC, 2007), 41-118.
19 천사무엘, "구약 정경의 형성 과정에 대한 제고: 표준이론을 중심으로," 「구약논단」, 제 20권 제1호 (한국구약학회, 2014), 200-226.

2) 구약성경의 본문과 사본

선지자들과 구약성경의 다른 저자들을 통해 원본이 만들어진 후 얼마 지나자 서기관들이 이 원본을 여러 차례 필사하였으나, 그것들은 마침내 사라졌다. 그 사본들은 파피루스와 양피지 같은 쉽게 파손될 수 있는 재료에 기록되었으며, 팔레스타인의 혹독한 기후 때문에 오랫동안 보전될 수 없었던 것 같다.

그러나 이 원본들이 파괴되기 이전에 사본 형태로 정확히 보존할 수 있는 가장 확실한 온갖 대응책이 강구되었다. 성문서를 성공적으로 전수하기 위해 세심한 배려를 한 뛰어난 사례는 예레미야가 기록하고 여호야김왕(王)이 불태워 버렸던 책을 자신의 서기관 바룩을 시켜 두 권으로 만들었던 예레미야 36장에서 찾아볼 수 있다.

유대인들은 기록된 하나님의 말씀을 어떻게 하면 오래 보존할 수 있을까를 연구하였다. 서기관들은 구약성경 책이 기록된 뒤로 수백 년이 지나서 그 두루마리 책들을 정확히 필사하는 것을 보증할 수 있는 가장 정교한 수단들을 창안해 냈다.

예를 들면, 그들은 한 장 또는 한 책의 단어 수를 세어 놓고서 사본을 만들 때 그 단어의 수를 가지고 그것을 검토하였다. 차이가 있게 되면 그들은 잘못이 있는 곳을 찾아낼 때까지 필사본 전체를 검토했고, 잘못을 찾아내면 주저하지 않고 바로 잡았다.

더욱이 필사본들이 작성되고 역본들이 무수히 나오게 되자 본문에서 약간의 차이점들이 나타나기 시작했다는 것을 아는 것이 그리 어렵지 않다. 특히, 필사와 번역이 필사 상의 오류를 세심히 잡아내지 못하는 자들에 의해 이루어졌다면 더욱 그러하다.

그 결과 오늘날까지 보존된 사본들은 수많은 고대 역본 및 판본뿐만 아니라 많은 히브리 본문 전승을 대표하는 것으로서 세목마다 서로 다 일치하는 것은 아니다. 그러나 가장 많이 변경된 그런 사본들조차 그 변경이 아주 사소한 문제에 그친다는 사실에 유심히 주목할 필요가 있다.

그 차이점들이 하여간 신학적 또는 교리적 중요성에는 아무 문제도 없다고 하는 것은 틀린 말이 아니다. 더 나아가 히브리 공인 본문(textus receptus)과 가장 많이 차이가 나는 본문들에 대해서도 전체적으로 볼 때 독자적 권위를 더 갖는 것으로 학자들이 여기지 않기 때문에 그 차이점이란 지극히 적은 것에 지나지 않는다.

바로 수년 전까지만 해도 가장 오래된 히브리어 사본은 A.D. 10세기 것으로 추정되었고 그보다 약간 늦은 다른 사본들도 몇 가지 있었다.

현재의 히브리어 성경은 이 중세 사본들에 대부분 근거를 두고 있으며, 적어도 보수주의자들조차도 그것들을 원본과 동일한 것으로 믿었지만 완전무결한 증거로써 이를 입증할 아무 방도가 없었다.

3) 성경 원본·성경 역본·성경 사본

성경은 원본과 사본 그리고 역본이 있다. 성경 원본은 성경 저자들이 직접 기록한 원본을 의미한다. 그러나 아쉽게도 성경 원본은 지금까지 단 한 차례도 발견되지 않고 있다. 아니 영원히 발견되지 않을 수도 있다. 아마도 이것은 하나님의 뜻인지도 모른다.

신학자 박종수(2011) 교수는 "만일 성경 원본이 발견된다면 엄청난 영향과 더불어 여러 논란이 종식되겠지만 아마도 '토리오의 수의'(壽衣)와 함께 참배객들과 더불어 숭배의 대상이 될 수 있기에 이것은 아마도 영원한 비밀로 숨겨질 것"[20]라고 한다.

비록 성경 원본은 우리에게 전달되고 있지 않지만 수천 종류의 성경 사본이 존재한다는 것은 우리에게 원본에 가깝게 다가갈 방법을 제공해 준다. 지금까지 수많은 사본학자의 연구 때문에 구약과 신약의 본문들이 연구됐

---

20 박종수, "시내산 성경 사본"(Codex Sinaiticus), 「성경과 고고학」, 제70-71호 (한국성서고고학회, 2011), 39.

고, 그 연구의 결과 현재 여러 번의 개정을 거듭하면서 표준 구약과 신약 사본을 제작하여 출판되고 있다.

성경 원본은 발견되지 않고 있으므로 성경을 비교 연구하는 데 중요한 것이 바로 성경 역본이다. 이 역본은 원래의 언어에서 다른 언어로의 번역본을 의미한다. 구약성경일 경우에는 B.C. 3세기경부터 히브리어에서 헬라어로 번역한 칠십인역(Septuaginta)이 최초의 성경 역본이다.

또한, 신약성경은 A.D. 390년부터 405년까지 헬라어를 라틴어로 번역한 제롬(Jerome)의 불가타(Vulgata)역이 대표적인 역본이다. 이처럼 성경 역본은 다른 언어로의 번역이며 이 번역으로 인해 타민족에게 성경이 전파되는 결정적인 계기가 되었다.[21]

앞서 열거한 성경 역본과는 비교도 안 될 정도로 중요한 것이 바로 성경 사본이다. 이는 성경을 동일한 언어로 필사하여 만든 복사본이기 때문이다. 이러한 성경 사본은 때로는 성경 전부가, 때로는 일부만 전해지기도 한다.

구약 사본 중에는 사해 사본(Dead Sea Scrolls)이 권위 있는 사본으로 인정받고 있다. 사해 사본은 B.C. 2세기에서 A.D. 1세기 당시에 기록이 되었다. 당시 이 사본들은 쿰란 동굴 속에 2000여 년 이상 보관된 것으로 구약성경 원본에 가장 가까운 시기의 사본으로 알려져 있다. 이 중에서도 이사야서 사본(IQIsa)은 심한 훼손 없이 1장부터 66장 전체가 발견되어 마소라 사본과 비교 연구에 기여하는 등 구약신학 연구에 큰 도움이 되었다.

이 외에도 마소라 사본과 같은 A.D. 6, 7세기경의 사본은 모음을 발명하여 구약성경에 첨가하는 등 히브리어의 발전에 영향을 끼친 사본으로 알려져 있다. 이 외에도 이집트에서 발견된 나쉬 파피루스 사본과 9세기경으로 추정되는 대영 박물관 사본, 알렙포 사본, 레닌그라드 사본 등 약 1,000여 종 이상 되고 있다.

---

21 위의 책.

구약 사본들은 주로 양피지나 경우에 따라 돌과 파피루스, 드문 경우이 긴 하지만 구리판에도 기록되고 있다. 이러한 재료 중 대부분 양피지에 기록이 되어 있어 비교적 오랫동안 보관될 수 있는 장점들이 있다.

4) 사해 문서에 관한 연구

우리나라에서는 대한기독교서회 월간지, 「기독교 사상」 창간호(1957, 8)에 구약 신학자 박대선(1957) 박사가 "사해 이사야 두루마리의 의의"[22]란 글을 발표한 이후, 국내 최초로 사해 사본에 관한 본격적인 연구를 시도한 신학자 김찬국(1959) 교수에 의해 이루어진 이후, 사해 문서에 관한 연구는 한국성서고고학회를 비롯한 관련 학회들을 중심으로 활발히 이루어지고 있다.

우리는 선지자들의 구약을 가지고 있다고 해도 과언이 아니다. 이것이 분명히 그렇다는 것은 원본을 영감 하신 하나님이 그것을 보존할 수 있게 하여 무오(無誤)한 계시로서 가치를 상실하도록 내버려 두셨다고 믿는 것은 신학적으로도 상상하기가 쉽지 않기 때문이다. 구약성경의 영감이 바로 충실한 본문의 보존을 보장해 준다.

---

22 김찬국, "사해 사본과 구약," 「신학 논단」, 제5집 (연세대학교, 1959), 32.

제2장
히브리 민족의 교육 지침서

1. 히브리 민족의 생존과 교육

구약성경에 나타난 교육 사상은 출애굽 사건과 시내산(山) 야웨의 계시 사건에 기원을 둔다. 출애굽 역사 전승과 야웨와의 계약 관계에서 취득한 십계명과 거룩한 율법의 준수라는 신적 명령이 존재한다.

고대 이스라엘 민족은 초월신 야웨와의 인격적 만남과 야웨의 계약 백성으로서의 자기 정체성에 근거하여 거룩한 백성과 제사장 국가라는 신성한 민족적 목표에서 수 세기 동안 토라 교육을 계승해 왔다.

고대 이집트와 페니키아를 중심으로 한 선진화된 관료주의 시스템의 도입과 지혜 문학과 테크놀로지 등의 과학 기술을 솔로몬 치세에 왕실 서기관 학교를 중심으로 고대 근동의 선진 제국 문명의 물질문화를 적극적으로 수입하였다.

이 커다란 사회적 성격의 변화는 사회 시스템과 사회 인식론의 변화와 맞물리면서 전통적 토라 교육을 경시함은 물론, 야웨의 계약 백성으로서의 초월성과 거룩한 신성에 근거한 자기 정체성을 파기하고 말았다.

그 이유는 솔로몬 시대의 고대 근동 제국 문화 도입의 결과로, 고대 이스라엘 사회의 내부는 미국의 역사가 제임스 헨리 브레스테드(Brestead, 1865-1935) 교수에 의해 발굴된 서아시아의 고대 문명 발생지, '비옥한 초승달 지역'(Fertile Crescent)의 공통 문화의 농경적 다산 종교 및 종교적 복합주의와 가치의 상대주의 등의 세속화 현상과 외래 정신의 이식으로 심대한 토라 교육의 위기를 초래하였다.

2. 교육의 원형, 토라 교육

고대 이스라엘이 출발하였을 때부터 그들의 민족 정체성을 규정하였던 교육의 원형(原型)인 토라 교육을 살펴본다. 그 이유는 구약성경의 교육 사상을 논할 때는 반드시 그들의 근원적인 교육 전통을 소급해서 고찰하지 않으면 전체상을 파악하기 어렵기 때문이다.

토라 교육의 핵심은 고대 이스라엘 민족의 기원을 형성한 출애굽 사건의 역사 전승을 상기하고 역사 교육을 후손들에게 가르침으로 계승되었다.

출애굽기 12장에는 다음과 같이 기술되어 있다.

> 그래서 너희 자녀들이 '이 예식이 무슨 뜻입니까?' 이렇게 물으면 '여호와께 드리는 유월절 제사다. 그분이 이집트 사람들을 치실 때 이집트에 있는 이스라엘 자손의 집을 넘어가셔서 우리의 집들을 구원하셨다'라고 말해주라." 그러자 백성들이 절하고 경배를 드렸습니다(출 12:26-27).

출애굽 역사 전승에 등장하는 유월절은 고대 이스라엘 민족이 해방신(解放神) 야웨 하나님에 의해 노예의 집 이집트에서 구출된 날을 기념하는 절기이다. 따라서 이 잊을 수 없는 역사 체험은 자식들에게 반드시 교육하지 않으면 안 되었다.

유월절 절기 의식에 포함된 '무교병 규정'(누룩을 넣지 않은 빵)에 관해서도 자녀들에게 "그날에 너희는 아들에게 '내가 이렇게 하는 것은 내가 이집트에서 나올 때 여호와께서 나를 위해 하신 일 때문이다'라고 말하라"(출 13:8)고 가르친다.

또한, 이 성구로 기도할 때 손에 감은 표나 이마 위에 붙인 표와 같이 주님의 법을 늘 되새기도록 교육해야 한다. 이어서 가나안 땅에 이르러 처음 낳은 가축의 첫 태생의 수컷을 주님께 바치라고 명령하고 있다.

이에 대해 자녀들이 그 의미에 관해 물을 때에 다음과 같이 가르치라고 한다.

> 모세는 백성들에게 말했습니다. "이날, 곧 너희들이 종살이하던 이집트 땅에서 나온 날을 기념하라. 여호와께서 그 손의 힘으로 너희를 그곳에서 이끌어 내셨다. 누룩이 든 것은 아무것도 먹지 말라. 첫째 달인 아빕 월 이날에 너희가 나왔다. … 너희는 매년 정해진 때에 이 규례를 지켜야 한다. … 주님이 강한 손으로 이집트 곧 종살이하던 집에서 우리를 이끌어 주셨다(출 13:3-9).

이처럼 고대 이스라엘 민족은 그들의 민족 형성 초창기부터 엄격히 준수된 유월절 예식을 지켜나갈 때, 해방신 야웨가 히브리 노예인 이스라엘을 노예의 집 이집트에서 구출해 내시고, 그 결과 이스라엘은 야웨에게 쓰임을 받는 자유인으로서 독립된 민족이 되었다는 점을 자녀들에게 엄히 가르치도록 명령하고 있음을 알 수 있다.

바로 이 역사 전승의 내용이 이스라엘 역사 교육의 원형적인 중심이라고 말할 수 있다. 이스라엘 민족 교육의 중심 또는 역사 전승의 기층 전승(基層傳承)은 고대 이스라엘이 다윗-솔로몬 왕국을 건설하기 훨씬 이전부터 소급되는 소위 부족 연맹체 시대에서부터 일찍이 신앙 고백의 일환으로서 부족 연맹의 주요 성소 축제의 장에서 또는 각각의 씨족 단위 가정에서 낭송되며 재확인하는 일련의 과정이 존재하였다. 약 4천 년이 지난 오늘날에도 여전히 정통파 유대인의 가정을 통해 그대로 보존되고 있다.

3. 유대가 선민의식을 가져야만 했던 연유

사실 히브리 성경 창세기 10장의 '민족들의 계보'는 자기 민족인 이스라엘을 '세계의 중심'으로 보지 않고 '세계 중에 한 족속'으로 시작하였음을 알 수 있다. 이스라엘은 역사적 과정 중에서 민족으로 형성되었다. 그들의 민족 형성은 야웨의 사랑으로 인한 선택이었다(신 7:7).

그들은 열방 중에 지극히 적고 무시하고 지나칠 만한 규모의 백성들이었다(출 19:5). 야웨께서 이스라엘을 선택하신 목적은 시내산에서 야웨께서 주신 토라에 순종하는 것이었다. 이들 삶의 이상은 하나님이 기업으로 할당해 주신 약속의 땅(분깃)에서 두렵게 하는 자들이 없이 평안히 사는 것이다(레 25:18; 렘 30:10 등). 이 사상은 이후에 열방과 그들 사이의 관계 모습을 엮어 가는 중요한 요인으로 작용한다.[1]

주변 강대국들의 틈바구니에서 생존의 길을 모색하기 위해 전력을 다한 이스라엘의 역사는 변화의 소용돌이 속에 이스라엘의 존재를 형성해 온 것도 그리고 그 존속을 보존하여 온 것도 야웨의 선택이었다.

강대국들 틈바구니에서 생존해야 하는 이스라엘 민족에게 만일 야웨 하나님이 자기들의 하나님이시며, 자기들은 선택받은 민족이라는 '선민사상'이 없었다면 과연 그들은 이 지구상에서 살아남아 있었을까?

이스라엘 민족에게서 선민의식을 제하고는 이해할 수 없을 뿐만 아니라 이스라엘 생존 그 자체를 상상할 수가 없다. 이스라엘 민족이 독특한 선민사상을 갖게 된 역사를 신학적으로 조망하는 가운데 대신대학교 오민수(2021) 교수는 "'선택된 민족'—선민—이라는 의식이 이스라엘 민족의식에 자리를 잡고 그들의 역사에 있어 지속으로 야웨 하나님과 자기와의 관계 안에서 '선민사상'을 전개해 왔다"[2]라고 이스라엘이 '선민의식'을 갖게 된

---

1 오민수, "이스라엘의 선택과 열방과의 관계 스펙트럼," 「구약논단」, 제27권 제3호 (한국구약학회, 2021), 64.
2 위의 책, 41.

배경을 설명한다.

그런데 이스라엘의 야웨 하나님이 예언자들을 부르실 때 분명히 '열방'(여러 민족)으로 보낸다고 하셨지만, 이스라엘은 이 세상 모든 민족을 사랑하시는 하나님의 진의를 간파하지 못하고 야웨 하나님을 유대 민족의 지방 신의 범주에서 벗어나 우주적 하나님으로 보지 못했다.

그러므로 구약성경 전편의 곳곳에서 야웨 하나님의 우주성과 보편성을 말하고 있는데도 이스라엘은 그것을 깨닫게 되기까지 오랜 세월이 필요했다. 하기야 지금에도 이스라엘은 이 국수주의적인 사상을 벗어나지 못하고 있다.

야웨 하나님은 거의 대부분 예언자에게 유대 민족뿐만 아니라 열방에게 구원을 베푸실 것을 약속했지만 유대 민족은 하나님의 사랑이 자기 민족에게만 집중한 것으로 오해했다. 한 예로 야웨 하나님이 예언자 예레미야를 부르실 때, 다음에 제시되어 있듯이 분명히 열방으로 보낸다고 말씀하셨는데도 이스라엘 백성들은 그 하나님 사랑의 깊이를 깨닫지 못했다.

> 내가 너를 모태에서 생기게 하기 전에 너를 알았고 네가 태어나기 전에 너를 거룩하게 구별했으며 너를 여러 민족들을 위한 예언자로 정했다(렘 1:5).

4. 히브리 민족의 수난사

1) 헬레니즘 유입과 70인역 성경

B.C. 322년 그리스의 알렉산더 대왕이 팔레스타인을 정복하였다. 그의 꿈은 동서 세계의 통합으로 그의 이상은 하나의 세계, 하나의 시민을 목표로 하는 문화와 문명의 통합이었다. 이를 일컬어 '헬레니즘'이라 부른다.

팔레스타인에 그리스식의 도시가 건설되고 인구가 집중되면서 새로운 도시 문화가 들어섰다. 극장과 목욕탕, 경기장과 각종 체육 시설이 들어섰고, 유대인의 이름조차 그리스식으로 바뀌면서 시민권이 부여되었다. 원로원이 생기고 소위 의회 민주제가 시작되었다. 유대인들은 히브리어와 헬라어를 공용어로 사용했다.

이러한 헬레니즘의 영향으로 유대인들의 생활 양식은 물론 신앙과 철학 등 정신문화도 빠르게 바뀌어 갔다. 무력보다 강력한 문화의 침투가 유대인의 정체성을 혼란으로 몰아넣었다. 정체성 위기가 도래한 것이었다.

이런 위기를 맞아 당시 이집트의 수도 알렉산드리아에 살고 있던 유대인들은 토라를 헬라어로 번역하기 시작하고 이집트의 프톨레마이오스 3세에 도움을 청한다. 대대로 프톨레마이오스 왕조는 유대인에게 우호적이었다.

당시 알렉산드리아는 지중해 무역의 중심지이자 문화의 보고였다. 이곳에서 제일 중요한 곳은 알렉산드리아 도서관이었다. 이 도서관은 당시 세계 최대 규모로 파피루스로 된 책들만 70만 권 이상이 있었다. 이러한 도서관들이 그리스 문화를 전파하는 힘이었다. 고대 유럽의 학문과 예술이 알렉산드리아에서 나왔고 동양과 서양을 잇는 헬레니즘 문화의 사상적 체계도 여기에서 탄생했다.

알렉산드리아는 무역 중심의 상업 도시로 계속 발전했고, 상업에 종사하던 많은 유대인이 살고 있었다. 당시 알렉산드리아에 거주하는 유대인 수가 예루살렘보다 많았다.

유대인들이 주축이 되어 성경의 헬라어 번역 작업이 이루어졌다. 프톨레마이오스 3세는 유대인들의 부탁을 받아들여 적극적으로 도와주었다. 왕은 사신을 보내 유대의 12지파에서 각 6명의 현자들을 선출해 총 72명을 알렉산드리아로 데려왔다.

B.C. 300년 무렵에 만들어진 이 구약성경을 '70인역'이라고 부른다. 최초의 번역 성경으로 역사적으로 의의가 크다. 원래 정확히는 72인역이지만 편의상 70인역이라 부른다.

그런데 70인역은 구약을 번역했을 뿐만 아니라 도서 분류법의 일종인, '사분법'(四分法)이라는 새로운 원칙에 따라 구약성경의 순서도 재배치했다. 오늘날 현대인들이 읽고 있는 구약성경의 순서는 이 순서를 따르고 있다.

헬레니즘 시대에는 그리스와 접촉한 모든 나라가 그리스화 되었다. 그러나 유대인들은 그렇지 않았다. 힘이 아닌 사상으로 그 투쟁에서 기적적으로 살아남았다. 이후 헬레니즘과 히브리인을 원류로 하는 히브리 사상은 서양 문명의 기반이 되었다. 유럽 문화를 대표하는 양대 축으로 성장했다.

2) 역사상 첫 종교 전쟁, 마카비 전쟁

한편, 팔레스타인에서는 B.C. 175년 왕위에 오른 안티오쿠스 4세가 유대인들에게 제우스신을 섬기도록 명령했다. 당연히 유대인들은 격렬하게 반발하였다. B.C. 167년 유대인들은 의병을 조직하고 그리스주의자들과 맞서 싸웠다. 외경 마카비 상(上)·하(下)는 안티오쿠스 에피파네스가 시리아 왕위에 오른 때로부터 마카비 일족 중 한 사람인 시몬이 세상을 떠난 때(B.C. 135년)까지의 40년간 지속한 마카비 전쟁을 상세하게 전해 주고 있다.

B.C. 166년에 안티오쿠스 4세는 장대한 군사 열병식을 벌여 만방에 그의 힘을 과시하였다. 열병식에는 2만 명의 마케도니아군(軍)과 4만 명의 보병이 참가했고, 그 뒤를 8천 5백 명의 기병과 306기의 장갑 코끼리 부대가 따랐다. 이때 유대인의 반란이 시작되었다.

예루살렘에서 24킬로미터가량 떨어진 모딘이라는 마을의 제사장 마타디아(Mattathias, 하스모니안 왕조의 초대 국왕)란 고령의 제사장이 마카비 등 그의 다섯 아들과 함께 혁명을 일으킨 것이다. 유대교 정통파들은 마카비 가문의 지도로 반란을 일으켜 곳곳에서 승리를 거두고 마침내 예루살렘에서 제우스 신상을 파괴하였다. 이것이 역사상 첫 종교 전쟁이다. 2년간의 끈질긴 싸움 끝에 B.C. 164년 12월 25일 반란군은 결국 예루살렘을 함락시킨다. 마침내 유대인들은 독립을 쟁취해 예루살렘은 자치령이 되었다.

3) 하스모니안 왕조 시대

마카비 전투 이후 탄생한 것이 하스모니안 왕조(王朝)다. 마카비 가문의 조상 하스몬의 이름을 따 지었다. 그리하여 예루살렘은 이후 1백 년간 하스모니안 왕조에 의해 다스려졌다. 이들은 B.C. 164년 12월에 성전을 정화하고 희생 제사를 부활시켰다.

이때 성전 반환을 기념해 하루 분량의 올리브기름으로 예루살렘 성전에 불을 켰는데 그 불이 8일 동안 계속되는 기적이 일어났다고 한다. 유대인들은 이를 하나님의 응답으로 여기고 '성전 봉헌일'이라는 명절을 만들어 매년 이 기간에 가정에서 8일 밤 동안 촛불을 밝히고 있다. 이 축제는 지금까지도 이어져 내려오고 있는데, 유대인들은 이를 '하누카'라 부른다.

4) 내전의 발생과 잔혹한 탄압

하스모니안 왕조는 B.C. 165년부터 63년 로마의 폼페이우스 장군에게 패망할 때까지 약 1백 년간 계속되었다. B.C. 103년에는 알렉산더 얀네우스가 왕이 되었다. 그의 통치하에 유다 영역은 최고에 달했다. 에돔 왕국이 정복되어 에돔 지역 총독으로 에돔 왕이었던 안티파터 1세가 임명되었다. 그는 훗날 예수를 죽이려 했던 헤롯의 할아버지다.

B.C. 90년 무렵에는 알렉산더 얀네우스왕이 세력을 북동쪽으로 확산하려 했으나 오히려 실패해 대부분의 병력을 잃었다. 이로 인해 유대 내에서는 바리새파에 의한 반란이 일어난다.

알렉산더 얀네우스왕은 6년에 걸쳐 잔혹하고 야만스럽게 반란을 진압했다. 유대 역사가 플라비우스 요세푸스(Flavius Josephus, 37년?-100년?)에 의하면, 내전으로 바리새파 유대인 5만 명이 목숨을 잃었다.

내전이 끝나자 알렉산더 얀네우스왕은 포로들을 이끌고 예루살렘으로 개선해 왕궁 앞에 8백 명의 포로를 십자가에 매달았다. 그리고 아직 숨이

끊어지지 않은 그들이 보는 앞에서 그 자녀들과 아내의 목을 자르게 했다.

5) 성경 암송 교육의 시작

B.C. 76년 얀네우스가 죽자 그의 부인 살로메 알렉산드라가 왕위를 계승했다. 그녀는 지적이고 온화한 사람이었다. 이 여왕의 집권기가 하스모니안 왕조의 최고 황금기로 꼽힌다. 통치 기간은 9년으로 비록 짧았지만 폭넓은 사회개혁이 단행되었다.

특히, 여왕은 종교를 중심으로 나라를 통일하려고 하였다. 그녀는 유대교를 재건하기 위해서는 모든 국민이 성경을 읽고 율법을 배울 수 있어야 한다고 판단했다. 그러기 위해서는 최소한 가정 예배를 이끄는 남자들은 먼저 글을 깨쳐야 한다고 생각했다. 여왕은 전국에 걸쳐서 학교를 짓고 노소를 가리지 않고 남성들에 대한 의무 교육을 시행하였다.

이후 유대인 사회에서 최소한 가정들 사이에서는 문맹이 사라졌다. 이후 유대인들은 어느 곳에 가든 뛰어난 경쟁력을 갖출 수 있었다. 글을 읽고 쓰고 계산에 능한 유대인들은 어딜 가도 쉽게 자리를 잡았다.

그 뒤 유대인들은 세 살부터 히브리어를 배웠다. 율법을 암기하고 배우기 위해서다. 특히, 열세 살에 성인식을 치르기 위해서는 모세오경, 즉 창세기, 출애굽기, 레위기, 민수기, 신명기 가운데 한 편을 반드시 모두 암기해야만 했다. 그리고 성인식에 참석한 사람들을 대상으로 성경을 토대로 자기가 준비한 강론을 해야 한다. 이러한 전통은 유대 민족의 탁월한 지적 능력을 향상하는 데 크게 도움이 되었다.

6) 두 차례 유대-로마 전쟁과 반유대주의 폭발

A.D. 66년부터 73년 로마에 대한 유대인의 대항쟁 직전 유대인 인구는 대략 8백만 명으로 추정된다. 로마 제국 통치 밖에 있었던 프리티아 왕국

(바벨론)에 일백만 명가량 살았으며, 나머지는 로마 제국 내 유대인이었다. 유대인은 로마 황제조차도 결코 무시할 수 없는 규모의 민족이 되었다.

그 무렵 팔레스타인 밖의 상업 도시에서도 경쟁 관계에 있었던 유대인과 그리스인들 사이의 갈등은 확대되어 갔다. 복합 인종으로 구성된 그리스인에게 유대인은 별종으로 보였다. 그리스인들은 그들 문명이 지배하는 세계를 보편적이라는 뜻의 '오이쿠메네'(οικουμενε, '세계', '세상', 'One world')[3]라고 불렀다.

그리스인들은 "세계는 하나다"라는 세계 시민주의를 지향하는 헬레니즘 문화인 반면에 유대인들은 선민사상에 근거한 차별성을 갖는 문화이다 보니 곳곳에서 부딪쳤다.

A.D. 66년 여름 팔레스타인 지역에서 대규모 반란이 일어났다. 반란은 그리스인과 유대인 사이에서 벌어진 소송에서 그리스인이 승소한 직후, 가이사랴(지금의 트리폴리)에서 발발했다. 승소한 그리스인들은 유대인을 학살하며 승리를 자축하는 동안 로마 수비대는 아무 조치도 취하지 않았다.

유대인 폭동 사건은 대규모 반란으로 이어졌다. 로마 제국에 대해 1차 유대-로마 전쟁을 일으킨 것이다. 타민족의 지배를 받고는 살지 못하는 유대인 특유의 신앙적 가치와 그리스·로마 문명과 히브리 문명 사이의 문화적 충돌이 그 원인이었다. 특히, 신앙적 가치의 충돌이 더 큰 원인이었다. 로마 제국의 처지에서 볼 때 그간의 반유대주의가 폭발한 것이었다.

7) 반유대주의의 확산과 유대인 학살

반유대주의는 신학적, 인종적, 정치적 반유대주의라는 세 가지 범주로 분류할 수 있다. 모두가 유대인 말살이라는 공동의 목표를 지향하고 있다.

3　오이쿠메네(οικουμενε): 오이코스(οικος, 집)와 메노(μενω, 거하다)의 합성어로 문자적 의미로는 '한 집' 또는 '한 세계'라는 뜻으로 교회의 일치와 연합을 지향한다. 영어로는 Ecumenical이라 한다.

사실 이러한 움직임은 이미 유대 민족의 출현과 함께 시작된 것이다. 유대인들이 거주했던 지역의 통치자들은 대부분 반유대주의 정책을 펼쳤다. 이집트 파라오, 람세스 2세는 자신의 왕국 내에 거하던 고대 유대인들이 민족을 이루게 되자 그들을 없애려고 노력했다.

페르시아의 크세르크세스왕의 장관 하만은 페르시아 유대인들의 영향력이 커지자 유대인들의 뿌리를 뽑고자 온갖 노력을 기울이기도 했다. B.C. 3세기 고대 그리스 시대에도 반유대주의가 존재했다. 그리고 로마 제국에서도 반유대주의가 계속되었다.

당시 가이사랴 그리스계 주민들은 유대인들이 예루살렘에서 로마에 항거하는 폭동을 일으켰다는 소식을 듣자, 그 증오심을 가이사랴 유대인들에게 폭발시켜 대량 학살이 자행되었다. 한 시간도 채 안 되는 짧은 순간에 무려 2만 명의 유대인이 죽임을 당했다.

다마스쿠스 시민들도 유대인 1만 5천여 명을 공공경기장에 몰아넣은 후, 단 한 시간 만에 몰살시켰다. 이와 같은 상황은 시리아에서도 마찬가지였다. 반유대주의가 제국 전역에서 들끓었다.

로마군과 대치하고 있는 상황에서도 예루살렘성안에서는 유월절 기간에 여러 당파 간 피비린내 나는 충돌이 벌어졌다. 유대인의 자치를 강력히 바라는 정치 세력인 열심당의 당원들과 투쟁적 성향이 덜한 온건파의 싸움에서 처음에는 대중 가운데 지지 기반이 넓은 온건파가 우위를 점하고, 강경파인 열심당원은 성전 구역으로 내몰렸다. 하지만 이것이 내부의 끝이 아니었다. 애국자를 자처하는 열심당원들 사이에서도 경쟁이 있었다.

8) 예루살렘 함락과 디아스포라의 시작

베스파시누스 황제의 맏아들인 29세의 티투스는 예루살렘 탈환 작전을 개시했다. 예루살렘 성전을 지키는 유대 병력 2만 3천여 명의 4배나 되는 8만 명에 달하는 로마군의 월등한 군사력에도 전쟁은 치열하게 계속되어 70

년 4월부터 9월까지 이어진다.

전쟁이 끝난 뒤 로마 제국은 승자의 관용을 베풀어 유대인들이 그들 땅에서 살며 유대교를 믿을 수 있도록 허용했다. 이때 유대인들 일부는 이베리아 반도(半島) 등으로 이주해 유대인 공동체를 형성했다.

티투스 장군이 남아 있는 유대인들과 후대 사람들에게 로마 제국의 위대한 힘을 보여 주려고 교훈으로 남겨 둔 것이 바로 '통곡의 벽'(Wailing Wall)이다. 훗날 로마는 이곳 성전 터에 유대인의 출입을 금지했으나 성전이 파괴되었던 날에 한정해 예루살렘성에 들어올 수 있도록 허락했다. 바로 이 날 유대인들은 모두 파괴당하고 겨우 한쪽 벽만 남아 있는 이 서쪽 벽 근처에 모여들어 슬퍼하며 통곡했다. 그래서 통곡의 벽이라는 이름이 붙었다. 이 통곡의 벽은 지금까지도 유대인들의 최대 성지 가운데 하나이다.

A.D. 66년부터 70년까지 계속된 로마 제국과 유대 왕국과의 '유대 전쟁'에서 유대 왕국은 로마 제국의 치열한 항쟁 끝에 결국 나라를 잃고 유대 민족은 뿔뿔이 흩어진다. 이른바 디아스포라(διασπορά, 우리말로 이산(離散), 영어로 scattering, dispersion)의 시대로 들어선 것이다.

9) 유대교와 랍비 요하난 벤 자카이

A.D. 68년, 전쟁이 시작된 지 3년째 되던 해에 베스파시아우스 장군은 유대 왕국을 점령했지만, 유대인들의 완강한 저항 때문에 예루살렘만은 함락시킬 수 없었다. 베스파시아누스는 예루살렘 도성을 포위하고 주민들을 굶주려 항복하기를 기다렸다.

이 무렵 예루살렘에는 강경파인 열심당원의 무장 투쟁이 성공하지 못할 것을 예견한 평화주의자가 있었다. 그가 유명한 요하난 벤 자카이(Johnanan Ben Zakkai) 랍비다. 바리새파였던 그는 이 전쟁이 결국에는 대학살로 막을 내리고 유대인들이 뿔뿔이 흩어지고 말 것을 예견했다. 그는 민족의 독립보다는 유대교 보존이 더 중요하다고 판단, 평화를 얻기 위해

항복하자고 주장했다.

그는 유대 민족이 역사의 무대에서 사라지는 것을 막으려면 로마군의 사령관과 모종의 타협을 해야 한다고 생각했다. 포위되어 있던 예루살렘은 아비규환이었다. 요하난 벤 자카이는 제자들과 함께 예루살렘 탈출 계획을 짰다. 흑사병에 걸린 척 위장한 그는 열심당원의 눈길을 피해 베스파시아누스 장군의 막사에 도착할 수 있었다.

그는 장군을 만나 머지않아 황제가 될 것이라고 예언한 뒤, 황제가 되면 자신들이 예루살렘 근처에서 평화롭게 유대 경전을 공부할 수 있는 조그만 학교를 허락해 달라고 요청했다. 베스파시아누스는 매우 놀랐지만, 예언이 이루어지면 호의를 베풀기로 약속했다. 같은 해 네로가 자살했다. 네로가 죽자 스페인에서는 갈바(Servius Sulpicius Galba)가, 로마에서는 오토(Marcus Salvius Otho)가, 그리고 독일에서는 비텔리우스 황제가 추대되었다.

그러나 이로 인해 로마는 새로운 내란의 위험에 직면했다. 세 명의 정치군인들이 왕위에 올랐으나 모두 몇 달 만에 살해되었다. 바로 이때 팔레스타인 원정에 참여했던 페스파시아누스가 군대에 의해 새로운 황제로 추대되었다.

69년에 로마 원로원은 베스파시아누스에게 왕위를 물려주었다. 베스파시아누스는 요하난 자카이의 예언이 성취된 데 놀라지 않을 수 없었다. 유대교 랍비가 당시 로마의 정치적 역학 관계까지 꿰뚫어 보고 있었다.

10) '예시바'를 통한 유대교 전통의 확립

베스파시아누스는 약속을 예루살렘에서 가까운 도시에 유대인 전통 학교 '예시바'(yeshiva)를 허락하였다. 이로써 유대 문화유산이 소멸의 위기에서 살아남을 수 있게 된다. 이스라엘에는 거의 모든 동네마다 예시바 유대인 학교가 있다. 그곳에서는 대화와 토론, 논쟁 등으로 특이한 수업을 진행한다.

1차 유대-로마 전쟁에서 유대 왕국이 패하자 독립 전쟁을 주도한 열심당원과 자객당, 상급 제사장, 대지주, 귀족 중심의 사두개파, 쿰란수도원 중심의 에세네파는 모두 소멸하고, 오직 바리새파만이 살아남았다. 이제 유대교에서 사두개파의 소멸로 예배를 이끌 제사장 곧 사제가 없어진 것이다.

A.D. 7, 80년 율법학자 요하난 벤 자카이는 바리새파들을 이끌고 텔아비브 남동쪽 약 20킬로미터 지점에 위치한 얌니아로 갔다. 그리고 거기에 율법 학교(베트 미드라시)를 세워 교육에 온 정성을 쏟았다. 율법을 온전히 지키는 것만이 유대교 회복과 민족을 지키는 일이라고 믿었기 때문이다.

랍비 요하난은 여기서 토라를 가르쳐 매년 소수의 랍비를 길러내 유럽 각지로 흩어진 유대인 마을에 보냈다. 그들은 거기서 시나고그(회당)를 세우고 예배를 드리며 유대인들에게 토라를 배우도록 하였다.

11) 2천 년에 걸친 유랑(流浪)의 시대 진입

66년과 132년에 발생했던 두 차례 유대-로마 전쟁으로 고대 유대 역사는 사실상 종지부를 찍었다. A.D. 70년 예루살렘 함락 이후에도 유대인들에게는 그나마 영토가 있었다. 그러나 135년에 바르 코크바에 의한 봉기가 실패로 끝나면서 유대인들의 나라는 이제 역사의 무대에서 사라졌다. 유대인들은 영토와 국민, 주권 모두를 잃게 된다. 이때 유대교와 기독교는 완전히 분리되었다. 이 일련의 사건으로 유대인들은 모든 것을 잃었다.

유대 왕국의 240만 국민 중에 66년-70년 1차 유대-로마 전쟁으로 예루살렘 성전이 파괴되고, 110만 명이 죽었으며, 132년-135년 2차 유대-로마 전쟁 때 58만 명 이상이 살해당했다. 로마 제국과의 전쟁에서 국민의 3분의 2 이상이 죽은 셈이다. 그나마 살아남은 사람들은 노예로 잡혀가거나 나라를 등지고 방랑길에 올라야 했다.

이때부터 2천 년에 걸친 본격적인 유랑의 시대가 시작된 것이다. 정든 고향을 등지고 사방으로 뿔뿔이 흩어졌다. 주로 북부 이탈리아와 독일 그리고 북아프리카로 향했다. 이를 '제2차 디아스포라'라고 부른다.

예루살렘에서 쫓겨나 19세기 게토에서 해방되기까지 유대인은 세계 곳곳에 흩어져 여러 문화 속에 고립되어 있었다. 그러면서도 다른 문화와 동화되거나 흡수되지 않고 살아남았다.

과연 무엇이 유대 민족 그들의 정체성을 분명하게 하고, 유대 민족을 살아남게 하였을까?

여러 요인이 거론될 수 있겠지만, 그 가운데 가장 중요한 것이 바로 토라와 탈무드에 대한 신앙과 교육이었다. 유대인들이 1,200년 동안 중세 암흑시대를 겪으면서도 고유의 신앙과 문화를 지킬 수 있었던 것은 그들 속에는 구약성경, 토라가 살아 움직이고 있었기 때문이다. 구약성경은 유대 민족의 정체성을 확립하는데 교과서로서의 그 역할을 감당하였다.

한 역사가는 말했다.

> 지구상에 존재했던 60여 개의 문명의 평균 수명은 421년이었으며, 길게는 1,000년, 짧게는 60년 정도였다.[4]

유대인들은 여섯 개의 문명에서 살아남았다.

5. 구약성경, 히브리 민족 교육서

유대인들은 가르친다는 것과 배운다는 것이 가장 중요한 예배라고 믿는다. 즉, 가르친다는 것은 하나님을 존경(예배)하는 것이요, 또한 공부하는 것은 하나님께 드리는 최고의 기도라고 본다. 그러므로 회당의 예배에서도 가장 중요한 일은 함께 모여 '토라'를 공부하는 일이다.

---

[4] Krishan Kumar, "The Return of Civilization and of Arnold Toynbee?" *Comparative Studies in Society and History*. 56(4), (2014), 820.

사람은 평생 공부해야 한다는 것이 유대교의 기본적인 믿음이다. 아무리 지혜로운 사람이라도 배우기를 중단하면 그 순간에 지금까지 배운 모든 것을 잃게 된다고 생각한다. 유대인들은 이러한 평생 배움을 통해 신앙을 키우고 있다.

1) 유대인의 '종교'이면서 '신앙'인 '교육'

유대인에게 있어 종교는 신앙 이전에 어머니로부터 받아먹는 모유와 같다. 그들은 태어나 한두 돌이 지나 말귀를 알아듣게 되면 어머니로부터 율법을 배우기 시작한다. 아이는 그것이 종교인 줄 모르고 어머니가 가르치는 대로 무조건 따라 배운다. 유대교는 먼저 배움으로써 몸과 마음에 체화(體化)되는 종교다.

그래서 유대교에서는 구약성경을 포함한 유대교 경전들을 배우고 연구하는 것이 하나님을 믿는 신앙과 동일시된다. 이러한 유대교의 신앙 교육은 지난 2,000년이 넘도록 세계를 방랑하던 그들을 유대인으로서의 개인 정체성을 견고히 해줄 뿐 아니라 히브리 민족으로서의 정체성을 굳게 확립해 가도록 하였다. 그 신앙 교육의 중심에는 언제나 토라를 중심으로 한 구약성경에 대한 실천이 있었다.

이렇게 구약성경은 히브리 민족 교육의 교과서이기도 하고 교육 지침서이기도 하다.

2) 유대인 정체성을 유지하기 위한 율법

이 지구상에서 사라져 간 나라들 가운데 법이 없어서 사라진 것은 아닐 것이다. 그렇다면 유대인들만이 특별히 섬기고 있는 토라는 어떤 힘이 있었기에 자기 정체성을 유지하는 데 도움을 주었는지 생각해 볼 필요가 있다.

법학자들에 의하면 구약성경의 율법들이 국가 공동체의 사회적 삶을 규정하고 있는 시민법적인 요소를 보이지만 근본적으로 야웨 하나님과 이스라엘의 계약이라는 특수 상황에서 효력을 가진 종교적인 법령들이었다는 것이다.

구약 율법이 현재의 세속 국가의 법령들과 가장 큰 차이를 드러내는 것은 구약성경의 율법에는 연대 책임, 공동체 책임 등의 개념들이다. 개인의 죄악에 대한 개인의 죄책 원리가 없는 것은 아니지만, 많은 경우 구약성경의 율법들은 어떤 율법이 지켜지지 않아 파국이 초래되는 경우 공동체 구성원 모두를 향해 죄책이 있을 것이라고 말한다.

또한, 구약성경 율법들은 율법을 어겼을 때 받게 되는 징벌도 강조하지만, 그것들을 지켰을 때 받게 될 보상과 복에 대해서도 아주 많이 강조하고 있다.

3) "성결 법전"

"성결 법전"(聖潔法典, The Holiness Code)이라고 불리는 레위기 17장-26장의 대부분은 이미 가나안 땅에 오래 정착한 상황을 반영하고 있으며, 가나안 문화와의 충돌과 혼합을 동시에 겪고 있는 이스라엘 백성에게 주어진 계명들이다.

17장은 일반 백성이 부지불식간에 범할 수 있는 허물에 집중하고 있다. 레위기의 특징인 서론적 명령이 1, 2절에 나온다. 그다음 각 단락은 어떤 행동이 죄가 되는지를 규정한다. 18:1-5는 고대 근동의 종주(宗主)—봉신(封臣) 조약 구문과 흡사하다. '서언'에 해당하는 말이 "나는 너희 하나님 야웨다"라는 선언이다.

20장은 18, 19장의 규례와 법도를 지키지 못한 경우 가해지는 하나님의 징벌을 다룬다. 21, 22장은 시무 제사장직을 유지하기 위한 매우 엄격한 성결 요건을 다룬다. 23장은 이스라엘의 거룩한 절기 규정들과 공동체적 축제 문화의 신학적·사회복지학적 의미를 다룬다.

24장에는 성소 안에서 등불을 밝혀 두는 의무, 진설병(陳設餅)을 배열하는 문제, 신성 모독죄, 기타 중범죄에 대한 징벌이 뒤섞여 있다. 25장은 모세오경에 보존되어 있는 '땅 점유' 주제에 관한 유일한 사례를 담은 규정이다. 26장은 성결 법전의 결론으로서 시내산 계약을 준수할 때 주어지는 축복과 파기할 때 초래될 재난을 다룬다.

4) 율법의 목적, 유대 민족의 유지와 보존

"성결 법전"을 중심으로 살펴본 것처럼 구약성경의 율법들은 철두철미하게 이스라엘에 대한 하나님의 특정한 구원 경험(출애굽의 구원과 가나안 땅의 하사)에 대한 호소를 통해 선포되고 제정되었다.

구약의 이스라엘 사회가 이상적인 수준으로 종교적으로 승화된 공동체는 아니었을지라도 구약성경의 율법들 안에는 이스라엘 백성들은 하나님을 아는 지식을 상식으로 구비하고 있음이 전제되고 있다. 야웨 하나님의 구원에 대한 감사에 찬 응답이 율법 준수의 필요조건이었다.

하나님의 선행적 구원에 대한 신앙 고백이 있어야 십계명과 모세오경의 3대 율법에 대한 준수 가능성이 창조되었다는 것이다. 그래서 구약의 율법들은 고대 근동의 법률과의 유사성에도 구체적인 법 조항과 그것을 어겼을 시에 받게 될 벌을 규정하는 전형적인 법이라기보다는 차라리 이스라엘을 감동하게 해서 율법의 요구에 복종시키는 설교가 된 법이다.

이것은 다른 말로 하자면, 이스라엘 율법은 이스라엘에 대한 하나님의 은혜와 구원, 자비에 대한 공통의 경험 안에서 탄생하였다는 것이다. 이스라엘 법은 차가운 징벌 조항이 주도하는 것이 아니라 그것을 지켰을 때 누리게 될 상급이 주도하는 법이라는 것이다.

이 세상의 세속 국가들은 징법 위주(懲法僞主)의 법률을 제정하고 시행하지만, 구약의 하나님은 하나님의 부단한 은총의 경험과 구원 경험의 토대

위에 율법 준수를 기대하신다.

　구약 법전들의 궁극적인 목적은 단지 징벌에 있지 않고 하나님의 구원에 응답하는 계약 공동체인 이스라엘의 유지와 보존에 있다.

제3장
히브리 민족의 교육 체제

1. 민족 교육의 이념과 목적

구약성경 가운데 교육이란 주제를 다루고 있는 책을 찾는다면 아마도 신명기(申命記)를 내세울 수 있을 것 같다. 왜냐하면, 신명기는 그 초반부에 제시된 쉐마(שְׁמַע, 신 6:6-9)는 이스라엘 사람들의 교육 목표가 되어 그들을 유일신 사상으로 무장하는 초석의 역할을 했기 때문이다.

신명기가 예수와 사도들이 가장 많이 인용하였던 구약성경의 하나인 것도 그러한 이유에서일 것이다. 신약성경에는 신명기에 대한 언급이 80회 이상 나타난다. 신명기의 기본 주제는 언약의 갱신이다. 시내 광야에서 맺었던 옛 언약은 이스라엘 민족이 약속의 땅에 들어가기 직전 모압 평지에서 갱신되었다. 백성들은 무려 40년 동안을 광야에서 방황했다.

이 뼈저린 체험을 통해 이스라엘은 하나님께 순종하고 축복을 받았던 시기뿐만 아니라 자신들의 죄로 인한 심판의 순간에도 하나님의 언약은 변함이 없음을 깨닫게 되었다.

유대 민족 교육의 이념과 실제는 이스라엘 국가 탄생과 더불어 시작되었다. 일반적으로 오랫동안 이스라엘의 두 가지 기원을 인정하였다.

첫째, 아브라함의 소명과 더불어 시작되었다는 것이요,
둘째, 모세의 출애굽와 더불어 시작되었다는 것이다.

이스라엘 사람들은 부름을 받아 자기 자신을 하나님의 백성으로 이해하였고, 나아가 어떻게 하면 그들을 섬길 수 있을까를 알게 되었다. 그러므로 모든 교육 활동의 일차적인 목적은 종교적이었다. 이는 창세기에서 하나님이 아브라함에게 직접 말씀하신 것임을 알 수 있다(창 18:19).

1) 유대인 교육의 목표

유대 민족의 교육은 "하나님의 섭리에 있었다. 성경을 교과 과정으로 삼았던 유대 민족은 하나님의 섭리에 따라 유지, 확장, 발전을 실제로 하였다."[1] 현재도 세계 각처에 흩어져 있는 민족이지만 철저한 교육으로 인하여 확고하고도 뚜렷한 백성으로 나타나고 있다. 유대인에게 있어서 "교육은 유대인에게 있어 고대로부터 이어진 질곡(桎梏)과 형극(荊棘)의 가시밭길 역사에서 유일하게 그들의 생존을 지켜 주었던 자산(資産)"[2]이다.

자식 교육이 최대의 사업이라는 것이 유대인들의 공통된 생각이다. 교육이 과거의 삶을 지켜 주었듯이 미래를 여는 열쇠라고 믿는 것이다. 교육의 목적은 청년들을 가르쳐서 하나님을 알고 섬기게 하는 것이다(신 6:7, 잠 1:7). 그렇게 함으로써 살아갈 동안 이 길에서 떨어지지 않게 하려는 것이었다(잠 22:6). 그리하여 종교 교육은 율법에 주의를 집중시켰고, 유대인을 교육해 살도록 하는 데 그 목표를 두었다.

이는 생계를 위한 교육일 뿐만 아니라 인격 및 행동으로부터 유리되지 않았다. 좋은 성격은 율법 연구를 통한 하나님과 올바른 관계로 귀결되는 것으로 생각하였다.

---

1 임인환, "신명기에 나타난 유대인의 교육관,"「성경과 고고학」, 제50호 (한국성서고고학회, 2006), 25.
2 임창복, "히브리 및 유대교육에 관한 연구,"「장신논단」, 제5권 (장로회신학대학교, 1989), 293.

요람에서 무덤까지 율법의 우위성이 삶 전체를 포괄하였다. 배우는 남녀노소의 구별이 없었다. 이러한 생각도 삶의 모든 측면을 포괄하였다.

에스라 시대 이래 유대인의 삶은 율법 중심이었다. 그들은 '책의 국민'[3]으로 알려졌다. 이 점이야말로 유대인을 다른 민족으로부터 구별시켜 주었다. '책의 국민'이란 말은 무슬림들이 유대인이나 기독교인에 대한 호칭이었으나 나중에는 유대인들 스스로가 자기 민족을 이렇게 불렀다.

히브리 민족의 교육 목적은 배타적으로 종교적이어서 문화발전을 무시한 점도 없지는 않다. 특히 후기 유대교에 있어서 이러한 율법에 대한 지나친 열심히 사소한 일에 구애되는 율법주의 체계로 발전하여 자가당착(自家撞着)에 무너져 내렸던 경우도 있었다.

그러나 이러한 편협성에도 히브리 교육 목표는 유대인 교육의 방향 감각을 잃지 않았다. 그 교육 내용은 학술적이고 전문적인 지식 교육이 아니라 거룩함의 교육이었다. 비록 이스라엘 백성이 때때로 이 이념을 망각했을지라도 이스라엘에는 그들을 깨우쳐 줄 제사장, 예언자, 서기관, 지혜로운 자, 랍비, 교사들은 언제나 존재했었다. 중심은 인간이 아니라 하나님이었다. 목적은 의로움이지 자기 이익이 아니었다(출기 19:6).

---

3 '책의 국민'(아랍어: ahl al-kitāb, 영어: the people of the Book)이란 말은 유대인, 기독교인을 가리키는 이슬람 용어로 유대교에서는 유대인을 지칭하며 일부 기독교 교단의 구성원은 자신을 지칭하는 데도 사용된다. John L. Esposito, (ed.) *"ahl al-kitāb," The Oxford Dictionary of Islam* (Oxford: Oxford University Press, 2022).

2. 히브리 교육의 상징과 원리

1) 교육의 상징

유대인들의 축제는 독특한 방식으로 히브리 민족정신을 결집하게 하는 일에 이바지하였다. 축제일은 민족의 거룩한 날인 동시에 휴일이었다. 이 축제를 통해 유대인들은 음식물과 보호물을 마련하는 데 있어서 하나님에 대한 그들의 의존성을 구체화했다.

유대인들은 모든 절기마다 수많은 상징을 만들어 교육하였을 뿐 아니라 이들에게 절기 행사는 곧 공동체를 묶어 주는 끈이었다. 유대인의 절기에는 정규적인 안식일, 유월절과 무교절, 오순절(칠칠절), 초막절이 있고, 비정규적인 것으로 수전절, 부림절, 그 외 금식, 즉 국가의 재앙을 회고하고 참회하는 절기들이 있다.

이렇게 절기들을 지킴으로써 유대인들은 생활 속에서 절기의 상징적 의미를 깨닫게 하여 자녀들을 신앙으로 양육하였다. 그러므로 이러한 탈무드의 절기 교육은 유대인들이 절기가 보여 주는 상징, 절기에의 참여, 절기 때의 예배 의식 그리고 각 절기 때 수행하는 축제들에 대한 교육을 통해 하나님의 백성으로서 살아가는 데 필요로 하는 규범들을 제시했다.[4]

2) 유대인에게 있어서 축제의 의미

에스라 이전 시대에 학교가 아직 존재하지 않았을 때, 축제는 교육상 가장 중요했는데 학교가 시작된 이후에도 사정은 마찬가지였다.[5] 율법에 의

---

4   옥장흠, "통전적 기독교 교육에 관한 연구: 탈무드의 신앙 교육을 중심으로," (성공회대학교 박사학위논문, 2012), 93-102.
5   박신배, "구약의 축제," 「한국문화신학회 논문집」, 제6집 (한국문화신학회, 2003), 152-184.

하면 아버지는 그의 아들에게 축제를 설명해 주어야 했다.

축제에 참여함으로써 어린이들은 그 의미를 알게 되는데, 이러한 식으로 축제는 마음에 지울 수 없이 새겨진 삶의 일부분이 되었다. 축제는 젊은이들에게 유대교 신앙의 위대한 진리를 가르치기 위한 독특한 기회였다. 그들은 역동적이고 생동적이며 진정 재미있는 교육 방식을 마련하였다.

모든 축제는 오색찬란하였으며 더욱 재미있었다. 어린이는 항상 축제 한 복판에 있었다. 이것이 유대 민족의 천재성이다. 그들은 어린이를 삶의 중심에 놓았고 유대 역사와 종교는 다음 세대에 넘어갈 것이라고 확신하면서 교육 매체를 통해 발전해 나갔다.

3) 7가지 중요한 축제들

구약 시대 동안 7개의 중요한 축제가 있었고, 신약 시대에 앞서 마지막 하나가 추가되었다. 각 축제는 유대교 신앙의 한 측면을 상징하였다. 그러므로 모든 축제는 그 나름으로 예배적 교훈을 담고 있었음을 알 수 있다.

첫 번째 축제는 무교병(無酵餠, Bread without yeast)의 절기로서 시기적으로 유월절에 앞섰다. 이스라엘 백성은 출애굽 할 때 하나님의 말씀대로 급하게 나오느라 발효되지 않은 반죽을 이집트를 떠날 때 갖고 나와서 무교병을 만들어 먹었다.

유월절(逾越節, Passover)은 이집트로부터의 구원을 기념하는 것이었다(출 10:2). 이는 세 연례 축제 가운데 하나로서 1월(압비월) 14일에 열렸다.

두 번째 축제는 맥추절(麥秋節, Feast of Harvest)로서 수장절(收藏節)이라고도 불렀다. 후에 이 축제는 오순절로 알려지게 되었다. 유월절 후 7주를 지난 50일 만에 지키는 절기여서 칠칠절, 또는 오순절(五巡節)이라고도 한다. 첫 수확기에 지키는 절기여서 초실절이라고도 한다.

세 번째 축제는 초막절(草幕節, Feast of Tabernacles)로서 올리브, 포도 추수하여 저장한 후 티쉬리 월(7월, 태양력으로 9, 10월) 15일부터 지키는 감사 절기를 말한다. 초막절에는 가족들이 함께 초막을 세우고 상징되는 열매와 식물들로 초막을 장식하고, 그곳에서 식사하고 잠을 자기도 하며, 과거 조상들의 광야 생활을 간접 경험을 통해 배운다.

네 번째 축제는 안식일(Sabbath)로서 레위기 23:2, 3을 보면 절기로 간주되어 있다. 유대인들이 휴일로 지키는 토요일을 말하며 히브리어 '샤밧'은 '쉬다' 또는 '중지하다'라는 뜻을 어근으로 한다. 안식일의 기원은 하나님이 6일간 창조하시고 7일째 되는 날에 안식하신 것에서 유래한다. 거룩한 휴식의 날인 안식일은 이스라엘의 세대를 거쳐 그들이 하나님의 언약 백성이라는 정체성을 확립하는 데 도움을 주었다.

다섯 번째 축제는 속죄일(Day of Atonement)이었다. 일 년에 한 번씩 하나님께 대제사장과 백성의 죄를 대속하는 날로 이스라엘 종교력(宗敎曆)으로 7월(티쉬리 월 태양력으로 9, 10월경) 10일을 말한다.

여섯 번째 축제는 에스더기 9장에 묘사된 부림절(Days of Purim)인데 이는 하만의 밀모(密謀)로부터의 구원을 기념하는 것이었다. 이날은 축연과 기쁨의 날이었다. 율법에는 명시되어 있지 않다.

구약성경이 완결된 이후에 제정된 축제는 수전절(修殿節, Feast of Dedication)로서 예루살렘 성전이 에피파네스(Antiochus Epiphanes, B.C. 215년-164년)에 의해 더럽혀진 후, B.C. 164년 마카비우스(Judas Maccabeus)가 이를 정화한 일을 기념하고 의식화한 것이었다. 이는 빛의 절기로 부르기도 했다.

그 밖에도 할례 예식, 장자의 속전(贖錢), 성인 예식 등 여러 가지 예식에 자녀들을 참여하게 함으로써 그들이 이런 질문을 유발하도록 한다.

"왜 그렇게 하는가?"

"무슨 의미가 있는가?"

3. 가르치는 사람과 교육 방법

1) 온몸으로 메시지를 선포한 예언자들

그들은 백성에게 보내는 메시지의 의미를 강조하기 위해 상징의 방법을 사용하였다. 이러한 상징은 예언자의 '징조'로 서술되었다. 방법은 선언된 말의 의미를 실제 행동으로 표현하는 것이었다.

이러한 예는 이사야 8:1 이하에 나타나 있다.

> 여호와께서 내게 말씀하셨다. "큰 판을 가져다 그 위에 누구나 읽을 수 있는 글자로 '마헬살랄하스바스'라고 써라"(사 8:1).

이 구절을 보면 하나님이 이사야에게 이르시되 큰 서판을 취해 그 위에 통용 문자로 기록하라고 하셨는데, 이때 이사야는 그의 자녀들에게 예언의 의미를 내포하는 어떤 이름('마헬살랄하스바스')을 지어 주라는 하나님의 말씀을 들었다.

예레미야 13:1-11을 보면 예레미야도 하나님의 말씀을 들었는데, 이는 베 띠를 사서 그것을 처음 빨기도 전에 썩게 하라는 것이었다. 이러한 실제 행동은 하나님이 유다의 교만을 꺾으시리라는 것을 보여 주는 것이었다.

예레미야는 목에 나무 멍에를 매고 돌아다녔는데, 이는 이스라엘 백성이 느부갓네살의 종이 될 것을 상징하였다. 예언자 에스겔도 이와 비슷한 말을 들었다(겔 12:6).

에스겔은 상징적인 행동을 통해 예루살렘에 대한 파괴와 파멸의 메시지를 선포하였다. 그는 공포로 몸을 부들부들 떨면서 빵을 먹고 물을 마셨는데 이는 예루살렘에 닥쳐오는 재앙의 그것과 몰고 올 공포를 상징적으로 묘사한 것이었다.

더욱 가내적(家內的)인 차원에서 사용된 다른 상징 품목은 술(민 15:39-41; 신 22:12), 부적(출 13:1-10; 신 6:4-9; 11:13-21) 문설주(신 11:20) 등이었다.

2) 조기 교육(早期敎育)과 성인식

첫 번째는 조기 교육이다. 어린 나이에 교육을 시작한다는 것이다. 유대인 어머니는 늘 아이 곁에서, 아이의 눈높이에 맞추어 이야기한다. 아이가 태어나서 만나는 첫 교육자가 어머니이다. 아이가 한 명의 온전한 유대인으로 클 수 있는 것은 어머니의 힘이 절대적이다.

유대인들은 3살이 되면 히브리어를 배운다. 율법을 암기하기 위해서다. 특히, 13세 때 성인식을 치르기 위해서는 모세오경 중 한 편을 모두 암기해야 한다. 그리고 성인식에 참석한 사람들을 대상으로 구약성경을 토대로 자기가 준비한 강론을 해야 한다.

유대인은 하나님이 자녀를 13살 성인식 때까지 부모에게 맡겼다고 생각한다. 그래서 그들은 자녀를 한 사람의 온전한 유대인으로 만들어 성인식 때 하나님께 드려야 한다고 믿는다.

유대인에게는 13세가 된다는 것은 아주 특별한 의미를 지닌다. 이때부터는 성인 대접을 해준다. 이제는 하나님 앞에 스스로 모든 것을 책임져야 한다. 13세가 되는 생일날 하는 '성인식'은 정말 성대하게 거행된다. 개인의 일생에서 결혼식과 함께 가장 중요한 날이다.

성인식(成人式)을 히브리어로 바르 미츠바(히브리어: בר מצוה, 영어: Bar Mitzvah) 또는 바트 미츠바(히브리어: בת מצוה, 영어: Bat Mitzvah)라 부른다. 바르 미츠바는 '신의 가르침의 아들'이란 뜻이다. 곧 아동 교육의 책임이 부모로부터 하나님에게로 넘겨진다는 의미다. 아동은 부모에게서 독립하여 하나의 온전하고 독립적인 인격체가 된다.

유대인들은 1년 동안의 성인식 준비를 통해 내가 무엇이며, 왜 이 세상에 나왔으며, 무엇을 해야 하나를 고민한다. 그런 의미에서 유대인의 성인식은 정체성 확립 선언의 장이 된다. 성인식을 하는 13세 아이는 이제 종교적으로 부모에게 예속되지 않으며 스스로 독립적인 종교인임을 인정한다는 뜻이다. 성인식을 마친 유대인 아이들은 당연히 그때부터 성인으로서 결혼할 수 있다. 그리고 성인이 됨과 동시에 자기의 평생 직업을 선택할 수 있는 권리를 갖는다. 성인식을 계기로 인생관과 직업관이 세워진다.

3) 유대 성인식의 교육학적 의의

랍비 마크 워쇼프스키(Rabbi Mark Washofsky)는 "오늘날에도 부모와 친척들의 적극적인 협조와 성원 아래 진행되는 유대인의 전통적 성인식이 유대인 공동 사회에서 매우 중요한 역할을 감당하고 있으며, 성인식이 갖는 교육학적 의의를 매우 긍정적으로 평가할 수 있다"[6]고 한다.

즉, 성인식은 부모와의 협의와 대담을 통해 집중적인 고전(토라와 탈무드) 활용 교육을 통해 청소년의 지적 능력을 배양하며 지식의 습득을 넘어 종교와 전통에 근거한 지혜를 갖게 한다. 그리고 성인식은 부모와 자녀, 랍비와 학생이 상호 작용하게 하여 '종교인으로서, 사회 구성원으로서'의 자기에 대해 이해의 폭을 넓히게 함으로 자아 정체성을 확립하여 삶의 목표와 진로를 결정하는 데 큰 도움을 준다.

4) 구전 교육(口傳敎育)

구전 교육이 다른 방법들보다 시기적으로 앞섰다. 여기에서 '들으라'(쉐마)는 권고가 빈번하게 나타난다.

---

6 Mark Washofsky, *Jewish Living: A Guide to Contemporary Reform Practice* (Behrman House Press, 2001), 21.

모세가 온 이스라엘을 불러 말했습니다. "이스라엘아, 내가 오늘 너희에게 말하는 규례와 법도를 들으라. 그것을 배우고 반드시 따르도록 하라"(신 5:1).

여호와의 말씀을 들으라, 너희 소돔의 지도자들아! 우리 하나님의 율법에 귀 기울이라, 너희 고모라의 백성들아!(사 1:10).

미가서 6:6-8은 교리 문답 일과로써 제시된 질문에 대한 답변이 함축되어 있는 수사학적 형식으로 되어 있다. 절정은 8절에 나타나 있다.

오 사람아, 무엇이 좋은지 이미 그분께서 네게 말씀하셨다. 여호와께서 네게 원하시는 것은 공의에 맞게 행동하고 긍휼을 사랑하며 겸손히 네 하나님과 함께 행하는 것이다 (미 6:8).

구약성경에는 다양한 방법이 사용되었다. 신약성경의 히브리서 기자는 기록한다.

하나님이 옛날에는 예언자들을 통해, 여러 번에 걸쳐 여러 가지 방법으로 우리 조상들에게 말씀하셨다(히 11:1).

하나님은 얼굴과 얼굴을 맞대고 모세에게 말씀하셨으며 예언자들에게 환상과 꿈으로 말씀하셨고, 자연과 일상생활의 평범한 사건을 통해 말씀하셨다.

그는 역사적 사건 속에서 말씀하셨고, 제사장, 예언자, 다른 그의 종들을 통해 말씀하셨다. 그의 목소리는 양심을 통해 들을 수 있었으며, 그의 뜻은 율법을 통해 알 수 있었다. 교육과 연단(鍊鍛)은 뗄 수 없이 결합하여 있었다.

연단과 매질은 그 사랑하는 자를 하나님의 사랑과 관심의 표시로서 간주하였다. 교수 수행 방법으로서의 연단은 보상과 책벌의 자극제로 귀결되었다. 보상과 책벌을 각각 선행과 고역으로 인도하는 것이었다. 이스라엘이 깨닫도록 한 것 같이 이스라엘의 현명한 교사들도 학생들을 연단시켰다.

이스라엘의 교육은 하나님이 자신을 계시하였다는 신앙에 기초한 종교 교육이었다. 이는 언제나 계시를 전제한 교육이었다. 유대인의 교육은 교육 체제가 배타적으로 종교적이고 과학과 기타 연구는 종교 지식을 가르치는 과정에서 우연히 배우는 성격을 갖고 있었다.

5) 질문과 토론

질문과 토론은 유대인의 교육 방법에 큰 비중을 차지한다. 이것은 종교 절기 의식에서 중요한 과정으로, 예컨대, 부모는 자녀에게 호기심을 자극하여 절기의 기원과 의미 및 방법에 대한 질문을 유도한다.

특히, 유대인의 교육 방법 가운데 토론을 중심으로 하는 유명한 하브루타(Havruta)는 2인 1조로 짝을 지어 질문하고 대화를 나누며 토론하고 논쟁하는 것을 말하는데, 유대인의 전통적인 교육 방식으로 상대방과의 대화를 통해 문제를 이해하고 해결하는 방법이다.[7]

하브루타는 유대인 정신(Bet Midrash)에서 근간한 것으로 유대인의 가장 대표적인 특성이라고 볼 수 있으며, 둘이 모이면 어디서든지 장소를 불문하고 그들의 성경인 토라와 탈무드에서 시작하여 서로가 호기심을 가지고 있는 대화의 주제에 관해 끊임없이 질문하고 경청하는 습관에서 비롯되었다.

이러한 습관은 가정에서 부모와의 대화에서 시작되어 학교에서 파트너 친구와 선생님과도 이어져 이러한 이스라엘의 상호 작용적 대화 습관이 깊

---

7   E. 홀저·O. 켄트(E. Holzer·Kent, O), 『하브루타란 무엇인가?』(*Philosophy of havruta*), 김진섭 역 (오산: D6 코리아 교육연구원, 2019), 24.

이 있는 지식과 창조적 성향을 생성하게 되었다고 볼 수 있다

유월절에 무교 병을 먹을 때, 가정을 떠나 장막에서 토라를 읽을 때, 모든 생 축의 초 태생을 하나님께 드리는 의식 등에서 아이들은 이런 의식의 의미에 관해서 묻게 되고 부모는 대답하면서 자연스럽게 신앙 교육이 이루어지게 된다.

이처럼 유대인의 신앙 교육은 반복된 암송을 통해 일단 몸에 체화시킨다. 그다음 공부 방법은 질문식 수업으로 진행된다. 학교에서 유대인 선생들은 아이들에게 답을 즉시 가르쳐주지 않는다. 질문을 계속하여 스스로 답을 찾도록 도와준다.

6) 체화 교육(體化敎育)과 일인일기(一人一技) 교육

마찬가지로 신앙 교육에서도 아동들의 경험과 사고의 영역을 뛰어넘는 추상적인 문제들을 설명하고 해석해 주기보다는 그들의 생활 경험과 사고의 범주 안에서 확실히 개념화된 영역을 내용으로, 그것을 행함과 경험의 과정을 통해 분명한 교훈을 주고 그들의 종교적 경험의 폭을 넓혀 나가는 것이 효과적이다.

유대인 자녀들은 가정생활에 직접 참여함으로써 배움을 이뤄나간다. 유목 시대에 남아는 목양, 사냥, 활쏘기, 돌팔매질을 배웠고, 여아는 곡식 빻기, 밀가루 반죽과 빵 굽기, 우유 짜기, 버터 만들기, 물레를 돌려 실을 감고 베를 짜며, 바느질과 염색하는 방법을 배웠다.

농경 시대에 들어와서는 밭 갈기, 심기, 추수, 포도원 재배, 포도주 만들기, 목수일, 도자기 굽기, 가죽에 물들이기 등을 배우고, 그 외의 가정에서 만든 생산품을 팔기 위해 상업을 배웠다.

이스라엘 사람들에게 있어 직업 교육은 남의 것을 훔치지 않고 바르게 사는 삶을 가르치는 것이며, 그것이 하나님을 경외하는 삶이라고 생각했다.

신약 시대에 사도 바울이 전도 여행 중에서도 텐트 메이커(Tentmaker) 직을 수행하면서 자비량 선교사로서 선교 활동을 한 것을 보면 유대의 일인 일기 교육의 실상을 알 수 있다.

7) 선조들의 삶에서 배우는 생존 의식

창세기에는 이스라엘 민족의 믿음의 조상이라는 아브라함과 이삭, 야곱, 요셉, 모세, 다윗 등 선조의 삶을 아주 세밀하게 묘사하고 있다. 이들은 위기와 절망에서 벗어나 삶의 자족을 누린 신앙의 위인이었다. 성공적인 삶을 산 선조들은 모두가 '시련이라는 대학'을 졸업한 사람들이다.

신앙의 아버지라고 불리는 아브라함도 하나님으로부터 직접 시험(시련)을 받고 통과한 사람이다. 신앙의 선조들 가운데 특히 다윗은 누구보다도 고난을 통해 인생과 신앙의 완성을 이룬 사람이다.

왕이 되기 전에는 사울왕의 시기와 질투로 몇 번이나 죽을 고비를 넘겼고, 말년에 이르러선 아들 압살롬의 반역으로 고통과 고뇌에 빠지곤 했다. 이러한 시련을 통해 다윗은 하나님께 더욱 가까이 다가갔으며, 결과적으로 건짐과 구원의 은혜를 체험하게 되었다.

도덕적으로나 인격적인 면에서 다윗은 불완전한 인간에 불과했다. 이를테면 우리아 장군을 살해하고 그의 아내 밧세바를 취한 일은 불륜 중에도 불륜이다. 그러한 다윗은 진정 저주의 대상이지 축복의 대상은 못 된다.

그러나 다윗은 이스라엘 역대 왕 중에 가장 위대한 왕이었으며 하나님의 은혜의 복을 많이 받아 누린 사람이었다. 그것은 말할 것 없이 고난을 통해 회개하고 하나님을 신뢰했으며, 끝까지 하나님의 언약을 저버리지 않았기 때문이다. 이스라엘 백성들은 이러한 위대한 인물들의 역경을 극복한 삶의 모습에서 살아가는 법의 정수(精粹)를 배운다.

제4장
히브리 민족 교육의 교과서

1. 교과서와 교육 지침서

1) 구전 율법

학자들은 성문 율법(成文律法)의 기원 시기에 대해 논쟁해 왔다. 보통 이스라엘 초기 역사에 있어서는 모든 율법이 구전 형태를 취했고, 후대에 가서야 성문화되었다고 주장해 왔다.

그러나 오늘날에는 구전 율법과 성문 율법이 어깨를 나란히 하면서 발전해 왔다는 주장이 더욱 설득력이 있다. 구약 율법의 완전한 성문화(成文化)는 포로 후기까지 이룩되지 않았다. 확실히 후기 외경들은 마카비 시대나 그 이후의 것으로 추정되어야 할 것이다.

더욱이 구전 율법은 마카비 시대로부터 A.D. 220년에 이르기까지 발전하였다. 그리고 A.D. 220년 미쉬나가 성문 형태로 완결되었다. 물론 미쉬나는 구약성경의 모든 경전 문헌을 포함하지 않는다.

2) 미쉬나·탈무드

미쉬나는 랍비들이 모세 율법에 관한 고유의 해석 및 그 율법 면에서 유대인들에게 필수적인 행동 과정을 각각 논의했을 때 그들의 대화를 구전화해서 전해 내려온 것을 말한다. '미쉬나'는 "반복하다"라는 의미가 있는 히브리어 동사 '샤나'에서 파생되었다.

유대인들의 교육 방법은 구전된 율법 내용을 반복하여 학습하는 것이기 때문에 '반복'이라는 의미를 지닌 미쉬나는 동시에 '가르침'을 의미하기도 한다. 미쉬나는 복잡하고도 언어적이며 일련의 계속적인 주해(註解)로서 모세 율법을 풀어 설명한 것이지만 어디까지나 객관적인 것이다.

이 주해서인 미쉬나는 할라카(Halakha)와 학가다(Haggadah), 교훈으로 이루어져 있는데, 율법적인 교훈 부분은 전자에 해당하고 설화적인 교훈 부분은 후자에 해당이 된다.

할라카는 오경과 다르며, 시내산에서 받은 계시로부터 파생하거나 그것을 토대로 발전한 구전 전승을 보존하고 나타내기 위한 목적을 지닌다. 1, 2세기에 랍비 아키바가 이에 대한 견해와 해석을 수집하기 시작하였고, 랍비 메이르를 비롯한 그의 제자들이 이어갔다. 3세기 초, 유다 하나시는 새로 편집한 미쉬나를 완성하였다. 유대인 가정에서 출애굽을 기념하는 유월절의 저녁 식사 예식을 집전할 때 사용하는 책이 학가다이다.

3) 성문 율법

성문 율법의 시기는 모세 시대로부터 추정해 낼 수 있는데, 이는 점차적으로 보다 큰 문서집으로 발전하였다. 율법이라는 말은 수많은 서로 다른 의미를 가지고 있다. 이 낱말은 십계명으로 서술하기 위해 사용되기도 하는 데 이는 가장 좁은 의미를 말한다.

더욱 넓은 의미로는 율법이란 모세오경 즉, 다섯 가지 율법 책을 뜻하였다. 더욱 일반적인 의미로는 구약성경 전체를 뜻하기도 했다. 또한, 미쉬나와 탈무드의 구전 율법을 포함하기도 했다. 성문 율법과 그의 몇 구절들 가운데 쉐마는 가장 잘 알려져 있다.

율법은 가르침과 교육의 의미를 지니고 있다. 계명들은 삶의 방도에 대한 가르침이었다. 넓은 의미의 율법은 메시지도 율법이었다. 왜냐하면, 그들은 모세 율법의 의미와 가르침을 당대에 적용하였기 때문이다. 성경 시대 말기에 이르러 유대인들은 구약성경과 외경서들을 포함한 경전 문서로 갖고 있었다.

외경서(外經書, Apocryph)는 일반적으로 알려지지 않은 저작이나 의심스러운 출처의 작품들이다. 성경 외경은 불가타와 칠십인역에 포함되어 있지만, 히브리어 성경에는 포함되어 있지 않다.

가톨릭교회는 이런 작품들을 제2 경전으로 인정하지만, 개신교회는 이런 작품들을 외경서로 구분한다. 이 외경들은 경전 문서에 포함하기는 했으나, 더욱 높은 권위를 부여하지 않았던 것이 이 문서들이었다. 대부분 문서는 오경의 가르침을 포함하였다.

이 정규적인 교육 자료에 있어서 읽고 쓰기가 목적에 도달하기 위한 유일한 방도였다. 다른 과목들은 율법 교육에 있어서 우연한 것들이었다. 우선 과학, 의학 사상은 율법 안에 삽입되어 있었다.

율법 교육에 대한 이러한 강조 때문에 교육은 교양과 기억 개발이라는 형태를 취하였고, 특히 기억 개발은 구전 율법 보존에 매우 중요하였다.

유대교의 교과서는 구약성경이었지만, 이 구약성경은 여러 언어로 번역되었다. 비록 구약성경이 근본적으로는 히브리어로 되어 있었다고 할지라도, 그 속에 이미 아람어 구절들이 있었다.

특히, 에스라서와 다니엘서가 그러하였다. 몇 개의 외경은 헬라어로 기록되었다. 예컨대, 에스라 4:8-6:18; 7:12-26; 다니엘 2:4-7:28; 예레미야 10:11 등이 아람어로 기록되어 있다.

성경 연구를 위한 학술 용어는 여전히 히브리어였지만, 포로 후기 시대에 평범한 사람들은 히브리어를 알아들을 수가 없었다. 이러한 실정은 아람어 번역과 성경 해설을 불가피하게 하였다. 즉, 아람어 성경의 발전을 불가피하게 만들었다.

2. 교육 기관

히브리 민족의 교육 체제는 단순한 기원으로부터 신약 시대의 복잡한 체제에 이르러 장구하고 점진적인 발전의 결과였다. 구약 시대에 걸쳐 국립 교육 체제 같은 것은 전혀 존재하지 않았다. 남자아이들은 부모로부터 필요한 농경 기술을 배웠고, 여자아이들은 어머니로부터 가사 기술을 배웠다.

그러나 이스라엘 교육이 생계 교육과 하나님을 섬기게 하는 교육을 의미했으므로, 이들은 율법 읽기와 율법 이해의 필요성에 대해 유의를 해야 했다. 여기에 구약 시대의 읽고 쓰는 능력 문제가 놓여 있었다.

1) 문자 교육의 시작

B.C. 2,000년 초기의 근동 지방 전체에 걸쳐서 문자는 문명의 징표였다. B.C. 2,000년 무렵에는 알파벳이 개발되었고, 그 결과 읽고 쓰는 능력이 향상하였다. 이스라엘은 이 문화 중심이 가까이 있었기 때문에 구약 시대 전체에 걸쳐 문자 기술을 누렸다고 생각할 수 있다.

구약 시대 전체에 걸쳐 이스라엘에는 읽고 쓸 수 있는 사람들이 많았다는 것을 짐작할 수 있는데, 출애굽기에서 하나님과 모세가 대화하는 내용을 보면 알 수 있다. 모세는 십계명을 읽을 수 있었다. 확실히 모세는 읽고 쓸 수 있는 관리들의 도움을 받았다.

광야 유랑기(曠野流浪期) 동안 제사장들은 저주의 말을 기록하기도 했고(민 5:23), 사무엘은 왕의 권리와 의무를 다윗은 요압에 편지를 썼고(삼하 11:14), 솔로몬은 두로 왕 히람에 편지를 보냈다(대하 2:1-10).

서기관들은 인명 목록을 썼고(대상 24:6), 예언자 이사야도 글을 썼으며(사 8:1), 예언자 예레미야는 그의 가르침을 비서 바룩에 받아쓰게 하였다(렘 36:27).

이사야는 글을 읽고 쓸 수 있는 사람과 문맹자를 구별하였으며(사 29:12), "숲 속에는 겨우 몇 그루의 나무만 남아서, 어린아이도 그 수를 기록할 수 있을 것이"(사 10:19)라고 하여 아이가 글을 쓴다는 사실을 언급하였다.

아이의 글쓰기 훈련은 가정에서 부모들에 의해 히브리어로 행해졌다. 포로기와 포로 후기에 있어서 교육의 영역은 많은 아동에게 확장되었고, 이는 히브리어와 아람어로 수행되었다.

2) 가정 교육과 공립 교육 기관

B.C. 4세기 그리스인이 유입되어 오면서 헬라어도 이스라엘 교육에서 사용되었다. 그러므로 우리는 가정 교육에서 발전된 학교 교육으로 이스라엘 교육이 점차로 발전해 갔음을 알 수 있다. 처음에는 부모, 또는 보모, 교사는 상위 계급에 고용되어 있었다는 사실은 다음과 같은 구약성경 구절에서 찾아볼 수 있다.

> 이웃 여자들이 "나오미가 아들을 낳았다" 하며 그 이름을 오벳이라고 불렀습니다. 그는 다윗의 할아버지며 이새의 아버지가 됩니다(룻 4:17).

> 편지가 도착하자 그 사람들은 왕자 70명을 잡아다가 모두 죽이고 그들의 머리를 바구니에 넣어 이스르엘에 있는 예후에게로 보냈습니다(왕하 10:7).

학자들은 초기 왕정에 해당하는 B.C. 10세기에 이르러 농부들 가운데서도 글을 읽고 쓸 수 있는 자가 있었다는 증거가 남아 있다고 주장한다. 비록 문자 해독이 보편적인 것이 아니었지만 이는 광범위하게 퍼져 있었다.

실로암의 명문(銘文), 라기스(Lachish)의 문자들, 상형 문자 파피루스 등에 대한 언급은 이미 일상생활에 문자가 널리 퍼져있었음을 말해 준다. 더욱이 초서체의 발전은 대중에 의한 문자의 광범위한 사용을 가리킨다.

마카비상 1:56을 보면, 율법의 사본이 가정에 비치되어 있었음을 알 수 있다. 학생들의 탈무드 문자와 기록은 왕정 시대에 있어 문자 해독의 높은 수준을 말해 준다.

문자 해독의 발전과 함께 교육 목표의 변화도 일어났다. 이스라엘 교육의 기본 목적은 종교적인 것으로, 이 목적의 가장 중요한 뜻은 역사적 유산의 전수를 위해 이스라엘 사람들은 그들의 역사를 가르쳐야 한다는 것이었다. 이스라엘 민족 교육에서 선조들의 역사를 가르치는 것이 필수인 전통은 이때부터 형성되었다.

그들은 율법 가르치는 일을 늘 기억하고 있어야 했다. 그 목적은 윤리적 유산을 전수하는 것이었다. 민족이 자기 고유의 언어와 글자를 가지고 있는 것은 대단한 축복이다. 글자에 '민족혼'이 담겨 있기 때문이다. 글자는 민족의 경험과 유산 그리고 조상들의 지혜를 후손에게 전해줄 수 있는 중요한 도구이다.

유대인들은 고대로부터 히브리어라는 자기들의 언어와 글자를 갖고 있었다. 히브리어는 B.C. 2,000년대 중엽에 생겨난 언어이다. 구약성경도 히브리어로 기록되었다. 이미 B.C. 3세기 무렵에 사용된 히브리어 성경도 존재한다. 히브리어는 B.C. 6세기 바벨론에 끌려가서도 사용한 언어이다.

유대교 자체가 책으로 전수되는 종교인데, 유대인은 그들의 종교를 지키기 위해서도 외지에 나가서도 그들의 글자를 지켰다. 유대인의 5,000년 역사가 현재에도 살아 숨 쉴 수 있는 기반이 바로 이것이다.

로마 시대 2차 디아스포라로 민족이 흩어지자 유대 현자들은 유대 종교가 지역에 따라 변질되는 것을 막기 위해 예배 의식을 표준화하였다. 그리고 그들 고유의 언어가 훼손될까 우려하여 히브리어 사전과 문법을 기록했다. 덕분에 지금도 히브리 사람들은 현대 히브리어를 읽을 수 있으며 고대 히브리어 독해가 가능하다.

3. 회당과 서기관 학교

1) 회당 설립

유대인은 3,000년 전부터 학교를 운영한 민족이다. 아마도 오늘날 '회당'이라고 부르는 조직체는 바벨론 포로기 동안 하나의 조직체로서 발전했을 것으로 본다. 구약성경 시편 74:8에 '유대인의 회당'을 뜻하는 히브리어 단어 '모에드'(מועד)가 등장하는데, 70인역에서는 이스라엘의 집회를 언급하기 위해 여러 번 헬라어 '쉬나고게'(συναγωγή, 회당)를 사용하였다.

회당의 기원에 대해서는 기독교계의 대부분 학자가 바벨론 포로기 이후인 B.C. 6세기경에 시작되어 안식일 예배와 토라를 가르치기 위한 장소들로 생각하는 반면, 유대 학자들은 그들의 종교적 전통을 연구하는 과정에 회당의 기원을 모세 시대로 거슬러 올라가는 경향이 있고, 심지어는 랍비들의 전통에 의하면 유대 회당의 기원은 이스라엘 역사의 아주 초기로 거슬러 올라간다고 한다.

오슬로대학교의 신약학 앤더스 루네손(Anders Runesson) 교수에 의하면 유대교의 회당은 처음부터 기도의 집(벧 하 미드라쉬, Bet Ha Midrash)과 함께 있었으며 유대 회당은 이스라엘의 태동 시기부터 있었다고 주장한다.[1] 비록 유대인 회당의 기원이 불확실하다고 할지라도 그 중요성은 인정하지 않을 수 없다. 유대교에 있어서 그 성격을 부여해 준 것이 바로 이 조직체이기 때문이다.

포로 전기에 있어서 이스라엘의 예배는 성전과 희생 제사에 집중되어 있었다. 성전이 파괴되자 이 초점은 변경되었다. 포로기에 걸쳐서 예루살렘 예배는 불가능하였다. 당시 유대인 회당은 구약성경과 기도문 교육을 위한 장소로써 시작하였다.

---

1 Anders Runesson, *The origins of the synagogue: a socio-historical study* (Stockholm: Almqvist & Wiksell, 2001), 73.

성전이 건립되면서부터 유대인들의 중심은 성전으로 옮겨갔고(이전에는 여러 곳에 분산되어 있었던 예배와 교육의 중심이) A.D. 70년 로마에 의한 성전 파괴 이후에는 유대 사회의 모든 사회적 활동이 회당을 중심으로 이루어지게 되었다. 자연히 토라 교육과 기도 그리고 모든 사회적, 문화적 활동이 회당에서 실행되었다.[2]

2) 서기관 양성 학교

구약 시대의 공적인 형태의 교육 존재를 두고 학자들 사이에는 찬반 논란이 이어지고 있다. 공적인 형태의 교육 존재를 부정하는 학자들은 고고학적인 근거가 부족한 것에 대해 구약의 왕조 시대에는 문맹률이 높았고 대부분의 교육은 구전에 의존했다고 전제한다.

학자들은 구약성경의 공적 교육 여부를 판단하는 데 현대식 학교 개념을 사용하곤 한다. 이들은 부모가 아닌 교육자가 교육비를 받고 일정한 규모의 학생들에게 특정한 내용을 가르치는 것을 학교라 규정하고, 이런 형태의 학교는 고대 메소포타미아와 이집트에는 존재했지만, 구약 시대의 이스라엘에는 존재하지 않았다고 한다.

그러나 구약성경 곳곳에는 일반 백성을 대상으로 한 공적인 형태의 신앙 교육 존재 가능성을 보여 주는 표현들이 있다. 학자들은 고대 메소포타미아의 이집트에 공적 교육의 존재를 뒷받침하는 중요한 요소 중의 하나로 서기관(書記官) 학교의 존재를 제시한다.

고대 이스라엘은 야웨의 임재를 상징하는 언약궤를 블레셋에게 무기력하게 탈취당하는 사건을 계기로 블레셋의 관료적 시스템 사회와 군사 기술력과 철기 문화 기술 사회의 위력에 대응할 수 있는 체제 변화를 심각하게 모색하였다.

---

2   정효제, "유대 회당과 교회의 학교 기능에 관한 고찰," 「성경과 고고학」 제105호 (한국성서고고학회, 2020), 218-219.

그 결과 다윗-솔로몬 왕정은 고대 근동 제국의 선진 문물과 시스템 사회로 성공적으로 도입하였다. 이 도입 과정에는 일차적으로 가나안 도시 국가의 행정 시스템의 영향을 염두에 둘 수 있다.

다윗의 가나안 도시 국가 예루살렘의 정복을 통해 여부스족의 도시 국가 엘리트들에게서 새로운 관료적 통치 기술을 배웠으며, 관료 양성을 목표로 하는 궁중 내부의 서기관 학교 기능과 직제에 대한 강한 관심이 존재하였다.

예루살렘은 다른 가나안 도시 국가들처럼 이집트의 지배를 받았으며, 이집트가 퇴각한 후에도 여전히 이집트의 행정 기구를 보유하였을 것으로 추정한다.[3]

이집트에서는 고왕국 시대부터 서기관들이 있었고, 이들은 자신의 자식에게 서기관 교육을 시켰다. 중왕국 시대에는 서기관 학교가 있었고 서기관들은 사람들로부터 존경받는 지위를 누렸다.

고대 메소포타미아의 경우에도 "서기관의 진술은 연설가의 어머니이고 학자들의 아버지이다"라는 수메르 잠언에서 볼 수 있듯이 수메르 시대부터 서기관들이 활동하였다.

구약 시대에 서기관들은 다양한 분야에서 활동하였으며, 저술과 교육에도 참여하였다. 왕실 서기관(삼하 8:17), 성전 서기관(대하 14:11), 군대 징집 서기관(왕하 25:19), 개인의 서기관(렘 36:26)들이었는데, 특히 왕실 소속 서기관들은 아주 중요한 지위를 차지했기 때문에 다윗 정부의 핵심 인사들을 열거하는 목록에는 제사장 다음에 언급되며(삼하 8:17), 때에 따라서는 제사장들보다 먼저 언급되기도 한다(왕하 22:3).

상당수의 서기관은 교육 활동에 참여하였다. 잠언 25:1은 히스기야의 신하들이 솔로몬의 잠언을 편집하였다고 하는데, 이들은 서기관이었을 것이다. 역대하 17:7에 의하면 유다 왕 여호사밧이 그의 방백 다섯 명을 유다 성읍들에 보내어 가르치게 하였다.

---

3 Irving M. Zeitlin, *Ancient Judeism: Biblical criticism from Max Weber to the present*. (Polity Press, 2013), 165.

이런 다양한 계층의 서기관 존재와 활동은 가정 밖에서 공적인 형태의 교육 존재를 뒷받침한다.

3) 알파벳의 사용

신명기 6:9에 있는 이스라엘 백성들에게 '쉐마 이스라엘'("들으라 이스라엘")을 문설주와 바깥 문에 기록하라고 한다. 이것은 이스라엘 모든 사람이 글을 읽고 쓸 수 있음을 전제하며, 글을 읽고 쓰는 교육이 있었음을 보여 준다.

구약학 전공인 기동연 교수의 연구에 의하면 모세 시대의 메소포타미아와 이집트에는 문자가 있었지만 95퍼센트 이상의 사람이 문맹이었다고 한다. 이집트의 고왕국 시대에는 상형 문자의 문자 수가 1,000개 정도였고, 톨레미 시대에는 수천 개로 증가하였기 때문에 문자를 공부하는 것은 매우 힘든 일이었다.[4]

메소포타미아의 경우도 마찬가지다. 메소포타미아의 쐐기형 문자의 기본 문자는 약 170개였기 때문에 지능이 뛰어나도 인내심이 깊은 학생이 아니면 문자를 배우기가 어려웠다. 반면에 이스라엘은 가나안 정착 초기부터 알파벳을 사용하였다.

이스라엘이 어떤 경로를 통해 알파벳을 알게 되었는지는 알 수 없지만, B.C. 158년 무렵에 활동한 그리스계 유대인 역사가 유폴레무스(Eupolemus)는 다음과 같은 말을 남겼다.

> 모세는 첫 번째 지혜로운 사람이었고, 그는 알파벳을 유대인들에게 가르쳤고, 유대인들은 이를 페니키아 사람들에게 전했고, 페니키아 사람들은 그리스로 전했다. 그리고 모세는 처음으로 유대인들을 위해 율법을 기록했다.[5]

---

4   기동연, "구약 시대의 공적인 형태의 신앙 교육," 「성경과 신학」, 제75집, (개혁신학회, 2015), 35-67.
5   Irving M. Zeitlin, 앞의 책, 137.

이스라엘 민족은 가나안 정착 초기부터 히브리어 알파벳을 알았고 읽고 쓰기를 배울 수 있었다. 가나안에서 출토된 문헌들을 보면 도시들뿐만 아니라 시골에 살았던 평민들도 글을 읽고 쓸 수 있었음을 보여 준다.

구약성경에도 이스라엘 백성들이 읽고 쓸 능력을 갖추고 있었음을 보여 주는 표현들이 곳곳에 있다. 신명기 24:1-4는 이혼할 경우, 이혼 증서를 써 주라고 하는데, 이것은 이혼하는 사람이 글을 쓸 수 있고, 이혼당하는 사람은 읽을 수 있음을 전제한다.

여호수아 18:4-10에서 여호수아는 매 지파 3명을 정탐꾼으로 보내어 가나안 땅을 일곱 부분으로 나누어 기록하게 하였고, 이들은 정보를 책에 기록해 왔다고 한다. 이것은 이들 36명뿐만 아니라 기록해 온 것을 읽을 수 있는 사람들을 포함해서 많은 수의 군인이 읽고 쓸 수 있었음을 알 수 있다.

사사기 8:13-14에 의하면 기드온이 붙잡아 심문한 한 소년이 숙곳 방백과 장로 77명의 이름을 기록했다고 한다. 소년의 신분은 알 수 없지만, 이 기록은 이스라엘의 평범한 소년 중에도 글을 읽을 수 있는 사람이 있었음을 보여 준다.

4) 랍비의 등장

디아스포라 유대인들이 제국의 땅에서 어두운 역사를 극복하는 힘을 개인적인 경건만으로는 충족시킬 수 없었다. 하나님의 백성으로서의 정체성을 확인해 줄 수 있는 공동체와 공동체의 예배가 필요했다.

회당의 기원을 바벨론 포로기라고 보는 것이 자연스러운 이유는 성전과 성전의 제사가 사라진 상황 속에서 유대인들은 그들의 정치적·사회적 신앙적 필요를 채워 줄 그 어떤 구체적인 모임이나 기관이 절실히 필요했다는 점이다.

"중앙 성전이 부재한 상황에서, 유대인들은 예배와 교육을 위해 작은 규모의 모임들을 가지게 되었다."[6] 이러한 모임들이 지역별로 자연스럽게 확산되었는데, 따라서 이런 모임을 위한 건물도 필요로 하게 되었다.

이러한 회당의 건물의 특징은 회당의 예전의 강조점을 그대로 반영하고 있다. 예루살렘 성전의 예전 중심이 제사였다면, 회당 예전의 중심은 토라 곧 경전과 경전의 낭독이었다.

회당은 모세오경을 기록한 두루마리를 보관하고 있었고, 예배드릴 때 이것을 꺼내어 회중 앞에서 낭독하였다. 오경이 기록된 두루마리들은 사람들이 접근할 수 없는 신비스러운 성물로 보관된 것이 아니라, 예배 때 꺼내 낭독하기 위한 실용적인 경전으로 활용되었다.

시나고그는 물론 예배당의 의미를 지니고 있다. 하지만 배움의 장소이자 공동체의 구심점이 되는 집합 장소이다. 시나고그는 일반적인 기독교 교회와는 상당히 다르다. 기독교 교회에는 목사나 사제가 있어서 예배를 집전하지만, 시나고그에는 그런 사람이 없다. 단지 랍비가 있을 뿐이다.

랍비는 성직자가 아니다. 일반 평신도이다. 단지 많이 배운 학자이기 때문에 유대인 지역 사회의 지도자이며 재판관이기도 하다. 힘든 일이 있을 때 인생을 상담하는 친구이다. 당연히 랍비는 일반 신도보다 높은 단에 서서 설교하지도 않을뿐더러 예배를 주도하지도 않는다.

예배, 교육, 공동체 치리(治理)가 유대인 공동체의 목적이었다. 예배와 교육의 목적은 종종 단일한 행동 안에서 수행되었는데, 그 까닭은 유대인 회당에 있어 예배가 교육의 성격을 띠었기 때문이다. 이처럼 유대인 회당의 제1 목적이 대중적인 율법 교육이었다고 할 수 있다.

---

6   정효제, 앞의 책, 219.

5) 회당의 예배 의식

미쉬나(메길라 4:3)[7]에 따르면 유대인 회당의 예배 의식은 다섯 가지 부분으로 이루어져 있었다.

① 쉐마
  즉, 신명기(6:9-11, 13-21)의 말씀이 낭독된다.
② 유대인 회당 기도문
  예컨대 18개의 감사 기도문이 암송되었다. 이 기도문의 핵심에는 이스라엘이 선조들의 땅으로 복귀하고 하나님의 영광이 예루살렘에 재건한 성전으로 다시 돌아오기를 바라는 주제가 있다.
③ 율법 낭독
④ 예언서 낭독
⑤ 감사 기도

많은 사람이 히브리어를 알아듣지 못하였으므로 일과의 해설은 아람어로 주어졌고, 주석과 권고는 랍비들이 안내했다. 이 예배 의식 부분은 히브리어 낭독 이후에 행해졌고, 감사 기도와 연결되었다. 유대인 회당 교육은 세계 최초의 공교육이자 의무 교육이었다. 또한, 이것은 세계 최초의 민족 집단 종교 교육이기도 했다. 이렇게 유대인은 기원전부터 의무 교육을 시행한 민족이다.[8]

율법 학교 등 고등 교육에 대한 무상 교육도 그즈음에 시작되었다. 고등 교육에 대한 무상 교육은 B.C. 1세기 랍비 힐렐(Hillel)이 주도했다. 유대인

---

[7] '메길라'는 에스더, 예레미야 애가, 아가, 룻기, 전도서 등 모두 다섯 권이지만 그냥 '메길라'라고만 말하면 그것은 에스더서를 가리킨다. 초기 탈무드시대(A.D. 250년까지) 회당에서 낭독된 두루마리는 에스더서뿐이었기 때문이다.

[8] Helena Miller·Lisa D. Grant·Alex Pomson, *International Handbook of Jewish Education* (New York: Springer, 2011), 56.

회당은 대중적인 성인 교육 체제를 마련하였는데, 여기서 율법이 매주 연구되었다. B.C. 6세기에 성전이 파괴되자 유대인 희망의 탁월성이 드러났고, 이는 포로기 이후 이스라엘에 있어서 가장 지속적이고 광범위한 조직체가 되었다.

유대인 회당의 영향 아래서 모든 유대인이 율법학도가 되었다. 만일 유대인 회당이 없었다면 유대인은 존재하지 않게 되었을지도 모른다.

6) 유대인 학교와 학원

구약성경 여러 곳에서 예언자들이 이스라엘의 최초의 학교를 책임지고 있었음을 알 수 있다. 처음부터 예언자들의 교육상의 역할은 명백했다. 그들은 모세가 근거를 지어 준 인물로서 탁월한 예언자로서 회상했다.

모세는 이렇게 말함으로써 예언자의 이상형을 구체화했다.

> 너희 하나님 여호와께서는 너희를 위해 너희 형제들 가운데서 나 같은 예언자를 일으키실 것이다. 너희는 그에게 귀 기울여야 한다(신 18:15).

예언자들은 이스라엘 전체의 교사로서 간주하였다. 이스라엘 왕정 초기에 이르러 예언자 직이 생겼다. 예언자 집단(삼상 10:5)은 '선지자의 무리'로 서술되었다. '선지자의 아들들'은 예언자로부터 가르침을 받는 제자들이었다.

구약성경 예언서 가운데는 예언자들이 그 제자들을 가르쳤다는 내용이 기록되어 있다(왕상 19:16; 왕하 2:3). 이 구절들에서는 '예언자 수련생들'이 스승 엘리사와 대화를 나누고 있는 장면이 나온다. 예언자들의 가르침은 율법에 집중되어 있었을 것이며, 그 시대에 유효적절한 해석으로 문제를 설명하였을 것이다.

더욱 형식적인 의미에서의 학교 발전은 유대인 회당의 성장과 관련되어 있다. 유대인 회당의 기원 시기가 약간의 모호성이 있는 것처럼, 이스라엘의 학교 체제의 기원 문제도 사정은 마찬가지이다. 물론 이것은 학교 체제가 포로 시기에 작동했다는 것을 뜻하지는 않는다. 오히려 학교의 발전이 그리스 문화의 영향 아래 이루어졌다는 가설이 더욱 개연성이 높다. 그러면 학교 체제의 기원은 B.C. 4세기나 그 후대가 될 것이다.

7) 의무 교육 체제

마카비상 1:56을 보면, 왕정 시대의 문자 해독력이 광범위하게 퍼지게 되어 많은 가정에 율법 책이 존재하게 된 것을 볼 수 있다. B.C. 1세기에 있어서 랍비 문서들은 학교의 의무 교육 체제를 바리새파 사람들의 덕택으로 돌리고 있었다.

B.C. 76-67년 무렵 바리새파는 인기 있는 당파였다. 랍비의 지도로 학생들은 율법의 해석과 그 적용을 토론하였다.

신약성경 대부분(13편의 서신들)을 기술한 사도 바울은 바리새파인 가말리엘 학원에서 교육을 받았다. 가말리엘은 힐렐의 당시 지도자급 교사였다. '연구의 집'에 대한 최초의 언급은 집회서(集會書) 51:23에 나온다. 미쉬나에 나오는 대 집회나 또는 대 유대인 회당 사람들에 대한 언급은 아마도 이 학원을 말하는 것이라 본다.

유대인 회당의 비호 아래 초등학교와 중등학교가 성장해 갔다. 초등학교는 보통 유대인 회당 안이나 근처에서 운영되었다. 보통 교사들이 유대인 회당을 처리하였다. 중등학교나 학원은 보통 유대인 회당에서 떨어져 있었고, 성전 경내나 선생 자신의 집에서 운영되었다. 유대인 회당, 초등학교, 학원 등 이 세 조직체의 영향을 통해 모든 유대인은 율법 학도가 되었고, 바로 이 조직체들이 유대인을 구약성경의 민족이 되게 하였다.

유대인 전승에 의하면, B.C. 63년에 이르러 대제사장 여호수아 벤 기믈라가 각 도시와 마을에 학교를 세우도록 규정하고, 어린이들은 6, 7세부터 의무적으로 학교에 다니도록 하였다. 오늘날의 의무 교육이 이미 시작된 셈이다.

제5장
히브리 민족 교육의 교사들

1. 교사의 원형(原型), 야웨 하나님

가나안 정착 이후 이스라엘 백성들을 압제하는 이방 민족으로부터 해방하기 위해 사사들을 부르셨다. 하나님은 사무엘을 통해 사울과 다윗을 이스라엘 왕으로 선택하셨다. 왕정 시대에 기름 부음을 통해 왕, 제사장, 예언자들이 부르심을 받았다.

남 유다의 왕은 다윗왕의 혈통을 따라 계승되었지만, 북이스라엘은 예언자들을 통해 세움을 받았다. 제사장들은 레위 지파에서 태어남으로 제사장의 직분을 감당하게 되었다. 예언자들은 하나님의 분명한 부르심으로 사역을 감당하게 되었다.

구약성경이 유대인 민족 교육의 교과서이자 교육의 지침서라면 구약성경을 가르치는 자, 즉 교수 요원(敎授要員, instructor)은 우선 가장 직접적인 가르침을 주는 하나님을 생각할 수 있다. 다음으로는 하나님으로부터 교수자의 역할을 위임받은 사람들, 말하자면 하나님으로부터 부르심을 받은 사람들이 가르치는 사람들이라 할 수 있다.

1) 교육자이신 야웨 하나님

교육에 대한 히브리적 접근은 그들의 계시 이해에서 싹튼 것이다. 인간이 지식을 가질 수 있다면 이는 오직 하나님이 자신을 인간에게 계시하셨기 때문이다. 결국, 이스라엘에 있어서 하나님은 제1차적으로 교육하시는 분이었다. 하나님은 '스승'으로 불렸다.

예언자 이사야는 백성들이 지식을 위해 우상이나 죽은 자에게 물을 것이 아니라 반드시 하나님에게 물어야 한다고 생각했다. 하나님이 스승으로서 그의 백성들이 그의 말씀을 듣도록 촉구했다. 그러므로 유일하신 스승인 하나님을 누가 가르쳤을까 하고 묻는 것은 건방진 행동으로 간주하였다.

> 하나님이 높은 사람들도 심판하시는데 누가 하나님께 지식을 가르칠 수 있는가?
> (욥 21:22).

이 질문에 대해 추정된 답변은 "그 누구도 아니다"라는 것이다. 하나님에 의해 주어진 교육 내용은 율법이었다. 율법의 가르침은 또한 "우리가 이것을 숨기지 않고 우리 자손에게 전하여 줄 것이니, 곧 주님의 영광스러운 행적과 능력과 그가 이루신 놀라운 일들을 미래의 세대에게 전하여 줄 것"(시 78:4)을 포함하였다.

하나님이 그의 백성을 가르치는 데 사용한 방법은 연단(鍊鍛)의 형태였다. 그가 가르치신 바의 본질은 율법이었다. 율법은 하나님에 의해 직접 인간에게 가르쳐지는 것은 아니었다. 율법은 사람들을 통해 모세와 제사장들, 예언자들과 그의 종을 통해 전달되었다. 하나님은 교사의 원형을 깨우쳐 주셨으나, 율법은 모세를 통해 이스라엘은 다음 세대를 교육하라는 계명을 받았다.

하나님이 지식과 계시의 원천, 이스라엘에서의 교사의 원형을 깨닫게 하시었다. 그는 다른 사람들에게 교육하라는 계명을 주셨고, 또한 그들을 통해 지식을 전달해 주셨다. 그는 계명을 주셨을 뿐만 아니라 사람들에게 가르침을 베풀도록 영감을 불어 넣어 주셨다.

하나님이 계명도, 영감도 주지 않으셨다면 그들의 가르침에 주의가 집중되지는 않았을 것이다.

2. 교사의 소명이 주어진 사람들

1) 최초의 교사, 부모

아동들은 부모에 의해 가정에서 처음 교육을 받았다. 아동에게 교육적 성격을 지닌 가르침을 제일 먼저 실시하는 자는 그들의 어머니였다.

> 내 아들아 네 아비의 훈계를 들으며 네 어미의 법을 떠나지 말라(잠 1:8).

이처럼 구약성경에 나타난 유대인의 가정은 교회요, 학교이며 삶의 장이었다. 가정에서 부모는 자녀를 교육하는 교사였다. 유대인의 가정은 성전(聖殿)의 개념을 가지고 있다. 하나님이 태초에 남자와 여자를 창조하시고 가정을 이루게 하셨는데(창 2:18-24), 여기에서 최초의 남자인 아담과 최초의 여자인 하와가 이룬 가정이 성전의 기원이 된다.

유대 민족에게 있어서 가정은 생동적인 신앙 전승의 장소이다. 히브리인들의 연속되는 역사적 변화와 정치적인 소용돌이 속에서도 민족 공동체로서 하나로 유지될 수 있었던 것은 출애굽 사건이 큰 역할을 했다.

히브리인들의 교육 시대에 가정은 성전과 함께 중요한 교육 현장이었고, 포로 생활 이후에도 가정은 희망과 함께 중요한 교육 현장으로 연결되었다. 포로가 되어 히브리인들은 이방 권력의 압박 속에서 살았을 때, 그들이 가장 중요하게 생각했던 문제는 종교적 신앙생활을 위협하는 정체성의 위협이었다.

　유대인들이 한결같이 야웨 신앙을 갖도록 철저히 한 것은 신앙을 중심으로 온 민족이 하나 되게 하려는 공동체 결속의 작업이었다. 우르에서 건너온 아브라함의 후예인 유목민들과 이집트로부터 탈출하여 자기 땅이 없었던 이스라엘 사람들이 이방 신과 민족들 틈 사이에서 살아남을 수 있었던 방법은 신앙으로 하나 됨이었다.[1]

　이처럼 히브리인 교육은 부모 교육으로부터 출발했으며, 자녀들은 교육 받은 부모를 통해 자연스럽게 연쇄적인 지도를 받았다. 유대인 부모들은 자기들이 조상 대대로 전수 한 신앙의 유산을 자녀들에게 잘 전수해야 한다는 것에 대한 책임감을 품고 있었다. 유대 부모들은 자녀들에게 좋은 음식을 주고 좋은 옷을 입히는 것보다 신앙 교육을 더 중요하게 여겼다.

　유대인 자녀 교육에 있어 가장 중요한 교사는 아버지이다. 아버지는 그 가정의 제사장이면서 또한 교사다. 구약 시대에 여성은 토라를 만질 수 없고, 남성만이 토라를 만질 수 있었기에 유대 가정에서 자녀에게 토라를 가르치는 선생은 어머니가 아니라 아버지다.

　유대인 아버지는 토라 사상과 하나님 중심주의 사상을 자녀에게 심어 준다. 유대인 가정에서는 아버지의 권위를 절대시하기 때문에 모든 일에 가족끼리 의논은 하지만 최종적으로 결정을 내리는 것은 아버지의 몫이다.

　그들은 아버지의 권위가 자녀들의 정신적인 성장과 신앙적인 성장에 중요한 요인으로 작용한다고 믿는다. 또한, 어머니는 하나님의 선물인 자녀를 하나님의 뜻에 합당하게 양육하며, 사랑하는 것이 커다란 책임이었다. 유대인 디아스포라들이 그들의 신앙과 가정과 전통을 유지하고 있는 것은 어머니의 신앙 교육 때문이었다.

1　장종철, "유대 민족과 종교 교육," 「기독교언어문화논집」, 제17집 (국제기독교언어문화연구원, 2014), 36.

2) 신앙을 행동으로 나타낸 아브라함

창세기 12장을 시작하면서 하나님은 아브라함을 부르신다. 아브라함을 부르심으로 시작한 족장사(族長史)는 원역사(原歷史, Primeval History)와 연결하는 고리가 된다. 원역사인 창세기 1장-11장에는 창조와 창조주, 창조의 질서와 파괴, 가인과 아벨의 이야기, 노아와 홍수 이야기에서 바벨탑으로 연결된다.

하나님은 아브라함에게 말씀하셨다.

> 네 고향, 네 친척, 네 아버지의 집을 떠나 내가 네게 보여 주는 땅으로 가거라(창 12:1).

하나님은 "가라"(히브리어로 '할라크', הלך)는 동사로 명령한다. 이 명령은 하나님을 위해서가 아니라 아브라함을 위해서이다. 아브라함의 소명은 하나님을 위한 것이 아니라, 자신을 위한 것으로부터 시작하고 있다. 아브라함에게 땅과 자손을 약속하고 있지만 새로운 구원을 위한 하나님의 계획하심이 들어 있다.

아브라함이 떠나야 할 대상은 본토로 가장 넓은 의미이며, 친족과 아버지의 집으로 가족 관계로 축소되고 있다. 지금까지 아브라함을 보호해 주었던 지리적·사회적 배경을 버리고 모든 혈연관계까지 떠나는 것이다.

그러면서 하나님은 아브라함에게 어디로 가야 할지 목적지는 말하지 않는다. 즉, 아브라함은 자신이 어디로 가는지도 모르고 떠나가는 명령에 순종해야 한다. 하나님은 아브라함에게 목적지를 말하시지 않고 가라고만 하시면서 복 주실 것을 언약하신다.

하나님의 약속은 지극히 작은 공동체가 약속의 땅을 통치하고 지배하게 될 것을 제시한다. 하나님의 약속은 이스라엘 민족을 구성하게 되는 근거가 된다. 아브라함 나이 75세에 자식이라는 소망이 없는 사람에게 큰 민족의 약속은 희망이다. 그 희망이 우르를 떠나게 되는 원동력이 되었다.

3) 이상적인 교사상(敎師像), 모세

유대교에서는 모세보다 더 탁월한 교사상이 존재하지 않았다. 사실상 모세는 이스라엘 교사 계급에 있어 하나의 이상(理想)이었다. 그의 중요성은 그와 같은 율법과의 관계에서 비롯되었다.

유대인들은 율법이 모세를 통해 주어졌다고 인정했다. 이뿐 아니라 율법은 모세 율법으로 알려지게 되었다. 모세 이래로 이스라엘의 희망은 새로운 모세, 즉 하나님이 일으켜 세워 이스라엘 백성이 그 말을 듣고자 한 모세와 같은 예언자와 결합 되어 있었다.

민수기 12:7 등을 보면 하나님은 모세를 '나의 종'(노예, 하인)이라고 묘사하고 있다. 염두에 두고 볼 때, 이사야 42:1; 49:1; 52:12 등에서 제기되는 '종'은 모세와 같은 예언자에 대한 희망의 성취일 것이다. 이 종은 백성들에게 언약(약속)으로서 주어졌다.

그는 율법을 공포할 것이며, 포로된 자들을 굴레와 족쇄로부터 풀어낼 것이다. 그의 역할은 모세의 그것에 따라 양식화되어 있다. 모세는 이스라엘 백성이 죄를 지었을 때 그의 목숨을 그 백성을 위해 바쳤다. 사실상 '고난받는 종'도 그 생명을 백성들을 위해 바친 것이다.

4) 교육을 주도한 레위 제사장들

하나님은 모세에게 십계명과 신명기의 모든 명령과 규례를 백성들에게 가르치게 한다. 모세에게 주어진 교육 역할은 레위 제사장과 선지자들을 통해 계승되었을 가능성이 크다.

레위 제사장들에 의한 공적인 형태의 교육은 레위기 10:1-11에서 처음으로 확인할 수 있다. 아론과 그의 아들들에 의해 첫 공식 제사를 집례했을 때 나답과 아비후가 죽은 사건이 일어나자 하나님은 레위 제사장들에게 회막(會幕)에 들어갈 때 포도주와 독주를 마시지 않도록 했다.

그리고 그 이유를 이들이 죽지 않도록 방지하고 거룩하고 속된 것을 구별하며 모든 율법 규례를 이스라엘 자손에게 가르치기 위한 것이라고 한다. 레위 제사장의 교육적 역할은 열두 지파에 대한 모세의 유언에서도 볼 수 있다.

모세는 임종을 앞두고 레위 제사장들의 역할에 대해 다음과 같이 말했다.

> 주의 둠밈과 우림은 주의 거룩한 자와 함께 있게 해 주십시오. 주께서 맛사에서 그를 시험하셨고 주께서 므리바 물가에서 그와 다투셨습니다. 그가 자기 부모에 관해 '그들을 생각하지 않는다'고 말씀하셨습니다. 그는 자기 형제들을 인정하지 않고 자기 자식들을 알아보지 못했습니다. 그러나 그는 주의 칼을 바라보고 주의 언약을 지켰습니다. 그가 주의 훈계를 야곱에게 가르치고 주의 율법을 이스라엘에게 가르칩니다. 그가 주 앞에 향품을 드리고 주의 제단에 온전한 번제물을 올립니다(신 33:8-10).

제사장들의 교육은 율법을 가르치며 율법에 명시되지 않은 사건들에 대해 최종 판단을 내리고 가르치는 것이다. 신명기 31:9-13에 의하면 모세는 율법을 레위 제사장과 장로들에게 주고 초막절에 백성들에게 가르치게 했고, 가나안 땅에 거주할 동안 자녀들에게 가르쳐 야웨 하나님을 경외하기를 배우게 하라고 한다.

역대하 17:7-9에서 여호사밧왕은 레위 제사장들에게 유다 전역을 다니면서 가르치게 하였고, 역대하에 등장하는 제사장들은 모든 이스라엘을 가르치는 하나님 앞에서 거룩한 자들이라고 한다.

5) 에스라-느헤미야 율법 교육과 민족 정체성

레위 제사장들의 교육 전통은 포로 후기에도 고스란히 남아 있었다. 에스라서 7장에서 아닥사스다는 에스라에게 레위 제사장들을 데리고 예루살렘에 가게하며, 율법을 알지 못하는 자를 가르치게 한다.

구약성경에서 등장하는 인물 가운데 이스라엘 백성을 상대로 율법 교육을 직접 강의하고 설교한 사람으로 에스라와 느헤미야가 유일하다. 이들은 율법을 연구하여 준행하며 율례와 규례를 이스라엘 백성의 정체성 확립을 위해 백성들에게 직접 가르쳤다.

에스라 7:25의 마지막 문장 "율법을 잘 알지 못하는 사람들은 그대들이 가르쳐라"에서 '너희'의 아람어 '테호데운'(תְּהוֹדְעוּן)은 2인칭 남성 복수이며, 주어는 에스라를 포함하여 아닥사스다왕이 데려가라고 한 레위 제사장들을 포함한다.

에스라는 1차 포로 귀환 후 80년이 지난 B.C. 445년 공식적으로 하나님의 율법을 강화하기 위해 행정 장관의 위임을 받고 유다로 보냄을 받았다. 또한, 그는 B.C. 445년과 433년에 다시 유다의 총독으로 위임을 받았던 느헤미야에 의해 시작된 부흥 기간 동안에 율법을 계속 가르쳤다.

느헤미야 역시 B.C. 444년 이후 유다 지방을 다스렸던 총독으로 그의 아버지는 하가랴였다. 포로로 잡혀간 나라에서 중요한 지위에 올랐던 것을 볼 때 탁월한 실력을 지녔을 것으로 생각된다. 그가 했던 술맡은 관원이라는 직책은 왕이 독살당하지 않도록 먼저 술맛을 보는 일이었다. 이는 신뢰받는 사람에게 주어지는 자리였기 때문이다.

그런 느헤미야 같은 사람도 백성들에게 율법을 가르쳐, 과거에 지은 죄를 회개하고 헌신하도록 가르쳤던 지도자였다. 또한 느헤미야는 자신이 행한 일을 기록한 뒤, 하나님에게 "나를 기억해 주소서"라고 간청했다(느 5:19; 13:14, 22, 31).

결과적으로 느헤미야 8:7-8에 의하면 제사장 신분이었던 에스라가 율법을 백성들에게 가르쳤고, 그와 함께 한 레위 사람들은 율법을 해석하고 설명하는 일을 하였다. 레위 제사장들의 교육 전통은 말라기에서도 확인할 수 있다. 말라기 2:7-8은 레위 제사장들의 공적 교육을 레위 언약과 '야웨의 사자'(使者)라는 표현을 통해 무게감을 더해 주고 있다. 이 말씀은 구약성경에서 유일하게 레위 제사장을 '야웨의 사자'라고 지칭하고 있으며, 레위 제사장들이 하나님 말씀인 토라를 백성들에게 전하는 자의 역할을 강조하고 있다.

6) 에스라-느헤미야 교육이 배타성이 강한 이유

에스라-느헤미야서에서는 다음과 같은 몇 가지 점에서 이방 민족에 대해서 배타적인 모습을 보이고 있다.

첫째, 이스라엘 백성의 개념을 사마리아를 배제한 유다와 베냐민으로 제한한다.
둘째, 유다의 정통성을 바빌론-바사-디아스포라 귀환자들에게만 부여한다.
셋째, 유다의 머문 자들을 포함하여 이방 원주민들과의 협동이나 통혼(通婚)을 금지하고 또한 파괴함으로써 그들을 귀환한 이스라엘 공동체로부터 철저히 절교시킨다.

특히, 이방인과의 금혼에 대한 규율은 이스라엘 백성의 배타성을 극단적인 모습으로 나타나고 있어 학자들에 따라서는 비판의 대상이 되는 예도 있다.
그러나 이러한 배타성에 대해 이스라엘 백성이 처한 상황이나 여건을 고려할 때 충분히 이해할 수 있는 여지가 있음을 유의할 필요가 있다.[2]
출애굽 하여 시내산에 이른 백성들은 하나님의 명령대로 주위와 분리된 경계를 정해야 했다(출 19:12). 그런데 그 이전에 그들은 자신들을 정결케 해야 했다.

---

[2] 민경진, "에스라-느헤미야서의 문학적 구조 분석," 『에스라-느헤미야 어떻게 설교할 것인가』 HOW 주석 14 (서울: 두란노 아카데미, 2009), 43.

이와 유사한 3부적 구조로 에스라-느헤미야서는 통혼 절연을 통한 정결(스 2장), 성곽 재건을 통한 경계(느 3장), 그리고 율법 낭독(느 8장)으로 포로 후기 유다 공동체의 정체성을 출애굽 언약 백성과 연결하고 있다.

여기서 우리는 그들이 왜 다문화 가정의 파괴와 같은 극적인 배타적 행동을 취했는지를 이해할 수 있다. 그것은 그들이 과거 이집트로부터 출애굽 한 조상들이 우상 숭배의 가증한 일로 광야에서 사십 년을 방황했을 뿐만 아니라 "그때로부터 오늘까지"(스 9:7) 바빌론 유수와 같은 비참한 경험을 했기 때문이다.

이제 그들이 언약 백성으로서의 정체성을 회복하기 위해서는 야웨 하나님만이 다스리시는 구별된 하나님의 거룩한 백성과 제사장 나라로 거듭나야만 했다.

7) 교육과 정치를 담당한 사사(士師)들

사사(판관)들의 이야기는 "주께서 이스라엘을 돌보신 일도 알지 못하는 새 세대"(삿 2:10)로부터 시작된다. 여호수아 시대는 하나님의 위대하심을 체험하며 살았던 세대였던 반면에, 이들은 무지한 세대였다. 이들이 바알을 숭배함으로 하나님 앞에 범죄 행위를 했다.

사사기 기자는 가나안 땅의 이방 민족들을 징계의 목적(삿 2:20-21), 시험의 목적(2:22-23), 교육의 목적(3:1-2)으로 남겨 두었다고 말한다. 하나님은 이스라엘 백성들은 죄를 범함으로 인해 이방인들을 징계했다. 고난받은 백성이 이방인들의 압제 가운데 하나님에게 부르짖고 하나님은 사사를 보내어 구원했다.

하나님은 사사들을 부르실 때 사사 기드온을 제외하고는 나머지 사사들에 나타나시지 않았다. 다만 하나님의 신이 그들에게 임하므로 그들은 부르심을 인식하고 감당할 수 있었다.

사사 시대는 이스라엘이 지파 체제에서 왕정 시대로 바뀌는 전환기였다. 이러한 사회적 배경 가운데 등장하는 사사는 가족이나 지파 중심으로 활동하지 않는다. 이들의 사역에 이스라엘이라는 이름이 반복되는 것으로 보아 온 이스라엘을 위한 것이었다.

사사 직은 왕정의 시작으로 이스라엘 백성을 다스리는 왕과 하나님의 말을 대언(代言) 하는 예언자로 나누어진다.

8) 왕의 가장 중대한 임무, 신앙의 수호와 계승

이스라엘 역사에서 왕의 치세를 평가하는 가장 중요한 기준은 그가 얼마나 하나님의 율법을 잘 수호했느냐는 것이었다. 예컨대, 이스라엘 역사에서 악한 왕으로 이름난 아합왕의 경우, 그가 정치적으로, 대외적으로는 왕으로서 훌륭한 치세를 쌓았으나 그가 하나님의 율법을 수호하지 못했다는 점에서 악한 왕의 대명사로 불리게 되었다는 것이다.

아합은 북이스라엘의 왕 중에서 우상 숭배와 탐욕스러운 모습을 가장 많이 보여준 악한 왕이었는데 바알을 숭배하는 이세벨과 정략 결혼함으로써 영향을 받아 이스라엘의 바알 숭배를 퍼지게 하였고, 우상 숭배에 대한 징계로 가뭄과 기근을 초래하였다.

솔로몬왕 역시 20년간 성전과 자신의 궁전, 성읍 20개를 재건축하고 주변 국가들을 공격하고 국고성과 군사 요충지를 재건하는 업적을 이루었다. 경제적으로는 바로의 도움으로 해상 무역을 해서 큰 번영을 누렸다.

솔로몬은 그 당시 가장 부강한 군주였다. 솔로몬의 지혜는 고대 세계 전체에 걸쳐 잠언이 되었고, 그 때문에 시바 여왕조차 그의 지혜를 시험하러 왔다. 그러나 그가 정치적인 목적으로 이방 여인과 결혼하여 그들이 섬기던 이방 신을 용납하였고 이방 신전을 세우고 이방 신을 섬기는 타락을 모습을 보였기에 우상 숭배와 불순종으로 인해 그의 아들 때 이스라엘이 분열되는 징계를 받았다.

결국, 솔로몬도 아버지 다윗의 능력 그 이상을 발휘한 것 같지만 백성들이 이방 신을 섬기도록 허용했을 뿐만 아니라 자신도 이방 신을 섬김으로 하나님 보시기에는 하나의 멸망해 가는 타락한 왕에 불과했다.

이에 비해 여호사밧왕은 율법을 가르치는 왕의 업무를 충실히 감당하여 훌륭한 왕으로 칭송을 받았다. 여호사밧왕은 그의 왕자들을 유다 땅 전역의 모든 성에서 그 백성들을 가르치도록 파견시켰다.

때때로 왕들은 가르치는 직무에 적당하지 못했다. 많은 왕은 곧잘 자기의 삶에 있어 율법을 무시했고, 국가를 하나님에 대해 죄를 짓도록 이끌고 갔다. 그러므로 이스라엘에서는 왕에 대한 평가 또한 선한 왕인지 아니면 악한 왕인지 하는 기준도 그가 하나님을 얼마나 잘 섬기는가 아니면 그렇지 않은가 하는 것에 두었다.

그런데 이것은 현대에서는 통하기 쉽지 않은 극히 어려운 문제를 제기한다. 말하자면 예언자는 항상 왕을 규탄하는 자세를 취하고 있는데, 순정 치적으로 평가하며, 예언자에게 규탄을 받는 왕이 반드시 무능한 것이 아니라 정치적으로는 오히려 명군(名君)으로 불러도 좋을 왕들이 많이 있다.

3. 예언자들의 사명

이스라엘 민족에게 있어 가장 특징적인 존재라 할 수 있는 예언자들은 자기의 종교적 통찰력이나 지식의 풍부함이나 총명성, 도덕, 인격 등 개인적인 능력에 의한 것이 아니라 하나님으로부터 특별한 사명을 받아 부르심을 받은 사람들이다. 예언자는 이스라엘 역사에서 매우 중요한 위치를 차지하고 있다.[3]

3　Stephen B. Chapman, *The Law and the Prophets: A Study in Old Testament Canon Formation* (Tübingen: Mohr Sieback Verlag, 2020), 8-13.

이들이 왕이나 백성들에게 미친 영향은 실로 컸다. 이스라엘 백성들이 외국의 침략 때문에 어려웠던 시절에도 이들의 외침으로 질책을 당했으며 또 한편으로는 위로를 받고 이스라엘 백성이 선민으로서의 정체성을 유지, 확립하는 데 실로 중요한 도움을 얻었다.

예언자는 역사적으로는 복잡한 존재여서 율법과의 관계에서 어느 시기에 급하게 나타난 것이 아니라 아마도 율법보다도 먼 시대에서부터 존재하고 있었다. 이것은 이스라엘뿐만 아니라 동방 지방에서는 흔히 볼 수 있는 현상이었다.

초기에는 "신탁(神託)을 고하는 자"란 의미에서 많은 종교에 있는 엑스터시 상태가 되어 말씀을 고(告)하는 사람이었다. 고대 동방에서는 주권자의 주변에는 반드시 이러한 사람들이 있었다. 옛적에 이스라엘에서 사람들이 하나님에게 물으려고 할 때는, 선견자(ראה, 로에)에게 가자고 말하였다. 오늘날 우리가 예언자(נביא, 나비)라고 부르는 이들은 옛적에는 '선견자'라고 불렀다.

또 예언자가 대변인의 의미로 사용된 예도 있다. 그러면 이스라엘 백성을 지도하고, 가르친 사람으로서 예언자는 과연 어떠한 존재이었을까?

그들이 선견자 또는 선지자에서 발전했다는 것은 그 역사적 근거가 명확하고, 후의 예언자에서 선견자적, 대리인적 성격을 포함하고 있는 것은 사실이지만, 그것이 '이스라엘 예언자의 특질'을 나타낸다고는 말하기 쉽지 않다.

그러면 그 특질은 무엇인가?

이런 경우, 후대가 예언자의 대명사와 같이 쓰이는 한 사람을 들면 매우 적절한 방법이 될 것이다. 그 사람이 엘리야다. 이것은 이스라엘이 이미 분열한 남북 왕국 시대의 북이스라엘 이야기다.

1) 예언자 메시지의 핵심, 회개 요청

예언자의 역할은 그 기원을 모세의 직책에 두고 있다. 모세는 하나님이 얼굴을 맞대고, 같이 이야기하신 탁월한 예언자로 생각되었다. 대체로 예언자의 활동은 율법을 가르치고 그 의미를 당시 상황에서 제시하는 일과 결합하여 있었다.

예언자들은 악한 정치에 대한 비판자였다. 이들은 엘리야가 아합왕 앞에서 행한 것처럼 두려움 없이 왕 앞에 서서 그들의 법도가 잘못이라고 선언하였다. 그러나 이사야가 히스기야왕과 함께 행한 바와 같이 예언자들은 백성을 하나님의 법도대로 인도하려 애쓰는 왕을 강하게 해주는 현명한 정부의 우정어린 동반자이기도 했다.

예언자들은 그 백성의 사회적 행위에 나타나는 불의를 비판하였다. 그들은 예루살렘과 성전 때문에 이스라엘이 결코 원수들의 노예가 되지 않을 것이라는 거짓된 희망을 완강하게 부인하였다. 예언자들의 메시지는 하나님의 율법에서 벗어난 민족에 대한 심판과 파멸의 메시지였다. 심판과 파멸의 메시지 자체는 율법의 그것과 결합하여 있었다. 그러나 예언자들의 메시지는 궁극적 파멸의 메시지는 아니었다. 왜냐하면, 언약의 사랑 속에 계시는 하나님이 그의 언약 백성을 영원히 버리지 않으시기 때문이다.

궁극적으로 하나님이 그들을 구원시킬 방도를 제시하실 것이다. 새로운 구속의 행동 속에서 이스라엘은 그의 주 하나님에게로 돌아갈 것이다. 결국, 예언자 메시지의 중요한 측면은 주께로의 복귀 즉, 회개의 메시지였다.

회개의 메시지는 그 자체가 희망의 메시지였다. 예언자의 메시지는 모세 율법과 그 당시 역사 상황에 대한 영감 어린 해석을 포함하고 있었다. 구약성경 시대 동안에는 백성들이 역사적 유산에 진실하게 한 자는 바로 이 예언자들이었다.

이사야, 예레미야, 에스겔은 하나님의 말씀을 적개심에 가득 찬 청중들에게 선포하는 그 어려운 직분을 맡도록 소명을 받았다.

그러한 사정 아래에서는 각 사람이 어떠한 반대와 역경에 부딪히더라도 전혀 상관없이 하나님에게 끝까지 충성하는 자기 결심을 강화해 줄 어떤 시동적인 체험이나 환상을 하나님으로부터 받는 것이 결정적으로 중요했다. 그들 각자의 경우에서 그 특별한 소명이 성경에는 완벽하게 기록되어 있다.

2) 예언자의 소명 의식과 예언 방법의 차이

문서 이전의 예언자들, 즉 예언자로서의 사명을 받은 것에 대한 언급이 없는 예언자들과 기록하는 문서 예언자들의 부르심에 대한 기사는 차이가 발생한다.

문서 이전의 예언자들은 그들이 어떻게 소명을 받았는지 알 수 없다. 다만 그들이 소명을 받았다는 것을 성경 기록자의 보도를 통해 알 수 있다. 예언자들은 성소나 왕국 또는 예언자 그룹에 소속된 직업적 예언자들과 하나님과의 특별한 체험을 통해 소명을 받아 예언자가 되기도 했다.

남 유다의 나단은 궁중 예언자로 다윗왕에게 하나님의 말씀을 선포하는 일을 감당하였다. 북이스라엘의 예언자들은 카리스마적 지도자로 왕을 세우거나 쫓아내는 데 결정적인 역할을 감당하기도 했다.

또한, 그들의 사역은 기사와 이적을 동반하기도 한다. 엘리야는 가뭄의 선포, 죽은 사람을 살림, 갈멜산 제단의 불, 가뭄 해결, 호렙산에서 하나님 경험, 승천 등이 동반하고 있다. 엘리사는 여리고의 물 해결, 아람과의 전쟁 시 전술 지시, 선지 생도 아내의 경제 문제 해결, 나아만 피부병 해결, 도끼가 떠오르는 사건 등 기사와 이적이 그들 사역의 중심에 있다.

그러나 문서 예언자들은 기사와 이적보다는 이스라엘 백성들을 설득해야만 했다. 문서 예언자들은 예언을 선포할 때, "아마르 키 아도나이"(אמר כה יהוה)를 사용하는데, 예언자가 하나님의 대언자로 "이것이 야웨의 말씀"이라고 선포하고 있다.

이를 통해 예언자들은 자기들이 선포하고 있는 말에 신적인 권위를 부여하였다. 이런 신적인 권위를 분명하게 하려고 그들이 어떻게 부르심을 받았는지 상세하게 기술해야 할 필요성 때문에 부르심에 대한 기사를 자세하게 드러내고 있다.

예언자들은 야웨가 말씀하시면 어느 사람도 예언하지 않을 수가 없었다(암 3:8; 렘 1:9). 하나님의 말씀을 맡은 자는 그것을 담고 있거나 참을 수는 없고 주어진 말씀 그대로 선포해야만 한다. 선포된 말씀으로 인해 고난을 겪지만 사명을 감당할 수밖에 없다.

예언자들은 예언 선포로 거짓 예언자들과 정치·사회적인 갈등과 대립하며 충돌한다. 예언자들이 야웨로부터 받은 예언을 선포하므로 시드기야와 같은 거짓 예언자들과 대립하게 된다. 두 예언자가 예언 신탁을 선포하게 될 때 그것에 참과 거짓의 여부를 분별해 내기 어렵다.

오히려 궁중 예언자들로부터 거짓 예언자로 불리게 되고 핍박을 받게 된다. 그뿐만 아니라 백성들에게조차도 환영을 받지 못한다. 이러한 상황 속에서 자신들이 당하고 있는 고난을 죄로 여기지 않고 사명을 감당하기 위한 것으로 받아들인다. 예레미야가 그 대표적인 예언자다.

예언자들의 예언 선포 방법은 말씀을 대언 하는 것과 예언자들의 행동과 삶으로 선포해야 한다. 예언자들은 일반 백성들이 이해하기 힘든 비정상적인 행동과 삶을 살아간다. 이사야는 3년 동안 벌거벗은 몸으로 지내고, 에스겔은 머리칼과 수염을 자르고, 예레미야는 질그릇을 깨뜨리고, 호세아는 음란한 여인과 결혼 생활을 한다. 이러한 행동과 삶으로 하나님의 메시지를 상징적으로 전달하게 된다.

3) 몸으로 야웨의 사랑을 전한 호세아

예언자 호세아는 이스라엘과 유다가 초기 군주국의 황금 시대를 생각나게 하는 최고 수준의 물질적인 번영을 누리고 있던 시대인 B.C. 8세기에 활동하였다. 이와 같은 경제적 부흥을 하게 된 주요 이유는 전혀 정치적이었으며 북 왕국에 중대한 군사적 위협을 주었던 벤하닷 3세(B.C. 796-770년 무렵) 치하의 수리아가 쇠퇴한 결과였다.

북 왕국의 여로보암 2세 때 나타난 예언자가 호세아다. 호세아는 고대 사상가 가운데서도 가장 불가사의한 존재로 구약성경 가운데 실로 독특한 사상을 전개한 예언자이다. 학자에 따라서는 그의 사상이 가장 예수와 가깝고 그 원형(原型)이라고도 한다.[4] 그는 하나님과 이스라엘과의 관계를 결혼에 비유하고 있다. 남편인 하나님이 도망간 음란한 아내인 이스라엘을 추적하여 다시 돈을 주고 사들이는 형식을 취한다.

호세아는 음란한 여인과 결혼하라는 하나님의 말씀대로 그 여인과 결혼한다. 이것을 단순히 픽션으로서 말하고 있는 것인지, 아니면 정말 이 말씀대로 실행했는지는 학자들에 따라 견해를 달리하고 있지만, 당시 상징적인 행위가 그것을 사회에 실현한다고 하는 발상이 있었기 때문에 실행했다고 생각해도 별로 이상하지도 않다.[5]

그러나 다음의 사실만은 명확하다. 인간적인 관점에서 볼 때 호세아는 이 결혼이 비극으로 끝나리라는 것을 알고 있었지만, 하나님이 직접 명령하신 일이므로 순종했다. 호세아는 큰 희망을 안고 고멜과 결혼하였지만 결국 그녀는 악한 품성을 버리지 못하고 간음의 큰 죄를 저질렀고 결국 이혼은 피할 수 없게 되었다.

사실 2:2는 이혼 증서의 공식 내용인 "저는 내 아내가 아니요. 나는 저의 남편이 아니라"를 포함하고 있다. 그러나 호세아의 사랑은 변하지 않았고 그녀를 다시 아내로 받아들였다.

---

[4] 미국의 신학자 브라운백(Lydia Brownback) 교수는 호세아의 음란한 여인 고멜과의 결혼을 하나님과 이스라엘과의 결혼으로 비유하면서 호세아의 사상에서 그리스도 예수의 원형을 볼 수 있다고 한다. Lydia Brownback, *The Prostitute and the Prophet* (Crossway Wheaton, Ill.: Sheffield Academic Press, 2020), 103.

[5] O. S. Hawkins, *The Bible Code: Finding Jesus in Every Book in the Bible* (Thomas Nelson Incorporated, 2020), 93-96.

이 사실은 이스라엘이 하나님에게 순종을 맹세한 후에도 그들의 욕심을 좇아 바알과 가나안의 여러 신을 좇았다. 그리하여 결국에는 하나님에게 일시적으로 버림(앗시리아의 포로 생활)을 받게 되었다는 것을 암시한다.

호세아서의 주제는 계속되는 이러한 이스라엘의 범죄에도 하나님이 어떻게 그 백성을 사랑하셨는가를 보이시는 것이다. 배반하고 또 배반해도 음란한 아내를 사랑하는 남편이라는 모습에서 절대적인 하나님의 사랑이 여기에 포함되어 있다.

4) '나'(자아) 의식을 외치는 예레미야

구약성경에 등장하는 예언자의 최고봉은 예레미야와 이사야로 볼 수 있는데, 예레미야의 큰 특징을 이루고 있는 것은 '개인'이란 의식을 분명하게 제시하여 "하나님 대(對) 우리"라는 생각을 명확하게 하고 있다는 점이다.

이런 점에서 예레미야는 매우 현대적인 사람으로, 그때까지의 예언자들은 자기가 말하고 있는 것은 하나님이 자기의 입을 통해 말하고 있는 것이라는 의식은 있었지만, '자신', '자기'란 의식은 없었다고 할 수 있다.

그러나 예레미야는 "하나님은 하나님, 나는 나"라고 하는 의식이 있었으며, 거기에 "하나님에게 속았다"라는 말까지 한다. 이 말은 일반인들이 생각하는 '믿음'이란 생각에서 볼 때 실로 놀라운 말이라 하지 않을 수 없다. 이와 같은 말을 입에 담는 사람을 신앙인, 또는 종교적 인간이라고는 하지 않을 것이다. 다음에 인용하는 예레미야의 고백을 들어본다.

> 여호와여, 주께서 저를 속이셔서 제가 속았습니다. 주께서는 저보다 강해 저를 이기셨습니다. 제가 온종일 조롱거리가 됐으니 모두가 저를 조롱합니다. 제가 말할 때마다 부르짖으며 폭력과 멸망을 선언합니다. 그리하여 여호와의 말씀으로 인해 제가 온종일 모욕과 비난을 받습니다(렘 20:7-8).

예레미야의 이 고백은 예언자의 소명(렘 1장) 때문에 당하는 고통과 자신의 순수성 주장, 원수들에게서 구원해 주실 것을 간구하는 내용으로 구성되어 있다. 파격적인 고백으로 시작하는 첫 번째 단락(렘 20:7-12)은 예레미야의 애통해하는 마음이 절절히 묻어난다. 예레미야는 자신이 하나님의 꾐에 넘어가 예언자가 되었다고 고백한다.

이같이 예레미야는 명확하게 '자기'라는 의식을 가지고 하나님은 자기를 통해 말하고 있지만, 자신에게는 그것은 견디기 힘들고, 그러나 그렇다고 해서 가만히 있는 것도 참을 수 없다는 면이 있었다. 그것은 예레미야 이전의 예언자에게는 찾아볼 수 없다.

이처럼 여기에서 '개인'이란 의식이 실로 분명하게 나온다. 예컨대, 부모의 인과(因果)가 자식에게로 넘어간다는 선조의 죄에 대해 자손이 벌을 받는 발상은 어느 민족에게서나 찾아볼 수 있다.

연좌법(連坐法)은 동서를 막론하고 고대 형법의 공통적 특질의 하나이다. 예레미야는 연좌제를 단호히 부정한다. 에스겔서에서 연좌제에 대한 부정적 견해가 나온다. 부모 자식의 행위는 관계가 없다. 아버지의 행위는 아버지의 행위이고 자식의 행위는 자식의 행위일 따름이다. 양자 간에는 일체 관계가 없다. 사람은 각자 하나님 앞에 서서, 자기의 죄로 죽는 것이지 부모의 죄로 죽는 것 같은 일도 없을 뿐만 아니라, 부모가 자식의 죄로 죽는 일도 없다.

예레미야 이후, 에스겔이 되면 한층 확실하게 이러한 생각이 나타난다. 이 두 사람, 예레미야와 에스겔의 예언에서 인간에게 있어서 개체 사상, 즉 '개인' 대 '하나님'의 발상이 등장한다.

바벨론으로 잡혀 포로로 끌려가는 백성을 보내는 예레미야의 말도 매우 흥미롭다. 어느 성읍에 가든지 그 땅에 가게 되면 그곳을 차지하고 거기에서 가옥을 짓고 밭을 경작하고 거기에 정착하여 여유 있게 살아가기를 바란다.

여기에서도 역시 모든 것은 사라졌어도 남은 것은 자기만이 남는다. 자기와 하나님과의 관계가 남는다는 의식이 강렬하게 예레미야에게 있었다. 그것은 동시에 죄에 대한 하나님의 징벌이기 때문에 이에 보답하면 반드시 구원받게 될 것이라는 신앙이 자리를 잡고 있었다.

5) 예언자 예레미야만의 독특한 위임 명령

예레미야의 소명 기사(렘 1:4-10)에서 야웨는 예레미야에게 말한다.

> 내가 너를 모태에서 생기게 하기 전에 너를 알았고 네가 태어나기 전에 너를 거룩하게 구별했으며 너를 여러 민족을 위한 예언자로 정했다(렘 1:5).

여기에서 여러 민족들(גוים,'고임')은 이스라엘과 이방 민족을 의미한다.[6] 예레미야가 이스라엘만을 위한 선지자가 아니라 이방 민족까지 포함하는 선지자로 소명을 받았다는 뜻이다.

이러한 표현은 예레미야 1:10에 다시 나타난다.

> 보아라. 오늘 내가 너를 여러 민족들(גוים,'고임')과 나라들 위에 임명해 뽑고 붕괴시키고 파괴하며 무너뜨리고 또 건설하고 심게 하겠다(렘 1:10).

이처럼 야웨는 예레미야를 이스라엘만을 위한 선지자가 아니라, 이방 민족을 위한 선지자로 세웠음을 강조한다. 이것은 예레미야의 사역이 이스라엘에 한정되어 있지 않고 이방 민족까지 포함하고 있음을 의미한다. 이사야와 에스겔에서 볼 수 없는 예레미야만의 독특한 위임 명령이다. 여기에서 예레미야는 야웨 하나님은 이스라엘 민족만의 하나님이 아니라,

---

6   피터 크레이기(Peter C. Craigie), 『예레미야 1-25』 (*Word Biblical Commentary. Jeremiah 1-25*), 권대영 역 (서울: 솔로몬, 2011), 82.

모든 민족의 하나님이 되심을 은근히 내비친다.[7]

6) 타국에서 소망을 추구한 에스겔과 이사야

포로로 끌려간 땅에서도 예언자들이 있었다. 에스겔과 이사야였다. 여기에서는 구약성경 최대의 사상가로 불리는 이사야를 거론하려고 한다.

이사야는 히스기야왕 시대의 사람으로, 이사야 40장 이후는 무명의 예언자 저작이다. 그리고 시대도 훨씬 이후의 바벨론 포로기가 마칠 무렵에 일부는 아마도 그 이후에 기록된 것이다. 거기에서 학자들은 무명의 예언자를 제2의 이사야, 제3의 이사야라고 부른다.

이 제2의 이사야가 그때까지의 예언자들과는 크게 다른 점은 규탄, 고발이 아니라 오히려 위로와 희망을 노래하고 있다는 것이다. 노래한다고 썼는데, 예언은 거의 대개가 시로 기술되었고, 특히 제2 이사야는 전편이 아름다운 시로 이루어져 있다.

> "위로하라. 내 백성을 위로하라." 너희의 하나님이 말씀하신다. 예루살렘의 마음을 위로하며 말하라. 예루살렘의 복역 기간이 완전히 끝났고 형벌도 다 치렀으며 여호와의 손에서 그 죄 값을 두 배나 받았다고 선포하라(사 40:1-2).

여기에 앞서 언급한 '하나님의 형벌'이 나타나 있는데, 기독교에 가장 큰 영향을 준 것은 '고난의 종'이라 부르는 53장의 장편의 시다.

> 그는 사람들에게 멸시를 당하고 버림을 받았을 뿐 아니라 고통을 겪었고 언제나 병을 앓고 있었다. 사람들이 그를 보고서 얼굴을 가릴 만큼 그는 멸시를 당했으니 우리마저도 그

---

[7] 남명현, "나비(נָבִיא)와 선교적 사명: 예레미야 1장4-10절을 중심으로," 「선교와 신학」, 제57집 (장로회신학대학교, 2022), 261-294.

를 무시해 버렸다. 그러나 사실 그가 짊어진 병은 우리의 병이었고 그가 짊어진 아픔은 우리의 아픔이었다. 그런데도 우리는 그가 맞을 짓을 해서 하나님이 그를 때리시고 고난을 주신다고 생각했다. 그러나 사실은 우리의 허물이 그를 찔렀고 우리의 악함이 그를 짓뭉갰다. 그가 책망을 받아서 우리가 평화를 누리고 그가 매를 맞아서 우리의 병이 나은 것이다(사 53:3-5).

이 시는 누구를 가리키고 있는지 명확하지 않다. 다만 내용을 보면 그것이 누구인지 분명하지는 않다고 해도 타인의 병을 지고, 타인의 슬픔을 품는, 타인의 죄 때문에 하나님께 맞으며, 고통을 당하고, 받으며, 타인의 불의 때문에 부서지고, 징벌받으며, 포악한 재판에서 죽임을 당하고, 사람들의 죄를 담당함으로써 사람들에게 평안을 가져다준 사람을 노래하고 있는 것은 분명하다.

중요한 것은 초기 기독교 신자들은 이 시를 예수 그리스도를 예언한 시로 생각하여 예수 속에 구약성경의 '고난의 종'을 보고 있었다는 것이다.[8]

그러한 해석이 가능한 것은 마가복음에 기록되어 있지만, 명확한 것은 사도행전에 기록된 다음과 같은 진술일 것이다. 이 시의 의미에서 이해할 수 없었던 에티오피아 사람이 빌립에게 물었다. 그때 일을 바울의 동료였던 누가는 다음과 같이 기록하고 있다.

> 그 내시가 빌립에게 "이 말은 누구를 두고 한 말입니까? 예언자 자신을 두고 한 말입니까, 아니면 다른 사람을 두고 한 말입니까?"라고 물었습니다. 그러자 빌립이 그의 입을 열어 바로 그 성경 구절로부터 시작해서 예수에 대한 복음을 전해 주었습니다(행 8:34-35).

---

8 박성호, "'고난 받는 종' 예수: 네 번째 '야웨의 종의 노래'(사 52:13-53:12)에 대한 초대 교회의 기독교적 해석," *Canon&Culture*, 제11권 제1호 (한국신학정보연구원, 2017), 169-211.

오늘날에도 이를 '예수 그리스도 출현의 예언'[9]이라 한다. 어쨌든 이 시(詩)가 '예수 그리스도의 이미지'가 된 것은 부정할 수가 없고, 그것을 통해 기독교에 결정적인 영향을 준 것만은 분명한 사실이다.

예언자들의 운동과 왕제(?)는 이스라엘 역사에서 항상 평행 상태에 있는데, 그 평행 상태는 북쪽은 엘리야에서 시작하고 남쪽에서는 예레미야에서 끝난다고 할 수 있다.

7) 공의(公義)를 외치는 아모스의 회개 촉구

아모스는 호세아와 동시대에 살았던 인물로서, 남 유다 출신이었지만 북 왕국 이스라엘로 보내심을 받아 이스라엘을 향한 심판을 선언했던 선지자였다. 아모스가 외쳤던 메시지의 핵심은 여호와의 날이 다가오고 있으니 회개하라는 것이었다. 그러나 북 왕국 이스라엘은 아모스의 회개 요청을 거절하였고, 그래서 결국 하나님은 종말론적 심판을 선언하시고야 만다는 것이 아모스서 전체의 줄거리이다.

아모스의 전체적인 구조는 1:3-2:5 사이에서 반복되고 있는 열방 신탁 사이클에 기초하여 형성된다. 이 본문에는 다마스쿠스, 가사, 두로, 암몬, 모압, 유다에 대한 심판 예언이 동일한 패턴으로 반복되는데, 그 반복 구조는 "~의 서너 가지 죄로 말미암아"라는 표현, "내가 그 벌을 돌이키지 아니하리라"는 표현, "불을 보내리라"는 표현에 기초해서 이루어진다.

아모스 5장은 '여호와의 날' 주제를 다루는 것으로 잘 알려져 있는데, 여호와의 날이 북 왕국에 임할 때 그날은 빛이 아닌 어둠이 될 것을 노래하고 있다. 즉, 아모스는 백성들이 '돌아오지 않았기 때문에' 여호와의 날이 심판으로 임할 것을 선언한 것이다.

---

9 양명수, "고난받는 하나님의 종, 이사야 40-55장,"「기독교사상」, 통권 751호 (기독교서회, 2021), 125-140.

이러한 '여호와의 날' 및 '돌아옴'의 주제는 요엘서에 이미 서로 연결되어 하나의 메시지를 형성하고 있다. 아모스 선지자의 예언은 요엘서의 메시지 즉 '너희가 돌아오면 나도 돌아간다,' '너희가 돌이키면 나도 돌이킨다'라는 요엘의 신학적 원리를 적용하고 있다고 볼 근거가 충분해진다.

아모스 7:1-9:10은 여러 개의 환상을 연달아 보여 주는데 메뚜기 환상 및 불 환상에서 하나님은 아모스의 기도를 들으시고 '뜻을 돌이키시는' 모습을 보여 주셨다. 이렇게 하나님은 뜻을 두 번 돌이켜 주셨지만, 세 번째 환상인 다림줄 환상에서는 더 이상 용서하지 않고 정확한 잣대로 백성들을 심판하시겠다고 선언하신다.

이렇듯 아모스 전체의 흐름은 요엘서의 메시지를 그대로 받아들여 적용하고 있다. 이후 소선지서에 북 왕국 이스라엘을 향해 회개 요청을 전하는 메시지가 더 이상 등장하지 않는다.

8) "의인은 믿음으로 살리라"는 하박국

하박국서는 남 왕국 유다의 멸망을 예언한 책이다. 1장에서 하박국은 하나님과의 대화를 통해 이방 군대가 유대를 멸망시킬 것임을 알게 된다. 1:6-11에서 갈대아 군대가 묘사되는데, 그 이미지가 요엘 2장에 등장했던 이방 군대의 이미지와 유사하다는 점을 주목해야 한다.

> 보아라. 이제 바벨론 사람들을 내가 일으킬 것이다. 그들은 사납고 과격한 사람들이다. 남의 생활 터전을 빼앗으려고 온 땅을 돌아다닐 것이다(합 1:6-7).

비록 이 본문에 요엘서의 메뚜기 이미지가 직접 나타나고 있지는 않지만, 소선지서를 일관성 있게 읽어온 독자라면 하박국 1장의 이방 군대 이미지가 요엘 1, 2장의 메뚜기 이방 군대 이미지와 연결된다는 것을 쉽게 알 수 있을 것이다.

그렇다면 하박국이 말하는 회복의 방법은 무엇일까?

이에 대한 대답은 2장에서 제공되는데, 하박국과 하나님과의 대화 가운데 하나님은 '믿음'을 그 방법으로 제시한다.

> 보아라. 마음이 교만한 사람은 의롭지 않다. 그러나 의인은 그의 믿음으로 살 것이다 (합 2:4).

이 구절에서 '믿음'은 하나님의 성실성, 즉 하나님의 약속 성취에 대한 신뢰를 의미한다. 즉, 하박국이 말하는 믿음이란 1장에서 하나님이 말씀하신 심판을 받아들이고 인정하며, 그 심판 가운데서도 하나님이 구원을 행하실 수 있음을 신뢰하는 것을 의미한다고 보아야 할 것이다.

그리하여 2:5-20에서는 갈대아인들에 대한 심판이 예언되고, 3장에서는 용사로 전쟁에 참여하셔서 종국적으로 이스라엘을 회복시켜 주시는 여호와의 모습이 그려진다.

> 무화과나무가 싹이 트지 않고 포도나무에 열매가 없다고 해도, 올리브 나무에서 수확할 것이 없고 밭은 먹을 것을 생산하지 못해도, 우리 안에 양 떼가 없고 외양간에 소가 없다 해도 내가 여호와를 기뻐할 것이고 내 구원이 되시는 하나님을 즐거워할 것입니다 (합 3:17-18).

16절에서는 이방 백성들이 유대를 공격하러 올라오는 날이 언급된다. 그 전쟁의 결과가 17절에 묘사되는데, 포도나무와 무화과나무 이미지를 사용하여 땅이 황폐해질 것이라고 예언한다. 이런 비참한 현상에 대한 하박국 선지자의 반응이 18절에 나오는데, 매우 놀랍게도 절망과 낙담이 아닌 즐거움과 기쁨이다.

이것이 어떻게 가능할까?

바로 2:4에 묘사된 '믿음' 때문에 가능하다.

심판을 주시는 분이 하나님이신 것과 그 하나님을 신뢰할 때 결국 구원을 얻을 수 있음을 하박국은 배운 것이다. 믿음이란 하나님에 대한 계속된 신뢰이다. 심판이 끝이 아니라, 결국 '구원'해 주실 것이기에, 18절은 구원의 하나님으로 설명한다.

하박국은 하나님이 심판을 통해 구원을 베푸신다는 것을 설명하면서 독자들에게 그 하나님의 주권을 인정하는 믿음을 가지라고 요구한다. 이런 하박국의 메시지는 앞서 살펴본 요엘과 아모스의 메시지가 한층 더 발전한 형태이다.

요엘은 회복의 방법으로 인간의 회개를 말했고, 아모스는 하나님의 주권적 역사를 '믿음'으로 받아들여야 한다는 점을 말한다. 회복 방법에 대한 주제는 소 선지서 안에서 점차 발전하고 있다.

9) 에돔에게 심판을 선포한 오바댜

오바댜는 에돔 족속에게 하나님의 심판을 예언한 선지자였다. 그 길이도 1장 분량으로 매우 짧다. 주 내용은 에돔이 교만하므로 심판하신다는 것과 에돔이 이스라엘에 재앙을 내리던 날에 열방과 함께 이스라엘을 쳤다는 것이다. 이러한 에돔에 대한 예언은 단순히 에돔이라는 한 족속에 대한 예언을 넘어서서 열방을 향한 예언의 전형적인 모습이라고 보아야 한다.[10] 왜냐하면, 1:15에서 "모든 민족에게 임할 여호와의 날이 가까웠다"라고 말씀하시기 때문이다.

개역개정에는 "여호와께서 만국을 벌하실 날"로 되어 있지만, 원어를 직역하면 "모든 민족에게 임할 여호와의 날"이다. 여호와의 날이 임하여 이방 족속들이 심판받는 모습을 전형적으로 그린 책이 바로 오바댜서이다.[11]

---

10 김창대, 『한 권으로 꿰뚫는 소예언서』 (서울: IVF, 2013), 202.
11 김희석, "소선지서에 나타난 인자하심에 대한 설명 패턴의 발전 양상: 호세아~요나를 중심으로," 「총신대논총」, 제38집 (총신대학교, 2006), 303.

10) 요엘의 '야웨의 날'과 '회개'간의 차이

요엘서의 주제는 한마디로 요약하면 여호와의 날과 하나님의 자비로운 속성이라 할 것이다. 요엘서는 메뚜기 재앙을 촉매로 여호와의 날을 계시한다. 여호와의 날은 "완성"(consummation)의 날이요 심판의 날이며 하나님이 자신을 드러내시는 날이다. 이날은 역사의 종말로서 죄악이 심판받고 이스라엘이 회복되며 하나님이 이스라엘 가운데 영원히 거하시는 날이다.

여호와의 날은 공의의 날이다. 하나님의 백성 이스라엘은 자신들의 원수가 심판받는 것을 목도하기 전에 먼저 자신들의 죄를 처리해야 했다. 메뚜기 재앙은 이스라엘이 자기들의 죄를 깨닫고 회개하게 하려고 주어진 것이었다.

요엘서의 탁월한 점은 메뚜기 재앙이 유다를 엄습해 왔을 때 그것이 하나님이 공의의 심판을 하시는 여호와의 날과 관련된다는 것을 통찰한 것이다. 그리고 그 공의의 심판 칼끝은 먼저 이스라엘을 향한다는 것을 통찰한 것이다. 그래서 요엘서는 전대미문(前代未聞)의 가공할 자연재해 앞에서 이스라엘을 향해 회개할 것을 촉구한다.

회개는 회복을 가져왔다. 이처럼 회개 후 구원을 경험하고 난 후에 이스라엘은 여호와의 날의 진정한 실체에 대해 계시받을 수 있었다. 그 날은 인간의 역사가 끝나고 하나님 나라가 완성되는 묵시적 종말의 날이다. 드디어 전 세계, 특히 하나님의 백성의 원수들을 향해 하나님의 공의 심판이 내려진다.

이스라엘의 입장에서 볼 때에 역사의 종결 시점인 여호와의 날은 보복의 날인(the day of vengeance) 동시에 동정의 날이다(the day of compassion). 이스라엘은 한편으로는 하나님의 심판(보수[報讎])으로 말미암아 그의 억울함이 신원(伸冤)되고, 다른 한편으로는 하나님이 마련하신 영광스러운 복락 아래로 들어가게 되기 때문이다.

이제 하나님은 이스라엘 가운데 거하시어 그들에게 영원한 피난처와 산성이 될 것이다. 여호와의 날은 이스라엘에게 이중적인 의의를 지닌다.

첫째, 그것은 이스라엘의 정화(淨化) 날이다.
둘째, 그것은 이스라엘을 위한 신원과 영원한 구원과 회복의 날이다.

여호와의 날의 계시와 더불어 요엘서에 두드러지는 것은 회개이다. 이는 극심한 역사적 난관을 극복하는 방법이었으며 종말의 참 실체에 대해 계시를 받는 통로가 되었다. 요엘은 자신의 책 전체를 통틀어 "회개"를 강조하려 한 것이 분명해 보인다. 이제 요엘서에 나타난 회개(또는 회개 촉구)의 특징들을 살펴보자. 먼저 요엘은 이스라엘의 다른 위대한 선지자들과 달리 구체적인 죄를 언급하지 않는다(예: 우상 숭배, 사회 정의의 실종, 종교의 의식화, 도덕적 타락 등등).

요엘서 회개의 다른 특이한 점은 선지자의 회개 촉구를 듣고 이스라엘이 회개했다는 점이다. 이스라엘의 회개 사실은 2:18 이후에 하나님이 이스라엘의 회개(기도)에 응답하여(2:19) 복을 주시는 내용이 나오고 있는 것으로 보아 분명한 것 같다. 예외적인 두 경우를 제외하고(요나와 학개) 선지서 어디를 보아도 요엘서 외에는 이스라엘이 회개한 사례가 없다. 하나님의 말씀이 아무리 외쳐져도 이스라엘은 더더욱 반역을 계속했을 뿐이다.

이스라엘의 반역성과 반동성은 예레미야나 에스겔을 보면 특히 뚜렷하다. 이것이 특히 포로 전 이스라엘에게 공통된 현상이었다. 학개는 이스라엘이 하나님의 말씀을 듣고 뉘우쳐 순종하는 사실을 보도한다(학 1:2). 그러나 학개는 포로 후 선지서로서 포로과정을 거치며 충분히 "정화된" 백성의 반응에 대한 보도이다.

요나도 회개 사건을 보도하지만, 이 경우는 이스라엘의 회개가 아니다. 아이러니하게도 이스라엘의 원수요 가장 난폭한 이방 앗수르의 (전면적이고 철저한) 회개이다. 회개하지 않는 이스라엘이 오히려 조롱받는다.

이처럼 이스라엘은 회개하지 않는 완고한 역사를 가진 민족이었는데 특이하게도 요엘 시대의 이스라엘은 회개했고 요엘은 그 사실을 기록으로 남겼다.

마지막으로 하나님의 성품에 대해 알아보자. 요엘서에 하나님의 성품은 회개의 기반으로 제시되었다. 요엘은 2:12에서 온 마음으로 그리고 마음을 찢으며 하나님께 돌아오라고 촉구하면서 바로 이어 13절에서 하나님은 어떤 분이신가를 계시한다.

> 너희의 옷이 아닌 너희의 마음을 찢고 너희 하나님 여호와께 돌아오라. 그분은 은혜롭고 긍휼이 많은 분이시며 화를 내는 데는 더디시고 사랑은 풍부하신 분이시며 마음을 돌이켜 재앙을 내리지 않기도 하시는 분이시다(욜 2:13).

11) 스바냐가 선포한 여호와의 날

스바냐서는 여호와의 날 주제를 매우 심도 있게 다룬다. 특별히 스바냐가 설명하는 여호와의 날은 피조 세계 전체에 임하는 종말론적인 사건이다. 비단 포도나무와 무화과나무만 손해 입는 것이 아니라, 피조 세계 전체가 하나님의 진노 불에 삼켜지게 된다.

즉, 스바냐가 묘사하는 여호와의 날은 아모스가 언급했던 북 왕국의 멸망이나 하박국이 말했던 남 왕국의 멸망을 넘어서는 우주적 사건이다. 이런 우주적 심판에서 벗어나는 방법으로 스바냐는 '겸손'을 제시한다.

> 이 땅의 모든 온유한 사람들아, 여호와를 찾으라. 그분의 공의를 행한 사람아 의를 구하라. 온유함을 구하라. 그러면 여호와의 진노의 날에 혹시 너희가 피할 수 있을지 모른다(습 2:3).

스바냐 2:3의 겸손한 자들이란 표현은 힘이 없고 능력이 없는 자들을 가리키며, 따라서 "하나님이 결정하시는 대로 따르는 자"를 뜻한다. 즉, 겸손이란 하나님의 주권을 인정하는 상태를 의미한다. 이렇게 겸손한 자들에게 하나님은 구원을 베푸실 것이며 그들이 기뻐하실 것이라는 약속이 스바냐의 결론부를 장식하고 있다.

스바냐가 설명하는 '겸손한 자들'은 하박국에 표현된 '믿음의 사람'의 주제가 더 발전한 양상을 드러낸다. 여호와의 심판으로부터 회복되는 방법은 하나님의 주권으로 '신뢰'하는 것이며(하박국), 그 주권을 인정하며 겸손하게 무릎 꿇는 것이다(스바냐).

12) '언약 백성'으로 살기를 바라는 말라기

말라기는 최후의 히브리 예언자이다. 말라기서는 포로 후기 공동체의 이야기를 다루고 있다. 포로 후기 중에서도 성전 재건이 완공된 후 시간이 흘러 성전 제사가 다시금 타락한 시점에 백성들에게 선포된 말씀을 담고 있다.

유대인들이 팔레스타인에 돌아온 지 약 100년이 흘렀다. 예루살렘 성벽과 두 번째 성전은 재건되었으나 처음의 뜨거운 믿음은 사라져 버렸다. 느헤미야가 이끈 부흥 운동이 지난 후 백성과 제사장들은 안일에 빠져 율법 준수는 타성적인 것이 되어 버렸다.

예배는 이완되어 십일조를 내는 일은 태만하게 되었는데도 그들은 왜 하나님이 그들을 기뻐하시지 않았는지를 이해하지 못했다. 말라기는 하나님의 주권(主權, Sovereignty)을 선포하며 참된 여호와 숭배가 소홀히 된 데 대해 백성들을 책망하고 그들에게 회개할 것을 촉구했다.

제사장들은 잘못된 제물을 성전 제사로 드렸고, 그 결과 하나님과 레위 사이의 언약이 파기되었다. 백성들의 죄악은 여기서 그치지 않았다. 말라기 2:10-16을 보면 그들은 하나님과의 언약뿐 아니라 아내와의 언약도 깨뜨렸다는 것을 알 수 있다.

『우리말 성경』에 '언약으로 맺어진 아내'로 번역된 본문은 히브리 원문을 직역하면 '네 언약의 아내'라는 의미이다. 즉, 하나님과의 언약 관계뿐 아니라 이웃과의 언약 관계마저 깨뜨린 것이다.

언약을 파기한 결과는 무엇일까?

하나님의 심판이 당연히 임하여야 한다. 그래서 그다음 구절에서는 심판의 메시지가 등장한다. 여호와의 날이 임하는 것이다. 그러나 하나님은 여기서 심판뿐 아니라 회복도 약속하고 계신다. 언약의 사자가 임하여 레위 자손을 다시금 깨끗하게 하신다는 내용이다. 말라기 3:5에서는 심판이 선포되지만, 3:1-4에서는 언약의 사자로 말미암아 레위 자손이 다시금 정결케 되어 공의로운 제물을 하나님께 드리게 될 것이라 말한다.

언약의 사자가 임하게 되면, 그 언약의 사자는 레위를 회복시켜서 하나님의 성전 제사를 올바로 회복시킬 것이다. 그리하여 하나님에게 드려지는 봉헌물이 기쁨으로 받아들여질 것이다. 심판 가운데 회복을 약속하고 있다. 그리고 십일조와 헌물을 올바로 드리게 된다면 하나님은 축복을 허락할 것이다. 그런데 이런 축복의 맥락 가운데 메뚜기와 포도나무 이미지가 함께 사용되는 구절이 등장한다.

> 창고에 십일조 전체를 가져다 놓고 내 집에 먹을 것이 있게 하라. 이 일로 나를 시험해 내가 하늘 창문을 열고 너희가 쌓을 자리가 없도록 복을 쏟아붓지 않나 보라. 만군의 여호와께서 말씀하셨다(말 3:11).

이 구절을 바로 앞에 있는 말라기 3:8-10과 연결하여 생각해 볼 필요가 있다. 십일조와 봉헌물을 바르게 드리면 메뚜기 이미지로 표현되는 언약의 저주가 다시는 임하지 않게 된다는 것이다. 여기서 십일조와 봉헌물을 드려야 한다는 의무를 하나님과 이스라엘의 언약 관계 안에서 해석해야 한다.

제6장

교육 내용

1. 생활 지침서, 토라 · 잠언

여기서 '히브리'(הברע)라는 단어가 함축하는 의미를 살펴보는 것은 유익할 것이다. 앞에서 이 동사의 기본적인 의미는 '건너다'(to pass over), '가로지르다'(to traverse) 등을 나타낸다. 하지만 유대교 랍비들은 '강 이편에 서서 저편 기슭을 본다'라는 또 다른 뜻을 밝히고 있다.

이 단어에는 유대인들의 사상과 시각을 엿볼 수 있는 독특한 관점이 들어 있다. 즉, 가르치는 대로 무조건 받아들이지 말고 '나의 현실에 비추어 보라', 또는 '강 건너편에서 바라보라'는 것이다.

그러므로 우리는 성문서에서 기존의 전통과 이론과 권위를 비판 없이 수긍하지 말고 자신의 입장과 현실에 비추어 도전하고, 이를 위해 특정한 영역에 고착되지 않고 가능하면 많은 분야를 섭렵하기를 요구받는다.

신명기 전체를 일컬어 "하나님 훈계의 책"이라고 하며, 그중에서 모세를 통해 기록된 신명기의 율법 중 특히 "쉐마(들으라) 이스라엘"로 시작하는 신명기 6:4-9는 긴 세월을 두고 구전으로 전승되어 온 '자녀 교육의 헌장'(憲章)이라 할 수 있다.

1) 자녀 교육의 헌장, 쉐마

이른바 '쉐마'이다. 쉐마는 "들으라"라는 뜻으로, 들은 말씀을 자자손손 전수하라는 것이다. 유대인 어린이가 세상에 태어나 말을 배우기 시작하면 제일 먼저 배우는 토라 말씀이 쉐마이다. 처음에는 간단한 두 문장을 외우기 시작하는데 신명기 6:4-9까지의 말씀이다.

> 이스라엘아, 들으라. 우리 하나님 여호와는 오직 한 분인 여호와시다. 너는 네 온 마음을 다하고 영혼을 다하고 힘을 다해서 네 하나님 여호와를 사랑하여라. 내가 오늘 너희에게 주는 이 명령들을 네 마음에 새겨 너희 자녀들에게 잘 가르치되 너희가 집에 앉아 있을 때나 길을 걸을 때나 누울 때나 일어날 때 그들에게 말해 주라. 또 너는 그것들을 네 손목에 매고 네 이마에 둘러라. 그것들을 너희 집 문설주와 대문에 적어 두라(신 6:4-9).

쉐마는 성경의 기본으로 절대적인 계율이라 할 수 있으며, 하나님의 절대명령이다. 유대인은 최소한 하루에 두 번 이상 이 말씀을 외운다. 특히, 아동들은 자기 전에 외운다. 유대인 아동들이 쉐마를 자기 전에 외우게 하는 것은 만약 아이가 자다가 갑자기 죽을 경우라도 이 쉐마가 그 아이의 마지막 유언이 되게 하기 위해서이다.

유대인들은 어른이 되어 나이가 들어 죽을 때도 쉐마를 마지막 유언으로 남기며 자식들이 여호와의 말씀을 맡은 자로서 사명을 영원히 감당하도록 한다.

신명기 6:4-9이 쉐마로 불리기 시작한 때는 B.C. 1세기 무렵으로 추정하고 있다. 그 내용은 야웨는 유일하신 하나님이시라는 유대인 종교의 근본적인 진리와 전 존재가 하나님께 헌신해야 할 의무를 포함하고 있다.

유대인들은 문을 지날 때마다 "주께서 네가 나갈 때나 들어올 때나, 이제부터 영원까지 지켜 주실 것이다"(시 121:8)라고 외우고 나서는 그것에 입을 맞추곤 했다.

2) 유대인 자녀 교육의 특성

유대인 자녀 교육의 목적은 하나님의 사람을 교육하는 것이고, 그분의 명령을 마음에 두고 지키고 삶을 통해 실천하는 것이었다. 이것은 오늘날까지도 변하지 않고 지켜오고 있는 교육의 핵심이다.

(1) 창조주를 기억하는 교육

유대인 교육에 잠언은 창조주 하나님을 경외하는 것이 지식의 근본이라고 가르친다. 잠언(箴言)으로 번역된 히브리어 '마샬'은 '경계의 말씀'이란 뜻을 지니고 있으며, 비교를 통해 어떤 사물의 속성을 나타낸다.

예언자들의 사상을 용광로라고 한다면 잠언이란 것은 어디에서도 유통되는 화폐와 같은 것이라고 어떤 학자는 말했다. 잠언은 많은 말 대신에 지혜로운 원리들을 짧은 문장으로 기록하여 읽는 이들을 가르친다. 잠언이란 책 이름은 히브리 성경의 첫 낱말인 '솔로몬의 잠언'이란 말에서 유래되었다.

본래 유대교에서는 주 1회, 안식일마다 회당에서 토라와 그 외의 문서들을 읽고 들려주고 하였기 때문에 단순히 잠언화된 것은 아니었을 것이다. 그리고 토라와 잠언이 병행해 있는 동안은 별로 문제가 없었을 것이다.

그러나 잠언이 민중 사상이 되어 지배하게 되면 이것은 일종의 응보 사상으로 변하게 된다. 즉, "이러한 것을 하게 되면, 하나님은 이렇게 보응해 주실 것이다"로 연결이 된다.

이것은 이미 에스라 사상에도 보이는 것으로 이스라엘 백성이 이러한 상태에 있는 것은 언약을 파기했기 때문이라는 것은 언약을 지킨다면 이러한 상태로부터 탈출할 수 있을 것이라는 역발상으로 될 수 있다.

이것이 교훈화, 잠언화되면 한층 더 철저하게 되어 그 하나하나를 지키면 하나님은 이렇게 은혜롭게 해주실 것이라는 발상이 등장한다. 그리하여 그것을 역으로 하면 그렇게 은혜롭지 못한 인간은 하나님의 가르침을 지키지 못하였다. 그러므로 그 대가를 치른 것이라는 생각으로 바뀌어도 별로 이상하지 않다.

그러나 구약성경에는 그러한 잠언적 발상에 대해 철저하게 비판하며, 반항하고 있는 문서가 있다. 그것이 욥기이다. 욥기에서 우선 이 잠언이 교육서로 따라서 교육서라고 하는 것에는 한계가 있다는 것을 시사한다.

다음에 이 상반된 것같이 보이는 잠언과 욥기가 '지혜 문학'으로서 총칭되는 데 그 외에 전도서나 시편 일부도 이에 포함되어 있다.

잠언 전체를 꿰뚫어 흐르는 주제는 삶의 지혜, 여기에는 어리석음, 죄, 선함, 재물, 가난, 말하는 것, 자만심, 겸손, 공의, 복수, 싸움, 사랑, 색욕, 게으름, 친구, 가정, 삶과 죽음에 대한 특별한 교훈이 포함되어 있다.

솔로몬의 잠언에 나오는 그 밖의 다른 지혜서 저자들은 이 잠언에서 단순히 자신들의 사사로운 의견들을 피력하는 것이 아니라, 하나님을 모든 지혜의 근원이 되시는 분으로 간주하며, 그리고 실로 거의 인격적인 의미에서 나오는 지혜를 혹은 하나님의 현현(顯現, manifestation)으로 간주한다.

(2) 체험을 통해 배우는 민족 교육

유대인들은 고난의 역사를 지닌 민족에 대한 자부심과 '선택된 민족'이라는 긍지를 심어 주고 기회가 있을 때마다 조상들의 위대한 역사를 일깨워 준다. 그러기 때문에 고난의 역사도 중요한 교육 내용의 하나다.

어린 시절에 적절한 고난의 역사를 인식하는 것은 사람을 정신적으로 성숙하게 하는 큰 역할을 한다. 유대인들은 승리의 날보다는 패배의 날을 더 기념한다. 유대인은 조상들이 겪었던 참혹한 고난의 역사를 일일이 밝혀서 자녀들에게 반드시 자손 대대로 기억하도록 교육시킨다.

유대인의 큰 명절 중의 하나인 유월절 제사 책 『하가다』(Haggadah)도 "우리는 이집트 파라오의 종이었다"로 시작한다. 출애굽의 역사 전승에 등장하는 유월절은 고대 이스라엘 민족이 해방 신 야웨 하나님에 의해 노예의 집 이집트에서 구출된 날을 기념하는 절기이다. 따라서 이 잊을 수 없는

역사 체험은 자식들에게 반드시 교육하지 않으면 안 되었던 것이다.[1]

3) 실물 경제 교육의 헌장, 잠언서

잠언의 목적 중 하나는 정의, 공의, 공평을 꽃피우기 위함이다(잠 1:3). 구약의 지혜는 창조 질서, 곧 자연의 순리에 따라 도덕적인 올바름으로 채워 가는 삶을 하나님 백성의 임무로 제시한다.

이 맥락에서 논제를 위해 선별한 잠언 교훈들은 경제적 허약함에서 비롯된 사회적 무능력의 당혹스러움과 가난의 실상을 외면하지 않고 만연된 불의를 꼬집는가 하면(잠 13:23) 성장과 번영을 하나님의 선물로 받아들인다(잠 3:9-10; 10:22).

그러나 동시에 과도하게 집중된 부와 극단적 가난의 위험성도 함께 다룬다(잠 30:8-9). 유대인은 물질을 철저하게 관리하도록 가르친다. 유대인들은 모든 물질은 하나님에게서 온다고 믿는다. 다만 자신은 하나님이 주신 물질을 관리하고 있다고 여긴다. 따라서 유대인은 하나님이 주신 물질을 인간이 낭비할 수 없다는 강한 삶의 철학을 갖고 있다.

잠언에는 상거래 정의와 경제 활동 관련한 금언들이 있다. 그중 몇 가지는 공정한 경제 활동을 촉구하면서 소비자의 윤리적 태도까지 문제 삼는다. 이와 관련된 경구 중에는 무차별적인 시장경제와 자본가의 횡포, 그리고 금융자본의 장난질과 불공정을 질타하는 현실 각성을 위한 지혜 교훈이 된다.

4) 잠언이 촉구하는 경제 활동

첫째, 잠언 지혜는 공정하지 않고 속이는 행위와 공평함을 비교하여 공정한 경제 활동을 촉구한다. 속이는 저울은 야웨의 역겨움이지만, 공평한

---

1 Nakanose Shigeyuki, *Josiah's Passover: Sociology and the Liberating Bible* (Eugene: Wipf & Stock Pub, 2004), 192.

추는 그의 기쁨이다(잠 11:1). 고대 사회에서 저울은 공동체가 수립한 기준으로서 상호 신뢰를 유지하는 척도다. 공정한 거래는 공정한 저울에 의해 입증된다.

1절의 모즈나임(מאזנים, 저울)은 단어 자체에 '균형'과 '평균'을 함축하고 있다(사 40:12, '막대 저울'). 그리고 '속이는 저울'은 속임 그 자체로서 타인에게 해를 입히기 때문에 '야웨의 역겨움'("여호와가 미워하시다")이 된다. 상대방을 속여 해를 입히는 행위는 공동체의 균형을 깨뜨린다. 따라서 속이는 저울은 사회적인 문제이면서 신학적인 문제이기도 하다.

공정한 저울이 야웨에 속한 것이듯(잠 16:11), 속이는 저울은 삶의 거룩함을 훼손하고 경제 정의를 무너뜨리는 반역 행위로써 비난받는다. 이와 마찬가지로 "한결같지 않은 추와 한결같지 않은 되" 역시 야웨의 역겨움이다(잠 20:10).

무엇보다 '야웨의 역겨움'은 구약 전체를 통틀어 잠언에서 가장 많이 사용된 표현이다. 잠언 다음으로 빈도수가 높은 신명기 본문에서는 우상 숭배와 경제적인 불의를 문제 삼을 때 사용된다.

이것은 공정하지 못한 경제 활동이 우상 숭배만큼 심각한 문제임을 반증한다. 이 때문에 예언자도 악한 의도를 품고 상대방을 속여 희생자 만드는 행위를 심각하게 다뤘다. 대표적으로 기원전 8세기 미가 예언자는 불의한 재물을 고발하며 부정한 저울과 거짓된 추를 맹비난했다(미 6:10, 11).

둘째, 야웨는 공정성을 유지하는 도덕적 질서의 옹호자다. 잠언은 공평한 저울 제작과 저울추로 사용되는 모든 돌을 여호와가 만드신 것으로 제시하여 경제적인 공정성을 신학적인 문제로 접근한다.

셋째, 잠언 지혜는 상거래에서 판매자만이 아니라 소비자의 정직성을 문제 삼는다. 이는 올바른 상거래 활성화를 교훈하고, 구매자의 정직하지 않은 마음을 비난한다. 구매자가 "나쁘다, 나쁘다" 말하지만, 떠나서는 자기를 위해 자랑한다.

물건을 사면서 "좋지 않다, 좋지 않다" 하고는 가서 자기가 산 것을 자랑하고 다닌다 (잠 20:14).

판매자의 정의롭지 못한 속이는 저울처럼, 구매자의 정직하지 못한 속마음도 문제다. 이 금언은 소비자의 이중적인 마음과 공정하지 못한 정신을 꾸짖으면서 물건과 노동의 가치에 대한 공정한 평가를 암묵적으로 강조한다.

5) 탐욕을 멈추게 하는 아굴의 기도

잠언 30장의 야게의 아들 아굴의 기도는 인간의 탐욕을 급진적으로 재고하라는 목소리로 들린다. 이 기도는 별도의 표제를 붙인 '야게의 아들 아굴의 말'로서 동기를 덧붙인 간구다.

'아굴'은 '나는 체류자' 또는 '나는 나그네'라는 뜻일 수 있는데, 나그네의 심상은 이 땅에 잠깐 머물다 떠나는 덧없는 인간 존재 또는 여행자의 삶을 사는 인간의 본질 곁으로 초대한다. 그렇게 인간의 본질을 품은 이름, 아굴의 기도는 매우 독특하다.

잠언서 내에는 경건한 신앙생활과 기도에 관한 가르침이 풍부하다. 그러나 잠언 전체를 통틀어 실제 기도문의 모양을 갖춘 것은 아굴의 기도문이 유일무이하다. 이 기도는 크게 두 가지 항목으로 구성된다.

① 자신의 순전함을 위한 기도
② 온전한 신뢰를 위한 요청

내가 주께 두 가지를 구했으니 내가 죽기 전에 그것들을 이루어 주십시오. 허영과 거짓을 내게서 멀리하시고 내게 가난도, 부도 허락하지 마시고 오직 내게 필요한 양식으로 나를 먹여 주십시오. 그렇지 않으면 내가 배불러서 주를 부인하며 '여호와가 누구냐?'고 할지 모르고 아니면 너무 가난해서 도둑질을 해 내 하나님의 이름을 부끄럽게 할지도 모릅니다(잠 30:7-9).

첫째, 아굴은 가장 먼저 공허하고 거짓된 말을 멀리할 수 있기를 간구한다.
둘째, 부(富)하지도 가난하지도 않고 꼭 필요한 양식으로 만족하게 해달라고 청한다(8절). "오직 필요한 양식"을 뜻하는 레헴 훅 키(לחם חקי, 나의 제한된 빵)를 요청하는 이유는 만족스러울 정도로 충분한 부와 도둑질할 정도의 극단적 가난이 가져올 위험성 때문이다.

8절, "오직 필요한 양식으로 나를 먹이소서"는 문자적으로 "제한된 음식을 나로 즐기게 하소서"이다. 이것은 구약 어디서도 발견되지 않는 표현이다. 제한된 양식 안에서 즐기는 매우 역설적인 방식은 절제하는 삶을 아름다움으로 승화시킨다. 잠언이 말의 절제와 합당한 말의 아름다움을 자주 강조하듯, 가난과 부에 대한 관점도 마찬가지다.

마지막으로 아굴은 과도한 부유함이나 극단적인 가난 때문에 하나님과 무관한 사람이 되거나 하나님 이름을 욕되게 할까 염려했다(9절). 이것은 극단적 상황이 가져올 신앙적이고 도덕적인 흠집을 경계한 말이다. "채소밖에 먹지 못해도 사랑하며 사는 것이 살진 소를 먹으면서 증오하며 사는 것보다 낫다"(잠 15:17)는 교훈도 마찬가지다.

이와 비슷한 맥락에서 고대 지혜자 코헬렛(전 12:9)도 재산(이득, 잉여)을 문제 삼으며 넘침을 경계하는 질문을 제기하고(전 3:9), 돈과 풍요를 쫓으며 만족하지 못하는 마음을 꼬집어 부자의 풍요로움에 의문을 제기했을 뿐만 아니라 더 많이 소유하려는 과잉의 덧없음을 논했다(전 5:10-16).

잠언의 옛 지혜가 창조의 질서 흐름에 따라 일상을 아름답게 도덕적인 질서로 채우는 것에 가치를 둔 것처럼, 정의는 인간의 존엄성 보호와 행복한 공존을 위한 윤리적 올바름을 넘어 하나님이 기획하신 인간 구원의 원천이다(사 45:21).

모든 정의는 생태적이며 경제는 생태와 분리될 수 없는 시대적 요청이라는 측면과 창조 질서에 순응하는 지혜의 만남을 통해 전환의 길을 모색했다. 잠언의 지혜는 생명의 창조자이며 보존자이신 하나님과 인류의 동반자적 관계성을 중시한다. 그 때문에 잠언은 누구도 인권이 침해당하지 않도록 창조자의 영화로움과 가난을 연결하여 인간 존엄성 문제로 인식하고 비판적으로 다뤘다(잠 14:31; 22:22-23).

무엇보다 극단적인 부의 쏠림과 불평등이 심화 된 사회의 현실적인 구원 맥락에서 아굴의 기도는 공생 공략을 위한 지혜이며 모든 인류가 잘살기 위한 대안이다.[2] 아굴의 기도가 누군가에게는 낭만적 이상주의처럼 보일 수 있지만, 부를 향한 과도한 열망과 경제적 불평등의 굴레 사이에서 적절한 처방이 될 수 있다. 아니, 그 이상이다.[3]

2. 신앙을 절감하는 욥기

욥은 자녀들의 죽음, 배우자와의 결별(아내의 떠남), 재산의 상실 및 건강의 상실이라는 중첩된 삶의 위기에 놓여 있었다. 성경에서는 '위기'는 환난, 고난, 고통, 시험, 시련, 핍박 등의 말로 주로 표현되는데, 크기와 정도의 차이는 있더라도 이 용어들의 공통점은 누구에게나 찾아오는 것이라는 점이다. 누구에게도 위기는 받아들이기 쉽지 않은 삶의 국면이다.

욥이 생명을 저주하고(3:1-10) 죽음을 갈망하는 장면(3:11-19)을 볼 때, 욥은 갑작스럽게 닥친 사건들 속에서 좌절하고 절망하고 있으며, 평소 문제 상황에 대처하던 삶의 방식이 무효가 되고 불안정한 상태에 놓이게 되었음

---

[2] 김순영, "불평등 사회의 생태적 전환을 위한 잠언의 지혜," 「구약논단」, 제27권 제3호 (한국구약학회, 2021), 209.
[3] 유선명, "아굴 어록(잠언 30:1-9)의 신학적 의미와 지혜 문학의 이해를 위한 기여," Canon&Culture, 제12권 제1호 (한국신학정보연구원, 2018), 53.

을 보게 된다. 욥이 만난 위기들은 그의 통제 능력을 벗어나는 사건들로써 다중의 자녀와 배우자, 재산과 건강 등 상황적 위기였다. 이는 그에게 있어서 하나님과 세계에 대한 기존의 믿음을 뒤흔들고 죽음을 갈망할 만큼 극심한 차원의 실존적 위기였다.

또한, 욥의 위기는 그를 위로하기 위해 방문한 욥의 친구들과의 갈등(불통)으로 인해 대인 관계의 위기라는 국면으로 확장되어 전개되었다. 욥의 위기들이 친구들과의 대인 관계의 위기로 이행된 것은 욥이 겪는 고통에 대한 그의 친구들의 반응과 연관되었다.

욥기서의 서론과 결론 부분을 제외한 2장-31장의 본문은 자신이 겪는 고통에 대한 욥의 반응 및 이에 대한 욥의 친구들 반응이 그들의 대화를 중심으로 기술된다. 욥은 대화 속에서 그에게 닥친 위기 상황을 해석해 보려고 한다. 하지만 그럴수록 그가 보기에 그의 고난들은 이해 불가능하고 부당한 것이었다.

욥의 위기를 바라보는 욥과 친구들의 시각차인 대화 속에서 갈등과 비난의 양상으로 이행되고, 이들 사이의 긴장과 갈등은 고조되어 갔다. 삶의 위기 속에서 고뇌하던 욥의 고통은 38장에서 하나님의 나타나심 및 하나님과 욥 사이의 대화 속에서 해소되는데, 여기에서 욥의 관점과 신앙은 이전과는 다른 차원으로 도약하게 되었다.

고난 겪은 자, 욥은 하나님을 찾고, 만나려고 했다. 그러나 그러한 여정에 있어서 세 친구의 독백 신학과 태도는 도움이 되지 않고 도리어 장애물처럼 보였다. 그들의 믿음과 태도는 욥에게 보내야 할 최소한의 공감마저 놓치게 했다.

그러나 욥은 하나님과 만남 및 내적 대화 속에서 기존에 알던 하나님에 관한 진리들이 지금-여기에서 구체화되었고 현실화되었다. 욥은 하나님과 새로운 관계성으로 들어갈 수 있었다.

3. 신앙적 체험과 시편·전도서

1) 환난 속에서 찬양하는 영혼의 노래, 시편

히브리 사람들은 음악을 대단히 중요한 것으로 여겼다. 그들은 그들의 예배 의식에서 음악의 사용을 중요하게 여겨 음악을 높이 평가하였고, 영적 요소로서의 음악의 중요성도 이미 그들의 마음속에 깊숙이 자리 잡고 있었다.

이것은 역사를 통해 또는 구약의 예언서를 통해 노래에 관한 많은 기록을 볼 때 충분히 알 수 있다. 히브리인들은 그들의 회당이나 성전에서 불러 익히 아는 시편 노래를 들에서 양을 치거나 일할 때도 자연스럽게 불렀으리라 생각된다. 그들이 성전 밖에서 부른 노래와 성전 안에서 부르는 노래는 같은 노래였고 따라서 역으로 그들의 생활 속에서 배운 일반 노래들의 선율이 성전에서 예배드릴 때 사용되는 것도 있었을 것이라 짐작된다.

성경의 다른 어떤 책에서도 이처럼 선명하고 아름다운 종교적 경험이 다양하게 표현되지는 않았다. 이 다양한 신앙의 표현 속에서 이스라엘인들의 심경을 적나라하게 읽을 수 있다.

이스라엘 민족의 깊은 지혜(통찰력)는 이 시편들에서 제사 의식과 연결됨으로써 그 영원성을 갖게 되었다. 여기에서는 각 개인의 삶이 이스라엘 민족의 운명과 상징적으로 연결된다.

이 시편들은 순수하고 벅찬 감동의 자발적인 표현들이다. 영적 체험의 실상이 일상생활의 어려움을 통해 표현되었다. 어떤 학자는 시편을 "역사 속에 행하시는 하나님에 대한 이스라엘의 반응"이라고 할 정도로 시편은 이스라엘 민족의 정서를 표현하고 있다.

2) 성경 전체가 투사된 시편

영국의 프레토리아신학대학교 Cas J. A. 보스(Cas J. A. Vos) 교수는 구약에서 시편이 차지하는 비중에 관해 설명한다.

> 우리는 구약성경이 시편의 본거지라는 것을 언제나 염두에 두지 않으면 안 된다 … 시편은 구약성경의 간단히 말해서 구약성경 전체가 시편에 투사되고 있다고 할 수 있다.[4]

유대인의 찬송이기도 한 시편의 히브리어 제목은 '찬양'을 의미하는 테힐림이다. 실제로 이 '찬양'의 사상은 시편 전체에 흐른다. 그러나 이 시편 내용은 노래와 비탄함과 찬양 등 다양하므로 본래 구약성경에서는 이름이 붙여지지 않았다.

유대인들이 그것을 '테힐림', 즉 찬양의 책이라고 부른 데 비해, 70인역에서는 '시가'(詩歌)의 책이라고 기록하고 있다. 각 시 위에 있는 표제문(標題文)에는 저자의 이름이 직접 언급되거나 때로는 암시 정도로 끝나는 경우도 있다. 또 어떤 경우에는 각 시편이 기록된 동기가 적혀 있으며, 공적 제사를 위한 용도를 밝히고 있는 것도 있다.

한편, 표제 중 일부는 음악 효과나 배경의 요구를 지시하고 있으며, 그 시의 기본성격 등을 나타내는 표제도 있다. 각 시의 표제문은 그 시의 형태를 지칭하는 기술적 명칭, 음악 용어, 찬양의 선율, 전례의 표기, 역사적 사실 중 하나 또는 일부의 내용을 포함한다. 이 표제문은 히브리어 원문의 첫 절에 상응하는 것으로 34편을 제외한 모든 시의 서두에 나와 있다.

물론 표제들은 후대에 와서 편집과정 중에 붙여진 것이지만 그 역사적 내용은 정확하다.

---

4 Cas J. A. Vos, *Theopoetry of the Psalms* (London: Bloomsbury Publishing Plc, 2005), 12.

가장 많이 사용된 기술적 용어는 '셀라'와 '영장(지휘자)으로'라는 말이다. 시편에서 71회, 하박국서 3장에서 3회 사용된 '셀라'라는 말은 아마도 반주부의 막간이나 변화를 알리는 음악적 표기일 것이다.

시편은 이스라엘 역사의 전시대에 걸친 민족 신앙의 고백이다. 여기에는 하나님이 택하신 백성의 역경과 투쟁이 담겨 있다. 또한, 험난한 시대를 인도하시는 하나님에 대한 회의에서 확신까지 그 순례의 여정이 그려져 있다.

모든 노래는 살아계신 하나님을 믿음으로써 어떠한 절망도 극복할 수 있다는 것을 묘사하고 있다. 당시의 음악들을 현재 찾아볼 수는 없다. 오직 가사만 남아있을 뿐이다. 오늘날 우리가 시편이라고 부르는 것이 그 시대 성전의 찬송가 책이었다. 시편은 그 시대 유대교의 찬송가 겸 예언자였었다.

3) 삶의 허무에서 외치는 지혜자, 코헬렛

전도서(傳道書)라고 하는 것은 조금 어색한 번역으로 '집회에서 말하는 사람' 또는 '전도자'라고 번역해야 할 것으로 내용은 '집회에서 설교자의 말'이다. 전도서의 히브리어 제목은 '코헬렛'(전도자)인데 이 단어는 '많은 사람이 모인 곳에서 말하거나 전달하는 사람'을 말한다.

또 헬라어 성경의 본서 제목은 '에클레시아스테스'(εκκλησιαστες)로서 이 역시 '설교자'을 말하는데, 이 말은 집회(에클레시아)라는 말에서 나왔다.

고대와 현대 사이에는 어느 정도로 차이가 있는가?

인간의 역사에서 과거와 현재 사이에는 본질적인 차이가 있는 것인가? 자기를 '전도자'란 펜네임으로 부르고 구약성경 속에서 지혜 문학의 하나님 '전도의 책'을 집필한 고대 히브리인 현인은 의문을 제기한다.

과거는 모든 것이 현재가 낡은 것에 지나지 않고, 고대는 멀리 가버린 현대에 지나지 않는 것이 아닌가?

실제, 인간이 살아가는 이 세계에서 현재 일어나고 있는 현상 거의 대개가 사실 지난 시대에도 일어난 것으로, 현대인이 자기들이야말로 최초의 체험자라고 착각하고 있는 일이 대부분 사실은 이미 먼 고대에 살아 간 사람들이 체험한 것이라고 전도자는 말한다.

이스라엘 땅에 왜 이렇게도 많은 고난이 계속해서 일어나는 것일까?

히브리 민족으로서 볼 때 왜 이러한 고뇌와 어려움이 계속되는가?

히브리 민족의 역사는 고통과 질고의 역사다. 아마도 전도자도 자기들 민족의 역사를 한번 생각해 보지 않을 수 없었을 것이다.

전도서를 보면 '헛되고 헛되니'로 시작하여 "모든 것이 헛되다"(전 1:2)라고 한다. '헛되다'라는 관념이 주제로 등장하는 것은 구약성경, 신약성경을 통해 이 책뿐으로 성경 가운데서도 이색적인 책이다.

이 저자는 철저한 리얼리스트다. 그는 부(富), 즉 경제력 등 조금도 가치를 두지 않는다. 인간이란 아무리 많은 금전을 가져도 먹는 분량은 한정되어 있다. 그러므로 부자가 대 연회를 베풀어도 자기가 먹는 것은 매우 소량이고 타인이 먹고 있는 것을 보는 것으로 공허하고 무의미한 일을 하고 있다. 또 그는 정치에도 기대하지 않는다.

> 한 왕이 다스리는 백성의 수가 셀 수 없이 많다 하여도 그가 물러나면 어느 사람도 그의 업적을 찬양하지 않으니 왕으로서 통치하는 것도 헛되며 바람을 잡으려는 것과 다른 바 없다(전 4:16).

나아가서 그는 '정의'에도 기대하지 않는다. 그는 지혜에게도 기대하지 않고 "지혜가 많으면 번뇌도 많고, 아는 것이 많으면 걱정도 많더라"(전 1:18)고 한다.

이처럼 이 세상에서 흔히 생각하고 행하고 있는 모든 것을 부정하고, 조소하고 있으며, 읽으면 읽을수록 흥미롭게 한다. 그런데 어찌하여 이런 책이 성경 속에 포함되었을까 하고 의문을 표현하는 사람도 없진 않다.

그 전체를 볼 때, 받는 인상은 이른바 '성경'이라는 말에서 받는 인상과는 전혀 다른 별개의 것으로 느껴지기 때문이다. 실제로 이 책을 구약성경 속에 포함시킬 것인가 하는 문제는 A.D. 140년 무렵, 갈릴리 우시에서 모인 회의에서 논란이 되었으나, A.D. 1세기경 얌니아 종교 회의에서 아가, 에스더서와 더불어 전도서가 최종적으로 성경전서에 포함되었다.

그러면 이 전도서가 도대체 무엇을 말하려고 하고 있는가?

히브리인의 역사는 고난과 고통이 연속되는 역사다.

그렇게 고난과 비극을 체험한 민족의 역사에 어떠한 의미가 있는 것인가?

전도자는 스스로 반복해서 자문했을 것이다.

인간이 아무리 고생했다고 해도 가는 길이 모두 같은 것이 아닌가?

제아무리 힘을 써도 그 노동으로 많은 부를 획득하고 명성을 얻어도 그것을 가지고 묘지에까지 갈 수는 없지 않은가?

죽고 나면 현자(賢者)도 우자(愚者)도 관계가 없다. 그러니 또 다음 세대의 사람이 와서 똑같은 일을 반복할 뿐이다. 인간의 역사는 모든 것이 이렇게 반복하고 인간 세계에 일어나는 것은 모두 같다.

도대체 이것은 헛된 것이 아니고 무엇인가?

헛되다. 실로 헛되다.

가장 행복한 것은 결국, 이 세상에 태어나지 않았던 사람이 아닌가?

하지만 이미 이 세상에 태어난 사람은 지금부터 되돌릴 수가 없다.

자살?

그것은 안 된다. 안 된다고 하는 것은 자살이 히브리인의 종교 윤리관에 반하기 때문만이 아니라 진정한 의미에서의 문제의 해결을 가져오지 못하기 때문인 것을 전도자도 충분히 알고 있었기 때문이다.

그러면 전도자는 어떻게 했는가?

출구는 있었던 것인가?

한 가지 분명한 것이 있다. 인간은 자기 자신의 의지로 이 세상에 온 것이 아니라 하나님의 섭리 때문에 태어난 것이다. 그러므로 전도자는 자기 나름으로 도달한 결론을 말한다.

살아 있는 한, 인생을 즐기는 것은 어떤가?

그 이외의 길은 없지 않은가?

거기에는 그리스인도 히브리인도 있다. 녹색의 에게해의 여러 섬에 내리쬐는 햇볕, 먼지만 휘날리는 이스라엘 광야를 비추는 해도, 같은 해인 것은 변함이 없다.

전도서는 하나의 큰 특징으로서 '야웨'라는 말이 한 번도 나오지 않는다는 사실이다. 하나님이라고 하는 언어는 나오지만 야웨란 말은 없다. 이 때문에 전도서는 하나님이란 말이 전혀 나오지 않는 아가서와 함께 얌니아 회의에서 논의된 정경화 작업 과정에 있던 많은 랍비와 교부로부터 정경화 반대 주장을 겪었다.

특히, 전도서는 내용이 회의적이라 하여 정경화에 들 수 없다는 주장도 제기된 적이 있다. 그러나 전도서의 모든 내용은 회의적인 것이 아니라 영적인 결론으로 인도하는 훌륭한 교훈을 주고 있다. 하나님을 경외하고 그 명령을 지키는 것이 사람의 본분(전 12:13)이라는 말씀은 곧 가장 성경적인 가르침이라고 할 수 있다.[5]

> 모든 것의 결론은 이것이다. 하나님을 경외하고 그분의 계명을 지켜라. 이것이 사람의 본분이다.

---

5   배정훈, "전도서에 나타난 잠정적인 지혜," 「구약논단」, 제17권 제4호 (한국구약학회, 2011), 10-32.

제7장
예언서에 보이는 세계 교육 사상

1. 국수주의자 예언자 요나

아브라함의 후손들과 맺은 하나님의 언약은 이스라엘 민족을 다른 민족들과 구분되도록 하였다. 그들의 구분은 잡혼을 금지하고(출 34:15, 16; 신 7:1-5), 그 구분을 유지할 수 있도록 마련된 다양한 음식 규례와 다른 법례(레 11장; 신 4장)를 강조하였다. 이처럼 유대 민족은 배타적이었다.

B.C. 586년 예루살렘 멸망과 바벨론 강제 이주의 경험에 의해 고대 이스라엘 사람들에게 열국에 대한 새로운 개념이 생겨났다. 전통적인 이스라엘 세계관은 이스라엘 중심의 배타주의적 성향을 띤 것이 서서히 보편주의적으로 변화되었다.

요나서는 편협한 민족주의적 성격을 지닌 예언자 요나를 주인공으로 등장시켜 그의 편협한 국수주의적 민족주의는 하나님의 뜻이 아님을 독자들에게 가르친다. 요나서 4개 장에 기록된 요나의 하나님에 대한 분노 속에는 유대인의 선민사상이 짙게 베여있다. 이스라엘 백성들의 선민사상을 깨뜨리는 것이 요나서의 진정한 목적이 있다.

요나서를 통해 하나님은 지방신(地方神)이 아니라 만민, 온 세계(우주)의 신(神)이심을 선포하고 있다. 성경의 가장 첫 말씀 – "태초에 하나님이 천지를 창조하셨습니다"– 을 재확인시켜 주고 있는 셈이다.

요나서를 읽을 때 놓쳐서는 안 되는 요점은 바로 이스라엘과 원수 관계에 있는 니느웨 백성들과 그 짐승들까지 돌보시는 하나님의 '긍휼'(compassion)이다. 요나서는 이스라엘이 야훼 하나님과 같은 긍휼의 마음을 요구한다.

요나서에 나타나는 하나님은 심판하시는 하나님이 아니라, 구원하시는 하나님이시다. 요나가 물고기 배 속에서 "구원은 여호와께 기도했던 그대로"(욘 2:10), 하나님은 모든 사람이 구원받기를 원하시는 분이시다.

1) 하나님에 대한 재발견

니느웨 사람들에 대한 하나님의 심판이 철회되자, 요나는 분을 감추지 못한다. 그의 불평에는 요나가 왜 다시스로 도망했으며, 니느웨에서는 하나님의 말씀을 기꺼운 마음으로 전하지 못하고 짜증을 내며 예언할 수밖에 없었는지가 고스란히 드러난다.

폭풍 속에서 요나를 건지시기 위해 큰 물고기를 예비하셨던 하나님은(욘 1:17) 차라리 죽는 것이 사는 것보다 낫다고 떼를 쓰는 요나를 구원하시기 위해 또 다른 것들을 예비하고 계셨다. 박넝쿨을 예비하셨고(욘 4:6), 벌레(욘 4:7)와 햇볕과 뜨거운 동풍(욘 4:8)을 예비하셨다. 니느웨가 구원받는 것을 불평하던 요나는 박넝쿨로 인해 조금 편해지자 '크게 기뻐'하다가 이내 넝쿨이 말라 버리자 다시 죽고 싶다고 한다.

하나님에 대한 요나의 불평과 갈등은 신학자 프렛하임(Terence E. Fretheim)과 시몬(Uriel Simon) 박사가 지적하고 있듯이 "하나님과 예언자 사이의 보편주의와 특수주의라는 신학적 갈등"을 묘사하고 있다. 요나의 불평에 하나님은 당신의 관심이 모든 사람에게 있고 하나님은 모든 민족의 하나님이심을 가르쳐 주시면서 요나서는 막을 내린다.

이렇게 볼 때, 이 요나서의 가장 핵심적인 사상은 박넝쿨 하나가 강한 햇볕에 죽었다고 원망하는 요나에게 하시는 다음과 같은 하나님의 말씀에 담겨 있다고 할 수 있다. 그러나 여호와께서 말씀하셨습니다.

> 네가 가꾸지도 않고 기르지도 않은 넝쿨도 너는 아꼈다. 하룻밤 사이에 자라나 하룻밤 사이에 죽어 버렸는데도 말이다. 그런데 오른손과 왼손도 구별하지 못하는 사람들이 12만 명이나 있고 가축도 많이 있는 이 큰 성읍 니느웨를 내가 아끼지 않을 수 있겠느냐?
> (욘 4:10-11).

요나의 관심은 '작은 식물인 박넝쿨' 하나에 있었던 반면, 하나님의 관심은 십이만 명의 주민이 사는 큰 성읍 니느웨이다. 요나는 박넝쿨을 재배하거나 그 성장에 아무런 기여한 바가 없으나, 하나님은 그들을 자라게 하셨다. 박넝쿨은 하룻밤 사이에 생겨났다가 죽어 버렸지만, 하나님이 그들을 양육하는 데는 여러 해가 걸렸다.

이 하나님의 말씀에 대한 요나의 반응은 나타나지 않는다. 요나서의 저자는 그 반응을 포로 후기의 공동체 상상과 결단에 맡기고 있다. 우리가 알 수 있는 것은 하나님의 사랑과 구원은 우리가 원하는 사람에게만 독점될 수 없다는 사실과 하나님은 모든 사람이 회개하고 구원을 얻을 수 있도록 할 수 있는 모든 것을 예비하셨다는 것이다.

요나서에 나타난 하나님의 이방인에 대한 사랑에서 한편으로는 "인종, 성별, 국적, 종교, 계급의 차이와는 상관없이 지구촌 사회의 구성원이라는 정체성과 책임감을 가지고 실천 및 행동하는 인간 양성을 목표로 하는 세계 시민주의(World Citizenship)와 세계 교육 사상"(Globalization Education)[1]의 씨앗이 이미 잉태되어 있음을 볼 수 있다.

---

1 Robin Shields, *Globalization and International Education* (New York: Bloomsbury, 2013), 5.

2. 구약성경의 본심, 이방인에 대한 포용

히브리인들은 조상 때부터 '나그네'와 '객'으로 살아왔음을 선조들의 신앙 고백 속에서 발견할 수 있다. 히브리인들의 주체가 아닌 객체로서의 삶은 '이방인'으로 대변될 수 있다. 히브리인들의 역사는 '이방인'들에 관한 수용은 배타적이지 않음을 짐작할 수 있다.

이방인을 히브리인으로 수용하는 것은 혈연적인 것보다 신앙 고백에 더 중요성을 두고 있다. 이방인들에 대한 히브리인들의 수용은 법으로 규정해 놓았다. 그 예로 출애굽기 22:21에 "이방 사람을 학대하거나 억압하지 말라. 너희도 이집트 땅에서 이방 사람이었다"란 히브리 법을 살펴볼 수 있다. 신명기에서도 이방인에 대해서는 포용적으로 다룰 것을 명하고 있다(신 14:29).

구약성경에서 이방인을 의미하는 대표적인 두 어휘가 있다. 하나는 게르(גר, gēr, 낯선 사람)이며, 다른 하나는 노크리(נכרי, nokri)이다. 학자들은 이 두 단어의 차이에 관해 연구하였는데, 성서 전반에서 게르보다 노크리는 대체도 부정적인 의미로 사용되었던 것으로 보았다. 때문에, 학계는 긍정적으로 수용 가능한 게르로서의 이방인을 주목하였고, 게르에 대한 구약 윤리적 접근을 통해 현대적 해석을 시도했다.[2]

먼저 이방인, 게르는 어근 'gwr'에서 파생된 이 단어는, 이집트어, 셈어. 페니키아어, 우가릿어, 고대 남부 아랍어, 아람어 그리고 히브리어에서 주로 보이는 일반적인 아프라시아어[3] 어근을 가진 어휘이다. 이 말은 '나그네'(sojourner)가 번역상 가장 많이 사용되며, 또한 '피보호자'(client)라는 의미로도 자주 사용된다.

---

2 김영준, "이사야 56장 1-8절 이방인에 관한 연구," 「기독교문화연구」, 제24집 (한남대학교, 2021), 141.
3 아프리카 북부와 아시아 남서부를 일괄해서 부르는 이름.

이방인을 뜻하는 또 다른 어휘인 노크리는, 대부분의 사전을 편찬한 학자들에 의하면, 어근 'nkr'에서 파생되었는데, 의미와 어원에서 또한 일부 어휘에서 두 개의 동음이의어 어근을 가지고 있는 것으로 볼 수 있다.[4]

게르는 연구에 의하면 게르는 사회의 복지가 필요한 사람들로서 국가의 보호와 사법적인 혜택을 받는 외국인을 대체로 의미하는 것으로 보인다. 대부분 공동체 수용 가능하며 긍정적인 의미로의 외국인을 묘사할 때 사용한다.

구약학자 헬머 링그렌(Helmer Ringgren) 교수는 구약성경에 나타나는 이방인 노크리를 중심으로 이방인에 대한 성경 묘사를 정리했는데, 그에 따르면, 구약성경에서 노크리는 대부분 부정적이다. 그는 먼저 많은 경우 예언서에서 노크리는 이스라엘 주변에서 그들과 접촉하는 다른 나라들을 지칭할 때 사용한다고 설명한다.

그 표현 중 몇몇은 이스라엘의 실제적이며 잠재적인 파괴자 또는 착취자로 언급되는데, 이사야 본문의 구절에서는 노크리가 원수('yb)와 대응된다(사 62:8). 다른 본문에서는 이스라엘이 심판당하게 한 이방 신들을(엘로헤 네카르) 묘사할 때 이 어휘를 사용한다(렘 5:19; 욥 11장).

그렌 교수의 연구를 종합하면, 구약성경 내에 이방인 노크리의 성격은 대부분 부정적인 것을 알 수 있다. 노크리는 이스라엘 주변에서 그들과 접촉하는 다른 나라들을 지칭한다. 노크리는 예언자들을 통해 야웨 공동체와 신앙에 부정적 영향을 끼친 혹은 끼칠 가능성을 지닌 이방인을 의미했으며, 부정적인 의미로서 이스라엘 사람이라 할지라도 그가 친족의 외부인일 경우 그리고 음녀를 표현하거나 채무자 혹은 보증자를 의미할 때 노크리로 표현할 수 있었다.

---

4   김영준, 앞의 책, 142.

1) 야웨를 섬기는 이방인 노크리

구약학자 정중호(2004) 교수는 고대 이스라엘이 약자로 표현하는 대상 중에 고아와 과부와 함께 게르를 포함하는 것에 주목하여 연구를 진행한바, 그는 고대 이스라엘과는 달리 고대 근동에서는 고아와 과부에 대한 배려를 강조하였을 뿐 게르에 대한 특별한 배려를 언급하지 않음을 지적한다.

정중호 교수는 게르가 고향과 가족과 친척을 떠나 낯선 지역으로 이주하여 살아가는 자들이라 설명하고, 이들이 이스라엘 안에서 사회적으로 취약했기 때문에, 고대 이스라엘 공동체가 이들에 대한 대책을 마련했다고 주장하면서, 성서에 나오는 게르에 대한 이스라엘 공동체의 보호와 복지 정책을 분석하고 소개하였다.[5] 이 연구에서, 정중호는 룻기의 룻이 게르였다고 설명하는데, 룻과 나오미에 대한 묘사가 게르였더라도, 룻은 자신을 스스로 노크리로 인식한다고 보았다(룻 2:10).

앞서 언급한 김영준 교수는 이사야 56:1-8이 경계하고 배척할 대상인 이방인 노크리를 통해 보편주의적 이상을 말하고 있음을 밝히고 있다. 즉 그는 이사야 56:1-8의 본문은 배타주의 가운데 배척당하는 이방인을 통해 역설적으로 성경의 보편주의를 강조하고 있다.

김 교수는 야웨의 이방인 수용이 그들이 공동체의 노예나 이등 시민이 아닌, 함께 성전 제의를 참여하는 동등한 권리를 취득하게 될 것이라는 미래적인 선언과 함께 성경의 보편주의를 드러내고 있음을 제시한다.

이것은 제3 이사야의 도입부에서 이스라엘 영토와 회복될 성전과 예배 가운데, 다가올 구원과 나타날 공의의 범위와 단호한 시행으로 선포된다. 새롭게 회복될 공동체의 이상 가운데 이방인 노크리가 포함됨으로 배타주의에 대항하여 보편주의는 더욱 강조된다.

---

5 정중호, "고대 이스라엘 사회의 게르에 관한 연구," 「한국사회과학연구」, 23집 제1호 (계명대학교, 2004), 511-525.

이사야 56장의 이방인 노크리는 궁극적으로 이스라엘의 야웨 숭배를 고수한다는 의미에서 종교적 정당성과 의미를 소유하게 된다. 이사야 56장의 이상은 더 나아가 공동체와 야웨 신앙을 파괴할 가능성이 있는 이방인의 확장된 종교적인 지위, 즉 야웨 예배 의식을 섬기는 이방인을 선언한다.

이것은 이사야 56장에서, 할례라는 민족적 정체성과 관련된 의식보다, 안식일로 대표되는 언약 공동체의 이상이 더 중요하게 여겨지고 있음을 보여 준다. 이는 안식일을 지키는 일로 대표되는 언약을 지키는 회중으로서의 이스라엘, 곧 언약 가운데서 야웨에 충성된 자들로 구성된 이스라엘이라는 최초의 언약 공동체로의 회귀를 암시한다(출 19:1; 20:21; 수 24장). 이처럼 이사야 56장에서는 야웨 하나님이 이스라엘 지방 신이 아니라 이방인을 포함한 전 세계적인 하나님이심을 강조하고 있다.

2) 안식일과 언약을 지키는 이방인

이것은 느헤미야 개혁 운동의 안식일 견해와 유사하다. 포로 후기 성역(sanctuary) 재건에서 안식일을 지키는 것은 하나님이 천지 창조 이후 안식일을 제정한 것과 유비 되어, 영원한 언약의 회복을 말하게 된다(출 31:12-17).

안식일 제도는 파괴된 거룩함의 회복이라는 점에서 느헤미야서에 분명히 강조되고 있다(느 10:32-34). 즉, 안식일을 지키는 것은 B.C. 5세기 중반 유다 지방에 강력한 민족의식을 형성하려는 느헤미야의 운동의 중요한 측면이었다.

그러므로 이사야 56장은 에스라 느헤미야 시대의 모든 사상을 반대하는 것이 아니며, 이방인 노크리의 공동체 수용에 있어 안식일과 언약의 준수라는 타협점을 제시한다. 다시 말해 이사야 56장은 포로 후기 이스라엘 언약 공동체에 편입하고자 하는 노크리에 대한 야웨의 수용을 말하고 있으며, 그것은 안식일 수호와 언약 준수를 수반한다.

이사야 56:1-8의 이상에서 이방인 노크리는 무조건 경계하고 배척해야 할 대상이 아니다. 야웨의 노크리 수용은 그들이 거부당하는 이방인일지라도 안식일을 지키며 언약을 준수한다면, 공동체의 노예나 이등 시민이 아닌, 함께 성전 제의를 참여하는 동등한 권리를 취득하게 될 것이라는 보편주의적인 미래 선언을 담고 있다.

3) 모든 민족이 기도하는 집

이사야 56장에서 야웨께서 말씀하셨다. 그가 성전 출입이 금지된 이방인이든 고자이든 상관없이 여호와께 연합한 사람이면 여호와를 섬길 수 있도록 할 것이라고 확언하시었다.

> 또 여호와와 연합하여 그를 섬기며 여호와의 이름을 사랑하며 그의 종이 되며 안식일을 지켜 더럽히지 아니하며 나의 언약을 굳게 지키는 이방인마다. 내가 그들을 내 거룩한 산으로 데려와서 내 기도하는 집에서 그들을 기쁘게 해 주겠다. 그들이 내 제단에 바친 번제물과 희생제물을 내가 기꺼이 받을 것이다. 내 집은 모든 백성이 모여서 기도하는 집이라고 불릴 것이다(사 56:6-7).

이사야 56장의 보편주의는 이방인을 인도하여 "그들을 성산으로 인도하여 기도하는 집에서 그들을 기쁘게 할" 기회를 부여한다는 야웨의 선언으로 절정에 이른다. 이방인이 오를 성산은 회복된 혹은 회복될 성전을 가리키는 것이겠지만, 더 확장적인 의미로 우주적인 중심으로서 그 영역을 모든 피조 세계까지 확장된 야웨의 처소를 의미한다.

그 때문에, 성전 이상은 예루살렘에 한정되어 있지 않다. 이방인에 대한 제의적 금률은 파기되었기 때문에 야웨와 연합한 이방인 노크리는 야웨 예배 의식의 번제와 희생제에 참여할 수 있게 된다.

더 나아가 "모든 민족이기도 하는 내 집"이라는 표현은 성전에 대한 특별한 묘사로 볼 수 있다. 열방의 만민은 거부당하는 이방인 노크리를 포함함으로 완성되는 것이다. 중보기도는 특정 유형의 찬송가나 시편이 해당 유형의 희생을 수반하는 경우를 제외하고는 제사장의 기능이 아니라 예언자적인 기능이었다.

그러나 이것은 "번제와 희생"이 의미가 없어졌음을 말하는 것이 아니라 성전의 기능에 대한 기본적인 이해가 생득적인 권리를 가진 공동체에서 모든 민족으로 전환되었음을 말한다. 이방인이 함께하는 성전은 기도의 장소이며, 하나님과 교제하는 장소로 더욱 강조된다. 이제 성산은 제의의 장소일 뿐만 아니라 야웨에 기도하기를 원하는 노크리를 포함한 만민에 대한 성전의 수용성과 보편주의를 보여 준다. 그리고 그 보편성은 이제 이스라엘을 넘어 모든 다른 사람들에게까지 확장된다.

만민이 기도하는 보편주의적인 회복될 이스라엘 공동체를 묘사하면서 이방인 노크리를 그 이상에 참여시킴을 확인할 수 있었다. 이로 인해 새롭게 회복될 혹은 회복된 성전과 언약 공동체에서 이방인에 대한 이상은 역설적으로 차별당하는 이방인 노크리를 통해 구약성경의 보편주의를 보여 준다.

3. 예언서에 나타난 세계주의 사상

이상에서 배타적이었던 이스라엘의 정서가 서서히 보편주의적인 사상이 나타나기 시작한 사상적 배경을 예언서에서도 볼 수 있는 데, 예언서에서 보편주의적인 성향을 띠게 된 역사적 배경을 간단히 살펴본다.

1) 유다 공동체의 분열

B.C. 586년 유다 왕국의 멸망과 포로로 인하여 유다 사회는 정치·사회적으로 포로를 경험한 바벨론 포로/귀환 공동체와 팔레스타인에 남아있던 팔레스타인 공동체로 양분되어 이들은 이후 유다 공동체의 갈등의 원인이 된다.

이들 다른 정치·사회적 환경에 처해 있으므로 각기 다른 신학 사상이 형성될 뿐만 아니라 두 공동체 안에서도 서로 다른 이해관계에 따라 좀 더 세분되었다.

바벨론 포로 공동체는 자신들이 처한 현실 속에서 새로운 세계관과 새로운 여호와 신앙을 확립하였다. 그들은 유다 왕국의 멸망, 여호와 임재의 상징이며 영광의 상징이고, 구원의 상징인 성전이 파괴되고, 자신들이 포로가 된 현실에 대해 심각한 신학적 질문을 제기한다. 그 질문은 유다가 정복자에 의해 정복당한 현실에서 생겨난 것이며, 여호와보다 더 강한 신들이 있는가, 여호와는 그의 백성을 저버린 것은 아닌가 하는 것이다. 그뿐만 아니라 예언자들은 유다 왕국의 멸망은 죄에 대한 하나님의 심판이라고 선포한다(겔 8장 등).

따라서 바벨론 포로 공동체는 자신들이 처한 현실을 새롭게 이해하는 신학적 노력이 필요하였다. 포로에 대한 새로운 신학적 이해에서 비롯한 사고의 변화는 포로 공동체의 정체성 확립으로 이어진다. 그들은 여호와 성전이 없는 상황에서 여호와 신앙을 지키기 위해 안식일, 할례, 금식, 정결법 등을 강조하며, 더 나아가 족보를 강조하였다(겔 20:12-13; 사 56:1-8; 렘 19:19-27).

이와 반대로 팔레스타인 공동체를 중심으로 한 새로운 신학 운동을 발견할 수 있다. 이들의 새로운 운동은 후기 예언 문학 가운데 저항적 성격을 띤 묵시 문학으로 등장한다. 스가랴 9-11장과 이사야 24-27장이 대표적이다.

이들은 하나님의 통치에 대한 강한 기대를 하고 세계사를 주목하였으며, 하나님에 의한 궁극적인 구원을 기대한다.

2) 새로운 시대의 도래

구약성경에 나타난 유다 백성들의 전통적인 사고는 하나님이 유다 백성과 다윗 왕조와 함께 계신다는 것이다. 즉, 예루살렘 중심의 신학이다. 예루살렘은 하나님이 하나님의 이름을 두시기 위해 택하신 곳이며(신 12:5), 그곳에 예루살렘 성전을 세우면서 시작된 유다 왕국은 영원할 것이라는 신학을 가지고 있었다.

이러한 전통적인 신학적 사고를 하고 있던 유다 백성들은 유다 왕국의 멸망과 예루살렘 성전의 파괴 그리고 약속의 땅에서 포로가 되는 상황 속에서 새로운 신학을 창출할 수밖에 없었다. 특히 가장 큰 변화는 하나님의 활동 범위가 대단히 넓어졌다는 점이다.

국제 정세의 변화로 야기된 시대적 위기는 유다 백성들에게 하나님을 인식하는 패러다임의 일대 전환을 요구하였다. 이러한 이스라엘 사람들의 시도는 하나님에 대한 자신들의 신앙을 지켜가기 위한 것이었고, 하나님을 하나님으로 세우는 일이었다.

이러한 패러다임의 전환으로 다른 민족에 대한 이해, 하나님의 활동 영역, 그리고 종교 제도 전반에까지 큰 변화를 가져왔다. 즉, 다른 민족을 단순히 하나님의 원수, 이방인의 개념에서 하나님의 도구로 생각하게 되었다.

또한, 예루살렘에 계시던 하나님이 예루살렘 성전의 파괴로 말미암아 어떤 한 장소에 매여 있는 분이 아니라 범 우주적으로 존재하신다는 하나님의 범 우주적 특징을 강조하게 되었다.

3) 배타적인 민족주의에서 보편적인 세계주의로

새로운 시대가 도래함으로써 이스라엘 종교와 사상에서 일어난 패러다임의 전환에 대해서 구약학자 김영진 교수는 다음의 몇 가지 주제로 나누어 설명하고 있다.[6]

즉, 배타주의(particularism)에서 보편주의(universalism)로의 전환, 예루살렘 중심의 신앙에서 장소를 초월한 시간 중심 신앙으로의 전환, 공동체 중심의 정형화된 종교에서 개인 중심의 다양화된 종교로의 전환, 그리고 성경에 대한 다양한 이해의 가능성을 열어 놓았다.

B.C. 586년 예루살렘의 멸망과 바벨론 강제 이주의 경험에 의해 고대 이스라엘 사람들에게 열국(列國)에 대한 새로운 개념이 생겨났다. 전통적인 이스라엘 세계관은 이스라엘 중심의 배타주의적 성향을 띠고 있었다.

이스라엘 사람들은 자신들이 하나님으로부터 특별히 뽑힌 우월한 민족이라고 생각하여 하나의 민족주의적이 '특선주의'(Particularism)에 빠져 있었다. 그러나 그들이 포로로 잡혀간 뒤 강대국의 문물과 접촉하게 되므로 말미암아 이 특선주의는 깨어지고 그들의 생각은 점차 넓어져서 더욱 넓고 개방적인 '세계주의'(Universalism) 혹은 '우주주의'로 바뀌어 가게 되었다.

따라서 바벨론 포로기는 포로로 잡혀간 이스라엘 민족의 생각이 깨어지고 넓어져서 세계를 바라보고, 세계와 함께 호흡하며 민족적 자각을 할 기회가 되었다.

바로 여기서부터 이스라엘의 민족주의(nationalism) 혹은 배타주의가 서서히 보편주의로 바뀌게 되었다. 보편주의적 특징이 처음 구약성경에 등장하는 것은 열방이 이스라엘을 침략하여 이스라엘이 이들과의 전쟁에서 승리하지 못했을 때 그 사실을 신학적으로 설명하기 위해 등장하였다.

---

6 김영진, "포로기와 포로기 이후의 신학 사상," 「구약논단」, 제21집 (한국구약학회, 2006), 40-45.

이러한 보편주의적 사상은 B.C. 7세기 예언자인 하박국서와 나훔서에서도 발견할 수 있다. 바베론 포로를 경험한 이스라엘 백성들에게 하나님에 대한 보편주의적 이해를 바탕으로 하나님의 역사의 대상이 이스라엘에서 범 우주적인 피조물로 확산하였다.

이와 같은 사고의 변천 속에서 타민족의 존재를 인정하게 되고, 타민족들도 하나님을 찬양할 수 있는 민족으로 이해하게 되었다. 만군의 여호와께서 이렇게 말씀하셨다.

그 후에 많은 백성들과 여러 성읍에 사는 사람들이 몰려올 것이다. 이 성읍의 사람들이 저 성읍으로 가서 말할 것이다. '우리가 빨리 가서 만군의 여호와를 찾고 여호와께 가서 기도하자' 하면 서로 '나도 가자'라고 할 것이다. 많은 백성들과 강한 나라들이 만군의 여호와를 찾고 여호와께 기도하러 예루살렘으로 올 것이다." 만군의 여호와께서 이렇게 말씀하셨다. "그 날이 이르면 다른 언어를 가진 다른 민족 열 명이 와서 한 명의 유다 사람의 옷자락을 꽉 붙잡고 말할 것이다. '하나님이 너희들과 함께하신다는 말을 우리가 들었으니 우리가 너희들과 함께 가겠다'(슥 8:20-23).

구약의 정서 교육 사상

1. 율법에 나타난 순명과 갱신 감성

구약성경에서 마음은 레브(לב) 또는 레바브(לבב)로 표기된다. 일반적으로 구약성경에서 말하고 있는 마음이란 비유적인 의미로 사용되었으며 모든 정신적 활동의 원천으로 묘사되고 있다. 의미 영역은 단순히 육체적 기관으로서의 심장으로부터 인간의 근본적 내면의 중심으로서의 자아에 이르기까지 다양하다.

이처럼 마음의 영역은 단순히 육체적 기관으로서의 심장으로부터 인간의 근본적 내면의 중심으로서의 자아에 이르기까지 다양하다고 볼 수 있다.[1]

율법서에서 제시하고 있는 정서는 다양한 의미를 나타낸다. 창세기 18:5에서 아브라함이 나그네들을 초대하면서 하는 말 즉, "기분이 상쾌해진 다음에 길을 떠나시기 바랍니다"는 정서가 단순히 정신적인 활동뿐만 아니라 육체적인 활동까지도 관련된 것으로 볼 수 있다.[2]

---

1 안근조, "구약성서 잠언에 나타난 마음 교육," 「그리스도교 교육 정보」, 제39집 (한국그리스도교교육정보학회, 2013), 375.
2 박종수, "구약성서의 인간 이해," 「한국그리스도교신학논총」, 제73집 (한국그리스도교학회, 2010), 7-8.

그러나 정서는 무엇보다도 모든 다양한 감정의 기반으로 작용한다. 예를 들면, 기쁨(출 4:14), 미움(레 19:17), 공포심(레 26:36), 무서움(신 20:3), 복수심(신 19:6) 등이다.

또한, 어떤 선한 일의 동기로서 정서가 묘사되기도 하고(출 25:2 등), 어떤 능력이나 기술을 가지고 있는 원천으로도 표현된다(출 28:3 등). 그런데 근대 이후 이성의 시대에서 중시되는 사유와 인식의 차원에서의 정서의 기능은 율법서 전체에서 단 두 군데 그것도 신명기에서만 등장한다(신 8:5; 30:1).

> 그러니 너희 마음에 사람이 자기 아들을 훈련하듯 너희 하나님 여호와께서 너희를 훈련하시는 것을 알라(신 8:5).

> 내가 너희 앞에 둔 이 모든 복과 저주가 너희에게 임해 너희 하나님 여호와께서 너희를 쫓아내셨던 모든 민족들 가운데서 그것들이 너희 마음에 생각나서(신 30:1).

그리고 성품으로서의 마음의 차원이 신명기 9:5에서 보인다. 앞으로 논의하게 될 잠언의 정서 교육과 관련된 구절은 신명기 29:4에서 볼 수 있다.

그러나 율법서에서 지배적인 정서에 대한 묘사는 '순종심성'과 관련되어 있다. 바로 하나님의 말씀인 토라와의 관계성에서 마음을 이해할 수 있다. 먼저 순종하는 정서의 필요성을 부각시키기 위해 정서의 약함을 자주 드러낸다.

특히, 창세기 6:5와 8:21은 '예쩰 레브'(יצר לב), 즉 '마음의 계획'이 항상 약함을 지적한다. 이것은 본래 인간의 부패한 성향을 말하는 것으로 하나님의 뜻을 거역하거나 이탈된 상태를 일컫는다.

1) 하나님에게서 이탈된 마음의 현상

인간의 부패한 성향을 보이는 마음의 현상을 다음의 네 가지로 생각해 본다.

첫째, 우상 숭배에 미혹되는 마음이다(민 15:39; 신 11:16 등). 특별히 민수기 15장은 미혹되는 마음과 미혹되는 눈이 동일한 의미로 쓰인다.
둘째, 교만한 마음이다(신 8:14 등). 하나님이 없는 인간 자율성의 폐단을 지적한다.
셋째, 강퍅한 마음이다. 특히 히브리 노예들을 풀어 주지 않으려는 바로의 고집에서 자주 등장한다(출 7:3 등). 또한, 이웃에게 대한 강퍅함이 인색한 마음으로 나타난다(신 15:7 등).
넷째, 선포된 명령을 소홀히 여기고 인간의 고집을 내세우는 경우이다(출 9:21; 신 29:19).

2) 신명기에서 제시하는 순종 감성

본래 부패한 감성에 대한 처방책은 정서가 딱딱해지는 것에 대한 경계이다. '강퍅한 마음'과 '곧은 목'은 말씀을 따르는 순종으로 나오는 것을 방해하기 때문이다. 이를 위해 신명기는 순종 감성을 위한 두 가지 방안을 제안한다.

첫째, 마음의 뜻을 다하여 하나님을 구하고 사랑하고 섬기는 일이다(신 4:29 등). 바로 의지적 신앙의 자리로 초대하고 있다. 흥미로운 것은 이 본문들은 하나같이 마음(레브)과 더불어 뜻(네페쉬)을 함께 사용하여 온 마음과 뜻을 다하는 신앙을 강조하고 있다.

> 그러니 너희가 오늘 내가 너희에게 주는 그 명령들, 곧 너희 하나님 여호와를 사랑하고 그분을 온 마음과 온 영혼으로 섬기라는 것에 신실하게 순종하면(신 11:13).

둘째, 궁극적 순종 감성을 위한 방안을 제시한다. 바로 마음에 할례를 행하는 일이다.

> 그러므로 당신들은 마음에 할례를 받고, 다시는 고집을 부리지 마십시오(신 10:16).

겉으로 행하는 형식 행위가 아닌 속으로 행하는 말씀 순종을 의미한다. 그러므로 신명기 5:29 전반절에 진정한 여호와 경외를 전제하였고("그들이 언제나 이런 마음을 품고 나를 두려워하며") 궁극적으로 6:6에서 마음 판에 새긴 말씀을 강조한다.

> 내가 오늘 당신들에게 명하는 이 말씀을 마음에 새기고(신 6:6).

이것은 후에 예언서에 나타난 마음 판에 새긴 언약(렘 31:33)과 긴밀한 관계성을 보인다. 모세오경에서는 다양한 정서의 기능이 드러나 있지만, 토라 경외와 관련하여 순종의 감성이 강조된 것을 확인할 수 있다. 불순종의 부패한 마음에서 하나님 경외와 사랑으로 나아오라는 순종 감성의 강조는 이미 오경에서도 정서 교육과 관련된 가르침이 진행되고 있음을 알 수 있다.

특히, 신명기 6:5의 '쉐마 명령' 이후 자녀들에게 말씀 순종의 교육을 당부하고 있는 장면은 잠언에서 분명하게 드러나는 정서 교육의 원형으로 작용하고 있다.

> 그들에게 말했습니다. "내가 오늘 너희에게 진지하게 선포한 이 모든 말씀을 마음에 새겨서 너희가 너희 자녀들에게 명령해 삼가 이 모든 율법의 말씀을 지키게 하라"(신 32:46).

제사장 사무엘이 죄를 범한 사울왕에게 꾸짖으며 말씀하셨다.

> 잘 들으십시오. 순종이 제사보다 낫고, 말씀을 따르는 것이 숫양의 기름보다 낫습니다
> (삼상 15:22).

오경(五經)과는 달리 예언서에서는 정서에 관하여 다양한 측면을 언급하지는 않는다. 다만 감정의 기반으로서의 정서를 주로 말할 뿐이다.

예컨대, 두려움(사 7:2; 렘 8:41; 겔 21:7), 탄식(사 15:5), 놀람(사 21:4), 근심(렘 51:46; 겔 13:22), 즐거움(사 65:14; 렘 15:16; 겔 36:5; 슥 10:7) 등이 나타난다.

다른 어떤 신체 기관, 실질적인 기능이나 지혜 또는 품성 등의 의미로 정서가 사용되고 있지 않다. 단지 이성적 능력으로서의 사유하는 정서의 능력은 가끔 등장한다(사 44:19; 렘 51:50; 말 2:2).

3) 마음의 갱신을 위한 하나님의 약속

그러나 하나님의 긍휼히 여기시는 마음으로 인하여 인간의 마음이 갱신될 수 있다고 본다. 그것은 바로 새 마음(לב חדש, 레브 하다쉬, 겔 36:26), 새 언약(ברית הדשח, 베릿 하다샤, 렘 31:31)에 관한 약속이다.

첫째, 예언자들이 말하는 부패 감성은 앞서 언급한 바와 같이 오경에서 말하는 네 가지 병폐, 즉 우상 숭배에 미혹되는 정서, 교만, 강퍅한 정서, 고집 등의 성향과 대동소이하다. 그러나 미혹되는 정서는 다른 신을 섬기는 음란의 죄 또는 반역의 죄로 구체화 된다.

둘째, 강퍅한 마음은 이제 인간의 자율성으로 진전되고 있음을 예언자들은 지적한다.

셋째, 인간의 고집은 우둔함과 삶의 어두움으로 표현된다. 이외에도 예언자들은 거짓된 마음(사 59:13; 렘 23:26), 병든 마음(사 1:5), 완악한 마음

(사 9:9), 망각의 정서(호 13:6) 등으로 이스라엘의 죄악상을 고발한다.

모든 표현에서 마음(레브 또는 레바브)이라는 단어가 사용된다. 그러나 동시에 하나님의 정서 또한 예언자들은 알고 있다. 하나님의 정서는 이스라엘의 죄악을 분노하시며(렘 23:20), 심판하시지만(렘 5:9) 동시에 탄식하시고(렘 48:36) 긍휼히 여기신다(호 11:8).

따라서 예언자들은 이스라엘에게 계속해서 마음을 찢고 돌아와(욜 2:13) 새로운 정서를 품도록 종용한다. 여기에서 이스라엘의 소망이 정치나 경제를 통한 외적인 변화에 있지 않고 정서를 새롭게 하는 내재적 변화에 있음을 볼 수 있다. 마음을 새롭게 하기를 기대하였다. 이러한 정서의 변화와 갱신을 예언자들은 '마음의 할례'(렘 4:4; 겔 44:7)라고 표현하고 있다. 이를 통해 새로운 정서의 존재로 갱신된다.

2. 정서 교육에 나타난 교육 원리

1) 순종과 자발성의 원리

행위자는 자신이 작용 인으로서 산출한 행동이 도덕적 주체의 행동으로서 만족하게 해야 할 기준들과 기대들에 얼마나 부합하느냐에 따라 평가받는다. 이런 식으로 행위자는 자신이 작용인이라는 의미에서 '인과적으로' 책임 있는 행동에 대해 규범적인 책임을 지게 된다.

그런데 자발적 행동 중에서도 선택에 의한 행동은 규범적 평가 중에서도 도덕적 또는 윤리적 평가를 받는다. 왜냐하면, 선택에 의한 행동이 행위자의 성격적 덕과 악덕을 드러내기 때문이다.

따라서 행위자는 선택에 의한 행동에 대해 인과적 책임을 지며, 그 귀결로 특수한 종류의 규범적 책임, 즉 윤리적 책임을 지게 된다. 이러한 종류의 책임은 선택에 따라 행동할 수 없는 어린이나 동물들에게 물을 수 없는 책임이다.

구약성경은 덕과 악덕을 칭찬과 비난의 대상으로 제시하면서 성격의 자발성을 전제한다. 그러므로 인지적 이해를 위한 성경에서 논의하는 정서 교육의 원리는 첫째로 '듣는 마음'(왕상 3:9)이 중요하다.

즉, "그러므로 주님의 종에게 지혜로운 마음을 주셔서, 주님의 백성을 재판하고, 선과 악을 분별할 수 있게 해주시기를 바랍니다"라는 듣는 태도가 중요하다. 여기에서 중요시되는 것은 "주의 말씀"을 듣고 이에 순종하는 심정이다. 그러자 사무엘이 대답했습니다.

> 여호와께서 여호와의 음성을 순종하는 것보다 번제와 다른 제사들을 기뻐하실 것 같소? 순종이 제사보다 낫고 귀 기울이는 것이 숫양의 기름보다 낫소(삼상 15:22).

2) 가치화의 원리

윤리적 판단을 위한 정서 교육의 원리는 "마음을 지키는 일"(4:23)이다. 정서는 인간의 진정한 모습뿐만 아니라 되고 싶어 하는 모습이 그려지는 곳이며 감정과 무감각이 머무는 곳이다. 또한, 강한 것 같으면서도 상처받기 쉬운 곳이다. 동시에 새롭게 회복과 치유가 일어나는 곳이기도 하다.

그러므로 학습자가 말씀을 감수하고 반응하는 것을 통해 얻은 결과를 자기의 것으로 만들 필요가 있다. 학습자가 그 정서가 일관성과 안전성이 충분하여 하나의 신념 또는 태도로서의 특징을 가져야 한다. 학습자는 적절한 상황에서 아주 일관성 있게 이러한 행동을 나타내기 때문에, 그는 하나의 가치를 보유하고 있다는 정서적인 안정감을 가지게 된다.

이 가치화의 단계에 있는 사람은 미국의 교육학자 크라트올(D. R. Krathwohl) 교수 등이 제시한 정서적 목표의 3번째 단계인 가치화(valuing)의 단계에 들어간 사람을 의미한다.³ 이러한 사람은 다른 사람을 설득시키려고 애쓰며, 자기의 주위에 따르게 하려고 노력하는 것이다. 그 정서가 개인에게 있어서 가치화가 이루어졌을 때 비로소 그것은 개인의 정서적 특성으로 될 수 있다.

그러므로 어떤 성경학자는 잠언의 교육은 지혜 여인의 길과 음녀의 유혹 사이에서 인간 욕구를 수양하는 태도를 가르치고 있다고 역설한다. 즉, 어느 하나를 택하고 다른 하나를 버리는 양자택일의 가르침이 아니라 인간 욕구의 근원적 통찰로부터 욕구를 다스리고 수양해야 한다는 현실적 가르침이 잠언서에 나타나 있다. 잠언은 철저하게 그 목적과 주제를 강조하고 있음을 아래에서 제시하고 있는 잠언의 말씀에서 알 수 있다.

> 이것은 지혜와 교훈을 얻게 하고 슬기로운 말씀을 깨달으며 지혜롭게, 의롭게, 공평하게, 정직하게 행동하도록 교훈을 얻게 하려는 것으로 어리석은 사람들에게는 깊이 생각할 수 있는 슬기를 주고 아직 어린 사람들에게는 지식과 옳은 것을 판단할 수 있는 능력을 주기 위한 것이다. 지혜로운 사람들은 듣고 그 배움을 더할 것이며 슬기로운 사람들은 더욱 슬기를 얻게 될 것이다. 잠언과 비유와 지혜로운 사람의 말씀과 이해하기 어려운 말의 진정한 의미를 깨닫게 될 것이다(잠 1:2-6).

3) 관계성의 원리

통합적 주체를 위한 정서 교육의 원리는 '관계성'이다. 성경에서 의미하는 정서 교육은 몇 가지 관계적 차원에서 설명할 수 있다.

영적인 정서 교육은 다음의 관계를 전제로 해야 한다.

---

3 L. W. Anderson & D .R. Krathwohl, (Eds.). *Taxonomy for Learning, Teaching, and Assessing: A Revision of Bloom's Taxonomy of Educational Objectives* (New York: Longman, 2001), 154-159.

① 나와 하나님과의 관계
② 나와 나와의 관계
③ 나와 타인과의 관계
④ 나와 세상과의 관계

정서 교육의 목표가 나와 하나님 사이의 관계로부터 나 자신과의 관계, 타인과의 관계, 그리고 세계와의 관계로 나아가기 때문이다. 정서 교육은 이러한 여러 차원 관계성의 중심에 정서가 놓여있음을 유의하지 않을 수 없다. 인간의 정서는 인지적 영역으로부터 심리적이고 감추어져 있는 영역에까지 활동 범위가 두루 퍼져있기 때문이다.

언어로 분석되거나 표현되지 않는 영역에서 관계성은 형성된다. 하나님과 사람들과의 관계를 통해 그리고 세계와의 연결을 통해 정서는 닦이고 연단된다(잠 17:3). 그러나 궁극적으로 하나님과의 관계가 촉발되었을 때 나와 타인 그리고 세계와의 관계도 비로소 온전한 관계성의 삶으로 연결될 수 있다. 결국, 정서 교육의 중심에는 잠언서를 꿰뚫고 있는 전통적 명제가 자리하고 있다.

> 여호와를 경외하는 것이 지혜의 근본이요, 거룩한 분을 아는 것이 슬기의 근본이다 (잠 9:10).

유대인들은 첫째는 하나님과의 관계를 강조하고, 둘째는 이웃과의 관계를 중시한다. 특히, 유대인은 그들이 모두 한 형제라는 사실을 잊지 않으려고 한다.

이스라엘에서는 어린이들은 어디를 가나 서너 명이 그룹을 이루어 활동한다. 따라서 여럿이 하는 또래 놀이에 익숙하며 상호 작용을 통해 자연스럽게 사회성을 기른다. 유대인 교육은 스스로 생각하는 아이, 말하기를 겁내지 않는 아이, 가르치기보다는 직접 깨닫는 아이로 키우는 것을 표방한다. 이렇게 교육받은 유대인들은 어려서부터 공동체 의식이 자연스럽게 몸에 익히게 된다.

전도서 4:12에는 "혼자 싸우면 지지만, 둘이 힘을 합하면 적에게 맞설 수 있다. 세 겹줄은 쉽게 끊어지지 않는다"라는 말이 있다. 유대인들은 어려서부터 이 협력론으로 공동체 의식을 강조한다.

이는 유대 신앙이 강조하는 생활 철칙으로 유대인들은 서로에 대한 책임을 지고 있다는 의미이다. 또한, 유대인은 모두가 한 가족으로 전 세계에 뿔뿔이 흩어져 있어도 대가족으로 뭉쳐서 있다는 의미를 내포하고 있기도 하다.

3. 하나님이 원하시는 감성

하나님뿐만 아니라 하나님 대리자(모세, 여호수아 등)의 말을 듣는 것도 하나님의 말씀에 순종하는 것을 의미했다(민 12장, 16장). 또한, 여호와의 말씀을 들으라는 요구의 이면에는 오직 여호와 한 분만을 섬기라는 요구가 들어 있다(신 11:13, 16).

즉, 여호와의 음성을 듣는다는 것은 다른 신들의 음성은 듣지 않는다는 것을 의미하는 것이다. 성경은 하나님의 말씀'을 듣는 것에는 형통의 약속이 있고(신 28:1, 2; 잠 23:19) '듣는 자'와 '듣는 귀'를 가진 사람은 복되다(잠 8:34)고 말한다. 또한, 순종은 듣는 것과 믿는 것과 밀접한 관계가 있다.

성경은 하나님의 규례와 계명에 순종할 때 받는 축복을 구체적으로 말해주고 있다. 하나님의 계명과 규례를 힘써 준행하면 그 나라는 견고하게 되며 평강이 강과 같고 의가 바다 물결같이 된다고 하셨다(사 48:18). 율법의 모든 명령에 순종하면 그것이 곧 우리의 의로움이 된다고 하셨다(신 6:25). 앞서 보았듯이 순종이 제사보다 낫다고 말씀하셨다(삼상 15:22).

이처럼 정서 교육은 인지적 이해를 말하더라도 단순한 지적 차원에 머무르지 않는다. 교육을 받는 자의 배움에 대한 모든 열의와 정성이 나타난 교육의 현장을 전제한다. 정서 교육의 특징은 이성의 작용으로서의 앎보다는 귀를 기울이고 마음을 두면서 지식과 명철을 얻으려는 배움에 대한 열정이 고스란히 드러나 있다는 것에 있다. 바로 배우는 학생의 전인격적 존재가 녹아 들어가 있는 교육을 의미한다.

누가 강제로 배우라고 시켜서 하는 공부라기보다는 본인이 스스로 찾고 갈망하고 즐기는 학습이다. 정서 교육의 강점은 자발성이다. 따라서 교육 방법의 가장 기본적인 반복 학습은 정서 교육을 따르는 자들에게는 더 이상 지루한 작업이 아니다. 오히려 열정적 학업 태도로 인한 새로운 발견의 계기를 준다.

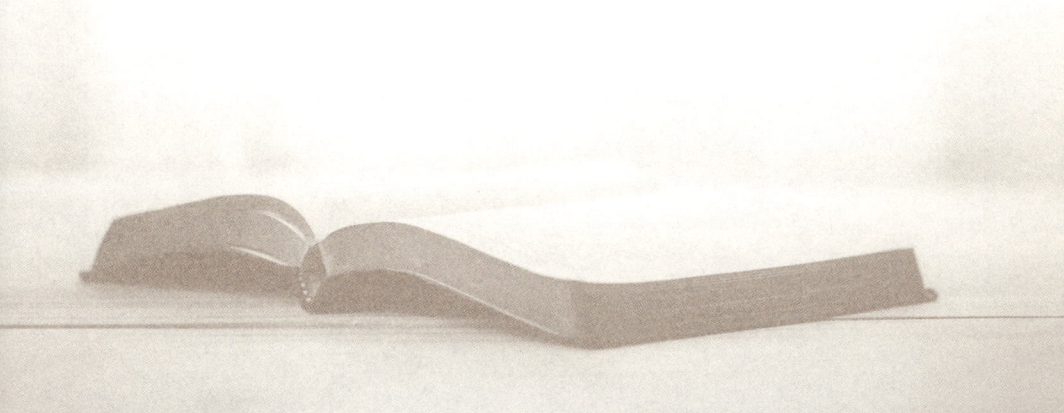

제2부
예수 교육학의 세계화, 신약성경

　신약성경의 주인공은 예수 그리스도시다. 신약성경은 예수의 제자들이 예수의 살아생전에 하신 말씀과 그의 행적을 기록한 자료들, 그리고 그들이 세계 각 처에 흩어져 있는 신앙의 가족들에게 보낸 서신들로 구성되어 있다.

　제자들이 쓴 자료들이 400년쯤 지나 신약성경이란 제목의 한 권의 책이 되었다. 그것이 유대교 경전(구약성경)에 덧붙어서 성경으로 편집되었다. 구약성경이 교육학의 원조라면 신약성경은 예수 교육학의 교육 실천을 기록한 책이라 할 수 있다.

　신약성경은 한마디로 예수의 마지막 말씀 -"내가 너희에게 명령한 모든 것을 그들에게 가르쳐 지키게 하라. 보라. 내가 세상 끝날까지 너희와 항상 함께 있을 것이다"- 을 그대로 실천에 옮긴 제자들의 예수 교육학의 실천 현장 보고서이다.

제1장
예수의 출현과 신약성경

1. 신약성경의 형성과 권위

1) 신약성경을 기록하게 된 동기

　세월이 지나면서 초대 교회는 예수를 따르던 목격자들이 세상을 떠나고 특별히 사도들의 증언이 더 이상 권위있는 가르침의 원천으로 이용될 수 없게 되자, 예수의 가르침과 그의 행적에 대한 기록을 남겨 둘 필요가 생겼다.
　당시 교회의 상황은 초대 교회 지도자들은 예수를 구세주로 증거하기 위해서 그리고 교인을 가르칠 교육 혹은 예배 목적 때문에 기록의 필요성을 느꼈을 것이다. 그 결과로 복음의 기록이 이루어지게 되었다.
　또한, 당시 교회의 상황은 초대 교회 지도자들이 복음을 기록할 필요성을 느끼게 했다. 당시의 교회에 도전을 가한 이단 사상을 방어하기 위해 기록을 남겼으며, 어떤 경우에는 당시 교회의 문제를 해결하기 위해 편지를 썼다. 또 다른 경우에는 기독교의 진리를 증거하기 위해 편지를 쓰기도 했다. 이런 일들은 복음서들이 기록되기 전에 기록되었으며 일부는 그 후에 기록이 되었다.
　27권의 신약성경이 교회에서 수납되는 데는 많은 세월이 필요했다. 성경이 기록되고 세월이 흐르면서 교회는 여러 가지 이유로 인해 신약성경을 수납하고 확정 지어야 할 필요가 생겼다. 이런 과정은 4세기에 걸쳐서 계속되었다.

신약성경이 기록되기까지는 오랜 세월이 필요했다. 그런데 신약성경이 기록되었어도 기록된 글은 아직 구전보다 중요한 것으로 여겨지지 않았다. 구전은 여전히 기록된 성경보다 중요한 것으로 여겨졌다. 그러나 세월이 지나면서 구전과 기록된 성경이 공존하게 되었다. 그러나 문제는 네 권의 복음서가 서로 다르다는 것이었다. 똑같이 예수의 삶과 가르침을 기록했는데 서로 다르다는 것이 문제가 되었다.

그리고 당시의 다양한 문헌들을 어떻게 이해해야 할 것인지가 문제였다. 즉 속사도 교부들의 글을 어떻게 다루어야 하느냐는 것이 가장 중요한 문제로 등장했다. 그리고 외경 작품들을 어떻게 받아들여야 하느냐는 것도 역시 문제였다.

사실 이런 다양한 글들을 어떻게 취급하느냐는 것은 문제가 아닐 수 없었다. 즉, 어떤 책을 교회가 규범적인 것으로 여겨야 하느냐는 것이 문제였다. 무엇을 기준으로 어떤 책은 받아들이고 어떤 책은 거절해야 하는지에 대한 정해진 규칙이 없었다. 그러므로 이런 것을 결정하는 데는 오랜 세월이 걸렸다.

이뿐만 아니라 성경의 정경화 작업(正經化 作業)은 지역에 따라 조금씩 견해를 달리했다. 예컨대, 동방 교회의 정경화 작업에 대한 이해와 서방 교회의 이해와 구체적인 방법에 대한 의견이 차이가 있었기 때문에 정경화 작업의 내용과 방법에 합의점을 도출하는 데 그렇게 오랜 시간이 필요했다.[1]

---

1 Eusebius Pamphilus, *The Ecclesiastical History*, Tr. by C. F. Cruse (Grand Rapids: Baker Book House, 1992), 233-235.

2) 성서(Bible) · 성경(Scripture) · 정경(Canon)

일반적으로 정경(正經)이란 용어는 '성서'(Bible) 혹은 '성경'(Scripture)과 동의어로 사용되기도 하지만, 이 세 용어는 각각의 뉘앙스를 띠고 있다.[2]

먼저 '성서'(聖書, Bible)라는 용어는 원래 헬라어에서 파피루스를 가리키는 단어인 비블리온(biblion)과 '책'(書)을 뜻하는 비블로스(biblos)에서 나왔다.[3] 옛날 이집트의 장인(匠人)들은 파피루스의 껍질을 채취하고 말려서 글을 쓰는 재료로 만들었다. 성경이 기록되던 당시의 서기관들은 이것으로 책을 만들었으며, 그 내용이 거룩한 하나님의 말씀을 전하고 있으므로 후대의 사람들은 성서(聖書, the Holy Bible)라고 부르게 되었다.

'성경'(聖經, Scripture)이라는 말은 라틴어에서 '글' 혹은 '책'을 뜻하는 단어 스크립투라(scriptura)에서 나왔으며, 이것의 어근은 헬라어에서 책을 가리키는 비블로스(biblos)와 별 차이가 없지만, 후대의 사람들은 '종교적인 경전의 모음'을 가리킬 때 주로 사용되었다.

그러나 '경전'(scripture)이란 단어는 다양한 종교에서 널리 사용되고 있으나, '성경'(the Holy Scripture)이라는 용어는 오직 기독교에서만 사용되고 있다. '정경'(正經, Canon)이라는 용어는 주로 유대교와 기독교(가톨릭, 프로테스탄트, 동방정교) 그리고 이슬람교에서 사용되고 있으며, 이 단어는 헬라어 '카논'(κανών)에서 문자적으로는 '잣대'를, 은유적으로는 '규범' 혹은 '이상'(理想)을 의미한다.

'정경'이란 말에 해당하는 헬라어 '카논'(κανών)은 히브리어 '坂'(카논)과 동등한 페니키아어에서 왔을 것으로 보인다. 이는 '갈대' 또는 '막대기'라는 의미가 있는 말이다. 이는 초대 교회에서 '신앙의 규칙'(the Rule of Faith)이란

---

[2] 김정우, "개혁주의 정경성 성경해석학에 대한 제언,"「신학지남」, 제76권 제3호 (신학지남사, 2009), 81-83.

[3] Michael J. Gorman, "The Bible as Book and as Library," ed. M. J. Gorman, *Scripture: An Ecumenical Introduction to the Bible and its Interpretation* (Peabody: Hendrickson Publishers, 2005), 3.

뜻으로 쓰였다.⁴

이 용어는 신약성경에서 '참된 기독교의 규범'으로 사용되고 있으며(갈 6:16; 고후 10:13-16), 교회의 교부들은 '진리의 법칙', '신앙의 규칙'(Rule of Faith)이라는 용어에 사용하였는데, 교부 오리겐(Origen, c.184-c.253)이 처음으로 이 용어를 성경에 적용하여 형용사적인 의미로서 '정경적 성경'(scripturae canonicae)이란 말을 만들어 사용하였다.⁵

이후 프로테스탄트에서 정경은 기본적으로 '표준적인 규범'을 뜻하기 때문에 '외경'(外經, apocrypha)과 구별하였지만, 가톨릭교회에서는 이 책들의 위상을 좀 더 높여서 '제2의 정경'(deuteron canon)으로 부르고 있다. 2세기 기독교 교회에서는 성경을 지칭할 때 '정경'이란 단어를 사용했다.

성경을 '정경'이란 말로 교회가 사용하기 시작한 것은 4세기 때부터라고 할 수 있다. 교회의 저술가들이 'κανών'(카논)이란 단어를 성경에 사용하기 시작한 것은 이 단어가 성경의 특수한 본질을 잘 표현했다고 생각했기 때문일 것이다.

3) 신약성경의 정경성 원리와 기준

신약 27권이 정경(正經)으로 받아들일 때 어떤 기준이 되는 원리가 있었을 것이다. 어떤 기준도 없이 어떤 책은 규범적인 것으로 받아들이고 어떤 책은 규범적인 것에서 제외할 수 없었을 것이기 때문이다. 이런 규범이 되는 기준을 이른바 '정경성의 원리'(principia canonicitatis)라고 한다.

그러나 이런 정경성의 규범이 신약 27권을 만들어낸 것이 아님을 기억해야 한다. 즉, 교회가 어떤 판단 원리를 가지고 판단했기 때문에 정경이 만들어진 것이 아니고 오히려 정경을 판단하는 기준은 성경 자체라고 할 수 있다.

---

4 Ronnie J. Rombs, *Tradition & The Rule of Faith in the Early Church* (Washington D.C.: The Catholic University of America Press, 2011), 30-47.

5 위의 책, 308-336.

그리고 교회가 이런 판단 원리를 가지고 있기 전에 신약성경에 포함된 대다수의 책은 이미 교회 안에서 그 규범적 권위를 소유하고 있었다. 그 원리들을 간략히 살펴본다.[6]

첫째, 원리는 사도성(Apostolicity)으로 사도 저작권과 관련이 있다. 사도 저작의 원리란 사도들이 쓴 저작의 권위가 있다는 것이다. 사도들의 메시지는 권위가 있었고 또한 그들의 글도 권위가 있는 것으로 받아들여졌다.

둘째, 원리는 '신앙의 규칙'(κανόνα τῆς ἀλήνείς) 또는 '진리의 규칙'이다. 초기 교회는 신앙의 규칙(Christocentricity)을 가지고 있었다. 즉, 교회의 신앙 고백이라고 할 수 있다. 그러나 신앙 고백 그 이상의 의미를 지닌다.

셋째, 원리는 성경의 자증(自證, autopistia)과 영감성(靈感性, inspiration)이다. 이 둘은 서로 밀접한 관련을 맺고 있다. 성경의 내면적인 증거(internal testimony)란 성경 스스로가 신적인 권위가 있는 것을 드러낸다는 뜻이다.

넷째, 원리는 교회의 판결이다. 성경에 대한 교회의 일치된 견해를 중요시했다는 것이다. 그러나 교회의 일치된 견해가 정경을 결정한 것은 물론 아니다. 즉, 다수의 합의가 기준이 될 수 없다는 것이다. 다만 정경 결정에 있어서 교회의 인식을 통한 결정이 중요하다는 것이다.[7]

다섯째, 원리는 하나님이 인도하심이다. 즉, 하나님의 특별한 섭리가 교회로 하여금 정경을 수납 즉 교회에서 사용(ecclesiastical use)하도록 했다는 것이다.

---

6 노재관, "신약 정경 형성에 관한 연구," 「칼빈논총」, 제2000권 (칼빈대학교, 2000), 140-141.
7 위의 책, 71.

4) 370년 이상이 소요된 신약 정경화 작업

바울서신은 2세기 중엽 이전에 13개 서신으로 신약에 수집되었고, 이 외에도 다른 서신들은 점차로 신약에 포함되기에 이르렀다. 베드로전서와 요한1서에 대해서는 초기의 증거가 남아있으나 이들보다 부피가 작은 다른 서신들이 언제 수집되었는지 알려진 바가 없다.

이러한 서신들은 부피가 큰 다른 서신들만큼 인용되지는 않았다. 그러므로 초대 교부 작가들이 이것들을 거의 인용하지 않았다고 해서 놀랄 만한 일은 아니다. 대부분 동방 교회는 3세기 중엽에 이르기까지 이러한 소규모 서신들을 신약에 편입시켰으나, 다른 지역의 교회들은 이들의 정경적 지위를 인정하는 데 주저하였다.

요한계시록도 꼭 같은 처지에 있었다. 즉 일부 지역에서는 일찍부터 그 권위를 인정받아 왔으나 다른 지역에서는 오랜 시일이 흐르고 난 뒤에야 비로소 그 권위를 인정받았다.

이처럼 신약 각 권은 기록되자마자 곧 정경(正經)으로 수집된 것이 아니다. 예컨대, 바울의 서신들과 복음서들은 처음에는 그 수신자와 수신 교회에 의해 보존되어 오다가 점차 27권 전부가 공식적으로 교회에 의해 공인되었다.

신약성경의 정경화 형성 과정에 관한 연구를 보면 초기 기독교 교회 지도자들의 회의에서 정경의 선택과 배제에 수많은 논쟁이 있었으며, 극복하지 못한 어려운 문제가 얼마나 많았는지를 알 수 있다.[8]

이 과정은 대략 370여 년이 걸렸다. 2세기경에 이단사상을 고취하는 책들이 유포됨에 따라 성경을 그 밖의 다른 기독교 문헌으로부터 구분해야 할 필요성이 생겼다. 초대 교회에 출몰한 이단들은 기독교 정경 형성에 지대한 영향을 주었다.

---

8 민경식, "초기그리스도교 복음서들의 정경화와 미정경화," 「한국사상사학」, 제55권 (한국사상사학회, 2017), 177-203.

왜냐하면, 이단들은 자기들의 공동체 안에 자기들이 인정하는 성경의 수집물을 가지고 있었기 때문이다. 이런 이단들의 정경 개념이 정통 교회들이 정경에 대한 개념에 영향을 주었다.[9]

5) 정경성의 원리에 근거한 정경의 기준

이에 따라 정통 교회에서는 이단으로부터 교회를 지키기 위해서 어떤 책을 신약에 포함해야 할 것인지 하는 생각을 앞서 언급한 정경성의 원리를 참고하여 다음과 같은 기준을 설정하였다.[10]

① 사도성(apostolicity): 그 책이 사도에 의해 기록되거나 그렇게 인정되었는가?
② 정통성(orthodoxy): 그 내용이 영적 진리를 갖고 있는가?
③ 영감성(inspiration): 그 책이 하나님이 감동, 감화하셨다는 증거가 있는가?
④ 사용성(use): 그 책이 교회에 의해 폭넓게 받아들여졌는가?

신약 27권 모두를 초창기부터 교회가 다 받아들였던 것은 아니다. 그렇다고 해서 즉시 보편적으로 받아들여지지 않았던 책들이 반드시 위서(僞書)라는 뜻은 아니다. 개인에게 발송된 편지들은 교회에 발송된 편지들만큼 널리 유포되지 못했다.
큰 논란을 빚은 책들은 카르타고 공의회에서 정경(正經)으로 확정되었다. 이곳에서 열린 회의는 시노드(Synod) 급의 지역 공의회임에도 역사적으로

---

9   조병하, "초대 교회(1-2세기) 이단형성(의 역사)과 정통확립에 대한 연구," 「성경과 신학」, 제72권 (한국복음주의신학회, 2014), 291-323.
10 신약학 교수 맥도날드(McDonald) 박사는 4가지 정경의 기준에 '적응성'(adaptability)을 추가한다. L. M. McDonald, *Biblical Canon: Its origin, Transmission and Authority* (Baker Academic: Grand Rapids, 2007), 405-420.

상당히 주목할 만한 결정 몇 개가 이뤄졌다.

특히, 4세기 말부터 5세기 초에 걸쳐 열린 신약 및 구약성경이 확정되어 선포된 회의는 기독교 역사에서 매우 중요한 의미를 지니고 있다.

6) 신약성경 원문과 사본

다른 고대 문헌에 있어서 특히 신약성경만큼 서방 세계에 큰 영향을 끼친 것은 일찍이 없었다. 어떤 고대 기록이나 문헌의 내용도 헬라어와 그 밖의 고대 번역본으로 현존하는 수많은 신약성경 사본에 양적으로 견줄 만하게 보존된 적이 없었다.

어떤 고대 저자의 기록(예컨대, 타키투스[Tacitus, 56-117]의 『연대기』(年代記, Annales)의 일부)은 고대의 유일한 사본에 의존하고 있다. 어떤 기록은 몇 개 혹은 수십 개의 사본으로 보존됐다. 에우리피데스(Euripides, B.C. 484-406)와 키케로(Cicero, B.C. 106-43) 등 어떤 저자들의 작품은 수백 개의 사본들이 알려져 있다.

한편 신약성경의 경우 거의 3,000여 개의 손으로 쓴 헬라어 사본들이 보존되어 있는데 이들은 몇 구절이 적힌 사본 조각에서부터 전(全) 신약성경이 포함된 사본에 이르기까지 다양하게 보존되어 있다. 여기에 2,000여 개의 부가적인 헬라어 사본들이 추가되는데, 이 사본에서는 그 본문이 매일 읽을 수 있도록 성구 집 형태로 배열되어 있다. 이뿐만 아니라 8,000여 개의 라틴어 사본과 2,000 혹은 그 이상의 다른 고대 번역본들이 있다.

다른 면에서도 역시 신약성경 사본의 전승은 다른 고대 문헌과 비교해 볼 때 월등히 뛰어나다. 어떤 고대 저자 작품의 알려진 사본들 가운데 최고(最古)의 사본은 그 저자가 죽은 지 1,000년 이상이 지난 시대의 자료이다.

수백 년의 시차는 흔히 있는 일로서 로마 시인 베르길리우스(Publius Vergilius, B.C. 21-B.C. 71)의 경우에서는 300년이 지난 후의 사본임을 알 수 있다.[11] 이에 반하여 현존하는 가장 중요한 신약성경 사본들 가운데 두 사본은 신약성경이 완성된 후 300년이 못 되어 기록된 것이며, 신약성경 가운데 약간의 부분은 성경 저자가 기록한 지 일이백 년 후에 기록된 파피루스 사본이 남아있다.

시간의 간격이 크고 단지 몇 개의 사본이 남아있을 때도 고전학자들은 이 세속 작품들의 일반적 신뢰도를 받아들이므로 신약 학자가 현재 남아있는 신약성경 사본을 본래 저자가 기록했던 것으로 확신할 수 있음은 명백한 일이다.

동시에 고대 세계에 있어서 어떤 문학 작품의 사본을 많이 내는 것은 인쇄술이 발명된 이후의 출판과 비교할 때 전혀 다른 문제였다. 오늘날은 한 작품에 대해 수많은 동일한 책을 인쇄할 수 있지만, 고대 세계에 있어서 각각의 사본이 별개로 필사가 될 때는 어떠한 길이의 책도 두 사본이 동일하지 않다는 것이 확실하다.

이같이 사본을 필사한 시기는 신약성경의 완성에서 현재까지의 기간에 3/4을 포함한다. 처음 몇 세기 중에 만들어진 신약성경 일부나 전체에 많은 사본은 수천 개의 본문 상의 이문(異文)이 사본에 들어왔다는 것을 뜻한다. 원저자(原著者)가 기록한 신약성경의 원본은 틀림없이 아주 초기에 없어졌을 것이다.

신약성경의 사본들의 경우에 있어서 현재 알려진 비교적 많은 수의 사본은 확실히 초기 수 세기 동안 나온 전체 숫자의 일부에 불과한 것이다. 사실상 어떤 경우에서도 현존하는 사본이 다른 사본의 직접적인 원전이라고 밝히는 것은 불가능하고 또한 현재 주어진 어떤 사본과 원본 사이에 얼마나 많은 사본이 있는지를 가려내는 일도 상당히 어렵다.

그러므로 학자들은 일반적으로 후대의 사본에는 초기에 속한 사본보다 많은 사본이 중간에 끼어서 원본에서 더 멀리 옮겨졌다고 생각하지만, 그

---

11 Jan M. Ziolkowski, Michael C. J. Putnam, *The Virgilian Tradition: The First Fifteen Hundred Years* (Yale University Press, 2008), 104-105.

법칙에는 여러 예외적인 경우가 있다고 인정한다. 그러나 신약의 수많은 사본을 통해 내려오고 혹은 그 사본들 가운데 많은 이문(異文)이 나타나기 때문에 신약 본문이 믿을 수 없는 근거에 의존하고 있다고 추측해서는 안 된다. 사실상 신약성경의 대부분에 있어서 전혀 문제시될 만한 점이 없다.

7) 신약성경의 역사와 권위

신약성경의 역사를 연구하는 데 있어서 가장 중요한 것은 신약성경과 구약성경의 관계를 고찰하는 것이다. 이러한 고찰에는 두 가지가 있다.

① 신약성경에 나오는 구약성경에 대한 평가
② 양자의 본질적인 신학적 및 역사적 관계

예수 그리스도가 구약을 높이 평가했다는 것과 유대인들도 그러했다는 데 대해서는 의문의 여지가 없다. 예수와 유대인들은 구약성경의 권위와 영감을 인정했다. 유대교적 환경에 익숙한 회원들이 많았던 예루살렘의 기독교 교회도 이를 인정했던 것 같다.

구약성경에 대한 이러한 높은 평가는 신약성경의 성장에 깊은 영향을 끼쳤다. 왜냐하면, 초대 교회는 즉각 구약성경을 그들의 유일한 성경으로 공언하여 그 중요성을 인정했기 때문이다. 이것은 신약성경의 기자들이 구약의 증언을 자주 인용한 점에서 구체적으로 나타난다.

이러한 인용문 가운데는 인용의 공식 문구와 함께 나오는 예도 있는데, 이것은 구약성경의 권위를 초대 교회가 매우 높이 평가했다는 것을 분명히 말해 준다.

"성경에 말씀하시기를"이나 "이 일이 이룬 것은 … 한 성경을 응하게 하려 함이라"는 신약성경의 공식 인용문은 구약성경과 기독교 메시지와의 본질적인 관계를 잘 말해 준다. 이러한 배경을 잘 살펴보아야 신약 수집물의 성장 과정을 제대로 추적할 수 있다.

초대 교회의 예배 의식에서 구약성경을 읽는 일은 유대교에 있어서와 마찬가지로 일차적인 의의가 있었다. 또한, 구약에 대한 평가 및 주석은 기독교적 해석에로의 길을 마련하였다. 그리고 초대 교회의 기독교인은 예수의 생애에서 직접 성취된 구절을 특별히 주목하였다. 이러한 발전 과정과 함께 초대 교회는 예수의 가르침에 깊은 관심을 표명하였다.

예수의 가르침은 기독교인에게 구약성경의 선포와 동일한 권위를 가지고 있었다. 또한, 예수의 가르침은 예수 자신과 동일한 권위를 가졌다. 예수 자신이 그의 제자들을 권면하여 다른 사람들을 가르치도록 한 것은 바로 이러한 가르침이었다.

만약 예수의 가르침이 제자들의 마음속에 잘 간직되어 있지 않았더라면 그들은 결코 이러한 일을 할 수 없었을 것이다.

이러한 사태의 추이와 함께 초대 교인들은 집회에서 사도들의 서신을 읽었다. 바울은 그의 서신들이 서로 다른 여러 교회에서 읽힐 수 있도록 하라고 말하는 것으로 보아 이러한 일은 통상적인 일이었던 것 같다.

바울의 서신이 과연 얼마 만에 교회끼리 서로 교환되어 읽혔는지는 알 수 없으나, 이 서신들이 바울 사후 직후에 수집되었다는 것은 분명한 것 같다. 이러한 서신들이 일찍부터 사용되었다는 사실은 이 서신들을 반영하고 있는 속사도 시대(續使徒時代)[12]의 저술을 통해 알 수 있다.

물론 이 저술들이 바울의 서신을 모두 인용한 것은 아니라고 할지라도 이미 A.D. 2세기 초 이전에 권위있는 수집물이 존재하였다는 것을 시사해 준다.

---

12 사도 요한이 죽은 후부터 콘스탄티누스 대제가 밀라노 칙령으로 기독교를 공인하기까지의 시기를 속(續)사도 시대(Post-Apostolic Age, 또는 전(前) 니케아 시대(Ante-Nicene Age)라고 부른다. 속사도란 사도들의 가르침을 받은 사람을 일컫는다.

8) 신약성경이 권위를 갖게 된 연유

우선 한 가지 인정해야 할 것은 신약성경이 기독교의 역사적 기초를 설명할 수 있는 권위의 유일한 원천이라는 사실이다. 물론 각 책의 권위에 대해서는 비평하는 학자에 따라 서로 다른 의견이 있다. 그리하여 어떤 책의 진정성이 도전받게 되면 역사적 원천으로서의 가치가 즉각 의심받게 마련이다.

그러나 정통 기독교는 신약성경이 기독교 교회의 역사적 발전에 대해 신뢰할 만한 지침을 제공하고 있다는 것을 추호도 의심해 본 적이 없다.

신약성경의 권위는 주로 교리 및 교리에 대한 지도 분야에 존재한다. 사도 바울은 수신자들을 지도하기 위해 서신을 썼으며, 기독교 교회에서는 바울의 이러한 입장을 권위 있는 것으로 인정하였다.

사도 바울의 가르침은 권위의 옷을 입게 되었다. 사도 바울도 그 자신이 성령의 인도를 받아 이렇게 권위 있게 글을 쓸 수 있었다고 생각하였다. 비(非) 바울서신들도 바울서신과 마찬가지로 수신자를 지도하려는 논조를 취하고 있었다. 그러나 복음서에서는 기자들의 권위 의식이 뚜렷하지 않다. 그것은 복음서가 서신과 다른 성격을 지닌 문서였기 때문이다.

서신의 저자들은 성령의 인도에 따라 권위 있게 말했지만, 복음서에 있어서 권위는 예수 자신의 권위 위에 직접 세워져 있었다. 예수가 말하고 행동한 것은 그 자체의 권위를 지니고 있었으며, 이러한 권위는 하나님 자신의 권위와 동일한 것이었다. 예수는 아버지의 뜻과 일치되게끔 말하고 행동하였다.

그러면 초대 교회의 갖가지 문서들 가운데 오직 신약성경에 포함된 책들만이 어떻게 권위가 부여되었는가를 언급할 필요가 있다. 이미 앞서 언급한 바와 마찬가지로 예수와 사도들은 구약성경의 권위를 인정하였다. 구약성경의 증언이 그리스도나 사도들의 말을 뒷받침하거나 예수의 탄생과 같은 사건을 설명할 때 결코 간과될 수 없는 또 하나의 차원을 덧붙여 준 것이다.

그러므로 구약성경의 권위가 파괴되어서는 안 된다는 것이 예수와 사도들의 확신이었다. 구약성경은 하나님의 말씀이었으며, 하나님의 음성이었다. 구약성경의 저자들은 성령의 감동으로 성경을 기록하였던 것이며, 그 때문에 구약성경은 의문의 여지가 없이 하나님의 계명으로 받아들여졌다.

2. 신약성경의 주인공 예수

1) 신약성경의 발원지

신약성경은 48-49년경에 쓰인 데살로니가전서를 비롯한 바울의 서신서(書信書)들을 필두로 복음서들과 기타 문서들로 구성되어 있다. 바울은 자기 서신서들을 기록하면서 구약을 능가할 새로운 성경을 만든다고 생각했다기보다는, 이방인 교회들이 직면한 실질적인 문제들에 대한 목회적 가르침을 제공하려 했다.

사도 바울을 위시한 서신서의 저자들은 복음서가 보존한 예수 전통을 근거로 예수의 복음을 교회에 적용하면서, 자신들의 목회적·신학적 문제에 대한 해답들을 도출하기를 원했다.

이어지는 교회들은 복음서의 예수 전통과 서신서의 사도 전통에 대한 신학을 통해 자신들의 내·외적인 도전들에 대처하였고, 이 과정에서 자신들의 정체성과 신앙의 규범을 발견할 권위 있는 출처로 신약성경을 정경화시켰다.

신약성경은 이상과 같은 흐름 위에 성립한 것으로 구약성경을 무시해서는 신약성경은 이해할 수 없다. 말하자면 신약성경에 나타나 있는 여러 가지 개념은 이미 언급한 바와 같이 구약성경으로부터 유래되어 있다는 것이다.

신약성경 전체는 A.D. 1세기의 중엽부터 2세기 중엽까지 약 5백 년 동안에 기록되었으며 장소는 대체로 지중해 동부 연안 지대로, 바울의 편지는 에게해(Aegean Sea) 주변이라 생각된다.

이같이 신약성경은 구약성경에 비하면 그 성립 기간이 짧고, 구성도 단순하다고 볼 수 있다. 그러나 지역적으로 훨씬 넓고, 예루살렘으로부터 로마에 이르기까지 넓은 지역에서 이루어졌고, 국제성을 가지고 있으며, 당시의 다양한 사상과의 접촉 대응이 있었다.

그렇기 때문에 이런 면에서는 신약성경의 사상은 매우 복잡하다고 말하지 않을 수 없다.

2) 신약성경의 주역 3인, 예수·바울·요한

구약성경과는 달리 신약성경에는 예수, 바울 그리고 요한이라고 하는 3인의 주역이 있는데, 모든 기술은 이 주역을 중심으로 하고 있다고 해도 과언이 아니기 때문이다.[13]

그 3인 가운데 주역은 두말할 나위가 없이 예수이다. 예수는 카리스마적인 존재였다. 그에게는 설명하기 어려운 영향력이 발휘되어 추종자들을 매료시키고, 적대자들을 당황하게 했다. 그의 가족들조차 예수의 행동을 이해하기 힘들었다. 예수 때문에 가장 당황한 것은 그의 가족이었고, 심지어 "가족들은 '예수가 미쳤다'는 소문을 듣고서 예수를 붙잡으러 찾아다녔다"(막 3:21)는 것이었다.

예수는 재치 있는 경구(警句)를 통해 사람들에게 깊은 인상을 남겼다. 예를 들어, 바리새파 사람들과 헤롯 당원들은 당시 하나님이라 섬기고 있

13　Larry R. Helyer, *The witness of Jesus, Paul, and John: an exploration in biblical theology* (Downers Grove, Ill: IVP Academic, 2008). 미국의 성경학자 헬에르(Helyer) 교수는 신약성경 내용의 근간을 이루고 있는 대표적인 3인(예수·바울·요한)의 하나님 나라에 대한 증언(신앙 고백)을 바탕으로 성서신학을 탐색하고 있다.

던 로마 황제에게 세금을 내는 것이, 야웨를 유일신으로 믿는 유대인으로서 적절한 행동인지를 시비하여 예수를 곤란한 지경으로 몰아넣으려 했다.

이에 임기응변적으로 상대방의 저의를 알아채고 그야말로 적절한 말씀으로 대하는 예수는 데나리온 한 닢을 보여 달라고 하면서, "데나리온 한 닢을 가져다 보여다오" 그들이 돈을 가져오자 "이 초상과 글자가 누구의 것이냐?"라고 물었다.

"가이사의 것입니다"라고 대적자들이 대답하자 "그러면 가이사의 것은 가이사에게 돌리고 하나님의 것은 하나님께 돌려라"고 대답하신다. 이런 식의 경구는 짧고 독특한 표현으로 말미암아 민중의 기억에 오래도록 남았다. 최근의 '역사적 예수'(the historical Jesus)에 대해 연구하는 성경학자들은 예수의 아포리즘(aphorism), 즉 짧은 경구에 주목하여 역사적 예수의 본래 발언을 찾으려고 한다.[14]

예수의 아포리즘은 전통적인 속담과 격언이 담아낼 수 없는 놀라운 재치와 참신한 감각을 담고 있다. 전통 사회의 격언이 통속적인 지혜로서 문화 자체의 집단적이고 관습적인 세계관을 반영한다면, 예수의 아포리즘은 특정 개인의 색다른 관점이나 개념을 나타낸다.

역사적 예수에 대한 기록은 오직 신약성경밖에 없다. 성경 이외의 자료로 거의 유일한 것은 역사학자 요세푸스의 글인데, 그것은 후대에 각색되었을 가능성이 높기 때문에 대개 그 정확성을 인정받지 못한다.[15] 그런데 신약성경이 전하는 예수의 상은 너무나 다양하고, 중층적이다. 그는 먹고, 마시고, 잠을 자고, 고뇌하고, 분노하고, 땀을 흘리고, 논쟁하는 평범한 인간의 모습을 보여 주었고, 또한 병을 고치고, 기적을 행하는 비범한 인간의 모습도 보여 주었으며, 신적인 존재로 변모하고, 하나님과 자기를 동일시

---

14 최재덕, "역사적 예수 연구의 필요성과 효용성 역사적 예수에 대한 연구는 왜 필요한가?"「성서학연구원 저널」, 제101호 (장로회신학대학교, 2019), 5-16.

15 스티브 메이슨(Steve Mason), 『요세푸스와 신약성서』(*Josephus and the New Testament*), 유태엽 역 (대한기독교서회, 2002), 229-233.

하는 초인간적인 모습도 보여 주었다.

사복음서에 따라 예수상에 대한 표현도 조금씩 달리한다. 이에 대해서는 일반적으로 신약성경의 기록상의 문제라든가 아니면 집필자의 의도가 나타나 있다고 보는 견해가 지배적이다.[16]

여기서는 예수의 이 세상에서의 사역과 관련해 그 모습을 살펴본다.

3) 선지자, 예수

예수의 사역은 일반적으로 선지자직(先知者職), 제사장직(祭司長職), 왕직(王職)의 세 직분으로 나뉜다. 선지자의 임무는 하나님의 뜻을 백성들에게 드러내고 전달하는 것이었다. 이것은 가르침, 권면, 훈계, 영광스러운 약속, 엄한 책망의 형태로 이루어졌다.

성경은 여러 모양으로 예수의 이와 같은 선지자직에 대해 증거하고 있다. 예수는 그의 선지자직을 구약성경 시대에는 주의 천사나 계시의 영으로서, 그리고 성육신하신 후에는 그의 교훈과 모범으로서 수행하셨다. 그는 한 사람의 선지자로 예언되었으며, 이것을 신약성경은 예수에게 적용하고 있다.

복음서에 총 86회 등장하는 명사 '선지자'는 요한복음에 14회 등장한다. 요한은 1장에서부터 예수를 '말씀', 하나님에게서 오신 궁극적인 '빛'(계시)으로 소개한다(요 1:1, 7). 영원 전부터 성부와 선재하신 예수는 성육신하셔서 하나님 아버지를 계시하신다(요 1:14-18).

세례 요한은 선지자 엘리야, 모세가 예언한 그 선지자(신 18:15-19), 그리스도가 아니지만(요 1:21-22), 예수는 구약에서 약속된 이 세 가지 정체성(선지자직, 제사장직, 왕직)을 모두 충족시키신다.

---

16 정기문, "초기 기독교 지도자들의 예수 '만들기'," 「서양사 연구」, 제60집 (한국서양사연구회, 2019), 101-126.

선지자 예수가 갈릴리에서 하나님의 말씀을 전하면서 제일 중요하게 생각한 것은 '하나님의 나라'와 '하나님의 정의'였다.

복음서에 따르면, 예수가 말한 하나님의 나라는 예수가 세상에 옴으로써 시작된 현재의 나라이고, 앞으로 세상에 오게 될 미래의 나라이다. 다르게 표현하면, 복음서에 언급된 하나님 나라는 미래에 그 완전한 모습이 드러나지만 바로 그러한 미래의 나라에 대한 소식이 지금 이 땅에 살아가고 있는 사람을 회개하게 한다.

여기에서 말하는 '회개'는 단순한 유감 표명이 아니라 삶 전체의 진로 변경을 뜻하는 것으로 복음서에서 묘사하는 예수는 구약의 선지자 요나처럼 사람들에게 회개하라고 외친다.[17]

예수는 구약성경에 나오는 선지자들의 전통에 따라 민중을 착취하는 구조적인 악에 분노하고 투쟁한 선지자였다. 따라서 그의 하나님 나라는 억압받으며 사회에서 소외된 사람들에게 해당하는 것으로, 그런 연약하고 보잘것없는 사람들이 하나님이 시작하시는 새로운 역사에 참여하게 된다는 것이며 그들을 향한 하나님의 사랑과 은혜를 뜻한다.

4) 제사장, 예수

구약성경은 장차 오실 구속주(救贖主)의 제사장직을 예언하고 있다. 이에 대한 명백한 언급이 시편 110:4의 "너는 멜기세덱의 반차(班次)를 좇아 영원한 제사장이라"는 말씀과 스가랴 6:13의 "그가 여호와의 전을 건축하고 영광도 얻고 그 위에 앉아서 다스릴 것이요 또 제사장이 자기 위에 있으리니 이 두 사이에는 평화의 의논이 있으리라"는 말씀에 나타난다.

더구나 구약성경의 제사장직, 특히 대제사장 직분은 명백하게 제사장인 메시아의 예표(豫表)이다. 신약성경에서는 오직 한 권 즉, 히브리서만이 그

17　Maurice Casey, *Jesus of Nazareth: An Independent Historian's Account of His Life and Teaching* (New York: T&T. Clark, 2010), 78-81.

를 제사장으로 칭하고 있는데 그 호칭은 히브리서의 핵심 단어이다. 이처럼 신약성경 중에 예수 그리스도의 대제사장직에 대해 히브리서만큼 강력한 논증을 제시해 주는 책은 없다. 달리 말하면, 히브리서가 예수의 제사장적 이데올로기를 구체적으로 정리하여 제시한 최초의 기록된 문헌이라는 것이다.[18]

그리스도께서 제사장이 되신 것은 스스로 된 것이 아니라 하나님이 친히 말씀을 통해 임명하셨다. 특히, 예수의 경우에는 하나님의 아들이면서 동시에 제사장(Royal priesthood)이시다.[19] 히브리서에서 예수의 제사장직 사역의 표현들 가운데 가장 두드러진 것은 예수가 '제사장'인 동시에 '희생제물'로서 나타나고 있다는 사실이다.[20]

그는 '하나님의 어린 양'이며 '흠 없고 점 없는 어린양'으로 심지어 우리를 위해 희생되신 '우리의 유월절 양'으로 불렀다. 이와 같은 생각들은 바울서신과 요한의 기록에서도 나타난다.

이른바 '최후의 만찬'이라고 불리는, 제자들과의 마지막 식사에서 예수는 새로운 제의(祭儀)가 제정(制定)되는 계기를 마련하였다. 유월절 축제가 시작되기 전날에 나누었던 조촐한 식사에서 예수는 빵과 포도주를 나누며 이를 '새 언약'의 축제로 해석하였으며, 사도들에게 이를 행하라고 하셨다.

5) 예수의 명령, 복음의 세계화

'땅끝까지'[21] 그의 증인이 되라는 예수의 말씀은 제자들이 평생에 걸쳐 완수하여야 할 명령에 해당한다. 이에 사람들은 그리스도의 유언에 해당하

---

18 장동신, "모세와 아론으로서의 예수," 「신약논단」, 제23권 제4호 (한국신약학회, 2006), 1,115-1,141.
19 이풍인, "히브리서에 나타난 거룩한 대화 연구," 「신학지남」, 제88권 제4집 (신학지남사, 2021), 84.
20 이풍인, "히브리서 4:2절과 11:39-40절에 나타난 새 언약 백성의 특권," 「신학지남」, 제87권 제1집 (신학지남사, 2020), 23.
21 '땅 끝'이 어디인가에 대한 국내 학자들의 의견을 보면, '땅 끝'을 로마로 보는 학자도 있

는 본문을 그리스도 복음의 '보편주의'(Universalism)[22]라 지칭한다.

B.C. 540년경 피타고라스 이래로 평면적인 세계관을 극복하여 지구를 구체(球體)로 이해하였던 당시의 자연과학 지식은 이제 '땅끝'은 이스라엘의 지경을 넘는 이방 세계, 더 나아가 온 인류의 전체 거주지, 즉 지구촌 전체를 의미하게 된다.

사도행전에서 말하고 있는 땅끝이란 지중해 주변 세계로 한정하지 않고 더욱 넓은 전 세계에로의 차원을 높이고 있다. '땅끝까지'라는 말은 구속의 범위와 제자들의 사역 영역을 규정하는 신학 전문 용어로써 사도행전 저자는 이를 통해 이스라엘의 회복만을 이루실 민족의 하나님에게서 온 인류의 하나님으로 그 존재론적인 의미를 확장한다.[23]

그래서 예수의 제자들이 수행하여야 할 복음 사역의 범위는 그리스-로마 세계의 지중해 주변에 머물지 않는다. 이런 입장은 자연계를 포함한 "만물의 회복 사상"을 선포하는 사도행전(3:21)과 창세기를 근거로(창 12:3; 22:18; 26:4; 28:14) 아브라함 언약 안에서 모든 족속이 그리스도로 말미암아 복을 받을 것이라고 미래적 전망을 제시한 사도행전 3:25에서 최절정(最絶頂)을 형성한다.

결국, 사도행전 3:21은 사도행전 1:8의 땅끝을 지중해 주변 세계로 한정하려는 협소한 차원을 극복하고 이스라엘 경계선 밖의 땅끝을 말하고 있다. 사도 바울은 사도행전 13:47에서 제자들이 이방인들에게 복음을 땅끝까지 전하라는 예수의 지상 최대 명령을 거듭 밝히고 있다.

고, 스페인이나 에티오피아로 간주하는 학자들은 구약의 용례를 따라 "전 세계" 또는 "모든 민족"을 뜻할 뿐, 어떤 특정한 지명을 염두에 둔 것은 아니라고 주장하기도 한다. 많은 학자는 "땅 끝"이라는 문자적인 의미에 한정시키지 않고, 70인역에서의 '모든 국가'(전 세계)로 사용된 용례와 로마서에서 바울의 스페인 전도 계획을 고려하면서, 로마서에서의 스페인 그 이상일 것으로 해석한다. 이승호, 『사도행전』(서울: 한국장로교출판사, 2008), 86. 박수암, 『사도행전』(서울: 대한기독교서회, 2006), 44-45.

22 하워드 마샬(I. Howard Marshall), 『복음의 증거: 사도행전 신학』(Witness to the Gospel: The Theology of Acts), 류근상 역 (서울: 크리스챤출판사, 2004), 269.

23 Andreas J. Kostenberget, Salvation to the Ends of the Earth: A Biblical Theology of Mission (Illinois: Downers Grove, IVP, 2020), 74-133.

> 여러분은 예언자들의 자손이요, 하나님이 여러분의 조상들과 더불어 세우신 언약의 자손입니다. 하나님이 아브라함에게 '네 후손으로 인해 땅의 모든 족속이 복을 받을 것이다'라고 말씀하셨습니다(행 3:25).
>
> 이것이 바로 주께서 우리에게 하신 명령이기 때문입니다. '내가 너를 이방 사람들의 빛으로 삼았으니 이는 네가 땅끝까지 구원을 이루게 하려는 것이다'(행 13:47).

3. 신약성경의 사상, 보편주의 · 세계주의

예수의 사상을 제시, 구현하는 신약성경 사상의 특징을 간단히 말하자면 보편주의(Universalism)와 세계화(Globalization)라 할 수 있다.[24] 다만 민족이라고 하는 의식을 뺀 모양의 세계적이라는 발상의 씨앗은 이미 구약성경에서도 보였다. 그것도 매우 오랜 시대에서부터 있었다고 말하지 않을 수 없다.

예컨대, 앗시리아 시대조차 야웨는 단순한 민족 종교의 신이 아니었다. 하나님이 자기한테 반역하는 이스라엘을 징계하기 위해 앗시리아를 일으켜 징벌한다고 하는 발상은 예언자 이사야에게 있었으며, 그것은 이미 민족주의적인 테두리를 훨씬 벗어난 발상으로 되어 있었다.

우리나라의 경우를 비교해서 생각해 보면, 단군왕검(檀君王儉)의 할아버지인 하늘의 주재자인 환인(桓因)은 민족주의적인 테두리를 절대로 벗어날 수가 없고 환인이 한국을 징계하기 위해 중국을 일으켜 이것을 쳐부순다고 하는 발상은 처음부터 있을 수 없다.

---

24 E. P. Sanders, "Paul between Judaism and Hellenism," *Paul among the Philosophers,* (Eds.) John D. Caputo and Linda MartÃn Alcoff (Bloomington: Indiana University Press, 2009), 74-88.

그러나 이사야 선지자는 이미 그것을 초월하여 세계적인 시야에서 하나님과 백성과의 관계를 보는 상태에 도달하고 있었다. 하나님이 유일의 절대자라고 하는 발상에서 출발한다면 선택된 백성 이스라엘이 왜 고난을 겪지 않으면 안 되는가 하는 문제의 해결은 세계주의적으로 보는 수밖에 없다.

구약성경의 맨 마지막의 말라기는 매우 민족주의적인 것으로 보이지만 그것조차 이러한 생각이 강하게 품고 있다. 이 '말라기'는 '말라기야'의 약칭으로 고유 명사가 아니라 '사자'(使者)라고 하는 의미이다. 이 말라기가 기록된 시기는 에스라 이전으로 보고 있다. 말라기에는 "해가 뜨는 곳으로부터 해가 지는 곳까지, 내 이름이 이방 민족들 가운데서 높임을 받을 것이다"(말 1:11)라는 의미의 말이 있다. 이 경우, 하나님이란 개념은 이미 이스라엘만의 것이 아니라 세계적인 것으로 되어 있으며, 그것으로 야웨는 이스라엘보다도 타국에서 높임을 받을 것이라는 말이 된다.

이것은 이미 보편주의적 발상이다. 나아가서 묵시 문학의 다니엘서 등은 그 무대는 세계사이고, 이 사고방식은 신약과 연결되어 있다. 구약의 사상은 단순히 민족주의적인 것으로 단정을 내릴 수 없는 것으로 거기에는 세계에 있는 하나님이란 발상이 씨앗을 품고 있었다.[25]

이것은 포로 시대 이후의 유대인이 넓은 국제성을 가지고 그 거주하는 장소도 국제적으로 넓어져 간 것에도 이유가 있을 것이다. 예수의 등장으로 이러한 의식은 한층 강하게 된다. 예수가 꿈꾸는 하나님 나라와 이에 대한 설교는 세계라는 당대의 민족적, 국가적 개념을 초월하게 했다. 당시의 세계라는 개념은 막연하게나마 에티오피아에서부터 페르시아까지는 구체적으로 때로는 상징적인 의미에서 들어가 있지만 확실하게 세계로서 의식된 것은 예수 신약성경 시대 이후 로마권에서 시작되었을 것이다.

---

25 이훈구, "다니엘서 나타난 하나님의 선교 연구," 「복음과 선교」, 제14집 (한국복음주의 선교신학회, 2011), 236-238.

구약성경의 사상을 민족주의적으로 좁게 한 것은 오히려 비유대교일 것이다. 신약성경 이전의 마카비기 무렵, 언어는 히브리어든 아람어든 헬라어든 무엇을 사용해도 좋다는 시대도 있었지만, A.D. 66년의 유대 전쟁 이후 민족적인 위기감에서 유대인이 국가주의적, 민족주의적으로 되어 가고 있었다.
　여기에는 기독교와의 대립도 크게 작용하고 있었는데 그곳에서 구약성경을 민족주의적으로 이해하려고 하는 경향이 일어났다. 비문(碑文) 등을 보더라도 예수 시대는 헬라어의 것이 많은 데 비해 이후가 되어서는 아람어가 많이 보이는 현상이 나타났다. 예컨대, 가버나움 회당에서 아람어의 비문이 오래된 것으로 보이는데 A.D. 400년 무렵의 것으로 확인되었다.
　한편, 헬라어 비문 쪽이 그보다 200년 정도 오래된 것과 같은 현상이 나타났다. 이것도 유대 전쟁 이후의 민족주의로 기우는 사실에 그 원인이 있을 것이다. 유대인처럼 로마와 대립하지 않고 거꾸로 이에 침투하고 있었던 신약성경은 구약성경의 보편성을 한층 진전시켰다.
　이뿐만 아니라 초대 기독교는 끔찍한 차별에 근거한 로마 제국 사회 내에 보편적 평등주의의 새로운 질서를 만들어냄으로써 신약성경의 보편주의를 강조하지 않을 수 없게 되었다. 그리고 이러한 새로운 질서를 창출해내는 인간들의 내면은 자유 정신으로 가득 차 있었다. 그런 면에서 "초대 교회는 인간의 평등과 우애의 질서를 실험하는 곳"[26]이었다.

1) 신약 시대 평등 공동체의 이상

　예수께서 떠나신 다음 그분이 이루고자 하신 평등 공동체의 이상은 사도 바울에 의해 현실화된다. 초대 교회는 로마 황제와 관련된 주요 용어들을

26　박경미, "세계화에 맞선 초대 교회의 평등사상," 「신학전망」, 제167집 (광주가톨릭대학교, 2009), 77.

예수 그리스도께 적용한다.[27] 황제의 등극이나 승전보를 알리는 기쁜 소식, 곧 복음(εύαγγέλιον, 유앙겔리온)은 예수의 하나님 나라 선포로 바뀐다.

전 세계 민족들에게 구원을 가져다준 제국의 최고 통치자 아우구스투스에게 부쳐진 구세주(σωτήρ, 소테르)란 말과 주님(κύριος, 퀴리오스)이란 말은 세상의 구원을 이루신 예수 그리스도께, 황제에 대한 충성스러운 믿음(πιστις, 피스티스)은 주 예수에 대한 믿음에, 대도시의 민회(εκκλησία, 에클레시아)는 교회 공동체에 적용하였다.

초대 기독교인들은 로마 제국에 의해 십자가에 처형된 예수 그리스도를 온 세상의 임금이요 주님으로 떠받들며 제국적 질서에 반대하는 대안적 사회, 대안 공동체를 만들어 갔는데, 이 과정에서 바울이 주도적 역할을 하였다.

2) 예수의 섬김 사상과 케노시스 사상

신약 사상의 중심에는 예수의 섬김 사상이 자리를 잡고 있다. 사복음서에서 공통적으로 예수의 섬김 사상이 분명하게 나타나 있다. 복음서에 나타난 예수의 섬김 사상은 유대교를 바로잡아 하나님의 진리를 바로 세우기 위해 자신이 고난을 당하고 죽음에 내몰리는 것을 알면서도 하나님의 뜻을 따르는 섬김으로 나타난다는 점에서 희생적인 섬김이고 자기를 비우는 섬김(διακονία, 디아코니아)이다.

사복음서 가운데 특히 마태복음 20:17-28에서 예수가 제자들에게 요구하는 진정한 섬김이 나타난다. 성경 본문에서 예수의 섬김 근거는 죽음의 길을 걷는 예수의 모습과 관련하여 나타난다.

---

27 오늘날 신학자들은 초대 기독교 신앙을 나타내는 핵심적인 언어들이 로마 제국의 선전에 사용되었던 언어들이었음을 밝혀준다. 게오르기(Dieter Georgi) 교수는 초대 기독교가 어떻게 로마 제국의 선전 문구들을 역전시켜 반제국주의적인 용어로 사용했는지 밝히고 있다. 김재성 편,『바울 새로 보기』(서울: 한국신학연구소, 2000), 91-106.

마태는 예수의 수난 예고를 통해 제자들이 예수의 죽음을 대비해야 함을 말한다. 아울러 그는 독자들에게도 예수의 죽음이 가져오는 속죄적인 기능과 그 죽음이 가지는 속죄 기능을 말한다. 그 속죄 죽음에 대한 진술 속에서 마태가 말하고자 하는 섬김에 대한 예수의 교훈이 가지는 근거를 찾을 수 있다.[28]

사복음서에 나타난 이러한 섬김 사상은 그리스도 찬가(讚歌)를 말하는 빌립보서에 나타나는 케노시스 사상과 비교된다. 즉, 예수의 섬김 사상에서 사도 바울은 비움 사상을 도출하여 예수의 사상을 확장한다. 그리스도가 자기를 비우고(κένωσις, 케노시스, 비움) 하나님에게 철저하게 자기를 낮추어 순종한 것을 바울은 "죽기까지 복종"한 것으로 표현한다.

바울이 빌립보 교회에 보낸 편지, 빌립보서 2:5-8은 케노시스 사상의 핵심이다. 이는 '찬가'로 표현되는데, 여기에 쓰여진 '케노시스'는 오로지 그리스도에 국한되어 사용되었다. 예수는 하나님과의 동등함을 채움(πλήρωσις, 프레로시스)이 아니라 비움(κένωσις, 케노시스)으로, 가짐이 아니라 죽음에 이르기까지 기꺼이 주는 것으로 생각했다.[29]

빌립보서에 나타난 그리스도 찬가는 최하점까지 낮아진 그리스도의 순종에 그리고 그러한 예수를 하나님이 높여준 것에 초점이 맞추어진다. 예수의 섬김은 자신의 계획이나, 사상에 따른 것이 아니다. 자기를 포기하고, '하나님의 뜻'을 찾고, '하나님의 의'를 실천하는 섬김을 말한다.

예수는 하나님과 동등함을 '얻음'이 아닌 '내어 줌'으로 이해했다. 기독교의 가장 오래되고 가장 중요한 케리그마는 "예수는 주님이시다"(고전 12:3; 빌 2:11)라는 케리그마이다. 그리스도는 지상으로 오기 전 하나님과 함께 있었지만 이런 지위를 지키고자 하지 않았다.

---

28 배재욱, "마태복음 20:17-28의 세 번째 수난 예고에 나타난 예수의 섬김 사상," 「신약연구」, 제10권 제1호 (한국복음주의신약학회, 2011), 30.
29 한상석, "공(空)과 케노시스(κένωσις)—『金剛經』과 빌립보서 2장5-8절을 중심으로," (서강대학교 박사학위논문, 2018), 137.

그는 우리와 같은 인간 존재가 되었다. 그리스도는 자신을 겸허하게 낮추었으며, 하나님과의 동등함을 포기했다. 그리스도는 하나님과 같았지만 이런 '얻음' 곧 영광을 전리품으로 여기지 않고 피조물에 대한 사랑으로 자신을 '내어' 주셨다.

고린도후서 8:9은 다음과 같이 말한다.

> 여러분이 우리 주 예수 그리스도의 은혜를 잘 알고 있듯이 그리스도께서는 부유하신 분으로서 여러분을 위해 가난하게 되셨습니다. 그분의 가난하심을 통해 여러분을 부유하게 하시려는 것입니다(고후 8:9).

종의 형상을 취함이 신적인 영광을 '비운 것'이듯이, 이 가난함은 신적인 부요함을 '비운 것'이다. 하나님의 구원 경륜(經綸) 안에서 선재하는 아들은 하나님과의 동등함을 대속의 수난과 죽음에서 벗어날 수 있는 특권으로 본 것이 아닌, 오히려 구원을 이끌 수난의 자질로 여겼다.

예수의 섬김 사상은 곧 자기 포기를 나타낸 예수의 속죄 죽음에 잘 나타난다(막 10:32-34; 마 20:17-19; 눅 18:31-34). 빌립보서 2:6-11의 찬가에서 바울은 예수가 하나님과의 동등성을 포기한 것으로 묘사한다. 섬김의 본을 보인 예수의 대속적 죽음을 통해 진정한 섬김이 이루어진 것을 말한다. 예수는 십자가를 통해 구원을 완성했고(고후 13:4; 갈 2:20), 그것이 그의 섬김의 결정체로 나타난다.

마태복음 20:17-28에 나타난 예수의 섬김은 '관심'과 '배려'를 통해 이루는 섬김이다. 마태는 예수가 제자들에게 권위적인 모습으로 지시하고 명령하기보다 그들을 곁에 부르고 그들에게 일일이 관심을 가지고 배려하는 모습을 통해 예수의 참다운 섬김을 나타낸다.

마태복음 20:28에서 예수는 자신이 당해야 할 고난 문제를 섬김과 결부시켜 제자들에게 말한다. 이 구절에서 "인자 역시 섬김을 받으러 온 것이 아니라 섬기러 왔고 많은 사람을 위해 자기 목숨을 대속물로 주려고 온 것이다"란 말로 예수의 세상 도래 목적이 제시된다. 이 구절에서 마태는 인자로서 예수 사역의 핵심이 다른 사람을 "섬기는 데" 있다는 것을 밝힌다.

예수는 "자기 부정과 자기 헌신을 통해 이 땅에 하나님의 나라를 구현해 나가는 길"로 진정한 섬김이 가지는 의미를 몸으로 말하고 있다. 예수의 '대속의 십자가'에서 그의 진정한 섬김을 볼 수 있다. 예수는 이 세상을 구원할 길은 다른 것이 아니라, 자신의 '대속의 십자가'에서, 즉 가장 낮아짐의 최하점에서 완성하셨다.

이와 같은 맥락에서 예수는 인간의 자만과 이기심으로부터 자신을 비워 하나님의 영으로 충만하였다(골 2:9). 이것이 예수의 비움이다. 예수가 보여준 하나님은 그래서 자신을 낮추고, 자신을 스스로 비우고, 영원히 수고하는 케노시스의 하나님이며, 그의 창조성이란 자기의 힘을 축소하고 포기하는 능력이다. 이러한 케노시스의 자기희생은 하나님의 삼위일체적 본질이며, 더 나아가 하나님의 사역들 곧 모든 피조물의 화해와 연합 그리고 구원을 형성한다.[30]

상담심리학자나 정신 의학자들은 자기를 희생하고 남을 섬기는 행위에 대해서 심리 내적인 문제로 보아 섬김의 자세에 대한 심리적 문제에 관심을 가진다. 예컨대, 상담심리학자 이재호(2016) 교수는 예수의 섬김 사상에 대한 심리 내적인 접근을 시도한다. 그는 일반적으로 섬기는 모습이 어려운 이유를 심리적 미성숙의 문제로 보면서 심리적 성숙을 위한 공감적 인간 환경을 제공하려는 시도 하고 있다.[31]

---

30 이관표, "현대신학의 케노시스 이해로 본 하나님과 인간: 케노시스 이론을 통한 신-이해와 인간-이해의 재구성," 「한국조직신학논총」, 제51집 (한국조직신학회, 2018), 75-76. 45-79.
31 이재호, "힘의 남용에서 섬김으로-심리발달 측면에서," 「장신논단」, 제48권 제1호 (호남신학대학교, 2016), 335-359.

제2장
예수, 선한 목자·상담자

1. 인간으로 오신 예수

　예수 생애에 관한 그의 서론적인 부분에서 가장 중요한 부분은 그가 인간 생활 속으로 직접 강림(降臨)한 사건이다. 이러한 이유로 마태와 누가는 그 복음서를 기록할 때 예수의 탄생 기사로 시작하고 있는 것으로 보인다.
　이와 대조적으로 요한은 요한복음을 기록할 때 그 서두에 탄생 이전의 예수의 영원하신 상태를 그대로 반영하여 기록하고 있다. 예수의 지상 생애의 시작을 요한복음의 서두에 나오는 그 기록으로 시작할 수는 없다. 이것은 사도 요한이 기록한 요한복음 서두에 기록된 예수에 대한 기사 설정의 무대가 이 지상의 역사 영역을 초월한 것이기 때문이다.
　모든 복음서의 저자들이 예수의 본래의 신적 영광을 믿었기 때문에 예수에 대한 그러한 기록은 가장 논리적인 출발이라 생각한다. 처음에 얼핏 보면 사도 요한이 가장 서두에 '말씀'에 대한 기술을 유입시켜 놓은 것이 이상하게 보이는데 이것은 그가 본 요한복음의 서론 말미 부분 때까지는 '말씀'을 '예수 그리스도'와 동일시하여 표현하지 않기 때문에 더욱 그러하다.
　요한복음의 서두 부분은 명확한 설명적인 것이 아니기 때문에 황당하게 느껴졌을 수도 있을 것이다. 이 부분의 요한복음의 자료가 어떤 것이었는지는 확실히 모른다.

알렉산드리아의 철학자 줄리우스 필로(Philo, B.C. 20-A.D. 50)는 로고스(λογος)[1]에 대해 많은 말을 했는데 그의 사상적 체제에 의하면 이 로고스는 하나님과 인간 사이의 '중개 원칙'이나 이 로고스가 육신으로 될 수가 없다고 하였다.

그런데 사도 요한은 요한복음에서 말씀이 육신이 되셨다고 말함으로써 필로와 다른 유형의 로고스를 나타내고 있다. 필로는 그 자신이 박학다식함에도 요한의 경우와 같이 로고스가 사람들 가운데서 거할 수 있다는 것은 도저히 생각하지 못했는데 그의 로고스는 사람들로 행동하게 하거나 그들에게 능력을 주어 하나님의 아들들이 되게 해주는 로고스였을 뿐이었다.

이것은 분명 당시 헬라 세계에서는 하나의 새로운 사상적 요소였다. 유대인인 이 요한의 사상에는 메시아적 소망과 함께 예수의 오심에 대한 준비 사상이 있을 뿐만 아니라 예수의 중재적인 메므라[2]의 개념에 의한 피조(被造) 세계에서 하나님의 대리인이라는 사상도 내포되어 있었다.

1) 말씀이 육신으로 오신 예수

'말씀'의 사상적 개념의 기원보다 더욱 중요한 것은 사도 요한이 요한복음의 서론 부분에 나타내고 있는 말씀, 곧 예수에 관한 기술들이다. 사도 요한은 이 서론 부분에서 예수 그리스도의 성육신하시기 이전의 영원하신

---

[1] 로고스(Logos)는 그 어원상 '말'을 뜻하며 곧, 이성의 원리 즉 진리를 의미한다. 로고스는 그리스 철학에서 세계의 법칙을 설명하는 용어로 사용되었는데, 이에 비해 성경의 로고스에는 복음이 담겨 있기에 교회에서는 이를 번역할 때 '말씀'으로 한다.

[2] 유대인들은 B.C. 3세기부터 성경을 낭독할 때 '야웨'라는 이름을 읽지 못하게 하고 '아도나이'(주님)란 말로 대신하게 했다. 구약을 헬라어로 번역할 때는 '야웨'를 '큐리오스'(주님)로 번역했고, 아람어로 번역할 때는 '야웨'를 '메므라 말씀'으로 번역했다. 그들에게 하나님의 이름을 부르는 것은 하나님이 다른 신 중의 하나로 전락시키는 것으로 이해되었다. 따라서 대제사장은 제사드릴 때 하나님의 이름을 얼버무려 아무도 알아듣지 못하게 했다. 유대인 자신들은 하나님의 '네펠레'(νεφελη, '구름')나, 그의 '독사'(δόξα, '영광')를 통해 하나님을 경험할 수 있으며, 하나님이 하나님의 신이나 음성을 통해 자신의 택한 사람들에게 '메므라'(μεμρα, '말씀')하신다고 한다.

존재성 및 그의 신적 성품을 다 같이 강조하고 있다.

곧 예수 그리스도의 능력은 그의 창조적인 힘의 증거이자 그의 재창조 활동의 증거이다. 말씀이 어두움에 비취는 빛으로 동일시되고 있는데 이것은 도덕적 흑암의 환경 속으로 예수 그리스도가 들어오심을 가리킨다. 육신이 되신 말씀은 요한복음의 서론 부분에서 가장 핵심적인 부분을 차지하고 있다. 기사 전체는 기본적으로 하나의 인간적이자 역사적인 이야기인데 이것은 육신이 되신 성육신의 일 자체가 사람들 가운데 일어났을 뿐 아니라 그 성육신하신 '말씀'의 영광이 그들 가운데서 나타나 비취었기 때문이다.

모든 복음서의 기록이 이러한 사명의 빛으로 나타나지 아니한다면 예수의 생애에 대한 진정한 평가란 절대로 있을 수가 없다. 요한복음의 서론 부분에 대한 한 가지 중요한 특징은 빛의 정체에 대한 언급이 나오기 전에 그 빛의 증거 자료로서의 세례 요한에 대한 언급이 나와 있다는 점이다.

이러한 사실은 세례 요한의 사역 중요성을 그대로 보여 주는 데 역시 다른 공관복음서의 경우와 이 점에서는 일치한다. 말씀이 육신이 되셨다는 요한복음의 기록은 그 당시의 어떤 상황에서는 그와 동시에 어떤 문제를 일으키기도 하는데, 마태복음과 누가복음은 이에 대해 대답하고 있다.

마태복음의 탄생 기사는 누가복음과는 다른 관점에서 취급되어 있으나, 두 복음서의 탄생 기사들은 상호 보완적이다. 두 복음서 모두가 예수의 초자연적인 강림의 특성을 강조하고 있다. 마태복음에서는 이것이 여러 가지의 꿈 이야기로 강조되어 나타나는데 여기서 다양한 단계의 변화가 전개되어 나타난다. 마태와 누가 이 두 사람은 각기 예수 그리스도의 생애와 사역에 관한 하나의 서론적인 필요에서 예수 탄생의 특이성(特異性)을 그와 같이 자세하게 언급한다.

마태복음에는 마리아의 수태 고지가 요셉에게 알려진 것으로 기록되어 있는데 요셉에게 천사가 나타난 이와 같은 수태 고지 계시의 가장 독특한 특징은 예수의 탄생 강림의 목적을 분명히 밝힌 점이다.

예수의 사명에 대해서는 하나의 협소한 민족주의자적인 배경을 가지고는 결코 이해할 수 없을 것이다. 거기에는 좀 더 넓은 배경에 대한 이해가 필요하기 때문이다. 비천한 목자들이 아기 예수께 경배한 사실은 예수의 공생애 사역 중에서 풍부히 나타나는 특징인 일반 백성들의 어떤 수용성(受容性) 있는 면을 보여 준다.

이러한 이방인들의 예수에 관한 경배(敬拜) 기사가 유대인들을 염두에 두고 기록한 마태복음의 서론 부분에 있다는 점이 특별히 주목할 만하다. 메시아는 이방인들이 그에게 경배할 소망도 없는 그와 같은 순전한 유대인의 것만은 아니었다.

2. 예수의 사역

1) 상담자의 모범이신 예수

상담 전문가 안경승(2019) 박사는 "예수는 인간에 대한 탁월한 이해를 가지고 있었고, 만나는 대상의 유익을 위해 최적의 개입을 할 수 있었던 상담자였다"[3]라고 그의 논문에서 상담자의 표본으로의 예수를 거론한다.

예수의 상담은 "선한 목자"(요 10:11-14)로서의 상담이며 하나님의 백성을 위한 것이었다. 예수는 그의 양을 아는 선한 목자라고 자신을 지칭하기도 했다(마 9:36). 예수는 그의 선교 계획을 이스라엘의 길 잃은 양을 찾는 것으로 이해하셨고, 잃어버린 양 한 마리를 귀중하게 여기셨으며(마 8:12-14), 베드로를 향하신 마지막 명령도 "내 양을 치라"는 목회적인 말씀을 하셨다.

---

[3] 안경승, "기독교상담 방법론으로서 예수의 비유 고찰," 「복음과 상담」, 제27권 제1호 (한국복음상담학회, 2019), 176.

예수는 모략과 재능이 뛰어나고 하나님의 영을 소유한 분으로서 고통을 당하는 그의 양 떼를 지도하고 인도하며 치유해 주는 상담자의 전형적인 모습을 보이셨다.

2) 성전 청결 행동의 상징적인 의미

예수의 갈릴리에서의 공생애 사역 시작 전에 그에 의한 한 가지 사건이 있었던 것으로 나와 있는데 그 사건은 예루살렘에서 일어난 성전 청결에 관한 공적 행위에 의한 것이었다. 이 성전 청결 행동의 행위는 예수의 정체성을 밝히 보여 준다는 뜻에서 매우 중요한 의미를 지니고 있다.

성전 안에서 소와 양과 비둘기를 파는 사람들과 돈 바꾸는 사람들을 다 내어 쫓으신 성전 청결의 행동은 예수의 날카로운 공적 행동에 대한 시작을 뜻한다. 공관복음서에서 나타난 성전 청결 사건에 대한 각 복음서에 나타난 공통점은 다음과 같다.[4]

첫째, 공관복음서의 저자들은 성전에서의 예수의 청결 행동을 나타내고 있다. 마태와 마가는 예수의 청결 행동에 대해 구체적으로 진술하지만 누가는 이 청결 행동에 대해 축소해서 다루고 있다.

둘째, 예수는 성전을 "기도하는 집"으로 나타내고 있다. 공관복음서의 저자들은 예수가 성전에서 "내 집은 기도하는 집"이라는 선언을 동일하게 다루고 있다. 그만큼 공관복음서의 저자들은 성전 사건을 통해 예수가 성전을 모든 사람이 기도할 수 있는 "기도의 처소"로 나타내고 있다.

셋째, 예수를 죽이려고 하는 자들이 등장하게 된다. 공관복음서 저자들은 예수를 죽이려고 하는 자들이 누구인지 동일하게 저술하고 있다. 특히, 마가는 예수를 죽이려고 하는 자들에 "백성의 지도자"를 첨가하고 있다.

---

4 양종래(Yang Jong Rae), "The Uncleansing the Temple and the Cursing of the Fig Tree,"「신학과 복음」, 제8권 (신학과실천학회, 2020), 151-168.

이와 달리 공관복음서에서 나타난 성전 청결에 대해 각 공관복음서의 저자들은 차이점을 보인다.

첫째, 마태는 유일하게 성전에서의 치유 사건을 보도하고 있다. 이와 반대로 마가와 누가는 성전에서의 치유 사건을 보도하고 있지 않다. 그만큼 마태는 성전에서의 치유를 통해 구약성경의 예언 성취로 보고 있다. 예수 자신이 다윗의 혈통으로 온 메시아임을 강조하고 있다. 마태는 성전에서의 치유 사건은 "예수의 메시아적 권위를 가진 행위"로 본다.

둘째, 마가는 예수가 성전에서의 모든 제의(祭儀) 중단을 강조하고 있다. 마가는 "성전 안으로 아무나 물건을 가지고 성전 안으로 지나다님을 허락하지 않았다"라는 것을 유일하게 보도하면서 다른 공관복음서와 달리 성전에서 이뤄지는 모든 행위에 대한 중지를 선언하고 있다.

셋째, 누가는 예수가 성전의 모든 활동에 대한 중단이 아닌 상징적인 행동을 통해 성전 안에 "소외되고 가난한 자들에게 기쁜 소식"을 전하기 위한 목적으로 성전 사건을 일으켰음을 주장한다. 그렇기에 성전을 통해 예수는 복음의 확장을 나타내고 있다.

3) 성전 청결 행동과 배금주의 사상 척결

예수의 성전 청결(정화) 행동이 주는 가장 중요한 암시는 당시 만연되어 있던 배금주의(拜金主義) 사상을 척결(剔抉)하는 것이었다. 예수의 행동은 그가 예루살렘 성전에 대한 전권을 주장하여 유대인 고위층과 충돌한 사건으로, 예수의 죽음의 원인이 되었다. 이 사건의 핵심은 예수가 성전에 대한 '권한'을 주장했다는 데 있다.

예수는 성전 안에서 방문객을 상대하는 환전상과 상인들을 꾸짖고 "성전은 돌 위에 돌 하나도 남지 않을 것"이라고 했다. 헤롯 성전은 벽돌 하나하나에 금박을 입혀 엄청나게 화려하게 지었기 때문에, 후일 금박을 벗기기 위해 돌 하나하나에 일일이 달라붙은 결과 글자 그대로 돌 위에 돌 하나 남지 않고 박살 났고, 성전의 유일한 흔적이 바로 통곡의 벽이다.

한편, 신학자 배정훈 교수에 의하면 예수의 성전 청결 사건에서 드러난 예수의 행동에 대한 학자들의 견해는 두 종류로 나누이는데, 이 사건을 선지자적 상징 행동(Prophetic Symbolic Act)으로 보는 견해와 개혁자적 정화 행동(Reformer's Cleaning Act)으로 보는 행위이다.[5]

첫째, 예수의 행동을 선지자적인 상징행위로 보는 학자들은 당대에 제사 행위 자체가 아무런 문제가 없으므로 예수의 행동을 성전 정화보다는 성전 자체를 거부하는 행동으로 본다.

둘째, 예수의 행동을 개혁자적 정화 행동으로 보는 학자들은 예수의 행동을 당시에 제사장들과 종교 지도자들의 타락에 대한 개혁적인 행동으로 보았다. 특히, 미국의 성서학자 크레이그 A. 에반스(Craig A. Evans) 교수는 당대에 제사장들과 종교 지도자들이 타락했다는 증거들을 제시하면서 예수의 성전 청결 작업을 강조한다.[6]

예언자 전승(이사야서와 예레미야서)에 기초하여 예수께서는 성전에서 물건을 사는 자들과 파는 자들의 실제적인 상행위를 금하시고, 이 행위들을 통해 실제적인 이익을 취하는 제사장들과 종교 지도자들을 비판하신다. 한편으로는 성전을 도둑의 소굴로 만드는 잘못된 예배를 비판하고 일상에서의 변화된 삶을 요구하신다.

예수의 성전 청결 행동이 주는 가장 중요한 암시는 기도하는 성전을 상업의 장소로 만들지 말라, 즉 배금주의(mammonism)를 청산하는 것이 필요하다는 사실을 나타낸다. 배금주의를 척결할 것을 암시한다. 예수는 산상

---

[5] 배정훈, "예수의 성전 정화사건이 한국 개신교 교회에 주는 교훈," 「신학과 교회」, 제16권 (혜암신학연구소, 2021), 69.
[6] 위의 책, 70.

설교에서 분명히 말씀하신다.

> 아무도 두 주인을 섬기지 못한다. 한쪽을 미워하고 다른 한쪽을 사랑하거나, 한쪽을 중히 여기고 다른 한쪽을 무시할 것이다. 너희가 하나님과 재물을 함께 섬길 수 없다(마 6:24).

4) 공감의 사역자, 예수

예수는 많은 질병과 불구를 고치셨다. 복음서에는 예수께서 병든 자를 고치신 기록을 여러 군데에서 설명하고 있다. 그 가운데 마태는 예수의 백성들에 대한 치유에 대한 다음과 같은 기록을 남기고 있다.

> 예수께서는 그곳을 떠나 갈릴리호숫가로 가셨습니다. 그리고 산 위로 올라가 앉으셨습니다. 큰 무리가 걷지 못 하는 사람, 다리를 저는 사람, 눈먼 사람, 말 못 하는 사람과 그 밖에 많은 아픈 사람들을 예수의 발 앞에 데려다 놓았고 예수께서는 그들을 고쳐 주셨습니다. 사람들은 말 못하던 사람이 말을 하고 다리를 절던 사람이 낫고 걷지 못하던 사람이 걷고, 눈먼 사람이 보게 된 것을 보고 모두 놀랐습니다. 그리고 이스라엘의 하나님께 영광을 돌렸습니다(마 15:29-31).

예수는 약한 자, 병든 자들의 친구이셨다. 건강한 사람에게는 의사가 필요 없고 병자에게 의원이 필요하다며 병든 자, 약한 자를 위해 세상에 오신 예수 구원 사역의 기초는 이들의 육체와 영혼에 대한 긍휼한 마음을 갖는 것이었다. 그것을 상담 심리학에서 말하는 공감하는 능력으로 표현할 수 있다.

이를 신학자 김성희 교수는 예수의 사역을 "공감 사역"이라고 하면서 다음과 같이 예수의 사역을 설명한다.

예수의 존재는 인류에 대한 하나님 공감의 표지이다. 예수의 사역을 통해 우리는 하나님의 마음을 또한 공감할 수 있다. 예수의 감성을 가장 세부적으로 풍부하게 묘사하는 복음서는 마가복음으로, 그중 예수의 공감능력을 가장 잘 표현하는 단어는 "함께 아파하는 마음"(σπλαγχνίζομαι, 스플랑크니조마이)라고 할 수 있다.

이 단어는 어원적으로는 '함께 아파하다'의 의미로 한글 성경에는 주로 '불쌍히 여기다'로 해석되었으나, 그 의미는 상대방의 상황에 자신을 대입하여 함께 체험하고 타인의 짐을 나누는 것을 말한다.

스플랑크니조우마이 동사는 마가복음에서 총 4번 사용된다(막 1:41; 6:34; 8:2; 9:22). 그중 광야에서 무리를 가르치고 먹이는 두 기적 사건(오병이어, 칠병이어)은 예수가 무리를 향한 공감의 마음과 그 능력, 그에 따른 신학적 메시지를 잘 대변하고 있다.[7]

예수의 백성들에 대한 감정들을 표현하는 헬라어 동사들 가운데 공감을 가장 잘 나타내는 동사는 스플랑크니조마이(σπλαγχνίζομαι)이다. 이 단어는 한글 개역개정판에서 주로 '불쌍히 여기다'의 의미로 해석되어 왔으나, 이 단어의 기원과 의미를 살펴보면 '공감하다'의 의미로 해석될 수 있다.

공관복음에서 스플랑크니조우마이 동사의 사용에 있어 가장 흥미로운 것은 이 단어가 "예수의 긍휼"을 이해함에 있어 전체적인 안목을 제공한다는 데에 있다. 이 동사가 예수의 비유에서 사용될 때 이는 인류에 대한 특별한 태도를 드러낸다.[8]

이 동사가 사용되는 비유는 세 가지이다. 집으로 돌아오는 아들을 멀리서 보고 측은한 감정을 갖는 자비로운 아버지의 비유(눅 15:20), 강도를 만

---

[7] 김성희, "예수의 공감 사역 – 마가복음 – 마가복음의 σπλαγχνίζομαι를 중심으로," 「신약논단」, 제20권 제3호 (한국신약학회, 2013), 689.

[8] 김용운, "하느님의 자비에 대한 이해: 'Compassion'의 개념을 중심으로," 「신학전망」, 151집 (광주가톨릭대학교, 2005), 191에서 재인용.

나 반쯤 죽어있는 사람을 보고 가엾은 마음이 들어 보살펴 주는 사마리아 사람의 비유(눅 10:33) 그리고 빚을 갚을 능력이 없는 종이 애걸하기에 그를 가엾이 여겨 빚을 탕감해 주는 왕의 비유(마 18:27)이다.

5) 하나님 통치의 표징인 긍휼의 예수

앞서 언급한 스플랑크니조우마이라는 동사가 예수의 마음의 깊은 감정을 묘사할 때는 단순한 감정이 아닌, 이로 인한 행동들은 메시아의 특성을 드러낸다. 깊이 감정을 자극받은 예수는 여리고의 두 소경을 치유해 주셨고, 나병 환자를 고쳐 주셨으며, 수많은 군중이 모여들 때 그들이 데려온 병자들을 고쳐 주셨다.

그리고 예수께서는 목자 없는 양과 같이 시달리며 허덕이는 군중을 보시고 긍휼한 마음이 들었으며, 사흘 동안이나 아무것도 먹지 못한 사람들에게는 빵과 물고기를 배불리 먹였으며, 슬퍼하는 나인의 과부의 아들을 소생시키셨다.

이 모든 구절에서 예수께서는 신학적으로 당신 안에 신적인 긍휼하심이 현존하는 메시아로 드러난다. 만일 신적인 긍휼하심이 현존한다면 하나님의 통치는 다가왔다. 왜냐하면 예수의 이러한 기적들은 하나님의 통치가 도래했다는 표징으로 오랫동안 이해되어 왔기 때문이다.

6) 컴패션(긍휼)의 마음을 가지신 예수

미국의 성경학자 마커스 보그(Marcus Borg) 교수에 따르면 하나님에 대한 예수의 가르침과 하나님 나라 선교의 성격을 가장 잘 규정하는 단어는 바로 컴패션(compassion, 긍휼)이라고 한다. 이 컴패션은 하나님이 어떠한 분이고 우리가 어떻게 살아야 하는지를 잘 요약하고 있는 단어이다.

영어의 'compassion'은 라틴어의 *compassio*에 기원을 둔다. 접두사 com(cum)은 '함께'라는 의미가 있고, passim은 '고뇌,' '수난,' '병고,' '걱정' 등의 뜻이 있으므로, 단어의 어원적 의미로는 '함께 고뇌하다.' 또는 '함께 아파하다'의 내용을 가지고 있다.

그러므로 'compassion'은 empathy(감정 이입)보다도 훨씬 심오한 것으로 "타인의 고통이나 불행에 대한 이해를 통해 갖게 되는 강한 감정이며 따라서 그것을 덜어 주기 위한 열망 또는 다른 사람의 개인적 비극이나 여러 사람의 비극에 대한 영적인 자각과 그것을 향한 사심 없는 부드러움"[9]이라고 정의해 볼 수 있다. 즉, 다른 사람의 입장에 자신을 대입시켜 상대방과 체험을 함께 나누는 타인에 대한 깊은 이해라고 할 것이다.

예수는 이것을 신학적이고, 윤리적이며, 정치적인 의미로 사용한다. 즉, 예수는 컴패션을 하나님 나라 사역의 동기와 특징으로 보고, 개인적인 도덕적 가치뿐 아니라 사회·정치적 패러다임의 근간으로 여긴다는 것이다. 그러므로 컴패션은 예수의 백성들에 대한 마음, 즉 공감을 가장 잘 표현하는 단어라고 할 수 있을 것이다.

예수는 백성들을 살리고 보호하며 인도하는 목자이다. 이 목자는 영적인, 육적인 굶주림에 허덕이는 자신 양들의 부족함을 풍성하게 채워줄 인도자요, 지금까지 양들을 짓밟으며 자신의 배를 채운 거짓 지도자들에 대한 심판자이시다.

이처럼 예수는 성, 계급, 종교, 문화의 경계선들을 넘나들며 회개를 촉구하고 평등의 메시지를 전하는 개혁자요, 차별을 넘어서는 하나님의 크신 은혜를 선포하는 설교자요, 하나님의 의를 따라 살려다 지치고 고난에 쓰러져있는 자들을 위로하기 위해 풍성한 만찬을 베풀어 위로하는 메시아요, 자신을 비우고 마음을 낮춰 고통받는 자들과 함께할 것을 초청하는 공감자이시다.

---

9   김용운, 앞의 책, 185-193에서 재인용.

3. 예수의 사역과 여성의 역할

1) 예수를 따른 여인들을 이해해야 하는 이유

복음서를 살펴볼 때 예수의 갈릴리 사역과 예루살렘에 이르는 기간에 함께 활동하며 여행하였던 일행 가운데 여인들이 포함되어 있음을 보게 된다. 그것은 예수의 사역 성격을 규명하는데 매우 중요하면서도 관점에 따라 다양한 의미를 나타내기도 한다.

신약 성경학자 이형의(2007) 교수는 말한다.

> 페미니스트들로서는 예수를 남녀평등의 선구자요 사회 체제에 대한 개혁가로 내세우기에 적합한 본문으로 여겨진다. 반면에 예수 운동을 폄하하고자 하는 입장에서는 제자들 가운데 여인들을 포함하므로 그들과의 부적절한 관계의 가능성이 있었을 것이라고 하는 스캔들을 제기하기도 한다. 그중에서도 특히 예수와 막달라 마리아와의 관계는 많은 오해와 추측을 불러일으켰다.[10]

그런 면에서 관련 본문에 대한 올바른 이해와 정확한 해석의 중요성은 아무리 강조해도 지나치지 않을 것이다. 그러므로 예수 사역의 의미를 이해하기 위해서도 예수를 따른 여인들에 대해 구체적으로 그들의 행동과 그 내용을 고찰할 필요가 있다.

위의 본문에서 누가는 예수를 따르는 무리 가운데 여성들을 포함시키고 있다. 그 점에서 여성들까지도 예수의 제자였다고 주장하는 해석이 제기된다. 사실 어떤 특출한 인물을 잠시 만나는 것이 아니라 계속하여 따라다니며 그 그룹의 공동생활에 참여한다는 것은 과거의 사회에서 제자의 신분이

---

10 이형의, "예수를 따른 갈릴리의 여인들—막달라 마리아에 대한 고찰을 중심으로," 「한국신학논총」, 제6집 (한국신학교육연구원, 2007), 159.

아니고는 생각하기 어려운 일이었다.

문제는 고대 시대에 그중에서도 유대 사회에서 어떤 랍비나 지도적 인물이 여성을 제자로 두었다는 증거가 희박하다는 것이다. 그런 점에서 그 시대에 여인을 제자로 삼는다는 것은 기피할 일로, 예수께서도 당시 사회적 금기 사항을 깨뜨리고 여성을 제자 삼기가 어려웠을 것이라고 주장하는 측이 있다.

반면에 당시 헬레니즘의 영향 아래 있던 그리스-로마 사회에서는 어떤 사상가나 철학적 분파(에피쿠로스학파, 견유학파)에서 여성 추종자들을 발견할 수 있으며, 이집트에 거주하던 유대 섬김 공동체에서는 여성들이 남성과 대등한 대우를 받았다. 또한, 유대 사회에서도 엄격한 금욕과 공동생활로 알려진 쿰란 종파에 여성이 참여하였음을 들어 예수의 제자들 가운데 여성이 있었을 가능성을 제기하는 견해도 있다.[11]

그런 면에서 누가복음의 본문에는 주의해 볼 점이 있다. 누가는 여성들도 예수의 제자 범주에 포함하려는 태도를 보여 준다. 특히, 누가복음 10:38-42에 나오는 베다니의 마르다와 마리아 이야기에서 마리아의 경우 그녀를 전형적인 예수의 제자상으로 부각시키려는 의도를 엿볼 수 있다.

거기에서 누가는 여성일지라도 얼마든지 예수의 말씀을 듣고 배울 수 있는 권리가 있음을 나타내려 한다. 그것은 여성이 음식이나 만들고 손님 수발이나 들면 되는 것이지 남자들 틈에 끼어 외간 남성이 말하는 것을 귀 기울여 듣는 것은 마땅치 않다는 당시의 일반적인 분위기를 반영하면서도, 여성에게도 주님의 말씀을 듣고 배움이 가장 귀한 일임을 강변하는 것이라 볼 수 있다.[12]

그런 점을 고려할 때 누가는 예수와 동행하는 사람들 가운데 여인들을 포함하므로 그들도 제자의 범주에 속하는 것으로 나타내려 했다고 해석해

---

11 위의 책, 161.
12 소기천, "신약성서에 나타난 내제자의 여성 경향성," 「신약논단」, 제23권 제4호 (한국신약학회, 2006), 913.

볼 수 있다. 누가는 예수의 말씀을 듣고 추종하는 사람들을 제자라는 개념으로 나타내는 경향이 있다. 그럴지라도 그 범주를 구분하고 있는데, '열둘'과 예수를 따르는 여인들을 구별함이 그것이다. 즉, 제자들 가운데 '열둘'을 구분하여 그들을 특별히 '사도'로 지칭한다. 그것 역시 예수의 공생애 사역 시의 상황보다는 초기 교회의 상황을 반영하는 것이라 볼 수 있다.

다른 한편으로 누가는 여인들의 제자화에 있어 역사적 근거와 과정을 제시하고자 했으며, 그 출발점으로 8:1-3에서는 그들이 처음 교회의 일원이 되어 열두 사도와 동일하게 성령 받았음을 기록한다.

반면에 예수를 따르는 그룹 가운데 '열둘'과 여인들을 구분하는데, 그것은 그들의 사역에 대한 구별이라 할 수 있다. 열두 제자는 예수와 함께 생활하며 배운 것을 바탕으로 나가서 하나님 나라의 복음을 전하며 병을 고치고 귀신을 쫓아내는 사명을 받았다.

2) 봉사자로서 여인들의 역할

그에 비해 여인들은 그 그룹의 실생활을 뒷받침하는 봉사자의 역할을 담당했다. 갈릴리에서 예수를 추종한 여인들에게서 봉사나 섬김보다는 성실하게 가르침을 받는 제자의 역할이 기대되었다는 주장은 실제 상황을 간과한 생각이라고 할 수 있을 것이다. '열둘' 가운데 왜 여성이 없었는가 하는 점을 생각해 보면 그것은 시대적 한계였다고 해야 할 것이다.

그렇다면 새로운 세상을 만들려고 하신 예수께서 시대적 한계를 극복하지 못하고 사회적 분위기에 순응하는 길을 택했다고 할 수 있겠는가?

이 점에서 예수 운동 특히 하나님 나라 운동의 성격을 살펴볼 필요가 있다. 예수 활동의 밑바탕에는 하나님 나라의 건설이라는 핵심적 사상이 깔려있음은 주지의 사실이다. 기본적으로 이스라엘의 회복이라는 구약의 전통에 따랐지만, 회복된 이스라엘은 과거의 역사적 이스라엘의 재생이 아니라 하나님 나라로서의 새로운 공동체를 지향한 것이다.

따라서 예수께서 '열둘'을 선택한 것은 이스라엘의 회복이라는 과제를 상징적으로 나타낸 것으로, 그들에게 새 이스라엘로서 하나님의 나라 건설에 중심적 역할이 부여되었음을 보여 준다. 그런 점을 파악한 누가는 초기 교회의 상황에 비추어 그들에게 '사도'라는 독점적 지위를 제한하고자 하였다. 반면에 누가는 회복된 이스라엘, 즉 새로 건설되는 하나님 나라에서는 모든 사람이 동등한 자격을 가진다고 생각하며, 따라서 하나님 나라에 참여한다는 점에서 남녀가 평등하나 각자에 주어진 역할은 다르다는 점을 보여 준다.

이 같은 입장에서 누가복음은 당시 사회적으로 소외되고 불평등한 대접을 받는 여인들도 하나님 나라에 참여하면서 평등한 권리를 가진다는 것을 부각하고자 한다. 그러한 예로 누가복음 7:36 이하에 나오는 죄인 된 여인이 예수께 기름을 부은 사건을 생각해 볼 수 있다. 누가는 여기서도 하나님 나라의 개방성을 극명하게 드러내고자 하는데 다른 복음서들(마 26:6-13; 막 14:3-9; 요 12:1-8)에서는 이 사건을 베다니에서 있었던 일로 기록한다.

복음서들에서는 예수의 죽음에 대한 예고와 더불어 마리아의 믿음과 사랑에 초점을 맞추는 것에 비해 누가는 죄인으로 낙인찍힌 여인이 하나님 나라에 용납됨을 드러내고자 한다. 이러한 관점에서 주목할 것은 누가는 예수의 가르침 가운데 남자와 여자를 주인공으로 한 예화를 병행한다. 누가복음 15장에 잃은 드라크마를 찾은 여인과 돌아온 탕자의 이야기를 연속하여 기술함이 그 한 예이다.

3) 예수를 따른 여인들의 신분, 사회적 배경

예수를 따른 여인들에 대한 정보가 충분하지는 않지만, 어느 정도 구체적으로 나타난다. 우선 그들이 예수와 접촉하게 된 동기가 그들의 질병이나 귀신 들림에서 치유된 것임을 알 수 있다.

한편 예수께 치유함을 받은 사람들이 모두 예수를 따랐던 것은 아니다. 혈루증을 고침을 받은 여인이나 베드로의 장모 같은 이는 예수 그룹의 여행에 동참하였던 여인들에 속하지는 않았다. 그들은 너무 연로하였거나 다른 이유로 그렇게 하지 못하였을 것이다. 다른 예로 예수께서 귀신을 쫓아내므로 치유된 거라사의 광인도 온전하여진 후 예수를 따르기를 원했지만, 예수께서 거절하신 것을 들 수 있다. 아마도 그는 이방인으로 예수와 함께 기거하는 무리에 용납하기에 적합지 않았으리라 여겨진다.

그렇다면 예수를 따르며 봉사했던 여인들은 그렇게 할 수 있었던 여건을 갖추었음이 분명하다. 일반적으로 인식하는 바와 같이 고대 유대 사회에서 여인이 독자적으로 여행하기가 어려운 형편이었는데, 장기간 외부의 남성 그룹과 여행할 수 있었다는 것은 그들이 특별한 환경에 있었음을 의미한다.

예수께서는 일찍이 기득권을 주장할 수 없는 처지의 소외된 자들과 억눌리는 자들에게 관심을 가지고 그들을 대변하고자 하는 마음을 품었다고 본다. 즉, 그들과의 동질성을 느꼈을 것이다. 물론 예수는 그의 가정에서 정통적인 유대교의 전통을 익혔을 것이며, 율법에 대해 교육받을 기회도 얻었다. 그러나 그는 갈릴리의 사회와 전통에 관심을 가지고 그것을 파악했다고 본다.

거기에서 선지자 전승과 지혜 전승에 접하게 되고 바리새인들로 대표되는 정통 유대교에 대응하는 갈릴리 주민들을 염두에 둔 새로운 율법 해석을 제기하였다.[13]

4) 메시아 시대의 도래를 알리는 신호탄

누가복음에서 여성을 바라보는 예수의 시선은 매우 특별하다. 예수께서는 여성들, 특히 사회적으로 소외당하고 고통당하는 여성들을 긍휼의 눈으

---

13 이형의, 앞의 책, 162-163.

로 바라보시며 그들에게 손을 내미셨다. 법적으로 힘없는 과부들을 지지하셨고 사탄에게 매여 고통당하는 아픈 이들을 고치실 뿐 아니라 여성들도 남성들과 같이 동등하게 하나님의 말씀을 소유하도록 격려하셨다.

누가는 '데오빌로'에게 소수 민족 유대인들 가운데 여성들이 예수 그리스도 복음 혁명의 주역임을 증거한다. 1-2장에서 마리아, 엘리사벳, 안나와 같이 로마 제국에서 극단적으로 소외된 지역에 사는 여성들이 예수 그리스도의 복음이 시작되는 데 주도적인 역할을 감당했음을 아주 구체적으로 보여 준다.[14]

누가복음에는 다른 복음서와는 차별화되는 여성 신학적 관점이 두드러지게 내포되어 있다. 당시 여성이 남성, 곧 아버지나 남편의 재산 일부였다(출 20:17). 바울서신에서도 여성은 교회에서 잠잠해야 하며, 일절 순종함으로 배워야 하며 남자를 주관해서는 안 된다고 가르치고 있다(고전 14:34-35).

사람의 수를 산정할 때도 여성이 포함되지 않았던 시대에 누가복음의 예수는 여성을 치밀하고 예리한 시각으로 바라보고 있으며, 여성을 재창조해야 할 존재로 인식하고 있다는 사실은 매우 주목할 일이다.

누가복음에 나타난 예수의 여성에 대한 관점을 분석한 김옥연(2008) 교수는 "여성에 대한 예수의 특별한 관심은 메시아 시대가 도래하였음을 알리는 신호탄이며, 하나님 나라의 성격을 알려주는 표징"[15]이라고 표현한다.

하나님 나라는 비천한 자가 높아지고 교만한 자가 낮아지며, 주린 자가 배부르게 되고, 부자는 빈손이 되는 역설적인 특징을 지닌 나라이다(눅 1:51-53). 하나님의 능력은 예수 그리스도를 통해 지혜 있는 자의 지혜를 폐하고 총명한 자의 총명을 폐하심에서 나타난다(고전 1:19).

---

14 이성민, "설교자의 누가복음 연구(II)," 「신학과 세계」, 제97호 (감리교신학대학교, 2019), 257.
15 김옥연, "누가복음에 나타난 예수의 여성에 대한 관점 연구," 「대학과 복음」, 제13집 (대학복음화학회, 2008), 94.

사회적으로 가장 연약하고 어리석은 여성들을 택해 참 제자를 삼으시고 하나님 나라의 유업을 약속하신 예수 그리스도를 통해 오늘날도 멈추지 않고 시시각각 다가오는 새로운 소망의 빛을 본다.

누가는 다양한 여성들의 모습에서 참 제자의 모습을 찾고 있다. 예수께서는 수난을 당하시기 전 제자들의 발을 친히 씻겨 주심으로 섬기는 모습을 보여 주셨다. 섬기는 자야말로 참 제자도에 합당한 자임을 가르쳐 주신 것이다.

5) 이방에의 첫 걸음, 사마리아 여인과의 대화

예수께서 갈릴리에서의 사역을 시작하기 위해 유대 지방을 떠나셨을 때 도중에 매우 중요한 일이 일어났다. 예수는 사마리아 지방을 통과하여 지나가셨으며 또한 이곳 사마리아 지방에서 여러 가지 일들을 겪으셨는데 요한복음에만 기록되어 나오는 이 부분 예수의 체험들은 공관복음 상의 갈릴리 사역 기사에 대한 하나의 주요한 서막(序幕)이기도 하다.

사마리아 지방은 그 자체의 중앙 예배 처소가 있고 또한 어떤 유형의 메시아적 소망을 품고 있은 것을 제외하고는 예루살렘과의 공통점을 거의 갖고 있지 못했다. 요한복음에 분명히 나타나 있듯이 유대인들과 사마리아인들은 서로 간에 개인적인 접촉을 전혀 하지 않았다.

그러므로 사마리아의 수가라는 동네의 우물가에서 예수가 한 사마리아 여인과 개인적인 대화를 가졌다는 것은 무엇보다도 정말 놀라운 일이 아닐 수 없었다. 이것은 예수가 제한된 유대인 민족주의에 의해 제한받는 어떠한 의사도 갖지 않았다는 사실을 분명하게 증거한다.

또한, 이것은 사마리아 여인을 만나신 예수의 그러한 행동이 당시 유대인들의 그것과는 판이하였음을 나타낸다. 예수의 사마리아 여인과의 대화는 그의 인간 본성에 대한 비상한 통찰력을 나타내 보여 주며 또한 그 때문에 예수의 행위는 지금까지 기독교에 있어서 개인 전도의 한 유형이

되어 왔었다.[16]

6) 인정받지 못한 여성에 대한 예수의 기대

앞서 살펴본 바와 같이 예수는 그가 속한 사회 체제를 바꾸거나 개혁하려고 하지 않고 그런 사회 체제 속에서 하나님의 나라를 건설하려고 하였다. 물론 현실이 바뀌어 하나님 나라가 이루어지기를 기대한 것은 아니나 현실 속에서 도래하는 하나님의 나라를 준비하는 것이 필요했다.

따라서 거기에는 현실과 하나님 나라 사이의 긴장 관계가 대두되게 된다. 그 결과 예수는 당시의 전통적 유대 관습이나 사회 체제를 벗어나는 파격적 가르침과 행동을 하는 것으로 나타난다. 여성에 대한 그의 태도에서도 그런 점을 볼 수 있다.

자신이 이끄는 제자들의 무리에 여성들을 포함하여 함께 여행할 뿐만 아니라 때로는 여인들과 자유롭게 대화를 나누며 더 나가서는 그들을 자신의 제자로 허용하는 면을 보여 주었다.

그것은 예수께서 여성 인권 운동가이기보다는 하나님 나라의 선포자로서 취한 태도라 하겠다. 하나님 나라는 남성들로만 이루어지는 것이 아니라 여성과 어린이도 포함되어야 온전한 나라가 이루어지기 때문이다. 그리고 그 나라에서는 하나님이 창조하신 인간으로서의 동등한 권리를 누구나 누려야 한다고 가르쳤다.

이혼에 관한 질문에 예수께서 답변하신 말씀 중 "그러나 하나님이 세상을 창조하실 때 '사람을 남자와 여자로 만드셨다.' '그러므로 남자가 자기 부모를 떠나 아내와 더불어 둘이 한 몸이 될 것이다"(막 10:6-8; 마 19:4-6) 한 뜻을 그런 관점에서 생각할 수 있다.

---

16 V. J. Samkutty, *The Samaritan Mission in Acts*, Library of New Testament Studies 328 (London: A&C Black, 2006), 81.

예수께서는 율법적 규정보다는 하나님 나라의 윤리적 원리에 입각하여 하나님 나라에서는 남녀의 우열을 구별하기보다는 그 둘의 연합이 중요함을 가리킨다. 이러한 사상은 여성의 권리를 주장하는 페미니스트에게는 가장 좋은 논거가 될 수 있으나 그 같은 이유로 단순히 예수를 페미니스트로 치부하는 것은 정확한 이해라 하기는 어렵다.

그러한 이유로 예수의 여성에 대한 견해와 접근 방식을 미국의 베스트셀러 작가인 필립 얀시(Philip Yancey)는 그의 책 『내가 알지 못했던 예수』에서 "예수가 실천하신 혁명적인 변화"[17]로 보았다. 그 당시 모든 회당에서 예배 시간에 유대인 남자들은 "오, 주님, 저를 여자로 만들지 않으신 것을 감사드립니다"라고 기도했다.

여성들은 따로 분리된 방에 앉았고, 정족수에도 포함되지 않았으며, 토라도 거의 배우지 못했다. 실제로 오늘날까지 여성은 토라에 손을 대는 것이 금지되어 있다. 집 밖에서 남자에게 말을 거는 경우가 거의 없었고, 본인의 배우자 외에는 남자를 만질 수 없었다.[18]

하지만 예수는 여성들과 자유롭게 어울리셨고, 몇몇은 제자로 삼아 가르치셨다. 다섯 명의 남편을 거친 사마리아 여인에게도 먼저 다가가셔서 영적 부흥을 일으키셨다. 길거리 여인이 기름을 부어 줄 때도 고맙게 받으셨다. 여성들은 예수의 제자들과 함께 여행을 다녔고, 당연히 많은 험담 거리가 되었다. 예수의 비유나 묘사에는 여성들이 흔히 등장했고, 예수는 여성들을 위해 기적을 베풀기도 하셨다.

미국의 진보적인 신학자인 월터 윙크(Wilter Wink) 교수에 따르면, 사복음서에서 예수는 여성들과 만나실 때 매번 당시의 도덕 관습을 어기신 것으로 보았다.[19]

---

17 필립 얀시(Yancey Philip), 『내가 알지 못했던 예수』(*The Jesus I Never Knew*), 김성녀 역 (서울: 한국기독학생회출판부, 2012), 206.
18 유딧 R. 와그너(Judith R. Wagner)·장춘식, "고대 랍비 유대교에 나타난 여성들의 모습과 신분," 「한국여성신학」, 제43권 (한국여성신학자협의회, 2009), 9-47.
19 월트 윙크(Walter Wink), 『사탄의 체제와 예수의 비폭력』(*Engaging the Powers*), 한성수

7) 여성의 인간성 회복에 앞장서신 예수

복음서가 그 내용이 짧은데도 예수와 여인과의 관계를 자주 보도하고 있는 것을 주목한다. 먼저, 예수는 여인을 이야기의 주인공으로 삼는 경우가 많다. 억울하게 재산을 수탈당한 힘없는 과부, 단지 두 렙돈밖에 헌금할 능력이 없는 가난한 과부, 병든 딸을 구해달라고 간청하는 이방 여인이 그들이다.

힘없는 여인들이 권력자인 불의한 재판관이나 부자 그리고 예수까지 이기고, 더 나아가 재판관이 정의로운 재판을 수행하게 하고, 유대와 이방 사이에 막힌 담을 헐게 하는 힘 있는 자들로 나타난다는 점을 증언한다.

다음은 예수가 여인을 소재로 하는 경우 언제나 적극적인 의미를 부여하고 있다. 예수가 유대의 종교적 모범자들과 대립하는 세리와 창녀들이 하늘나라에 먼저 들어가고 있다(마 21:31)는 것과 관련하여 예수는 길거리 여인과 같은 여인들에게 오히려 참된 미래를 기대했을 수 있다는 것이다.

사마리아 여인과의 대화를 중심으로 해서 발생한 전체적인 사건의 가장 놀랄 만한 특징은 예수가 자기를 있는 그대로 올바로 제시했다는 점이다. 비록 예수가 나중에 제자들이 자기의 메시아 됨을 사람들에게 알리려 하는 것을 계속 허락하지는 아니하였음에도 이 여인과의 대화에서는 자기 자신을 이스라엘이 바라는 하나님의 기름 부음을 받으신 메시아이신 것을 그대로 시인했다.

여기에서 사마리아인들의 메시아적 소망이 유대인들의 그것과 완전히 달랐기 때문에 예수가 사마리아인들에게는 그와 같이 다른 태도를 보였던 것으로 나타나는 것 같다. 사마리아인들의 메시아적 소망은 유대인들의 민족주의적 열망과 같은 것에 그렇게 가깝게 관계되어 있지 않았으며, 그 때문에 그들의 메시아적 소망은 심각한 오해에 덜 개방적이어서 더 순수했었다.

역 (한국기독교연구소, 2004), 129.

또한, 예수는 하나님 나라 비유나 심판의 소식과 관련하여 여성의 언어나 여성과 관련된 언어를 많이 사용한다.

심판을 경고하면서 여인들의 운명을 심히 걱정했다는 점, 예수가 예루살렘에 대해 "암탉이 병아리를 모아 날개 아래 품듯이" 그 자녀를 품으려 했다는 말을 통해 예수 자신의 진실한 사랑을 '여성의 품' 즉 생명을 보호하고 양육하는 창조적인 사랑의 전형적인 상징이라고 볼 수 있다.[20]

8) 예수의 수난과 죽음을 지킨 여성 제자들

복음서 이야기 중에서도 마가복음과 누가복음의 여성 인물들이 눈에 띈다. 무엇보다 마가복음의 절정인 11장-16장의 수난 이야기에는 여성들의 역할이 두드러진다. 넓게 보면 수난 이야기는 한 여성의 등장으로 시작해서(막 14:3-9) 세 여성이 빈 무덤을 방문하는 이야기로 끝난다(막 16:1-8). 이 두 단락 사이에서 남성 제자들은 스승 예수를 배신하고(유다), 부인하며(베드로), 버리고 달아난다(열 제자).

이들과 달리 여성 제자들은 끝까지 예수를 따르는데, 십자가에서 처절한 고통을 겪는 예수의 마지막을 지킨 이들도 다수의 여성 제자들이었다(막 15:40). 그리고 이들 가운데 세 사람, "막달라 마리아와 야고보의 어머니 마리아와 살로메"는 예수가 매장되는 곳을 기억했다가 찾아가서 부활의 첫 목격자가 된다(15:47; 16:1).

이렇게 보니 여성 신학자 메리 앤 탈버트(Mary Ann Tolbert) 교수가 『여성들을 위한 성서 주석』(신약편, 대한기독교서회, 2012)에서 '마가복음'을 해석하며 예수의 여성 제자들의 헌신을 지적한 것은 너무도 정확하다.

---

20 김동용, "예수와 여인," 「제3시대」, 158호 (서울: 제3시대그리스도교연구소, 2019), 29-35.

마가복음에서 여성들이야말로 십자가와 무덤까지 함께 했던, 추종자 중 가장 충실한 집단이다. 이 여성들은 갈릴리에서 초기 사역부터 예수를 따라다니며 활동했는데도, 남성 제자들의 몰락 이후에야 비로소 이야기 속에서 적극적인 모습으로 등장하기 시작한다.[21]

신학자 김성희(2021) 교수는 이러한 여성들의 예수에 대한 봉사를 다음과 같이 정리한다.

> 예수의 요람에서부터 무덤까지 그를 지키고 돌본 자들은 '여인들'이다. 특히, 예수의 주요 사역인 십자가 죽음과 부활 사건에서 그들은 모범적인 '제자 상'을 제공한다. 이 여성 제자들은 예수의 사역 출발지인 갈릴리에서부터 종착지인 예루살렘에 이르기까지 예수의 사역을 물심양면으로 도왔고, 예수의 수난 사화에서 예수의 마음을 가장 잘 이해하고 공감하여 예수의 구원 사역에 동참하는 인물들이다.[22]

수난 이야기에 등장하는 여성 인물의 백미(白眉)는 단연코 마가복음 14:3-9에 나오는 익명의 여성이다. 이 에피소드 바로 앞에 예수를 죽이려는 산헤드린 공회원들이 나타나는데(1-2절), 이들의 계획은 이 단락 바로 뒤에서 예수의 제자 가룟 유다가 이들을 찾아갈 때 완성된다(10-11절).

그리고 우리가 놀라운 여성을 만나는 것은 바로 그 한 가운데서이다. 예수께서 악성 피부병 환자였던 '시몬'이라는 이의 집에서 식사하고 계실 때, 한 여인이 등장하여 '순전한'(희석해서 쓸 수도 있는 원액을 의미함) 향유를 병째 깨뜨려 예수의 머리에 붓는다.

---

21 뉴섬 A. 캐롤(Newsom A. Carol) (엮음), 『여성들을 위한 성서 주석: 신약편』 (*Women's Bible Commentary*), 박인희 등 역 (서울: 대한기독교서회, 2012), 74.

22 김성희, "십자가, (빈)무덤, 부활 장면의 여인들 비교 연구," 「대학과 선교」, 제50권 (한국대학선교회, 2021), 165.

몇 방울도 아니고, 한 병을 통째로 부은 것이 아까웠던 것일까?

예수와 함께 식사하던 일행들, 아마도 제자들일 텐데, 당시 노동자의 1년 연봉에 해당하는 "삼백 데나리온도 넘는 돈을" '허비'했다고 비난한다(4-5절). 요한복음은 같은 대목에서 질문한 제자가 다름 아닌 가룟 유다였다고 명시한다(요 12:4-5). 스승을 넘기고 돈을 받아 챙기는 바로 그 제자이다.

그런데 예수는 이 여인의 행위를 전혀 다르게 받아들인다. 제자들을 향해 그녀를 괴롭히지 말고 놔두라고 만류하면서 그녀가 자신의 '장례를 위해' 행한 것이라고 변호한다. 예수가 보기에 그녀는 사치나 낭비를 한 것이 아니라 고난의 길을 앞둔 자신을 위해 '힘닿는 데까지' 지극한 마음을 보여준 것이었다.

거기에다가 부활의 새벽에 기름을 들고 찾아갔던 세 여인이 완수하지 못한 일을 미리 이 여인이 한 것이다. 이름도 없는 한 여인과 예수의 마음이 통했던 이 장면을 보고 있자면, 하나님에게 버림받았다고 느꼈을 그 절망의 시간에 이르기까지 적어도 한순간은 예수가 마음을 알아주는 누군가를 만났다는 사실에 마음이 따뜻해진다.

나아가 마가는 이 여인이 행한 일이 어떤 의미인가를 전하고자 한다. 사실 '머리'에 기름을 붓는 것은 이스라엘 전통에서 사무엘이 사울과 다윗에게 한 것처럼 예언자가 하는 역할이었다. 예수는 자신의 장례를 위해서라고 말했지만, 마가는 이 여인의 행위가 예수의 생애 전체를 '하나님께 기름을 부음 받은 자,' 곧 '그리스도'(메시아)의 삶임을 인정하는 일이었다고 말한다.

무엇보다 십자가를 지는 고난의 길이 그리스도의 길이라는 주장은 마가 그리스도론의 핵심이다. '주는 그리스도'라고 고백은 했지만(막 8:29), 곧이어 예수가 처음으로 수난의 길을 예고했을 때 그 길은 거부했던 베드로에게 "사탄아 물러가라"고 칼같이 질타했던 예수의 모습을 독자들은 기억할 것이다(막 8:33).

이 베드로와 대조적으로 이 여인은 말 한마디 없이, 예언자들이 했던 상징적 행동으로 예수가 걸어갈 죽음의 길을 그리스도의 길로 규정한다. 이것은 이스라엘에서 단 한 번도 여인이 행한 적이 없는 일이었다. 사람들 앞에서 공개적으로 여인이 예수의 발을 씻는 일이 일어난 것이다.

복음서에 따라 그 내용이 조금씩 다르게 표현된 것을 보면 제자들의 눈에서도 여인의 행위에 놀라워 한 것을 짐작할 수 있다. 마가복음이 전하는 이 일화를 마태는 마가를 따라 그대로 전한 반면(마 26:6-13), 누가는 죄 많은 여인이 예수의 '발'을 향유로 닦는, 비슷한 듯 너무도 다른 이야기로 대체했다(눅 7:36-50).

9) 동행한 여성들에 대한 제자들의 거듭난 각성

물론 그 당시 유대 사회에서는 여인들이 남편이 아닌 사람들과 함께 집을 떠나 여행을 다닌다는 일은 거의 들어볼 수 없는 일이었으며, 따라서 그런 일은 생각할 수도 없는 일이었을 뿐만 아니라 사람들의 인식에도 좋지도 않은 일이었다.

그러나 예수께서 공생애 활동을 하시던 당시에 여인들이 실제로 예수의 제자들과 함께 여행을 다녔다는 정보의 신빙성에 대해서는 의심의 여지가 없는 것으로 보인다. 따라서 유대인 개종자들을 포함하고 있던 초대 기독교 공동체에 이런 이야기가 일부러 만들어 전했을 가능성은 별로 없었을 것으로 생각된다. 더구나 유대 사회에서 비록 여인들에게 하나님의 말씀을 배우는 일이 허락되어 있기는 해도 여인들이 랍비의 제자가 될 수는 없었다는 사리를 염두에 둔다면 전도 여행을 다니던 예수의 일행 가운데 여인들이 있었다는 것은 놀라운 일이 아닐 수 없다.

그러나 누가로서는 예수의 공생애 활동의 목적 가운데 하나가 바로 이처럼 여인들도 예수의 교훈과 병 고침으로부터 직접 많은 유익을 얻는 것이었다. 그래서 누가는 여인들이 남자 제자들과 똑같이, 또는 그들과 나란히 예수의 공생애 활동이나 전도 여행에 동행했음을 지적하고 있고, 더 나아가 예수의 공생애 활동의 직접적인 재정 후원이 바로 여인이었음을 밝히고 있다.

물론 여인들이 랍비의 제자가 되어 그들과 함께 여행을 다니는 일이 그 당시에는 거의 없었던 일이기는 하지만, 그러나 여인들이 랍비들과 그 제자들을 자신들의 재산으로 지원하는 일은 흔히 있었던 일이었다.

누가는 이 여인들의 이야기를 용서받은 죄 많은 여인의 이야기(눅 7:36-50)에 바로 이어서 편집하고 있다. 이것은 누가의 의도적인 편집으로 보인다. 앞의 이야기 가운데서 누가는 죄 많은 여인과 바리새인 시몬을 대조시키면서 예수가 남자인 시몬보다도 여인을 더 높이 평가하고 있다.

10) 새로운 차원으로 승화된 여인들의 역할

예수께서는 죄 많은 여인의 이야기에 뒤이어 본문을 통해 또 다른 여인들의 중요한 역할과 그녀들의 봉사를 높이 평가하신다. 여인들의 명단 중 제일 먼저 언급된 여인인 막달라 마리아는 예수를 따라다니던 여인 중 가장 많이 알려진 여인이었다.

아마도 그녀가 일곱 귀신에 사로잡혀 있다가 예수로부터 병 고침을 받았던 사건이 너무도 극적이기 때문이었을 것이다. 다른 여인들과 함께 막달라 마리아는 복음의 능력에 대한 산 증거였다. 그래서 그런지 막달라 마리아는 다른 복음서들에서도 다른 여인들과 함께 거론될 때마다 언제나 제일 먼저 언급되는 경향이 있다.

요안나도 잘 알려진 제자였던 것으로 보인다. 그녀는 마리아와 더불어 무덤에서 그리고 다락방에서 함께 있었다가 증인이 되었던 것으로 전해지고 있다. 요안나는 막달라 마리아처럼 작은 성읍 출신이 아니었다. 요안나는 헤롯의 재산을 관리하던 구사의 아내였다. 그래서 요안나는 사회적으로 어느 정도의 지위와 명성을 가진 여인이었을 것으로 보인다.

특히, 요안나가 예수의 추종자들 일행의 한 사람으로 포함되어 있었다는 사실에서 주목할 점은 그녀가 집과 가족을 떠나서 예수의 추종자가 되어 함께 여행했다는 점이다. 여기서 누가는 복음이 얼마나 그 당시 사회의 남녀 간의 성적인 차별들과 더불어 계급 및 장벽을 깨뜨리고, 남자와 여자가 함께 하나의 공동체를 이루도록 작용했었는지를 분명히 보여 주고 있다.[23] 세 번째 여인인 수산나는 다른 복음 전승에서도 나타나지 않는다. 그래서 잘 알려지지 않은 낯선 인물이지만 아마도 누가의 독자들에게는 잘 알려진 여인이었을 것으로 보인다.

누가는 이 세 여인을 이외에도 "다른 여인들"이 더 있었다고 기록하여 예수의 제자가 되어 예수와 함께 전도 여행을 하던 여인들이 더 있었음을 분명히 암시하고 있다. 이 여인들은 이제 예수를 통해 단지 육신의 가족들을 봉사하며 섬기는 일에만 머물지 않고 더 나아가 신앙의 가족들을 먹이며 섬기는 일에까지, 그리고 하나님의 나라를 위해 섬기는 일에까지 이르고 있다.

이것은 여인의 전통적 역할이 새로운 목적을 위해서 새로운 차원에도 승화되고 변혁되고 있음을 의미하는 것이었고, 누가가 바로 이 점을 강조하려고 했던 것으로 보인다.

11) 예수 부활의 산증인으로 등장한 여인들

네 복음서에 기록된 예수의 부활 이야기에서, 특히 빈 무덤의 이야기에서는 모두 여인들이 주요 목격자로 등장하고 있다.

그렇다면 누가복음에서 여인들에 관한 관심이 다른 복음서들에서와 달리 두드러지게 나타나고 있는 점은 어떤 것들일까?

---

23 Niamh M. Middleton, *Jesus and Women: beyond feminism* (Cambridge: The Lutterworth press, 2021), 17-18.

첫째, 누가는 빈 무덤 이야기와 관련해서 다른 공관복음 기자들이 오직 "세 여인"만을 방문자 혹은 목격자로 언급하고 있는 것과는 달리 "세 여인"(막달라 마리아와 요안나와 야고보의 어머니 마리아) 이외에 "다른 여인들"이 더 있었음을 강조하고 있다(눅 24:10). 이런 누가의 의도는 누가가 다른 복음서 기자들과 달리 누가복음 23:27에서 구레네 시몬의 십자가 뒤를 따르는 사람 중에 "여인들이 많이 있었습니다"라고 "많은 여인"의 존재를 강조하고 있는 곳에서도 드러나고 있다.

따라서 만약 누가복음만이 전해졌다면 안식 후 첫날 예수의 빈 무덤을 찾았던 여인들이 오직 세 사람이었다는 생각은 하지 않게 되었을 것이다. 누가는 이렇게 예수의 추종자들 가운데 여인들이 "많이" 있었음을 강조함으로써 예수의 공생애 활동 중 여인들이 차지하고 있었던 중요성을 결코 무시할 수 없음을 인식시키려 하는 것으로 보인다.

둘째, 누가는 빈 무덤의 이야기에서 여인들의 역할을 다른 복음서의 경우와 달리 상당히 긍정적으로 소개하고 있다. 가령 마가의 경우는 하나님의 사자가 무덤을 찾은 여인들에게 예수의 부활 소식을 제자들과 베드로에게 전할 것이 명령되었으나 여인들이 순종하지 않은 것으로 기록되어 있다.

그래서 마가복음의 빈 무덤 이야기, 그리고 마가복음 자체가 "그들(=여인)은 무서워서 사람들에게 아무 말도 못했습니다"(막 16:8)란 말로 끝나고 있다. 마태의 경우에도 여인들이 제자들에게 소식을 전하려고 달려갔다는 말만 있을 뿐(마 28:8), 여인들이 예수 부활의 소식을 실제로 그들에게 잘 전했는지는 전혀 아무런 언급이 없다.

그러나 누가복음에서는 여인들이 "무덤에서 돌아와 열한 제자와 그 밖의 모든 사람에게 이 일을 낱낱이 알렸는데"(눅 24:9), 누가에 의하면, 여인들이 예수 부활의 소식을 그들에게 전한 것이 결코 전하라는 명령에 따라서가 아니라(누가에서는 "전하라"는 명령이 없으며 오직 "기억하라"는 명령만 있다) 자발적으로 "열한 제자와 그 밖의 모든 사람과 … 사도들에게"(눅 24:9-10) 전했던 것으로 기록되어 있다.

그래서 누가에서는 여인들이 부활의 기쁜 소식을 전한 최초의 전달자로, 그리고 빈 무덤의 최초의 목격자로 강조되고 있다.[24]

그러나 이런 여인들의 긍정적인 모습과는 대조적으로 사도들은 여인들의 "말이 정신없는 말로 들려 믿으려 하지 않았고"(눅 24:11), 그리고 베드로조차도 "그 일어난 일을 이상히 여기면서 집으로 돌아갔다"(눅 24:12). 예수의 부활에 대한 사도들의 이 같은 부정적인 반응은 예수께서 열한 제자들에게 자기를 나타내 보이셨을 때도 그대로 반복되고 있다. 즉, 예수께서 사도들 앞에 나타나셨을 때 그들은 "유령을 보는 것으로 생각했고"(눅 24:37), "불안해하며 마음에 의혹을 품었고"(24:38), "믿을 수가 없어 이상히 여겼다"(24:41).

이렇게 누가복음의 부활절 이야기에서는 한편으로는 여인들의 믿음과 순종 그리고 다른 한편으로는 사도들의 불신과 믿음 없음이 대조되어 있다. 이처럼 누가복음에서는 여인들의 모습과 그들의 역할이 제자들과 베드로의 모습과 역할보다도 더 긍정적이었음이 강조되어 있다.

이런 기록은 분명히 누가가 다른 복음서 기자들과 달리 그리고 그들보다 훨씬 더 여인들의 역할과 그들의 중요성을 남자 제자들에 못지않게 긍정적으로 부각시키려는 의도에서 나온 것으로 보인다. 사실 복음서를 자세히 살펴볼 때 막달라 마리아가 예수의 부활에 대한 직접적이고 유일한 증인으로 나타난다. 이 점에서 막달라 마리아는 예수 부활의 첫 번째 증인이라고 하지 않을 수 없다.

그러나 초대 교회에서는 마리아의 증언을 높이 평가하지 않는 경향이 나타났다. 그 이유는 두 가지로 생각할 수 있는데, 기독교 신앙의 핵심이 예수 부활 사실이 한 여인의 말에 근거한 것이란 바람직하게 여겨지지 않았다. 고대 세계에서 유대 사회뿐만 아니라 일반적으로 증인으로서의 여성의

---

24 김성희, 앞의 책, 177.

권위는 인정받기 어려웠다.

　온전한 증인의 조건은 두 사람 이상 성인 남성들의 일치된 진술이 있어야 했다. 또 하나는 초기 교회에서의 지도적 권위에 관한 문제로, 실질적인 지도권은 베드로를 중심으로 한 열두 사도가 행사했는데 그들의 권위를 뒷받침하는 예수 부활에 대한 증거를 막달라 마리아와 여성들에게 의존한다는 것은 매우 난처하게 만드는 것이었다.

　즉, 가부장적 체제가 지배하는 구조 속에서 여성에게 결정적인 권위를 준다는 것은 쉽지 않은 일이었다. 따라서 마가복음은 여인들이 빈 무덤을 발견하고 도망가서 아무에게도 말하지 못한 것으로 기술하며(막 16:8), 마태복음 역시 천사들의 지시를 받고 가다가 부활하신 예수를 만나서 그 사실을 제자들에게 전달하는 형식을 취한다.

　이 점에서는 누가복음도 유사한 태도를 보이는데, 부활하신 예수께서 여인들에게 나타나지 않고 열한 제자와 엠마오로 가던 두 사람에게 나타난 것으로 기술한다. 누가의 경우 막달라 마리아의 증인보다 베드로를 비롯한 열두 사도의 부활에 대한 증거와 권위를 강조하려는 의도가 뚜렷하다.

　반면에 요한복음에서는 막달라 마리아가 부활한 주님에 대한 최초의 유력한 증인으로 주목받는다. 물론 그다음에 다른 제자들에게 부활하신 예수께서 나타나시므로 막달라 마리아의 증거가 인정되고 있다.

12) 음행 중에 홀로(남자는?) 잡혀 온 여인

　예수는 "간음을 하지 말라"는 율법 규정을 방패로 타인의 행위를 비난하고 정죄하는 사람들, 타인의 남녀 관계를 단죄하려고 하는 종교적인 집단에 대해 그렇게 매음, 간음에 난리를 치르려고 한다면 처음부터 욕정을 품고 여인을 보는 그것이 바로 간음이란 외침은 진정 예수다운 말씀이다.

　간음의 현장에서 붙잡힌 여인이 끌려왔다. 구약 율법의 규정에 의하면 그 여인은 돌로 살해당하게 되어 있었다. 본래 규정에 의하면 그 여인과 함께한 남성도 처벌받아야 마땅하지만, 남성은 용케 도망갔는지 아니면 사면을 받았는지 …. 그것은 남성 사회에서는 법의 규정에 무엇이 쓰여있든 실제로 악한 것은 여성이다.

이러한 현상은 현대의 성 해방 문제에서, 또는 서구 기독교 사회에서 확립된 일부일처제의 사회제도 의식을 전제로 1세기 유대교의 '간음'의 문제를 논의하면 극명하게 드러난다. 거기에서는 여성의 인격은 초장부터 문제시되어 있지 않았다. 여성은 남성의 소유물이다. 자녀를 출산하는 도구이며 노동력으로서 재산에 지나지 않는다.

따라서 결혼한다는 말은 그녀의 아버지에게 돈을 지급하고 사는 것을 뜻한다. 사적 소유를 전제로 한 사회이기 때문에 타인의 재산에 손을 댄다는 것은 도적질을 의미한다. 그 때문에 결혼한 여성과 잠자리를 같이 한다는 것은 타인의 재산을 범하는 것이기에 처벌을 받는 것이다.

여성이 감당하기 힘든 고통은 만일 여성은 비인격적인 소유물이기 때문에 처벌받는 것은 그 '재산'을 범한 남성만 해당할 뿐, 재산 그것에는 처벌할 수 없다고 하는 사회적 통념 때문이다. 그런데 더 놀라운 것은 '여성'이라는 재산은 처벌을 받을 때 한정해서만 주체적인 의지가 있는 인간으로 취급받는다는 사실이다.

혼인이 소유관계로서 간주하기 때문에 결혼한 남성이 다른 여성과 잠자리를 같이 한다 해도 아무런 죄도 성립하지 않는다. 만일 그 여성이 다른 남성의 소유물, 즉 처가 되어 있지 않은 한, 잠자리를 함께한다는 것은 하등의 범죄로 인정되지 않는다는 것이다. 이처럼 간음이란 것은 남녀 관계의 도덕상의 문제가 아니라 사유 재산을 침해한 것에 대한 문제였다.

간음하다 혼자 잡힌 이 여인은 율법에 충실한 사람들의 눈에는 분명히 돌로 쳐서 죽이지 않으면 안 된다. 이것도 매일 일상생활에서 예수께로 나아오던 율법학자와 그 무리가 예수를 괴롭히던 질문 가운데 하나였다. 그들이 진지하게 했든 농담조로 했든 질문에 예수는 아무렇지도 않게 상대하지 않았다.

예수는 그들의 고소를 듣고서는 지면에 대고 무엇인가를 손가락으로 글을 썼다. 그들이 계속 질문을 퍼붓자 예수께서 일어나서 그들에게 말씀하셨다.

너희 가운데 죄 없는 사람이 먼저 이 여인에게 돌을 던지라(요 8:7).

그렇게 말씀하시고는 변함없이 지면에 무엇을 쓰시고 그러자 그들은 여성 한 사람을 두고는 연장자를 비롯한 순서로 하나씩 하나씩 사라졌다는 이야기이다. 이 이야기는 욕정을 가지고 여성을 보기 전에 이미 간음을 범했다는 예수의 설교를 그대로 보여 준다.

'간음하다 잡힌 여자 사건'을 다루는 단락(Pericope de Adulterae)은 다수 사본(주로 9-12세기) 그리고 성구집(lectionary)과 고대 주석(예: 오리게누스, 터툴리아누스)에도 빠져 있다. 이 단락의 문제는 고대 사본에 빠져 있다는 것에서 그치지 않는다. *The Greek New Testament*(UBS 4th edition)의 비평 장치가 보여 주듯이, 이 단락을 누가복음 21:38이나 24:25 다음, 혹은 요한복음 7:36이나 21:25 다음 등에 두는 사본도 있다.

따라서 이 단락의 누가 저작설을 주장한 이가 있지만, 마가가 기록하여 마가복음 12:12 다음에 두었지만 1세기 교회의 엄격한 도덕적 성향 때문에 삭제되었다고 주장하는 이도 있다. 이 단락이 요한복음 원본에 포함되지 않았다고 보는 이들은, 여기에 사용된 82개 단어 중 14개가 요한복음의 다른 곳에 나타나지 않고, 요한이 선호한 단어가 적다는 점에 주목한다.

따라서 적지 않은 학자들은 이 단락을 비(非) 요한적인 후대의 첨가로 간주하여, 아예 주석의 대상에서 제외하거나 부록으로 다루거나, 혹은 요한복음 7-8장의 문맥을 고려하여 해석하는 것을 꺼려왔다. 비록 오래된 사본에는 빠져 있지만 내증 특히 문맥을 고려하여, 이 단락이 요한복음의 내러티브에 적합하다면 요한복음의 한 부분처럼 간주하여 다룰만한 가치는 있다. 하지만 이 단락의 문맥 역시 논란거리이다.

왜냐하면, 이 단락이 요한복음 7-8장의 자연스런 내러티브 전개를 방해하는 것 같기 때문이다. 예컨대, 이 단락이 없더라도 7:1에서 시작된 '초막절 내러티브'의 흐름은 8:59까지 자연스럽게 진행된다.

그리고 요한복음 7:37-39에서 예수께서 무리에게 말씀하시는데, 8:12가 시작될 때 무리는 여전히 주님 앞에 있다. 하지만 요한복음 8:9에서 예수는 심지어 제자들도 떠난 채 홀로 남아계셨다. 따라서 이 단락은 독립적으로 구전되다 단편으로 보존되었고, 그 후 복음서의 여러 군데에 첨가되고 삭제되는 과정을 거쳤다가, 누군가에 의해 요한복음에 최종적으로 첨가된 것으로 결론을 내릴 수 있다.

대체로 요한복음서 원본에는 본래 없었던 이야기로 아마도 후세의 사본이 되어서 나중에 삽입된 것으로 보인다. 그런 의미에서는 물론 어디까지나 예수 자신의 사실인지 아닌지는 알 수 없다. 후세의 창작일 가능성이 없지 않다.[25]

요한복음서에 나타난 '간음한 여인'에 대한 스토리가 성경에 정식으로 기재된 것인지 아닌지에 대한 탐색 연구를 시도한 신학자 고영렬(2014) 교수는 연구의 결론을 다음과 같이 내린다.

> 많은 논란에도 불구하고 많은 사본 가운데, 예컨대 시내산 사본은 공간과 별표식, 알렉산드리아 사본은 사라진 부분, 비티칸 사본의 우믈라우트, 에프라이미 사본의 소실된 부분, 워싱톤 사본의 요한복음과 누가복음 사이의 여백들은 요한복음 7:53-8:11의 '간음하다 잡힌 여인' 이야기의 존재 가능성을 시사한다. 이런 이해는 증거가 명확하지 않으므로 무시 할 수도 있지만, 한편으로 자신 있게 아니라고 주장할 근거도 없다.[26]

---

25 박형신, "존 로스 번역본 예수셩교 요안복음젼의 초판(1982)의 '간음한 여인 이야기'(요 7:53-8:11) 삭제문제." 「한국교회사학회지」 제43집 (한국교회사학회, 2016), 61-92.
26 고영렬, "간음하다 잡힌 여인(요7:53-8:11)에 대한 사본학적 연구." 「신약논단」 제21권 제1호 (한국신약학회, 2014), 127-159.

여기에서 한 가지 하고 싶은 말은 설사 이 이야기가 하나의 창작품이라고 하더라도 예수의 사상을 이렇게도 쉽게, 그리고 탁월하게 해설하는 작품을 찾기가 그리 쉬운 일이 아니라는 사실이다.

제3장

교사로서의 예수 이미지

1. 교사 예수의 이미지와 호칭

예수에 관한 교육학적 연구의 최근 동향[1]을 살펴보면, 예수를 교육사의 한 부분으로 도입하면서 예수를 위대한 성현의 한 사람으로 언급하고 있는 경우가 대부분인데, 예수가 취한 사랑의 교육 방법을 중심으로 예수에 대해 교육적 접근을 시도하려는 움직임이 눈에 띈다.

예수의 사상을 신학적·종교적 차원으로만 한정시키지 않고 교육적인 차원에서 살펴보려고 한 연구자들이 있다. 예컨대, 예수를 '성인 교육가'(adult educator)의 한 사람으로 보는 학자들이다.

미국의 교육학자인 찰스 이비(Eavey) 교수는 이렇게 단언한다.

"가르치는 것은 예수의 주된 업무였다. 그는 항상 교사였다."[2]

이처럼 예수의 한평생은 교육 그 자체였으며 예수의 교육 대상은 아동·청소년이 아닌 성인들이었다. 오늘날에도 예수의 사상은 전 세계의 성인들 삶과 교육에 지대한 영향을 미치고 있다.[3]

---

1 김판임, "가르치시는 예수-예수의 교육 내용, 교육 방법, 교육 목표에 관한 연구," 「신학사상」, 제175호 (한신대학교, 2016), 148-158.
2 C. B. Eavey(1964), *History of christian education* (Chicago: Moody Press), 78. 김향균, "지속가능 포용 사회를 위한 예수 그리스도 사랑의 성인 교육학적 재해석," *Androgogy Today*, 제22권 제3호 (한국성인교육학회, 1964), 190에서 재인용.
3 2022년 8월 1일 현재 세계 인구 추정치(World Population Estimator)는 7,982,619,527명이다. 이 중 기독교 신도는 약 24억 명으로 30.3퍼센트를 차지하고 있다.

1) 예수의 교사 이미지

마태복음에서 두드러지는 예수의 리더십은 가르치는 교사로서의 이미지이다.[4] 마태복음에서 예수의 교사로서의 이미지가 부각되는 근거는 예수의 말씀 및 가르침이 사복음서 중 가장 많이 담겨 있을 뿐 아니라, 그것이 매우 조직적이고 체계적으로 정리 및 배열되어 있기 때문이다.

마태복음에서 교사로서의 이미지가 강조되게 된 계기는 1920년 미국의 신학자 벤자민 위즈너 베이컨(Benjamin Wisener Bacon) 교수에 의해 발견된 모세오경 구조에 관한 연구로부터 시작되었다. 베이컨 교수는 마태복음이 모세오경과 유사한 구조로 배열되었다는 근거로써 마태복음에 등장하는 다섯 편의 예수의 설교를 제시한다.[5]

예수가 교사였다는 증거는 사복음서의 여러 군데에서 나타나고 있는데, 그것을 정리하면 대체로 다음과 같은 세 가지 근거를 얻을 수 있다.

첫째, 예수가 그의 제자들을 비롯하여 그가 만난 모든 일반 사람 그리고 심지어 그를 경계하고 적대시했던 바리새인들(마 12:1-8, 38-42)과 사두개인들(마 12:22-38) 그리고 율법학자들(요 3:1-12)을 가르쳤다는 점이다.

둘째, 당시의 사람들은 예수를 선생 혹은 교사로 불렀다는 점을 들 수 있다. 예를 들면, 사람들은 예수가 그런 것을 명한 일이 없었음에도 예수를 '랍비'(ραββι, 선생님) 또는 '라부니'(ραββουνί, 나의 선생님)로 불렀다. 혹은 '디다스칼로스'(διδασκαλος, 교사, 가르치는 사람)로 불렀다.

셋째, 당시 예수를 따르던 무리들은 사람들로부터 '제자' 혹은 '학생'으로 번역되는 헬라어 '마데테스'(μαθητής)[6]로 불리었는데, 이 단어는 복음서 안

---

4 리차드 A. 버릿지(Richard A. Burridge), 『네 편의 복음서, 한 분의 예수』 (*Four Gospels, One Jesus?*), 김경진 역 (서울: 기독교연합신문사, 2000), 107-153.

5 김경진, "목회 리더십의 원형으로서의 기독론 연구," 「신약논단」, 제22집 제1호 (한국신약학회, 2015), 225-226.

6 ① 배우는 사람, ② 제자, 신봉자, 따르는 사람. 발터 바우어, 『바우어 헬라어사전』 이정

에서만 250회 가량 사용되었고, 그리고 거의 항상 예수의 추종자들을 가리킬 때 사용되었다는 점이다.

오늘날에는 복음서 가운데서 예수가 훌륭한 교사, 스승이라 부르고 있음에도 예수의 '구원자 그리스도'로서의 주되심(Lordship)이 강조되다 보니 예수의 교사됨(teachership)에 관해 충분한 해명이 이루어지지 않고 거의 등한시해 왔다. 본래 이전부터 주로서 그리스도 교육의 실천적 관심에서 '교사 예수'를 다루어 고찰한 논문은 적지 않다. 그러나 그 근거와 의미를 근세에 이르러 성서학, 예수, 복음서 연구의 성과에 비추어 재검토하고 신학적으로 구명하는 시도에 대해서는 남겨진 채였던 사정이 있었다.

비교적 최근에 이르러 주목할 만한 논문들이 차례차례로 발표되기 시작하였고, 여기에 1980년대 후반의 '예수의 르네상스'[7] 발흥 이후, '나사렛의 예수'와 '교사'의 관계, 즉 부활 이전에 보이신 예수의 언동에서 '디다케' 교사론의 부흥을 시도한 새로운 지평이 개척되고 있다고 볼 수 있을 것이다.

성경에서 보이는 '예수 그리스도 이미지'의 배후에는 역사적 인격으로서의 예수의 실재가 살아있고 양자 사이에는 '이미지의 대비'(analogia imaginis)가 이루어지고 있다. 복음서의 '예수상'(像)은 예수 사후에 성령의 역사에 따라 새롭게 만나는(=부활 체험), 신앙에 의해 수용된 '그리스도'로서의 예수, 말하자면 해석 체험을 이미지네이션(상상력)으로 바꾸어 묘사한 재현을 시도한 것이다. 물론 다양한 전승이 부각하는 예수의 전체 이미지에서 그 특징을 역사적으로 실증하는 것은 쉽지 않다.

그러나 아마도 이와 같은 '실재적 화상'(real picture)을 매개로 비로소 상기(想起)하게 되어 그렇게 "내 안에 사시는 그리스도"(갈 2:20)를 믿는 사람들 사이에 새로운 '생명'과 힘으로서 역사하고 있는 현실도 또한 부정할 수 없다.

의 역 (서울: 생명의말씀사, 2017), 924.
7 유재덕, "교사로서의 역사적 예수 연구: 유대적 관점에서," 「그리스도교교육논총」, 제44집 (한국기독교교육학회, 2019), 145.

2) 예수에 대한 랍비 호칭의 배경

사복음서 가운데 '하나님의 아들', '그리스도' 등 모든 그리스도론적 존칭을 능가하여 예수에 관한 가장 대중적인 호칭과 이미지는 디다스칼로스(διάσκαλος, 교사, 선생)이다. 이것은 41회의 사용 가운데 요한복음 20:16을 제외하고 부활전 지상 예수의 언동과 결합하여 그 많은(29회) 것이 직접적인 호격 디다스칼레(διάσκαλε)의 형태로 거의 아람어의 랍비(rabbi, rabboni)에 대응하는 동의어로서 나타난다.

마가복음과 요한복음은 모두 오래된 랍비 호칭을 보존하고 있는데(막 9:5; 요 1:38), 마태복음과 누가복음의 경우는 특히 제자들에 의해 이들의 호격이 큐리에(κύριε, 주) 또는 누가복음에는 주로 제자들에 의해 예수 호칭으로써 사용된 에피스타타(ἐπιστάτα, 주, 선생, 스승)를 가지고 각각 랍비(rabbi), 디아스칼레(διάσκαλε)에 대입하는 경향을 보인다. 그리고 복음서가 묘사한 예수는 실질상 하나같이 '교사'로서의 이미지와 사역을 선명하게 인상을 짓게 하고 역사가 요세푸스가 예수를 디다스칼로스(διάσκαλος)로서 특징짓는 것과도 일치한다.

또 이와 관련하여 바울이 '성찬' 전승을 도입할 때, "내가 여러분에게 전해 준 것은 주님으로부터 전해 받은 것입니다"(고전 11:23)라고 하는 경우, '받았다'(παραλαμβάνω, 파라람바노)든가 '전했다'(παραδίδωμι, 파라디도미)는 술어를 사용하여 '주'(主, κύριος)되신 예수를 랍비니즘에서 구두(口頭) 전승의 연속 루트의 기점에 위치를 설정하고 있는 점이 주목된다.

그러나 예수 시대의 '랍비'가 과연 서임(敍任)을 받은 전문적인 공인 '교사'에 대한 호칭이었는지에 대해서는 분명하지 않다. 랍비(Rabbi)는 본래 '위대한'을 의미하는 '란'(rav, 舾)에 유래하는 비종교적 호칭으로 직업적 '교사'나 '학자'에게 한정되지 않고 존경할 고위층 인물에게는 누구든지 적용되어 요한복음서는 니고데모를 '이스라엘의 교사'로 부르고 있다(요 3:10).

디다스칼로스(διδάσκαλος) 자체는 그리스도론적 함의를 지니고 있지 않다. 오히려 메시아적 존칭에서 구별되는 비 도그마적 호칭인 것으로 보아, 대부분은 직업적 '교사'에 한정하지 않고 넓은 의미에서 경칭 일반으로서 사용되는 '선생'에 상당하는 것이라 생각할 수 있다.

그들은 각지의 회당에서 예배를 드리고 율법 교육에 종사했는데 대부분은 일상 생계를 위해 직장, 의복, 집, 상인, 목수, 천막 장이, 구두 수선 등 별도의 직업에 임하였다. 사두개파의 상급 제사장이나 산헤드린의 장로들에 대해서 바리새적 소시민의 혁신 세력을 대표했을 수도 있다.

3) '랍비'란 호칭이 지니는 의미

그러면 이 전문적인 유대적 랍비(rabbi/διάσκαλος)가 예수에 대한 호칭으로 사용되었을 때 어떠한 의미가 있을까?

예수가 생전에 랍비(rabbi, διάσκαλος)를 자기에 대한 호칭으로 받아들였을까?

실제로는 명확하지 않다.

전승 가운데 예를들면, 다음의 경우이다.

① 마가복음 14:14, 마태복음 26:18, 누가복음 22:11에는 이른바 '수난 이야기' 전승에 속한 2차적 이지만,
② 마태복음 23:8에는 오히려 유일한 '랍비'로서의 '하나님'의 이미지가 반영되어 있다.
③ Q전승 마가복음 10:24, 누가복음 6:40은 유대교 지혜 문학의 '격언'을 채용하고 있고,
④ 요한복음 13:13 이하는 이 전승 양식을 예수의 자기를 나타내는 것에 적용한 것이라 생각된다.

그러나 이상의 부정적인 예증에도 랍비(rabbi, διάσκαλος) 예수를 초대 교회의 해석적 소산으로 돌릴 수는 없다. 나사렛 예수는 동시대의 바리새파, 사두개파, 엣세네파 등 어떤 기성의 유대교 종파에도 참여하지 않았다.

그의 활동은 오히려 언어를 주요한 매개로 하는 힐렐파의 '랍비'층과 다양한 모습을 가지고 있었으며, 적어도 사람들이 생전의 예수를 거의 배타적으로 비 기독론적인 경칭으로 '랍비, 선생'이라 부른 기초적인 사실은 흔들리지 않을 것이다.

안식일에 회당에서 성경을 읽고 설교하시는 예수의 행위에는 랍비의 전형적인 모습이라 생각되지만, 이 소식을 전하는 누가복음 4:16-30에는 한편, '성취' 모티프(motif), 이방인이나 가난한 사람에 대한 복음의 강조 등 누가복음서 특유의 구속사관(救贖史觀)이 명료하게 나타난다.

그러나 다른 한편으로는 예수께서 공생애에 들어가기까지 30여 년간 유대인으로서 그 호흡 속에서 자라나고 유대교의 건전한 전통을 몸에 익히고, 이것을 계승했다는 측면이 있다. 따라서 복음서 계승이 이념적으로 그 흔적을 찾아서 그림을 그리듯이 예수의 랍비적 활동의 외적 특징을 묘사하고 있을 가능성을 전면 부정할 이유는 없다.

그리고 진정성의 기준으로서의 비유사성(非類似性) 또는 비유대화(非유대化)의 시도가 항상 유효, 적절하다고는 말하기 힘들다. 오히려 나사렛과 같은 작은 마을에서도 회당이 넓은 교육센터(학교)로서 기능하고 있었다.

따라서 예수 전승 원초의 양식사학파가 주장하는 '민간전승'의 종류에 한정되지 않고 유대교에서의 '교수-학습'의 장(場)이었던 사실도 역사적으로 시인하지 않을 수 없다.

예수는 '제자'를 부르고 모아, 열심히 가르치고, 풍부한 랍비적 요소와 논법을 몸에 익힌 뛰어난 율법의 '교사', '현인'으로서 교묘하게 문답하고 토론을 하였다. 다른 한편으로는 동시대의 율법학자들과는 달리 오히려 '순회 교사'로서, 호숫가, 길옆이나 들판, 야외에서 또는 개인의 집에서 언제, 어느 곳에서든지 공공연하게 가르치고, 갈릴리의 민중과 함께하여, 가난한 사람, 병인, 여성이나 어린이들, '죄인'이나 비유대인 등 '아웃사이드'를 포함한 만인에 대한 열린 태도로 자유롭게 행동하는, 말하자면 생동적인 설교가였다.

그러나 예수는 때때로 구약성경을 끄집어내어, 또 지혜 문학에 공통된 여러 양식, 즉 비유, 직유, 또는 격언, 묵시적 예언에 추가하여 과장법(막 10:25)이나 대구법(마 7:18), 평행법(막 3:24)을 활용하였다. 나아가서 리듬, 음율 등을 시적으로 풍부한 이해와 기억을 돕는 탁월한 화법으로 지혜있는 교사로서 생생하게 효과적으로 가르치셨다.

4) 확장되는 예수의 호칭

예수는 마가복음에서는 '제자'를 포함하여 모든 사람에게서 '선생님, 교사'의 이름으로 부름을 받았지만, 마태복음의 경우 예수의 그리스도로서의 사역과 의미와 같이 예수의 새로운 율법수여자로서의 교사성(敎師性, Teachership)의 실제를 다른 어느 복음서보다도 확대, 강화하고 있다.

그런데도 예수를 따르는 제자들의 디다스칼레(διδάσκαλε, 스승)는 오로지 큐리에(κύριε, 주)가 되는 호칭으로 대치되어(예: 막 4:38→마 8:25, 눅 9:38→눅 17:15), 예수에 대한 랍비(ῥαββί)는 가룟 유다의 입에서 나온 말이다.

다만 제자 이외의 학자, 바리새인, 사두개인, 부자 청년, 성전세 담당원 등, 불신의 반대자를 포함한 아웃사이드에 의한 '교사'의 칭호는 남는다.

그리하여 마태복음에 의한 이와 같은 예수에 관한 호칭의 의도적인 구별, '선생님'→'주여'로 이행하는 이유에 대해서는 '주'(큐리오스) 고백에 입장을 둔 집단이 디다스칼로스(διδάσκαλος, 선생님)나 '랍비'를 '메시아', '하나님의 아들' 예수에 있어서는 오직 타당하지 않은 이름이었던 그리스도론 신학의 결과라고 설명해 왔다.

그러나,

① 마태복음에서 예수의 '교사'로서의 가르치는 사역 자체는 부정되지 않았고, '주'와의 경합, 대립을 시사하는 자료가 눈에 띄지 않는다.
② '주여'라는 호격의 배후에는 아람어의 마리(mari, 나의 주)가 상정되어 이것이 유대교의 랍비 문헌에서 경외의 호칭으로써 사용되기도 했다.
③ 마태복음에는 예수의 이적 행위뿐만 아니라 그의 권위 있는 '가르침'에 관련되는 큐리에(κύριε, 주님)의 용법이 적지 않다는 것과 나아가서
④ 마태복음에서 '큐리오스' 칭호 자체의 보조적 성격 등을 고려한다면, 제자들의 호칭은 '주여'는 반드시 그리스도론적 고양, 강화의 증명에 연결되는 것이 아니라 오히려 '장인'(마이스타)과 같은 정중하고 지고의 경의를 나타내는 호칭으로 통한다.

실제는 '랍비'나 '디다스칼로스'와 거의 동의적으로 사용되었을 가능성도 있다. 이 이차적인 어휘 바꿈은 '하나님'의 이름을 유대적인 언어의 전통에 따라서 피한 '천국'이나 '아버지'와의 역방향의 대응을 나타내는 유대교와의 충돌, 경합 속에서 마태가 취한 유대 논쟁의 형적을 나타내 주는 것이라 볼 수도 있다.

따라서 마가복음 4:2의 비유에 관한 디다스코(διδάσκω, '가르치다')에 대해 일반적인 랄레오(λαλέω, '말하다')를 대입하여, 또는 수난 예고에서 '사람의 아들'의 운명을 말할 때 '가르치는 것'을 삭제한 것도 의도적으로 마가가 예수에 관련되는 디다스케인(διδάσκειν, '가르치다')의 내용을 탈락시킨 채, 귀신을 쫓아내심, 성전 청결, 율법학자에 대한 경계 등 거의 무차별적으로 사용하고 있다.

이에 비해, '회당', '율법', '윤리적 경고'에 집중하여, 마가에서는 암묵적으로 전제되어 있던 제자와 신앙 집단의 사역에 관련되는 디다스케인(διδάσκειν)을 마태는 매우 노골적으로 나타내고 있다.

5) 예수에 대한 헬라어 호칭들

복음서 기자 가운데 유일하게 혼자 헬라인인 누가는 다양한 히브리즘의 수정을 시도하고 있는데, 아람어에서 유래된 랍비(ῥαββί)를 그대로 사용하였다. 한편 디다스칼로스(διδάσκαλος, 교사)의 용법은 마태와 공통적으로 사용하고 있다.

세례 요한에 대한 호칭(선생님)은 별도로 한다면, 예수와 관련되는 이 호칭은 반대자 또는 다양한 계층의 범위에 이른다. 즉, 누가는 마가처럼 '제자'를 포함한 사람들에 의한 예수와 '교사'(랍비=디다스칼로스)의 적극적인 동일시를 시도하지 않고, 오히려 마태와 함께 제자들에 의한 디다스칼레(διδάσκαλε, 선생님)의 호칭을 적극적으로 피하고 있다.

또 디다케(διδαχή, 가르침, 교훈)나 그 동사형은 일부 마가로부터 채용하고 있음에도, 예수 자신에 관련되는 '가르침'의 명사형은 적극적으로 억제하고 있다. 다른 한편, 제자들의 예수 호칭으로서는 새롭게 '에피스타테스'(ἐπιστάτης, 선생님)가 전면에 나온다. 예수의 미션과 그 의미에 연관성이 있는 호칭인 '에피스타테스'를 누가는 예수의 권위를 강조하는 뜻에서 사용하고 있다.

갈릴리 바닷가에서 "깊은 데로 가서 그물을 내려 고기를 잡으라"는 예수의 말씀에 시몬 베드로는 "선생님(에피스타테스), 우리가 밤새도록 애를 썼으나, 아무것도 잡지 못했습니다. 그러나 선생님(에피스타테스)의 말씀을 따라 그물을 내리겠습니다"(눅 5:5)라고 대답한다.

이처럼 누가는 마태복음, 마가복음에는 없는 아웃사이드에 의한 '디다스칼레'를 사용하여 동시에 호격 '에피스타테스'를 특수자료뿐만 아니라 이미 마가의 디다스칼레, 마태의 '큐리에'(κύριε)에 대치되는 고유한 용법 등을 사용한다. 그렇게 함으로써 누가복음은 '주'되신 그리스도와 교사로서의 예수의 정체성을 확인하려고 하였다. 그 이외에 '인자', '하나님의 아들', '주', '그리스도', '하나님으로부터의 그리스도', '왕'으로 표시한다.

2. 교사 예수의 교육적 배경

예수의 교육 배경과 관련해서 제기되는 질문은 대체로 두 가지이다.

첫 번째 질문은 "예수가 받았던 교육의 장은 어디이며 무엇일까?"이다. 이는 예수의 학력(學歷)에 대한 질문으로 예수가 어디에서 어떤 교육을 받았는가 하는 질문이다.

두 번째 질문은 "예수가 실제로 그 교육을 어느 수준까지 받았을까?"이다. 이는 예수의 학력(學力)에 대한 질문인데, 예수가 받았던 교육 수준은 어느 정도였는가 하는 것으로, 예수의 문해력(literacy)과 직접 관련이 있다.

1) 예수의 학력(學歷)

(1) 가정과 회당의 기초 교육

첫 번째의 질문은 교육의 제도 그리고 후자는 교육적인 수혜 범위에 관한 것이다. 예수 시대의 교육은 가정, 학교, 그리고 회당에서 진행되었다. 독일의 신학자 게르트 타이센(Gerd Theissen) 교수의 지적처럼 유대인들에게 있어서 가정은 중요한 교육의 장이었다.[8]

가정에서는 이야기를 통한 기초적인 종교 교육, 핵심적인 경전의 텍스트와 예전 텍스트의 암기가 이루어지는 곳이었다(막 6:3, 마 13:55). 아들이 아버지로부터 가업을 익히는 곳 역시 가정이었다.

신약학 크리스 키스(Chris Keith) 교수는 유대인들은 가정에서 그리고 회당에서 문해 교육을 받아 신앙생활을 할 수 있도록 돕는 것이 유대인의 문화라고 하면서 예수 역시 이런 문화 속에서 어릴 적부터 문화 교육을 받

---

[8] G. 타이센(G. Theissen), 『역사적 예수』(*Der historische Jesus*), 손성현 역 (서울: 다산글방, 2010), 515-516.

았다고 주장한다.[9]

1세기에 팔레스타인에 존재했던 학교의 유형들에 대해서는 여러 의견이 제시되어 있다. 예컨대, 신학자 이스텝(J. Estep) 교수는 그리스와 로마의 영향을 받아 팔레스타인 지역에서 삼단계로 구성된 교육 제도가 운용 된 것으로 전제한다. 이스텝 교수에 의하면 초등학교에 해당하는 학교(Beth Hassepher)와 중등학교(Beth ha-Midrash) 그리고 서기관이나 랍비를 위한 학교들이 각각 따로 존재했다고 한다.[10]

유재덕(1993) 교수에 의하면 기독교 교육 이론가 쉐릴(L. Sherill) 박사는 팔레스타인 지역에는 어린이들에게 히브리어로 읽고 쓰는 법과 성문서 토라를 가르치는 초등학교(Beth Hasepher), 즉 '책의 집'과 미드라시를 교육하는 '연구의 집'(Beth Hamidrash) 그리고 랍비를 양성하는 아카데미가 운영되었다고 주장한다.[11]

바빌로니아 포로기에 등장했던 회당(synagogue) 역시 중요한 교육의 장이었다. 지역마다 자리 잡은 각 회당은 토라, 이사야, 시편 그리고 번역본(탈굼)[12] 두루마리를 갖추고 있어서 안식일마다 예배 시간에 사본들이 낭독되고 해석되었다. 회당에 있는 랍비들이 선생의 역할을 했으며, 그 주요 강의 내용은 오경을 중심으로 한 종교 윤리적인 것이었다. 그리고 회당에서 수(數) 공부와 글을 읽고 쓰는 법도 배웠던 것 같다.

예루살렘의 고고학 발굴을 통한 비문에 의하면, 회당에서 토라를 읽으며 미츠보트(mizvot. 613개의 종교적 계명)를 배웠음을 알 수 있다. 이것은 회당이

---

9 C. Keith, *Jesus' Literacy: Scribal Culture and the Teacher from Galilee*, Library of Historical Jesus Studies 8, LNTS 413. (London: T&T Clark, 2011), 8-25.
10 James R. Estep Jr., Philosophers, scribes, rhetors... and Paul?: The educational background of the New Testament. *Christian Educational Journal*, 2(1), 33. (2005). 유재덕. 앞의 책, 161-162에서 재인용.
11 위의 책, 162.
12 B.C. 2세기부터 바벨론 유배 이후 곳곳에 생겨나기 시작한 유대교 회당에서 전례를 행할 때 사용되던 경전으로, 나라와 성전과 언어를 잃어버려 정체성을 상실할 위기에 빠진 이스라엘 사람들에게 구약성경을 효과적으로 가르치기 위해, 유대인들이 이해할 수 있는 언어인 아람어로 옮겨놓은 해설 성경이다.

토라를 중심으로 한 교육 기관의 역할을 했음을 짐작할 수 있다.

어린이들은 그런 과정을 통해 자연스럽게 경전에 대한 지식을 습득할 수 있었고, 때로는 회당에서 읽기와 쓰기를 익히기도 했다. 회당에서의 교육은 회당장을 위해 예배를 돕거나 대신하던 하잔(Hazzan)에 의해 이루어졌다.

(2) 회당에서의 율법 교육과 문해력 습득

요세푸스가 제2 성전 시대 유대인의 수준 높은 교육을 강조하기도 했지만, 별로 중요하지 않은 나사렛이라는 시골에 공적인 교육 시설이 존재했다는 데는 동의하기가 쉽지 않다.

미국 신시네티기독대학교 신약학자 텟쳐(T. Thatcher) 교수는 예수가 글을 쓰지 못했고, 혹시 가능했더라도 그리 높은 수준이 아니었을 것으로 추정한다. 그러면서도 예수는 상대를 압도한 교사였고 "수수께끼를 교수 방법으로 사용하면서 자신의 학문 수준을 입증하는 수단으로 활용했다"[13]고 지적한다.

그런데도 예수가 누가복음 4:16과 요한복음 7:15의 기록처럼 회당을 방문해서 성서를 읽고 가르쳤다는 것을 고려하거나, 또는 일부 논쟁 대화(막 2:25; 마 22:31; 마 12:5)에서 상대에게 "너희는 읽지 못하였느냐 … ?"라는 표현을 구사한 것을 고려하면, 예수가 공식적인 교육 과정을 수료하지는 않았더라도 어떤 식으로든지 일정한 수준의 문해력을 습득했다는 것을 짐작할 수 있다.

예수는 가정이나 회당에서 읽고 쓰는 법을 익혔을 뿐 아니라 절기마다 가족이 예루살렘으로 순례함으로써, 그리고 나중에는 여러 지역을 돌아다녀야 하는 직업 덕분에 유대와 그리스의 지식을 접하게 되었을지 모른다고 추정한다.[14]

---

13 T. Thatcher, *Jesus the riddler: The power of ambiguity in the gospels* (Louisville: Westminster John Press, 2006), 112.
14 G. 타이센(G. Theissen), 앞의 책, 516.

(3) 성전 순례를 통한 현장 교육

누가는 열두 살 때 예수 이야기로 부모와 함께 성전 방문을 통한 예수의 전인적 성장을 상세히 기술한다. 이 성장은 특히 하나님의 은총을 덧입은 성장을 말한다.

누가복음은 2:41-51에서 어린 예수의 성전 방문 행위를 자세하게 기록함으로써 예수의 성전 통한 전인적 교육을 구체적으로 표현하고 있다. 특히, 어린 예수와 부모와의 대화를 통해 예수의 "율법의 아들"로서의 성숙한 모습을 보여 준다.

누가는 그 아이의 부모가 "해마다" 유월절이면 예루살렘에 올라가서 그 절기를 지켰다는 언급에서 어린 예수 역시 경건한 유대인의 한 사람으로 성장했음을 짐작하게 한다. 유월절에, 이스라엘의 모든 남성은 예루살렘을 방문해야 했다. 하지만 여성인 마리아의 경우 필수적이지는 않았다. 마리아도 참여한 가족 순례 여행은 그 집안의 경건함을 더 부각한다.[15]

유대적 관습에 따르면, 열두 살은 율법 아래서 성인의 책임을 감당하기 시작해야 하는 전환기이다. 예수도 역시 한 경건한 유대인 혹은 "율법의 아들"로서 부모와 함께 예루살렘에 올라가서 유월절 관례를 온전히 수행했다.

계속해서, 누가는 그의 부모와 동행했던 어린 예수가 그들과 잠시 분리되어 있는 장면을 묘사한다. 부모들은 다시 거주지로 돌아가는 반면, 어린 예수는 예루살렘에 그대로 머무르고 있다. 아직도 어린아이이지만 한 성인으로 간주하는 나이가 된 예수는 부모와 상의도 하지 않은 채 자신의 결정에 따라 예루살렘에 남아 있었음을 알 수 있다.

소년 예수와 그의 부모 간의 행동이 분리되는 최초의 기록이다. 이전까지 예수는 부모를 따라 목적지에 동행하는 어린이에 지나지 않았다. 그러나 유월절의 기간을 다 마치고 귀갓길에 오를 즈음에 예수는 부모의 계획

---

15 유지미, "성전과 소년 예수," 「성경연구」, 제7권 제1호 (한일장신대학교, 2000), 62-64.

과 달리 예루살렘에 남을 것을 결정한다.

이전의 모든 예수에 관한 기록이 부모의 뜻 안에 이루어진 의타적 행동이었다면, 이제부터는 예수의 자발적인 의사가 십분 포함된 독립적 행동이 이어질 차례이다. 이미 예수에 관한 지칭에서부터 차이가 난다. 이전에 예수는 '아기'(βρέφος, 브레포스), '어린아이'(παῖς, 파이스)로 불리고 있다.

그러나 본문은 예루살렘에 남기로 한 예수를 가리켜 '소년 예수'('Ἰησοῦς ὁ παῖς, 이에수스 호 파이스)라고 부른다. 예수가 그간 신체적, 정신적으로 성장했음을 의미하고 있다. 이미 예수는 12살의 나이였는데, 이 나이는 유대인 사회에서는 성인의 대열에 들어서는 시기를 뜻한다. 예수의 부모는 이런 예수의 행보를 알지 못한 채, 결국 아들을 찾느라 사흘이라는 시간을 소비하게 된다.

예수의 행방조차 알지 못했다는 대목은 부모의 무책임한, 부주의한 모습을 강조함이 아니라, 오히려 부모에 의존하지 않고 자신의 판단으로 행동을 결정할 만큼의 성숙한 모습이 예수 안에 존재했음을 보여 준다.

앞 단락에서는 예수가 유대교의 관습대로 부모와 함께 예루살렘에 왔다면, 이제는 그의 자발적 의지대로 예루살렘에 남게 되었다는 뜻이 포함되어 있다. 또한, 이것은 다음에 이어질 예수의 행동이 한 인간의 아들로서 그 범위를 넘어선 그 어떤 것일 것이라는 사실이 내포되어 있다.

누가는 성전 안에 있는 예수의 모습을 세 개의 현재 분사형을 사용해서 보고한다. 즉, 율법 선생 중에 앉아서 그들의 말에 귀 기울이고 또 그들에게 질문하고 있다. 어린 예수는 당시에 유행한 대화적 형태로 학습하는 열심 있는 학생으로 묘사된다. 예수의 지성과 능란한 답변은 당대의 석학들을 놀라게 한다.

열두 살의 예수는 당시의 지성인들이라 할 수 있는 교사들과 동급으로 제시된다. 누가는 율법 선생들이 예수의 지혜와 대답에 놀랄 뿐이지, 결코 그를 칭찬하거나 찬양하지 않는다고 보고한다.

따라서 독자는 예수와 율법 교사 간의 관계에는 다소의 대립 혹은 긴장감이 감돌고 있음을 느낄 수 있다. 하나님의 아들이고 종(하인)인 어린 예수는 하나님의 임재의 장소이자 지도자들의 권세의 장소인 성전에서 저들에게 일종의 충격을 준 것으로 짐작할 수 있다.

사흘이라는 애타는 시간이 흐른 후 예수는 예루살렘에서 발견되었다. 여기에서 주목할 것은 예수가 발견된 위치이다. 우선 예수는 다름 아닌 '성전 안에서' 발견되었다. 여기에서 예수께서 예루살렘에 남기로 한 목적이 설명된다. 또한, 예수는 '선생들 한가운데'에서 발견된다. 부모의 시각에서는 사흘이라는 기간을 헤매다 발견한 예수의 모습이 놀라울 뿐이다. 열두 살밖에 안 된 소년 예수는 당대의 최고 엘리트 지식인 율법 선생들 한가운데에 서 있다.

그런데 이러한 예수 권위의 진정한 근거는 실상 다음에 이어지는 예수 어머니와의 문답에서 확연히 드러난다. 고생스레 찾아낸 아들 예수가 성전 안에서 상상하지 못한 모습으로 발견되자, 예수의 어머니는 원망이 섞인 말투로 불만을 토로한다.

"애야, 왜 우리에게 이렇게 했느냐?

네 아버지와 내가 얼마나 걱정하며 찾았는지 모른다."

이에 이어지는 예수의 답변은 신약성경이 기록하고 있는 최초의 예수 말씀이다.

"왜 나를 찾으셨습니까?

내가 내 아버지의 집에 있어야 하는 것을 알지 못하셨습니까?"

이렇게 예수는 오히려 반문하고 있다. 놀라운 것은 예수는 성전을 가리켜 '내 아버지의 집'($\tau o \tilde{\imath} \varsigma \ \tau o \tilde{\upsilon} \ \pi \alpha \tau \rho \acute{o} \varsigma \ \mu o \upsilon$, 토이스 투 파트로스 무)이라고 정의하고 있다는 점이다. 보통 내 아버지의 집이라고 번역되는 이 구절은 원전대로 하면, '내 아버지의 것들', '내 아버지의 일들'에 가깝다.

그러나 본문의 상황에서 중요한 것은 예수가 위치한 장소이므로 아버지의 집이라는 번역이 유력해진다. 결국, 예수께서는 자신의 아버지가 하나님이신 것을 명확히 알고 있었다는 뜻이다. 예수에게 놀라울 정도의 지혜가 있었다는 사실과 함께 주목할 것은 바로 이 점이다. 예수는 자신이 누구인지를 분명히 알고 있었다. 예수는 하나님의 아들로서 분명한 자기 정체성을 정립하고 있었다.

이것은 예수의 사역 기반이 되는 중요한 디딤돌이었다. 자신의 정체성을 확보한 예수는 또한 성전이 무엇인지를 분명히 알고 있었다. 성전의 의미를 분명히 알고 있었다는 사실은 그 안에서 이루어져야 할 일이 무엇인지도 분명히 알고 있었다는 사실로 이어진다.

위의 사건을 통해 분명히 알 수 있는 두 가지 사실이 있는데, "하나는 어린 예수는 당대의 신학자들과 논쟁을 벌일 정도의 지혜를 가졌다는 사실이고, 다른 하나는 예수에게 지상적 부자 관계는 비본질적이라는 사실이다."[16]

3. 예수의 문해력과 언어력

예수가 율법학자들과 대화를 하고 바리새인들과 논쟁을 하며, 제자를 불러 모으고, 회당에서 가르치고, 일반인들의 신학적 질문에 대답하던 예수의 모습을 보면 그가 실제로 랍비처럼 예수가 글을 읽고 쓸 수 있었을 것으로 추측할 수 있다. 그의 문해력(literacy)은 대단하다는 것을 알 수 있다.

예수의 문해력에 대해서는 신학자들에 따라서 문해력이 있다는 긍정으로 보는 견해와 예수는 문맹이었다는 부정으로 보는 견해가 제시되어 있다. 먼저, 부정적 견해는 1세기 지중해 지역의 사회·경제적 상황을 근거로 삼고 있다.

---

16 박아청, 『정체성 이론에서 본 예수와 기독교』 (계명대학교, 2019), 127.

역사학자 W. V. 해리스(W. V. Harris) 교수는 예수가 충분한 교육을 받지 못한 지방 출신이라서 10퍼센트에 불과하던 로마 제국 전체의 문해자 범주에 포함되지 못했을 것으로 추정한다.[17]

교회사학자 크로싼(J. Crossan) 교수는 팔레스타인 지역은 문맹률이 95-97퍼센트를 기록해서 농촌 출신의 예수는 글을 쓰지 않았을 뿐 아니라 … 글을 쓸 수도 없었다"[18]고 생각한다.

성경학자 로버트 펑크(R. Funk) 박사[19] 역시 예수가 경제적으로나 사회적으로 농부였고, 그 때문에 능숙한 문해력이 아니라 직업을 수행하는 데 필요한 기초적 수준에 지나지 않았을 것으로 추정한다. 이것은 유대 문화 속에서 토라가 전승되는 과정을 통해 확인할 수 있는데, 제2 성전 시대 유대인들 다수가 구두 전승으로 토라의 내용을 습득했기 때문이라는 것이다.

그리고 예수의 문해력에 대한 고전적인 지지자들은 당시 유대 어린이들 대부분이 학교에 다닌 것을 전제할 때는 예수가 아람어로 읽고 쓴 것은 당연한 일이었다고 간주한다. 반면에 히브리어와 헬라어의 구사는 불분명한 것으로 보았다.[20]

실제로 요세푸스 역시 유대 어린이를 대상으로 하는 문해력 교육을 거론한 바 있었다. 그는 "무엇보다 우리는 어린이들의 교육에 대해 자부심을 느꼈고 율법의 준수와 경건의 실천을 인생에서 가장 중요한 일로 간주한다"고 피력하면서 어린이들에게 "글자를 가르치는 것은 (율법의) 명령"[21]이라고 주장한다.

미국의 성경학자 마이어(J. P. Meier) 박사는 요한복음 7:15("예수께서 성전에 올라가사 가르치시니")을 근거로 예수가 "히브리 성서를 읽을 수 있었고 히브

17　W. V. Harris, *Ancient literacy* (Cambridge: Harvard University Press, 1991), 22.
18　J. D. Crossan, *The essential Jesus: What Jesus really thought* (New York: HarperCollins, 1989), 21.
19　R. Funk, *Honest to Jesus: Jesus for a new millennium* (New York: HarperCollins, 1996), 158.
20　C. Keith, *Jesus' literacy: Scribal culture and the teacher from Galilee* (New York: T & T Clark, 2011), 9.
21　위의 책, 76.

리어를 확실한 수준에서 구사했으며, 일상적으로 사용한 언어인 아람어는 더욱 그랬다."[22]고 주장한다.

앞서 언급한 크리스 키스(C. Keith) 교수는 최근 그가 쓴 『필사 전문가에 대항한 예수: 갈등의 기원』(Jesus Against the Scrobal Elite: The Origins of the Conflict, 2020)에서 복음서에서 예수가 인용한 성경 구절과 예수가 아람어로 말씀하신 구절들을 제시하면서 예수는 토론자로서도 우수한 능력을 보여 주셨다고 한다.[23] 바리새인들과의 대화 또는 논쟁에서 보인 예수의 높은 논리적 사고는 그의 대화 전략을 탐색한 연구[24]에서도 확인할 수 있다.

1) 예수의 언어

예수께서 기도하실 때나 대중 앞에서 설교하실 때 사용한 언어는 아람어가 틀림이 없는 것으로 보인다. 그리고 일반 사람들과의 대화나 토론을 보면 일반 시정 언어(市井言語)인 헬라어나 또한 구약 문전(舊約文典)의 해독을 위한 히브리어까지 숙달하신 것으로 보인다.[25]

지금에 이르러는 확실한 기정사실로 되었지만, 예수의 교훈과 비유 그리고 구체적으로 산상설교와 주기도문이 원초적으로 아람어의 구성 내지는 문장으로 존재하였고 그 자료가 헬라어로 번역되었다는 것이다.

대부분 학자는 예수 당시의 팔레스타인 지방에서는 헬라어를 쓰지 않고 셈족의 언어를 사용했으리라 추정한다. 만일 성지에서 헬라어를 쓰지 않았다면 예수께서 하나님의 말씀을 전하실 때 평민들이 이해하지 못할 헬라어

---

22 J. P. Meier, *Marginal Jew: Rethinking Historical Jesus* Vol. 1. (New York: Doubleday, 1991), 278.
23 C. Keith, *Jesus Against the Scribal Elite: The Origins fo the Conflict* (London: T&T Clark, 2020), 85-108.
24 이혜용, "예수의 대화 전략—「누가복음」을 중심으로," 「텍스트언어학」, 제19권 (한국텍스트언어학회, 2005), 133-160.
25 "Aramaic language, Description, History, & Facts," *Encyclopedia Britannica*. Retrieved 2019-11-06.

는 쓰시지 않았을 것이다. 예수 시대로 접어들어 이미 아람어가 주도권을 잡은 지 100여 년이 지난 후였다. 그러므로 예수의 언어는 아람어였다. 예수의 주변에 모여 예수의 교훈에서 하나님 나라의 기쁜 소식을 접한 팔레스타인 사람들의 언어 역시 아람어였다.

예수 당시에는 팔레스타인에 여러 민족이 섞여 살았다. 그러므로 그들이 헬라어 하나만을 언어로 사용한 것 같지 않다. 그때 유대에 살던 사람들은 대부분 바벨론 포로로 잡혀갔다가 귀환한 사람들이었다. 그 당시에도 갈릴리에는 여러 민족이 함께 살았다.

그 당시 헬라를 반대한 보수파 유대인들은 그들의 옛 습관과 조국의 언어를 가지고 사방에서 밀려 남쪽에서 예루살렘으로, 북에 갈릴리까지 살 자리를 찾았다. 사마리아는 자기의 독특한 셈족 방언을 썼고, 외국 국경 지대에는 모압과 아랍 사람들이 살며 여러 지방의 방언을 썼을 것이다.

헬라어가 상업과 문학에 중요하게 쓰였을 뿐만 아니라 그 주변의 크고 작은 항구들과 소아시아, 메소포타미아, 이집트를 연하는 지역들이 헬라어를 이용했다. 그리고 로마의 군대에 관계된 사람들, 사방에 흩어진 유대인들은 모두 헬라어를 사용하였다.

헬라어는 그리스-로마 세계에서 교육받은 사회층에서 사용한 언어이지만 아람어는 서민 언어(the tongue of the ordinary people)로써 서민들의 중요한 수단이었다. 유대인이 회당 안에서 히브리의 성문서를 읽을 때는 반드시 서민의 언어인 아람어로 번역을 하였고 이러한 번역문을 '탈굼'(Targums)이라고 불렀다.

사도행전 1:9에 쓰인 방언이나 예수의 십자가 위에 쓰인 명패에 쓰인 글을 보아 그 당시 언어 사용의 사정을 알 수 있다. 라틴어만 쓰면 알지 못하는 사람이 많아 명패에 헬라어와 히브리어를 첨가한 것이다.

제4장
예수의 교육 철학과 교육 방법

1. 예수 교육 철학의 이념

예수는 율법에 대한 과격하고 철저한 실천을 요구한다. 예수의 교육 철학은 실천적인 행위를 요청한다. 그의 교육 철학의 기본에는 윤리적인 사상이 자리를 잡고 있다.

1) 기독교 윤리의 핵심, 산상설교

예수의 사역 초기 때의 또 다른 중요한 면은 그의 설교였는데, 이 설교의 표본들이 산상설교에 잘 나타나 있다. 예수의 가르침의 핵심인 이 설교는 공관복음서 가운데 주로 마태복음에 나와 있다. 흔히 산상설교(山上說敎) 또는 산상수훈(山上垂訓)이라고 하는데 마태복음 5, 6, 7장을 말한다.

이 산상설교를 통해 예수의 교육자적인 면모가 확정적으로 드러난다. 이는 그의 설교에 감동한 대중들의 고백을 통해 알 수 있다.

마태는 이렇게 기록하고 있다.

> 예수께서 이 말씀을 마치시니 사람들은 그 가르침에 놀랐습니다. 이는 그들의 율법학자들과 달리 예수께서는 권세 있는 분답게 가르쳤기 때문입니다(마 7:28-29).

산상설교는 기독교를 대표하는 예수, 즉 그의 윤리가 무엇인지 잘 드러낸다. 기독교 윤리를 전공한 한 학자는 이렇게 말한다.

> 산상설교는 예수님의 가르치심의 정수로서 기독교 윤리의 핵심이다. … 십계명이 돌 판에 새겨진 옛 언약이라면, 산상설교는 마음 판에 새겨진 새 언약이다.[1]

예수의 산상설교 주요 강조점은 그 윤리적인 데 있다. 예수는 자기 나라 설립을 염두에 두시고 그에 필요한 새로운 행동 양식을 또한 생각하셨다. 예수 자신의 가르침은 모세가 말한 율법적인 가르침을 한층 전진시킨 형태이다.

산상설교는 새로운 율법이 아니라 율법에 대해 새롭고 완전한 해석을 뜻한다. 예수는 새로운 율법을 제시하기보다는 사랑을 통해 그 율법을 온전케 하려 하였다. 산상설교의 관심은 인간의 행위가 아니라 마음에 있다. 그것은 선한 행위 이전에 선한 존재를 추구한다. 산상설교는 의가 개인적 차원을 벗어나서 사회적 차원까지 확대되어야 함을 내포하고 있다. 거룩해야 하는 것은 인간의 마음만이 아니다. 인간이 그 안에 살면서 끊임없이 자기실현을 꾀하는 사회 구조와 환경도 거룩해야 한다.

율법과 복음은 긴장 관계 속에서 통일되어 있다. 율법과 복음의 통일성은 오직 율법의 수여자와 복음의 수여자와의 통일성 안에 존재한다. 그것은 사고와 통찰의 대상이 아니라 신앙의 대상이다. 복음 안에서 사는 자에게도 율법은 여전히 그 정체성과 기능을 유지한다.

율법은 이제 규범적 기능을 넘어서 주어진 구원을 완성하도록 도와주는 교육적 기능을 수행한다. 산상설교는 이러한 율법의 교육적 기능을 강조하고 있다. 산상설교의 명령은 구체적인 행동을 요구하기 이전에 인간 존재의 변화를 촉구한다. 산상설교는 윤리적 실천을 명령하지만, 그 이전에 하

---

[1] 조용훈, "산상설교의 윤리적 특징에 대한 연구," 「장신논단」, 제48권 제4호 (장로회신학대학교, 2016), 231.

나님의 구원 행위가 팔복이나 빛과 소금 이야기를 통해 선포된다.

한편, 산상설교 윤리는 내용으로 하나님 사랑과 이웃 사랑이라는 사랑의 이중 계명으로 요약된다. 하나님의 사랑인 아가페는 절대적이고 보편적이며 희생적 사랑으로 이웃 사랑의 토대요 모범이다. 사랑의 계명은 기독교 윤리의 여러 규범 가운데 하나가 아니라 모든 규범을 판단하는 기본 전제요 근본 규범이다. 그러므로 산상설교에 나타난 예수의 교육 원리 역시 이 윤리 의식을 바탕에 깔고 있음을 짐작할 수 있다.

산상설교가 지닌 윤리적 중요성에 대해 윤리학자인 레키(W. E. Lecky) 교수는 "인간사에 적용된 가장 위력적인 도덕의 지렛대"[2]라고 표현했다. 미국 신학자 하비 콕스(Harvey Cox) 교수는 산상설교를 "인류 역사상 가장 찬란하고, 가장 많이 인용되고, 가장 많이 분석되고, 가장 많은 논쟁의 대상이 되고, 가장 영향력이 큰 윤리적·종교적 담론"[3]이라고 했다.

실제로 산상설교가 많은 사상가에 도덕적 영향을 미쳤음을 역사를 통해 확인할 수 있다. 초대 교회나 교부들은 말할 것도 없고 종교개혁가들 그리고 톨스토이(L. Tolstoi), 간디(M. Gandhi), 마틴 루터 킹(M. L. King Jr.)과 같은 사람 모두가 산상설교로부터 직접적인 영향을 받았다.[4]

2) '내로남불'을 질타하신 예수

많은 구체적인 사례 가운데 한 가지를 선정해서 살펴보면 남을 비판하지 말라는 말씀이 있다. 이 단락은 사랑 계명의 중요성에 대해 부정적으로 언급한다. "비판하지 말라"로 옮겨진 헬라어 원문을 보면 "판단하지 말

---

2   윌라드 달라스(Dallas Willard), 『하나님의 모략』(*The Divine Conspiracy*). 윤종석 역 (서울: 복있는사람, 2015), 213 재인용.
3   하비 콕스(Harvey Cox), 『예수 하버드에 오다: 1세기 랍비의 지혜가 21세기 우리에게 무엇을 뜻하는가?』(*When Jesus came to Harvard: making moral choices today*), 오강남 역 (서울: 문예출판사, 2015), 212.
4   조용훈, "산상설교의 윤리적 특징에 대한 연구," 231에서 재인용.

라"(Μὴ κρίνετε, 메 크리네테)의 뜻이다. 이는 "정죄하지 말라"는 뜻도 담고 있다. 이것은 법정 행위와 관련된 말이 아니라, 형제(자매) 비판과 관련된 말이다. 형제 상호 간의 권면에서 예수의 제자는 자신이 결코 온전한 사람이 아니라는 점을 잊어서는 아니 된다. 자신의 실수를 극복한 자라야 형제에게 권면을 시도할 수 있다.

형제를 비난하는 자는 외식하는 자이다. 남을 가르치려고 하고, 자신의 윤리적 태도가 다른 이보다 우월하다고 주장하며, 그리하여 공동체를 비판하고 스스로 의인이 되려는 기독교인을 염두에 둔 말로 이해한다.

3) '외식(外飾)하는 자'를 나무라신 예수

예수가 당시 가장 일관된 비판의 대상으로 삼은 사람들은 바리새인과 서기관들로서 그 비판의 사유는 그들이 '외식하는 자'라는 것이었다. 외식(外飾)이란 겉만 보기 좋게 꾸며 드러내는 것을 말한다. 여기에 해당하는 원문의 어휘는 휘포크리톤(ὑποκριτον)으로, 이는 본래 고대 희랍의 연극배우(play-actor)를 가리켰다.

연극배우가 연기하는 것은 실제의 삶이 아닌 무대에서 이루어지는 극장식 퍼포먼스이다. 그것이 실제인 양 포장되어 나타날 때 이는 보여 주기 위한 삶이지 실제로 살아가는 삶은 아닐 터이다. 예수가 비판한 바리새인과 서기관들은 종교적 경건을 빙자한 일종의 연극적 인간의 전형적 범주였다고 볼 수 있다. 그들은 예수가 산상수훈에서 강조한 사적인 경건과 동떨어진 제의적 경건에 골몰했다. 그것은 대중적 이목이 쏠리는 자리에서 자신의 인정 욕구를 극대화하는 방식으로 종교를 양식화하고 수단화한 결과 나타난 종교인, 종교 지도자의 생존 방식이었다.

이와 관련하여 예수의 질타는 그들이 경건의 품목으로 애용한 구제, 기도, 금식의 문제와 연계되어 있었다(마 6:1-18). 그들은 그것을 자신의 사적인 생활 반경에서 은밀하게 하나님 앞에서 실행하기보다 사람들에게 보이고 인정받기 위해 이용했다는 것이다.

마치 연극배우가 자신의 인기를 끌기 위해 연기를 하듯 그들의 종교적 경건은 산상수훈의 예수가 보기에 이런 차원의 외양에 치중한 위선으로 보였다. 이는 단순히 위선적 행태에 그치는 것이 아니라 신성 모독과 무신론의 혐의로까지 번진다는 점에서 심각한 문제가 된다.[5]

이러한 종류의 가짜 경건을 통해 자기 영광을 높임으로써 모든 영광의 주인인 하나님의 몫을 갈취했기 때문이다. 그뿐만 아니라 자신의 큰 흠(들보)을 보지 못한 채 타인의 작은 허물(티)을 꼬집어 정죄하는 세태와 관련하여(마 7:5; 눅 6:42), 또는 부모에 대한 도리를 이행하지 않는 핑계로 하나님을 들먹이는 '고르반'의 사례에 빗대어(마 15:7), 예수의 질타는 한결같이 '외식하는 자'에 초점을 맞추고 있다.

4) 윤리를 양심 세계로까지 넓히신 예수

예수의 윤리적 판단 기준은 겉으로 드러난 행위가 아니라 내면에 숨겨진 마음의 세계였다. 예를 들면 살인을 저질렀냐가 아니라 내면에 숨겨진 미움과 증오가 있느냐, 남의 배우자와 간음했느냐가 아니라 음란한 마음을 지녔느냐에 관심을 두었다. 겉으로 나타난 행위보다 숨겨진 마음을 강조하는 예수의 입장은 일찍이 구약 예언자들에게도 나타난다. 예수는 "이 백성이 입술로는 나를 공경해도 마음은 나에게서 멀리 떠나 있다"(사 29:13)고 말한 예언자 이사야를 인용하기도 했다(마 15:8).

구약 시대에 벌써 하나님이 내면의 세계를 중요하게 여기셨다. 모세가 십계명을 여호와로부터 받을 때 이미 여호와께서는 인간에게 요구하시는 것은 육체의 할례보다도 마음의 할례, 즉 내면적인 할례를 행할 것을 바라신다고 하셨다.

---

5 조용훈, "산상설교의 여섯 가지 반제에 나타난 윤리적 해석과 그 현대적 의미에 관한 연구,"「기독교사회윤리」제45집 (한국기독교사회윤리학회, 2019), 145-146.

> 이스라엘아, 지금 너희 하나님 여호와께서 너희에게 요구하시는 것이 무엇이냐? 오직 너희 하나님 여호와를 경외하고 그분의 모든 길로 걸어가며 그분을 사랑하고 너희 하나님 여호와를 온 마음과 온 영혼으로 섬기며 내가 오늘 너희가 잘되라고 주는 여호와의 명령과 규례를 지키는 것 아니냐? … 그러므로 너희 마음에 할례를 행하고 더 이상은 목이 곧은 사람들이 되지 말라(신 10:12-16).

마음이 없어서 억지로 계명에 순종하고, 형식적으로 규정을 지키는 대신에 하나님의 마음을 이해하고 공감하는 자세를 중요하게 여기는 예수의 생각은 '탕자의 비유'(눅 15:11-32)나 '두 아들의 비유'(마 21:28-30)에서도 명확히 확인된다.

예수는 계명이 무엇을 요구하고 명령하느냐보다 계명을 주신 분이 누구고, 왜 주었는지를 성찰하기를 기대했다. 도덕적 행위에서 마음과 행동이 나뉘지 않고 통일되어야 한다는 예수의 생각은 "나무가 좋으면 그 열매도 좋고 나무가 나쁘면 그 열매도 나쁘다. 나무는 그 열매를 보면 알 수 있다"(마 12:33)는 가르침에 잘 나타나 있다.

> 살인하지 말라. '살인한 사람은 누구든지 심판을 받을 것이다'라는 옛 사람들의 말을 너희가 들었다. 그러나 나는 너희에게 말한다. 형제에게 분노하는 사람도 심판을 받게 될 것이다 … '너는 간음하지 말라'는 옛 사람들의 말을 너희가 들었다. 그러나 나는 너희에게 말한다. 여자를 음란한 눈으로 바라보는 사람은 누구든지 이미 마음으로 간음죄를 지은 것이다(마 5:21-22, 27-28).

5) 예수가 보이신 신앙의 윤리적 교훈

예수가 "권세 있는 분답게" 가르친 윤리적 교훈은 하나님의 뜻에 완전하게 순종하는 사람을 위한 것이었다. 그의 모든 가르침은 유대 율법인 토라의 기반 위에 있었고, 그는 하나님을 사랑하고 이웃을 사랑하라는 두 계명을 토라의 핵심이라고 보았다(마 7:28, 29; 눅 4:32).

예수는 그 계명을 적들과 이방 사람들과 종교적으로 소외된 자들에게까지 적용되는 것으로 발전시켰다. 안식일의 준수에서는 아무것도 하지 말라는 규범에 관한 예외 조항의 확대를 주장하였다. 즉, 사람의 생명을 구할 때는 안식일에 일하는 것을 허용하자는 것이다. 또한, 예수는 거룩한 것과 더러운 것에 대한 구별에 회의적이었다. 예수는 자신을 따르는 제자들에게 가족이나 소유, 고향, 안정으로부터의 자유라는 급진적인 윤리를 요구하였다(마 19:29).

그러나 예수는 어느 유명한 스승 밑에서 랍비 교육을 받지도 않으셨고 또 자신을 랍비로 이해하시지도 않으셨다. 그는 메시아적 권세(ἐξουσία)로 사람들을 가르치셨다. 율법 교사의 한계를 훨씬 넘는 권세와 사용을 통해 예수는 율법학자들과 정면으로 충돌하는 모습을 보이기도 한다. 이런 면에서 볼 때 예수는 유대교적인 율법학자는 아니셨음을 알 수 있다.

가톨릭대학교의 최준규(2007) 교수는 예수 교육의 특성은 자신을 가르치는 사람으로서뿐 아니라 배우는 사람으로서의 교사성, 전통적인 장소와 비전통적인 장소를 적극적으로 활용한 교육 방법, 그리고 구약성경의 하나님 나라의 개념을 재해석한 교육 내용에서 찾을 수 있다는 결론을 내린다.

> 예수는 평범한 교사가 아니었다. 그 이유는 크게 두 가지로 볼 수 있는데, 하나는 예수는 하나님 나라 건설이라는 비전을 실현할 꿈을 갖고 그것을 위해 죽기까지 헌신했던 모습 때문이다. 다른 하나는 그는 자기 정체성을 교사로보다는 오히려 배우는 자로 규정하고 있었다는 점 때문이다.[6]

예수께서 가르치신 여러 윤리의 특별한 또 하나의 측면은 그 윤리의 내적 동기에 강조점을 두고 있다는 사실이다. 분노나 미움이나 속박이나 겸

---

6 최준규, "예수의 교육 원리와 현대적 의미," 『종교 교육학연구』, 제25권 (한국종교 교육학회, 2007), 80.

손과 같은 것들은 외적인 율법으로는 판단할 수가 없다. 이것들은 율법적 규례에 문자적으로 속하여 있는 것이 아니며 오히려 인간 성품의 발로이다.

예수의 윤리적 요구는 엄밀하고 정확하여 사소한 부주의한 말들까지도 장차 그 동기적 이유를 심문받게 될 것을 나타내셨는데 마태복음 12:36에는 "내가 너희에게 말한다. 사람들은 심판 날에 자기가 말한 온갖 쓸데없는 말을 해명해야 할 것이다"로 나와 있다. 거기에다가 천국의 윤리적 요구들은 언제나 가족적 유대보다 먼저 이행되어야 하는 성격의 것이라 하셨다. 예수의 윤리에는 참으로 자기부정의 윤리가 필연적으로 내포되어 있다.

그런데 이 자기 부정의 윤리는 마태복음 16:24에 "그 때에 예수께서 제자들에게 말씀하셨습니다. "누구든지 나를 따르려거든 자기를 부인하고 자기 십자가를 지고 따라야 한다"라고 나와 있듯이 천국 윤리의 여러 요구를 자기의 요구하는 모든 것보다 우선적으로 항상 행하여야만 한다는 것을 의미한다.

자신의 생명을 미워하도록 요구하는 범위까지 현실의 실존 세계를 부인하게 하는 어떠한 다른 윤리적 체계는 세상에 없다. 누가복음 14:26의 말씀과 같이 자아는 모든 문제의 원인이다. 성경에 보면 "누구든지 내게 오면서 자기 부모와 아내와 자식과 형제 혹은 자매와 자기 생명일지라도 나보다 더 사랑하면 내 제자가 될 수 없다"(눅 14:26)라고 되어 있다. 천국에 속한 윤리적인 일들은 그 어떤 것보다도 탁월한 중요성이 있다.

보상에 대한 언급이 예수의 가르침에 어느 정도로 나타나는지를 생각해 보자. 유대인들의 신학에 자주 눈에 띄는 상벌의 응보 개념이 예수의 가르침에 확실히 없는 것은 아니나 예수의 가르침은 그것을 훨씬 뛰어넘은 것이다. 마태복음 20:1-10에 언급된 포도원 일꾼들의 비유에는 이 점이 탁월하게 잘 나타나 있다. 제일 먼저 일하게 된 자들의 무리는 온종일 수고하여 하루분의 일당을 받았고, 그 뒤에 마지막으로 온 자들은 한 시간밖에 수고하지 않았으나 제일 먼저 온 무리와 똑같은 하루분의 일당을 받았는데, 이것은 바로 그 주인의 은혜의 행위 결과였다.

예수의 여러 윤리에 나타나는 보상의 기초는 보통의 인간적인 계산과는 전적으로 다르다. 이 비유에 나타나는 바와 같이 천국의 사람들은 새로운 표준들로 자신을 준비해야만 한다.

6) 천국 비전의 토대, 평등사상

예수는 만나는 모든 사람을 평등한 하나님의 자녀로 보았다. 그 앞에서는 육체적, 정신적, 사회적 신분과 관계없이 만나고 보듬어 주셨다. 그러므로 예수가 오라고 부름을 받는 사람은 모든 사람이 해당하였다. 도리어 신분이 낮거나 신체적 열등감에 사로잡혀 있거나 자기의 경제적인 능력이 없어 구걸하는 사람들이었다. 특히, 남녀에 대한 구분이 없었으며 계급에 대한 특혜는 물론 차별이 없었다.

모든 사람이 예수 앞에서는 죄인이고 사단의 권세에 속박된 자들로 예수의 능력으로 참된 인간성을 회복해야 할 사람들이다. 그러므로 예수의 천국 선포는 예수의 평등 비전 때문에 관통되고 있음을 볼 수 있다.[7]

첫 번째로 두드러지는 것은 사회적 평등의 비전인데, 천국은 모든 사람이 인간적 존엄성을 부여받는 사회적 평등의 실현이 이루어지는 상태를 뜻한다. 이는 가장 작은 자가 가장 큰 인물인 세례자 요한보다 하나님의 나라에서는 더 큼을 선언하는 말씀에 나타나 있다.

마태복음 11:7-11, 마태복음 21:31, 누가복음 7:24-28을 보면 세리와 창녀들이 명망 있는 상류층의 인사들보다 먼저 천국에 들어감을 선언하고 있다. 그리고 천국이 어린아이와 같은 사람들의 것임을 선언하는 말씀에서 드러난다.

---

7 김경희, "예수의 하느님 나라 선포를 통해 본 평등의 비전," 「신학사상」, 제150호 (한신대학교, 2010), 37.

두 번째로 두드러지는 경제적, 정치적 평등의 비전을 볼 수 있는데, 천국은 모든 사람에게 생존권과 권력에의 참여가 보장되는 경제적, 정치적 평등의 실현이 이루어지는 상태를 의미한다.

이는 천국이 가난한 사람들의 것임을 선언하는 말씀은 마태복음과 누가복음에서 눈에 띤다. 특히, 누가복음 6:20-21에서 찾아볼 수 있으며, 부자가 천국에 들어가는 것은 불가능함을 선언하는 마가복음 10:25, 늦게 온 일꾼들에게 동일한 임금을 나눠주는 포도원 주인의 처사를 묘사하는 선한 포도원 주인의 비유(막 20:1-15)에서 천국이 가난한 자의 것임을 드러난다.

7) 마음의 내면세계가 핵심인 품성 교육

산상설교에서 보듯이 예수의 교육은 인간의 '행동의 변화'라는 근대 교육 이론을 내면화하는 것에 강조를 두고 있다. 예수께서 인간에게 바라는 행동의 변화는 영국의 소설가이자 잉글랜드성공회(Church of England)의 평신도인 C. S. 루이스(C. S. Lewis)의 표현을 빌리면 그것은 단순한 '개선'이나 '진화'가 아니라 '변형'(變形)이라 할 수 있다. 곧 하나님의 "피조물에서 하나님의 아들로 바뀌는 변화"[8]라고 할 수 있다.

예수는 행위의 옳고 그름을 떠나서 어떤 성품을 가져야 할지, 어떤 사람이 되어야 할지에 관심을 둔다. 바꾸어 말하면 더 나은 도덕적 행동이 아니라 새로운 마음을 갖고 새사람이 되는 것이 중요하다는 것이다. 인간의 성품과 인격을 중시하는 예수의 윤리는 오늘날 새롭게 강조되고 있는 성품 윤리 혹은 덕 윤리의 관점과 맥을 같이 한다.

성품 윤리에서 핵심적인 물음은 어떤 행위를 해야(Doing) 하느냐가 아니라 어떤 종류의 인간이 되어야(Being) 하느냐는 것이다. 그래서 성품 윤리는 도덕적 행위자의 성격 유형, 생활 방식, 동기, 사람됨의 질 그리고 근본적

---

[8] Clive S. Lewis, 『순전한 기독교』(*Mere Christianity*), 장경철·이종태 역 (서울: 홍성사, 2001), 328-331.

성향과 같은 요소들에 관심을 끌게 한다.

8) 케노시스가 중심축인 겸손과 화해 교육

예수는 살인을 불러오는 분노를 해소하고, 독설과 저주 같은 온갖 파괴적인 언어 행태를 고칠 수 있는 실천 전략으로서 적극적인 화해를 제시한다. "네 형제나 자매가 네게 어떤 원한을 품고 있다는 생각이 나거든"(마 5:23) 반드시 화해(和解)해야 한다.

화해하려는 노력은 성전에서 제사 지내는 일보다 더 중요하다. 그래서 예수는 제단에 제물을 드리려다가도 '먼저 가서' 화해하고 온 후에 제물을 드리라고 요청한다(마 5:24). 예수는 하나님에게 봉사하는 예배와 형제에게 봉사하는 화해의 삶을 나눌 수 없다고 했다. 왜냐하면, 이웃에게 상처를 주는 행위는 하나님에게 드리는 예배를 무가치하게 만들기 때문이다. 그리고 보이는 자기 형제자매를 사랑하지 않는 사람이 보이지 않는 하나님을 사랑할 수 없기 때문이다.

물론 예수의 가르침대로 성전에 제물을 바치러 왔더라도 화해하기 위해 제물을 그대로 두고 멀리 집에 갔다 다시 오는 것은 대단히 힘들고 수고스러운 일이다. 게다가 상대가 화해를 받아줄지도 알 수 없는 노릇이다. 내게 상처를 준 원수를 다시 친구나 동료로 받아들이는 화해의 행동은 내려놓음과 자기희생 그리고 자발적 고난을 감내하겠다는 의지가 없이는 실천하기 어려운 행동이다.

여기에서 예수의 겸손과 자기-비움(케노시스)의 의미를 살펴볼 필요가 있다. 케노시스에 관한 기제는 바울의 서신중 빌립보서에서 발견되는 데, 이 어휘는 빌립보서 2:7에서 쓰인 헬라어 '에케노센'(ἐκένωσεν, 비우다, 포기하다)에서 파생되었다. 이 어휘는 '겸비'(謙卑)의 의미를 내포한 '자기-비움', '자기-제한' 또는 '자기-비허'라는 뜻이 있다. 즉, '케노시스'(κενωσις)는 도성인신(道成人神, incarnation), 또는 육화(肉化)의 다른 표현인 겸손(humiliation)

혹은 비움(emptying)을 의미하는 헬라어 케노오(κενοω, '비우다')에서 나온 파생 명사이다.

교육적으로 볼 때, 먼저 케노시스는 예수의 가난하고 보잘것없는 사람들에 대한 연민으로 그들에게 내려가는 '내려감'의 움직임을 포함한다. 예수는 당시의 가난하고 소외된 사람들을 가르쳤고, 그들을 격려하고 힘을 실어 주는 가르침을 보였다. 예컨대, 예수는 당시의 사회적인 약자인 어린아이들(마 19:13-15)과 여인들에게 특별한 사랑을 보였다. 그 당시 여성들은 유대 율법을 배울 수 없었고, 회당에서 가르칠 권한이 없었으며, 율법 교사의 제자가 될 수 없었다.

그러나 예수의 가르침은 여성들을 향해 있었고, 여성의 삶을 반영한 어휘로 가득 차 있었다. 예를 들면, 신랑을 기다리는 처녀, 잔치, 식탁, 맷돌, 누룩, 옷 깁기, 물동이 등이었다. 그리고 예수는 여성들에 대한 일화를 많이 말하였는데 대부분 긍정적인 내용이었다. 지치지 않고 탄원하는 과부(눅 18:2-5), 재산을 바친 과부의 헌금(막 12:41-44), 예수에게 충실했던 마리아와 마르다(눅 10:38-42) 이야기 등이다.

9) 우정과 사랑을 위한 공동체 교육

예수는 자신의 사명을 (제자)공동체를 형성하는 것으로 시작하였고, 자신의 사명 결과로 (교회)공동체를 남겼다. 그는 제자들과 공동체를 이루고 같이 살았다. 마가복음 3장은 예수가 제자 공동체를 형성한 이유에 대해, 제자들이 당신과 함께 있고, 큰 능력을 갖추게 하려는 것이라고 설명한다.

제자들과 '함께 지내는' 공동체를 통해 예수는 제자들과 깊은 우정의 관계를 형성하였다. 진정한 교육은 교사와 학생 사이가 교육적 관계(educative relationship)를 넘어 우정의 관계(friendship)로 들어설 때 가능하다.

내 계명은 이것이다. 내가 너희를 사랑한 것과 같이 너희도 서로 사랑하라. 사람이 자기 친구를 위해 목숨을 내놓는 것보다 더 큰 사랑은 없다. 너희가 만일 내 계명을 지키면 너희는 내 친구다. 나는 이제부터 너희를 종이라고 부르지 않겠다. 종은 주인의 일을 알지 못하지만 나는 너희에게 내 아버지께 들은 것을 모두 알려주었으니 친구라고 부르는 것이다(요 15:12-15).

10) 법의 본질을 모색하는 율법 교육

율법학자들은 하나님이 율법을 수여하신 목적이나 이유를 잊은 채 각 계명을 어떻게 문자적으로 지킬 것인가만 관심했다. 법 정신을 잃은 채 법조문의 형식적 적용에만 매달렸다. 예를 들면 이혼 문제와 관련해서 결혼의 본질을 성찰하는 대신에 이혼의 허용 범위를 놓고 논쟁에 빠졌다. 논쟁가들 사이에 차이가 있었다면 다만 이혼 허용의 조건을 엄격히 적용할 것이냐 아니냐 하는 것뿐이었다.

하지만 예수는 이런 해석 가운데 어느 것도 수용하지 않으셨고, 대신 결혼의 본질과 의미가 무엇인가로 논의의 초점을 돌리셨다(마 19:4-6). 율법학자들은 맹세 금지의 계명에서도 왜 율법에서 맹세를 금지했는지 근본 목적을 잊어버린 결과 지켜야 할 맹세와 지키지 않아도 무방한 맹세를 구분하는 논쟁에 빠졌다.

그들은 하나님의 이름으로 한 맹세는 반드시 지켜야 하지만, 그 외의 맹세들을 예로 들면 하늘, 땅, 예루살렘, 자기 목숨을 두고 한 맹세는 구속력이 없거나 약하다고 생각했다. 하지만 예수는 왜 맹세가 생겨났는지, 그 목적은 무엇인지 생각하는 대로 논의의 초점을 돌리셨다.

이처럼 예수는 율법의 해석에서 계명의 본질과 목적이 무엇인지 관심을 두었기 때문에 수많은 계명을 하나님 사랑과 이웃 사랑이라는 사랑의 이중 계명으로 요약할 수 있었다.

네 마음을 다하고, 네 목숨을 다하고, 네 뜻을 다하여, 주 너의 하나님을 사랑하여라 … 네 이웃을 네 몸과 같이 사랑하여라(마 22:37-39).

11) 철저한 실천이 강조되는 도덕 교육

예수는 율법에 대한 과격하고 철저한 실천을 요구한다. 예를 들면 간음 죄를 피하기 위해서는 아예 눈을 뽑아버리거나 손을 잘라내라고 요구했다. 거짓 맹세의 죄를 피하기 위해서는 아예 맹세하지 말라고 요구했다.

예수 윤리의 이런 과격성과 철저함 때문에 사람들은 편한 우회로를 찾으려고 했다. 기독교 윤리학자 라인홀드 니버(Reinhold Niebuhr) 박사와 같은 사람도 산상설교의 윤리를 현대의 복잡한 사회 현실이나 정치 현실에 그대로 적용하기 어려운 도덕적 이상(理想)으로 보았다.[9]

하지만 산상설교를 문자 그대로 실천하기 위해 애쓴 사람들도 있었다는 사실을 간과해서는 안 된다. 기독교 역사에는 음욕을 피하기 위해 스스로 고자가 된 교부 오리게누스와 같은 사람도 있었고, 맹세하지 말라는 계명을 지키기 위해 온갖 사회적 불이익을 감수하면서도 일체의 공적 선서나 충성 서약을 거부한 메노나이트[10]와 같은 소종파 교인들도 있다.

그리고 보복 금지를 실천하기 위해 희생을 감수한 기독교 평화주의자들도 있다. 물론 산상설교에 나타난 과격성과 철저함을 문자 그대로 지켜야 할지, 인격 관계를 넘어 복잡한 사회·정치 현실에서도 적용할 수 있을지는 여전히 논쟁임에는 틀림이 없다.[11]

하지만 분명한 사실은 예수 윤리를 실천하려면 반드시 자기희생과 비움 그리고 고난을 각오해야 한다는 점이다. 산상설교 윤리를 제자도의 윤리로

---

9 조용훈, "산상설교의 윤리적 특징에 대한 연구," 233-234.
10 메노나이트(Mennonites: 메노파)는 종교개혁 시기에 등장한 개신교 교단으로 유아세례를 인정하지 않는 재세례 신앙을 고백한다. 교단으로는 메노나이트, 후터라이트, 브레드런, 아미시, 퀘이커 등이 있다.
11 조용훈, 앞의 책, 235.

정립한 본회퍼 목사는 복음을 '값싼 은혜'와 '값진 은혜'로 나누면서, 값진 은혜 속에 살아가는 제자란 반드시 십자가를 지고 예수를 따라가는 사람이며, 교회란 언제나 고난의 공동체일 수밖에 없다고 했다.[12]

2. 예수 교육학의 내용

1) 창조주 하나님에 관한 지식

이에 대한 예수의 가르침에는 '창조주', '아버지', '왕'이라는 세 가지 주요한 측면이 나타나 있다. 이러한 측면들은 속성(屬性)으로서보다는 활동으로서의 용어들로 표현되어 있는데 이 점 주목해야 할 것이다.

하나님의 창조주이심에 대한 가르침은 특별히 하나님의 피조물에 대한 섭리적 보호하심과 돌보심에 관한 교훈에 나타난다. 예수의 가르침에서는 하나님이 세계의 창조주라는 사실이 명백하게 기술되어 나타나기보다는 배후에 은밀하게 나타나 있다.

가장 분명하게 나타나는 이에 대한 말씀은 마가복음 13:19이다.

> 그날에 환난이 일어나지 않도록 기도하여라. 그날에 환난이 닥칠 것인데, 그런 환난은 하나님이 세상을 창조하신 이래로 지금까지 없었고, 앞으로도 없을 것이다(막 13:19).

예수의 가르침 중에서 천부의 섭리(攝理)와 돌보심의 사실은 특별히 천부께서 참새 같은 조류에까지 그 필요한 것을 아시고 기억하시며, 또한 돌봐 주신다고 가르치신 데에 잘 나타나 있다. 하나님이 그 모든 피조물에 가르치시는 가르침의 기초였다.

---

12 디트리히 본회퍼(Bonhoeffer, Dietrich), 『나를 따르라』(*Nachfolge*), 이신건 역 (서울: 신앙과지성사, 2013), 159.

예수의 가르치는 가르침의 독특성이 가장 분명하게 나타나는 곳은 바로 하나님의 아버지이심에 대한 것이다. 이스라엘 민족은 하나님을 아버지 개념으로 배워 왔는데 이것은 하나의 공동체적 전체로서의 이스라엘이 하나님의 아들로 생각되어 왔기 때문이다. 그러나 이런 의미에서의 아들 자격은 어디까지나 공동체적인 것으로 개인적인 것은 아니었다. 그러다가 예수가 이에 대해 가르치심으로써 비로소 사람들은 하나님과의 개인적인 자식 관계의 가능성을 생각했었다.

하나님에 대해 초월적인 견해를 가졌던 당시 유대인들은 예수의 그와 같은 친밀한 하나님과의 교제적인 생각을 전혀 할 수가 없었던 것이 분명하다. 그런데 예수가 "너희 천부께서 아시나니"와 같은 표현을 사용하신 것이나 주기도문(主祈禱文)에 나타나는 하나님에 대한 전반적인 접근 태도는 주목할 만한 새로운 사항을 나타낸 것이라 아니할 수가 없다.

2) 주기도문에 보이는 아버지 하나님

기독교인들에게 '주기도문'은 기도의 모범이자 교회 생활이나 신앙생활에 없어서는 안 되는 핵심적인 요소로 자리를 잡아 왔다. 공중예배에서 공동으로 낭송되기도 하고, 사적인 예배의 끝에 낭송되기도 하며, 또한 시간과 공간을 초월하여 개인적으로 암송되기도 한다.

예수가 가르쳐준 기도로 알려진 주기도문은 세 문헌 자료에서 전승되고 있다. 정경에서는 마태복음(마 6:9-13)과 누가복음(눅 11:2-4)에 소개되어 있는데, 누가복음의 주기도문은 마태복음의 것보다 짧은 형태로 나타난다. 외경 가운데는 디다케(8:2)에 주기도문이 전승되고 있는데, 누가복음보다는 마태복음의 주기도문과 더 비슷하며, 마태에 없는 송영이 덧붙여 있다. 이 가운데 우리에게 가장 익숙한 본문은 마태복음의 주기도문이다. 공적 예배 시간에 흔히 낭송되는 것이 바로 이것이다. 예수는 이 주기도문을 통해 하늘의 아버지에 대한 개념을 구체적으로 제자들에게 가르치고 있는

데 예수께서 가르치는 하나님 아버지는 결코 먼 하늘에 존재하는 추상적인 존재가 아니라 인간들의 실생활에 살아 계시는 존재로서의 하나님을 보여주고 있다.

마태의 주기도문에 포함되는 여섯 개의 간구는 크게 두 부분으로 구성되어 있다. 흔히 전반부의 세 간구(9-10절)를 '하나님을 위한 기도', 후반부의 세 간구를 '사람을 위한 기도'로 구분한다.[13]

첫 세 간구가 하나님의 이름과 하나님의 나라와 하나님의 뜻을 위한 청원인 반면에, 나중의 세 간구는 인간이 먹을 '음식'(빵)과 인간이 지은 죄의 용서(빚의 탕감)와 인간이 빠질 수 있는 유혹으로부터의 보호에 대한 요구이기 때문이다.

주기도문의 첫 세 간구에서 하나님의 이름을 거룩하게 하고, 하나님의 통치를 이루고, 하나님의 뜻을 실현해야 할 주체는 누구인가?

일찍이 많은 신학자는 3인칭 명령으로 된 첫 세 간구가 그렇게 해달라는 '요구'가 아니라 '확신'의 표현이라고 하면서도, 여전히 이를 사역형으로 이해하고, 그 행동의 주체를 하나님으로 여겼다. 그러므로 신학자 민경식 교수는 "이 3인칭 명령을 신앙의 확신을 의미하며 신앙의 결단을 나타내는 것"[14]이라는 결론을 내린다.

3) 천국이 가진 여러 가지 측면

미국의 듀케인대학교(Duquesne University) 신학대학원의 명예 교수인 벤자민 J. 벌크홀더(Benjamin J. Burkholder) 박사는 그의 논문 "The Kingdom of Jesus and Atonement Theology"(예수의 왕국과 구속 신학)에서 예수가 말하는

13　민경식, "마태 주기도문의 첫 세 간구," 「한국기독교신학논총」, 제123집 (한국기독교학회, 2022), 6-8. 7-32.
14　위의 책, 26.

왕국은 영적 세력을 정복하는 영적 정복개념으로 설명한다.[15]

누가복음 11:21-22에 나오는 무장을 한 자가 그보다 더 강한 자에 의해 결박당한다는 비유는 바로 예수 사역의 상징이며 또한 천국의 현세적 실현의 상징이라는 것이다. 그리고 예수가 자기의 천국에 관한 모든 가르침에서 천국은 하나님의 것이지 사람의 것이 아니라는 것을 분명히 했다는 사실을 주목해 두는 것이 중요하다. 예수의 사명은 구속적 활동에서의 하나님의 사명이었다.

여기서 벌크홀더(2021) 박사는 현세적인 구원의 측면 및 천국의 백성이 된 자들에게 하나님이 주시는 이 은혜, 곧 구원과 의(義)의 은혜와 연결되는 구원의 측면에 대해 말한다. 이것은 천국 개념을 예수의 구원 교훈과 통합시켜 보려는 시도이다. 만일 천국이 예수 구원의 중심이라면 그의 가르치신 가르침의 다른 측면들은 분명히 천국과 관계되어 있을 것이다.

그러므로 천국의 성원(成員)인 자는 하나님이 은혜로 주시는 선물인 구원을 받은 자들을 말한다. 이 때문에 여기서 말하는 천국은 물질주의적 또는 민족적인 나라의 다른 개념들과 뚜렷이 구별된다. 특히, 여기서 천국이 세상의 기독교 신앙으로 개종(改宗)함으로 설립되는 것이 아님이 분명해진다.

예수는 씨뿌리는 자의 비유와 가라지의 비유에 나오는 바와 같이 결코 복음의 우주적인 수용을 내다보시진 않았다. 그러나 주기도문의 "하나님 나라가 임하옵시며"란 간구와 같이 그 설립의 기도 주제가 된 것은 하나님 나라, 곧 천국이었다. 이러한 표현의 기도는 이미 일어나고 있는 천국에 대한 보다 더욱 성취적인 실현을 바라는 갈망의 표시였다. 하나님에게 가까이 나아가기 위한 필수적인 전제 조건으로서 회개와 믿음을 계속 강조하고 있는 사실은 천국의 본질적인 영적 특성을 설명해 준다.

---

[15] J. Burkholder. Benjamin, "The Kingdom of Jesus and Atonement Theology," *Biblical Theology Bulletin: Journal of Bible and Culture*, vol. 52(2) 2, (2021), 111-120.

4) 예수 자신의 호칭, 인자(人子)의 선언

예수 자신의 인격에 관해 그의 가르침에 나타나는 증거는 편의상 다음과 같이 두 가지로 나누어 다루어 볼 수 있다. 곧 하나는 예수가 자기에게 적용한 여러 가지의 이름이고, 또 하나는 자기 인격에 대해 언급한 특별한 이름에 관해서이다. 가장 폭넓게 널리 쓰였던 이름은 '인자'였는데 복음서들에서는 이 '인자'(人子)란 이름이 예수의 입에서 직접 나온 경우에만 기록되어 있기에 이 이름으로 여기서 논의하려고 한다.

예수께서 스스로 인자라고 호칭한 것에 대한 성경의 기록은 사복음서의 여러 군데에서 찾아볼 수 있다. 마태복음 16:13과 27절, 마가복음 2:10과 27절의 인자에 관한 말씀은 예수께서 특별한 권세를 부여하고 있다. 상기한 마태복음과 누가복음의 각 네 개 구절의 말씀에는 예수는 '인자'라는 이름을 자기 자신에 대해 언급하고 있다는 것이 분명히 나타난다. 사람들이 장차 제자들을 미워할 것은 예수 때문이라고 했다. '인자'는 이 이름이 예수 자신을 말하는 것으로 이해되어야만 한다는 면에서 세례 요한과 좋은 대조를 이룬다.

인자는 "자기 머리를 둘 곳도 없다"고 했는데, 이것은 예수 자신의 순회적인 사역과 관계되는 실제적인 문제이다. 인자와 관계된 구절의 또 다른 언급은 성령을 모독하는 훼방 죄(罪)는 용서받지 못할 것이나 이 반면에 인자를 거역하는 죄는 사람을 받을 수 있다는 말씀이다.

이러한 '인자'에 관한 구절의 말씀들은 비록 예수가 단순히 '나'라는 호칭보다는 '인자'라는 이름을 굳이 선택하여 사용하신 이유를 조사해 볼 필요가 있기는 하지만 '인자'란 이름을 자기 자신에 대해 사용하신 표현으로 본다면 매우 이해하기가 쉽다.

마태복음 16:13과 마가복음 8:27을 비교해 보면 동일한 질문의 두 가지 형태가 어떻게 보존됐는지 여실히 드러나는데, 곧 마태복음의 경우는,

"사람들이 인자를 누구라고 하느냐?"

이런 형태를 가진 것에 비해, 마가복음은 이런 형태이다.

"사람들이 나를 누구라고 하느냐?"

그러므로 두 본문을 종합하여 살펴보면 인자 호칭은 고난받으심과 메시아의 통치권 또는 영광에 대한 권세를 보여 주고 있다.[16]

5) 요한복음에 나타난 '인자' 호칭

요한복음에서 말하고 있는 "인자" 호칭이 뜻하는 그 의미를 다음과 같이 몇 가지로 정리할 수 있다.

첫째, 예수는 이 호칭을 사용하여 신적인 정체성을 보여 주셨다. 자기 백성에게 구원을 가져오는 천상적인 기원을 가진 분이신 인자는 신적인 정체성과 신적인 본체(the divine reality)를 가진 구원자이시다.[17]

둘째, 예수는 이 호칭을 사용하여 종말론적인 심판자로서 권위를 보여 주셨다(요 5:27). 즉, 다니엘서 7장의 '인자'의 이미지를 사용하여 심판자로서의 권위를 보여 준다. 예수는 하나님에게서 심판하는 권세를 받았으며 하나님의 유일한 계시자인 인자만이 하나님이 주신 권세를 가지고 심판하실 수 있다.

셋째, 예수는 이 호칭을 사용하여 고난받은 종의 이미지를 보여 주셨다. 복음서에서 사용된 인자의 의미 가운데 가장 중요한 것은 십자가에서 자기 백성을 구원하기 위해 고난을 받고 돌아가시는 이미지이다.

넷째, 예수는 이 호칭을 사용하여 자신의 영광 받으심을 보여 주셨다. 요한복음은 예수의 고난 받으심보다 인자의 영광 받으심에 집중하고 있다.

---

16 송승인, "복음서의 "인자"에 대한 연구," 「신학연구」, 제57권 제2호 (한신대학교, 2020), 7-29.

17 박정식, "요한복음 12장에 나타난 네 가지 사건의 신학적 의미(2)," 「광신논단」, 제29권 (광신대학교, 2019), 83-106.

예수는 십자가에 달리셔서 고난을 당하셨는데 그것은 하나님으로서 영광의 절정을 보여 준다. 예수는 고난받을 때 자신의 영광을 보여 주어 참된 정체를 드러내신다.

예수는 자신이 "영광을 받을 때가 왔다"고 선포하신다. 요한복음에서 영광은 십자가와 밀접하게 관련이 있다. 이 영광은 예수께서 십자가에 달려서 하나님이신 자신의 정체성을 보여줄 때 드러난다. 예수께서는 영광을 얻기 위해 십자가에 매달려 수치를 받으셔야 한다.

십자가에 매달리는 것은 로마 세계에서 가장 불명예스러운 저주이고 수치이지만, 저주와 수치를 통해 예수는 하나님이신 정체성을 드러내서 영광을 받으신다. 이 용어는 서언(요 1:14)에서 시작하여 요한복음 전체를 관통하는 주제로 십자가를 통해 드러날 하나님의 아들 됨을 하나님과의 관계성을 통해 드러낸다.[18]

요한복음을 전공으로 하는 신학자들은 십자가 사역을 영광의 관점에서 설명하는데 그것은 예수께서 온 세상의 통치자이심을 선포하는 대관식으로 묘사된다. 요한복음에서 인자의 영광과 들어 올리심과는 밀접하게 연관이 있다. "들어 올리다"는 의미는 이중적으로 첫 번째 차원에서는 예수께서 십자가에 매달리심을 보여 주며, 두 번째 차원은 높은 곳 위에 달려서 영광을 받으심을 보여 준다. 예수께서 매달린다는 것은 그분이 본래 가졌던 명예스러운 지위로 높여진다는 것을 의미한다.

예수의 들림은 두 가지 형태로 나타난다. 하나는 민수기 21:9에 나타난 놋 뱀의 들림에서 기원 된 것으로, 자기 백성을 구원하기 위해 십자가 위에 매달려서 하나님으로서 자기 영광을 드러내는 것이고, 또 다른 하나는 신적 수동태를 사용하여 예수께서는 하나님에 의해 들어 올려져서, 하나님의 영광을 드러내실 것이다.

---

18 위의 책, 94.

결국, 영광 받음은 십자가 사건을 암시하고 있으며 인자로서 구속과 종말론적인 통치자가 시작됨을 의미한다. 요한복음에서 '이때'는 예수의 죽으심과 연관되어 있다. 요한복음에서 이 본문 앞에까지는 예수의 "때에 대한 언급들이 모두 미래"로 나타난다.

6) 예수의 성만찬 제정과 새 언약

성경에는 그리스도의 고난에 대한 증거가 많이 나와 있다. 예수가 자기의 살과 피를 세상의 생명을 위해 드리는 제물로 생각하셨다는 분명한 사실은 가장 중요한 증거적인 말씀은 주의 성찬 때의 말씀에 기록되어 있다. 주의 성만찬 제정(制定)은 분명히 구약적 배경을 뒷받침으로 하고 있다.[19]

성만찬의 행하심은 예수에 의해 새 언약과 관계된 것으로 표현되어 있는데 특별히 죄 사함을 얻게 하려고 많은 사람을 위해 흘리는 피, 곧 언약의 피에 관계된 것으로 나와 있다.

여기서 예수는 제자들이 자기의 죽음이 죄 사함을 위한 결과적 수단이 되리라는 것을 깨닫도록 의도하였을 것이 분명하다. 이것이 구약의 희생 제도인 옛 언약과 관계되어 있음은 부인할 수 없는 것 같다. 어떤 이들은 새 언약에 관한 마태복음 26:26-28의 예수의 증거적인 말씀을 별도로 뒤에 유보되어 취급된 것으로 보아 왔는데, 그 이유는 본 구절들에 나오는 "죄 사함을 얻게 하려고"란 말들이 마태복음에만 나타나 있기 때문이다.

그러나 이 말들은 예수의 전반적인 가르침과 너무나도 완전히 조화로운 일치를 이루고 있기 때문에 이 말들을 그러한 근거에서 논의하는 것은 합당하지 못하다. 요한복음에 나타나는 예수의 말씀 중 두 곳에 예수의 구속적 사역의 결말성(結末性)이 강조되어 나타난다.

---

19 Paul F. Bradshsaw, *Eucharistic Origin* (New York: Oxford University Press, 2004), 10.

곧 요한복음 17:4의 "나는 아버지께서 맡겨 주신 일을 다 완성해 이 땅에서 아버지께 영광을 돌려 드렸습니다"란 말씀과 요한복음 19:30의 "예수께서 신 포도주를 받으시고 말씀하셨습니다. "다 이루었다." 그리고 예수께서는 머리를 떨구시고 숨을 거두셨습니다"라고 한 말씀이다.

이 중에 후자의 말씀은 예수가 십자가상에서 직접 하신 말씀으로서 그의 죽음 자체가 구속 사역에 대한 하나의 성취인 것을 밝히신 것을 보여 준다. 선한 목자의 비유에서 예수는 "선한 목자는 자기 양을 위해 자기 목숨을 버리며"고 말씀하셨을 뿐만 아니라 자신이 자기 목숨을 버림은 누가 강제해서가 아니라 자발적인 뜻에 따라 버리는 것이라고도 말씀하셨다.

사도 요한은 요한복음을 기록할 때 예수의 이와 같은 자기희생적인 자발성적인 측면을 특히 관심 깊게 나타내 보여 주려 했던 것 같다. 요한복음에는 예수 그리스도의 당하시는 고난의 필연적 특징의 의미가 '그때'와 같은 표현으로 발전적으로 나타나 있다. 요한복음에는 '예수의 때'가 아직 이르지 아니했다는 표현이 여러 번 나타나는데, 요한복음 17:1에 이르러서 비로소 예수에 의한 "아버지여, 때가 됐습니다"라는 말씀을 기술하고 있다.

이와 같은 예수의 죽음에 대한 하나님 필요로서의 의미는 마태복음 16:21 이하 그의 고난에 대한 최초의 예언적인 말씀 곧 아래와 같이 나타난다.

> 그때부터 예수께서는 자신이 마땅히 예루살렘에 올라가서 … 3일 만에 다시 살아나야 할 것을 제자들에게 드러내기 시작하셨습니다(마 16:21).

또한, 천사가 예수의 무덤가에 온 여인들에게 이전에 예수가 말씀하신 이 부분의 예언을 기억하라고 권고한 누가복음 24:7의 기사를 보면 예수의 생각을 알 수 있다. 이와 똑같은 개념의 사상은 요한복음 3:14의 "인자도

들려야 한다"는 말씀에도 나타나 있다.[20]

예수 그리스도의 죽으심은 모두 예외 없이 전(全) 복음서들에서 그의 인류 구속 사명의 절정인 것으로 나타나 있다. 예수의 죽으심이 우연히 일어난 것이라는 지적은 성경에 전혀 나와 있지 않다. 오히려 그의 죽으심은 하나님의 인류 구속을 위한 신적 섭리의 계획의 전(全) 부분이었다.

7) 예수께서 자각한 성령의 역할

공관복음서에는 요한복음에 비하면 성령에 대한 가르침의 언급이 상당히 덜하다. 그래도 상당히 중요한 의미의 말씀이 몇몇 나와 있다. 예수는 자기의 사역에 있어서 성령의 역할이 어떠한 것인지 깊이 자각하신 사실을 사람들에서 말씀하시길 "그러나 내가 하나님의 영을 힘입어서 귀신을 쫓아내는 것이면 하나님의 나라는 너희에게 왔다"(마 12:28)라고 하셨다.

이와 병행 구절인 누가복음 기사에서 '성령' 대신에 '하나님의 손'으로 나와 있는데, 이 형태의 표현을 해석할 때는 마태복음 병행 구절의 본문에 비추어서 해야만 된다. 이것은 특히 이 말이 바알세불 논쟁의 본문 안에 포함되어 나오기 때문에 더욱 필요하다. 그러므로 여기서는 예수의 영계(靈界)에서의 활동이 하나님의 성령에 의한 것이라고 주장한다.

다음은 예수가 공생애 사역을 시작하실 때 하신 말씀, 즉 이사야 61:1-2의 말씀이다.

주 여호와의 영이 내 위에 있으니 이것은 여호와께서 내게 기름을 부어 가난한 사람들에게 좋은 소식을 전하게 하려는 것이다. 그분이 나를 보내셔서 마음이 상한 사람들을 감싸 주고 포로에게 자유를 선포하고 갇힌 사람은 풀어 주고 여호와의 은혜의 해와 우리 하나님의 보복 날을 선포하며 슬퍼하는 모든 사람을 위로하게 하셨다(사 61:1-2).

20　위의 책, 97-99.

이 말씀을 자기에게 적용하신 것은 분명히 예수 자신의 성령의 능력에 대한 특별한 권리적 주장을 나타내 보여 준다. 이것은 예수가 세례받으실 때 그에게 강림하신 성령과 또한 성령에 의해 시험을 받으시려는 장소로 자기가 인도받는다고 깊이 의식한 그의 자의식과 아주 밀접하게 연결되어 있었을 것이 분명하다.

공관복음서에 다 언급되어 나오는 하나님의 모독에 관한 말씀에는 성령에 대한 예수의 가르침이 나타나 있어서 대단히 중요한 증거라 할 수 있다. 유대인들이 생각한 이때의 모독죄는 예수가 귀신을 쫓아내되 귀신의 왕 바알세불을 힘입어서 쫓아낸다는 비난이 있었다.

이에 대답하시는 예수는 사탄이 사탄을 쫓아낼 수 없는 당위성을 말씀하시고 또한 진짜 모독죄가 되는 것은 "성령을 거슬러 훼방하는 죄"라고 말씀하셨다. 마태복음과 누가복음 기사에 따른다면 인자인 예수에 대한 훼방은 용서받을 수 있을지 모르나 성령에 대한 훼방은 영원히 용서받지 못한다고 하셨다.

8) 보혜사 성령의 기능

다락방에서 예수와 제자들의 고별적인 대화에는 성령에 대한 가르침이 더욱 명확하게 자세히 나타난다. 성령에 대한 예수의 여러 말씀 가운데서 성령이 '중재자'(仲裁者, Paraclete)로서 쓰이는 이 용어는 '보혜사'(保惠使, Comfort)[21]란 번역어로, 표현에는 '대변인'(代辯人, advocate)이란 기능과 '협력자'란 표현에 의해 제시되는 중생자(重生者)[22]적인 기능은 약화 되어 있다.

---

21 보혜사(保惠師)는 "도울 보(保), 은혜 혜(惠), 스승 사(師)"자를 써서 "은혜로 돕는 스승"이라는 뜻이다. 보혜사로 번역된 헬라어는 '파라클레토스'(παράκλητος)인데, 주로 법정에서 피고인을 변호하도록 판사로부터 부름을 받은 사람을 가리킨다.

22 중생(重生, regeneration)은 기독교 용어로는 개인의 죄가 사해져 성령에 의해 영적으로 새롭게 다시 태어나는 것을 말한다.

이들 중에서 요한복음 14:16; 15:26 및 16:13에 성령이 '진리의 영'[23]으로 표현되어 있고, 이들 중 처음 두 구절은 '중재자'란 용어와 협력적인 관계를 보여 주고 있다.

성령의 기능을 간략하게 나타내 본다면 대충 다음과 같이 두 가지로 볼 수 있다.

첫째, 교회와의 관계에서는 진리를 생각나게 하시고 또한 진리 가운데 인도하시는 능력이다.
둘째, 세상과의 관계에서는 그들의 죄를 정죄(定罪)하시고 또한 심판의 정의(正義)를 알게 하시는 능력을 말한다.

이러한 성령의 기능들에서 연역적으로 추론할 수 있는 것은 성령이 이 땅에서 중재인으로서 예수의 사역을 계속하시리란 것이다. 성령은 그리스도의 분신(分身)이 되실 분이셨다. 예수의 가르침에 나타나는 성령에 대한 또 다른 언급은 예수가 부활하신 뒤에 제자들에게 오셔서 그들에게 숨을 불어 넣으시면서 하신 말씀에서 나타난다.

··· 너희는 성령을 받아라(요 19:22).

성령의 선물은 훗날 오순절(五殉節)에 주어질 것이었으나 본 구절에서 예수는 그때 임할 성령 세례(선물)의 사건에 대한 환희적인 기대감 같은 것을 허락하신 것이다. 이와 함께 예수는 제자들에게 죄를 사하고 유보하는 권세를 주셨는데, 이 권세는 성령의 활동과 절대로 분리될 수 없는 성질의 것이다.

---

23 돕는 자(者)가 사람들이 이미 "보고 들은" 진리를 기억하고 이해하며 그 의미를 깨닫도록 돕는 분이시라면, "진리의 영"이라는 칭호는 이러한 협조자의 역할을 잘 나타내고 있다. "진리의 영"은 구약에서는 볼 수 없는 표현이다.

3. 예수의 다양한 교육 방법

예수는 랍비, 선생, 선지자, 주, 하나님의 아들에서 교사로서 권위를 갖고 계셨다. 예수의 가르침이 권세 있는 자와 같았으므로 청중들은 놀랐다. 이러한 권위의 출처와 본성은 교사로서 그에게 붙은 별칭과 그의 참모습을 드러내 주는 사건 속에서 찾아볼 수 있다.

히브리어 랍비를 헬라어에서는 '디다스칼로스'(διδασκαλος, 스승)라고 한다. 신약에서 이 말은 하나님에 관해서나 인간의 의무에 대해 가르치는 자를 지칭하였다. 히브리어 랍비를 헬라어에서는 종종 이같이 번역하였다. 예수는 자신의 특이성을 뜻하는 말로서 이 술어를 사용하였다.

사람들은 '랍비'로 불리는 것을 좋아했으나 제자들에게는 예수는 오직 한 분 '선생'뿐이었다. 이러한 최고의 범주는 곧 하나님을 말하는 것이다. 복음서에서 이 술어는 여하튼 최고의 존경을 표하는 맥락에서 반복, 사용하였다. 예컨대, 사람들이 표적(表蹟, σημεῖον, 세메이온)을 구할 때, 성전 논쟁에서 예수를 함정에 넣으려고 할 때, 제자들이 예수와 함께 배를 타고 가는데 배가 침몰 지경에 빠졌을 때, 부자 청년이 영생(永生)의 비결을 물을 때, 기타 여러 가지로 도움을 구하여 외칠 때, 랍비란 말을 예수와 그의 제자들 사이의 대화에서 찾아볼 수 있다.

계시의 선포자와 해석자로서 예수의 역할은 선지자, 헬라어로 '프로페테스'(προφητης, 선지자)란 용어에서도 발견할 수 있다. 모세는 훗날 자기와 같은 선지자 한 분이 올 것이라고 예언하였다. 베드로는 성전에서 예수는 선지자라고 선포했다. 스데반도 법정에서 그렇게 말했다. 예수는 그의 사역 중에서 종종 선지자라고 불렸다.

비록 예수는 이 칭호를 한 번도 사용한 적이 없었으나 어느 정도 이 범주를 묵인하였다. 예수는 랍비, 선생, 선지자로서 가르침이 지닌 권위는 한층 더 높은 차원에 근거하고 있다. 그는 '주(主)님' 즉 헬라어로 '큐리오스'(κυριος)이기도 했다.

복음서의 어떤 경우에는 이 술어가 단순히 존경을 뜻하기 위한 것인지 또는 인간성을 초월하는 그 무엇을 뜻하기 위한 것인지 바로 말하기는 불가능하다. 그 외의 경우에는 분명히 신성을 뜻하는 데 사용된 종교적 술어였다. 구약 인용문에서의 '주'(主)는 예수를 가리킨다.

1) 실재적 예증(例證)을 통한 가르침

복음서들을 읽으면 그 누구든 예수 교훈의 다채로운 특징에 감명받는다. 예수는 교훈을 말씀하실 때 은유법(隱喩法)을 자주 사용하셨는데, 이 은유 가운데 극히 인상적인 종류가 가끔 나타난다.

예수가 자신에 대해 나타내실 때 "빛"과 "문"과 "포도나무" 및 "목자" 등으로 나타내신 것은 일상의 주변에서 볼 수 있는 실례들에서 따온 것으로서 그 단순성 때문에 그 무엇보다 더욱 뚜렷한 효과를 얻고 있다. 예수는 또한 자기의 제자들이 장차 '사람을 낚는 어부'가 되리라 하셨고, 그 외에 "땅의 소금"이라고도 은유적으로 표현하셨다. 예수는 당시 유대 선생들을 향해 "독사의 새끼"라고 은유적으로 표현하셨다.

이 외에도 복음서들에는 이러한 표현의 예들이 많이 있다. 그러나 예수의 교훈이 결코 침울하거나 답답하지 않았다는 것을 알아보는 데 있어서 이것으로 충분하다. 그것은 사람들이 회상하기 위해서 시도된 행동이었다.

이와 비슷하게 예수는 직유법(直喩法)을 일정하게 사용하셨는데 그 대표적인 예들이 비유 가운데에 나타나 있다. 그러나 그렇게 배타적으로 한 경우에만 사용하신 것은 아니다. 그 예로는 마태복음 10:16에서 제자들은 "이리 가운데의 양"으로 표현하셨으나 한편으로 열두 제자들을 "뱀같이 지혜롭고 비둘기처럼 순결하라"고 하신 것이다. 예수가 때때로 언급하신 기발한 과정적 표현에서도 나타나듯이 선생(랍비)으로서 예수가 뛰어난 유머 감각의 소유자라는 것은 의심할 나위가 없다.

마태복음 7:3 이하의 "네 눈에 든 들보를 빼라"는 말씀은 그 의도가 눈에 든 티와는 대조적인 차이를 강조하기 위한 것일 뿐이며 실제적으로는 눈의 장애물로서는 부적당한 것으로서 과장된 표현이다. 마가복음 10:25 이하가 "낙타가 바늘귀에 들어간다"는 표현도 어디까지나 수사법(修辭法)의 과장된 표현일 뿐 문자적으로는 불가능한 말이다. 주의를 끌기 위한 동일한 목적으로 예수는 역설적 표현도 사용하셨는데, 그 예로는 마태복음 20:27 이하에서 "누구든지 첫째가 되려는 사람은 너희의 종이 되어야 한다"라는 말씀이 있다.

또한, 상충적인 표현을 사용하기도 하셨는데, 누가복음 12:51 이하에 나타나는 예수께서 자신의 지상초림(地上初臨) 목적을 언급할 때 비록 화평을 가져오기 위해 왔으나 자기로 인해 집안이 나누어질 것이라고 표현하신 것이 그 한 예이다.

2) 교사 예수 자신의 예언자적 확증

예수의 예언자적 자각은 예컨대, "아페스타렌"(ἀπεστάλην, 보냄을 받았다) 언급에 추가하여 보다 직접적인 "엘돈"(ἦλθον, 내가 왔다) 언급(막 2:17 등)에 의해서도 언어로 표현되어 있는데, 나아가서 예루살렘 입성, 성전 청결, 또는 최후의 만찬 등, 세워진 상징적 행위에 의해서도 강화되는 것이라 할 수 있다. 그러나 예수의 경우, '예언자'의 이름을 갖고 있지만, 그 사람의 인격과 처신에 따라 속 깊은 곳을 내다보는 파라독스의 성격은 충분히 규정할 수 없다.

예수의 종말(목적)론적 메시지와 그의 전 활동은 예언자, 무엇보다 세례자 요한으로부터 구별되어, 이스라엘의 아버지와 전승의 권위를 휘두르는 학자들의 "이렇게 기록되어 있다" 또는 예언자들의 "주는 이렇게 말씀하신다"는 의존적 발상을 초탈하여 형식적이지 않다.

오히려 자유자재로 "그러나 나는 여러분에게 말한다"(ἐγὼ δέ λέγω ὑμῖν, 에고 데 레고 휘민)는 문장의 도입에서 부르고, 안티테제를 설교하였다 (마 5:21-48). 이와 같은 강한 어조로 어필하여 듣는 사람들을 '파견되고', 예수와 함께 '파견하는' 주체로서의 하나님과 '아버지-자식' 관계는 예수에게 있어서 독자적인 사명임을 자각하게 만든다.

이러한 예수 자신의 권위(위탁된 힘)의 밑바탕에는 통상적인 '랍비'나 '예언자'의 의식을 흔드는 초월자와의 인격적인 교제(나-너)의 지평이 넓혀져 간다는 것은 복음서의 곳곳에서 발견되는 기도의 실천이 강조되는 것에서도 알 수 있다.

예수의 임무는 단순히 아버지 전승의 '전하는 것'을 해석하는 것이 아니라, 하나님 백성의 역사 속으로 하나님 자신이 개입하고 활동을 하는 '하나님의 나라'(근원적인 하나님의 지배), 즉 무조건적 용서, 흔들림이 없는 희망 때문에 신앙에 기반을 둔 자신의 증명이었던 셈이다.

예수는 자기에게 공감하는 제자나 군중에게는 하나님 나라(지배)의 도래와 현재와 희망을 비유로 매우 쉽게 가르쳤다. 예수는 "상대를 압도한 교사"였고 "수수께끼를 교수 방법이면서 자신의 학문 수준을 입증하는 수단으로 활용하셨다."[24] 이처럼 예수는 청중들이 생각을 비약하게끔 격려하고 도전을 하게 만들었다.

이렇게 하나님의 실제 체험을 기저로 한 '직접적인 확증'을 가진 예수야말로 그 인격의 비밀이 있었다. 그러기에 예수의 설교를 들은 "사람들은 모두 너무나 놀란 나머지 서로 수군거렸습니다.

> 이게 무슨 일이지? 권위 있는 새로운 가르침이로군. 저가 더러운 귀신에게 명령까지 하고 귀신도 그에게 복종하니 말이야(막 1:27).

---

24 유재덕, 앞의 책, 149.

3) 시적 표현술을 위한 형태로 가르침

예수의 몇몇 교훈의 말씀은 시적 형태로 표현되었는데 이것은 분명히 청중들이 그 교훈의 말씀을 쉽게 기억하게 하기 위함이었다. 영국의 구약학자이자 셈어(語) 학자인 버니(Burney, C. F.) 박사는 그의 저서 『우리 주님의 시(詩)』(*The Poetry of our Lord*, 2008)에서 예수의 말씀에 나타나는 히브리어시(詩) 형태적 여러 요소에 관한 연구를 발표했다. 그는 히브리어 시(詩)의 특징인 대구법(對句法)과 리듬(rhythm) 및 운(韻)에 특별한 관심을 기울여 기술하면서 예수의 교훈에는 이러한 특징들이 많이 나타난 것으로 알았다.[25]

예수의 시적 표현술을 설명하기 위해 몇 가지 중요한 형태가 있었는데, 곧 동의어적(同義語的) 형태와 대조적(對照的) 형태 및 종합적(綜合的) 형태가 있었다. 동의어적 형태는 두 개의 연속적인 시행(詩行)으로 표현하는 형태인데, 처음의 단어와 동의어인 다른 형태의 단어를 두 번째 행에 반복해서 나타낸다. 마가복음 4:30에 그 예가 나타나는데, 곧 예수가 말씀하신 이런 형태다.

"우리가 하나님의 나라를 어떻게 비길까?
또는 무슨 비유로 그것을 나타낼까?"

이런 동의어적 형태는 말하는 사람의 사상을 효과적으로 강조해 준다.

대구법의 두 번째 형태인 대조적 형태 두 번째 행(行)의 말을 첫 번째의 것과 단순히 대조적 방법으로 반대되게 나타내거나, 아니면 첫 번째 것을 완전히 부인하는 반대 입장이 되도록 표현하는 형태이다. 이러한 대조적 형태 표현의 한 예로 마태복음 20:16 등에 "이같이 꼴찌들이 첫째가 되고, 첫째들이 꼴찌가 될 것이다"와 같이 나와 있다.

예수의 교훈에는 전반적으로 이러한 형태의 대조법이 강력하게 사용되어 나타나는데 특별히 요한복음의 경우에 그러하다. 요한복음에는 어둠과

---

25 C. F. Burney, *The Poetry of Our Lord: An Examination of the Formal Elements of Hebrew Poetry in the Discourses of Jesus Christ* (Oxford: Clarendon Press, 2008), 286-297.

빛, 진리와 거짓, 나의 제자들과 세상 등과 같은 주제뿐만 아니라 행동적인 형태의 말씀들에서도 이러한 대조법이 강하게 사용되어 있다.

예를 들어, 요한복음 5:29의 "선한 일을 한 사람과 악한 일을 한 사람", 요한복음 11:9-10의 "낮에 걸어 다니는 사람과 밤에 걸어 다니는 사람"과 요한복음 15:2의 "열매를 맺음과 열매를 맺지 않음" 등등이 이러한 행동적인 대조법 형태의 말씀들이다.

4) 구약성경 전체를 꿰뚫고 계신 예수

예수의 가르침이 구약성경의 영향을 받았다는 것은 의심할 나위가 없이 분명한 사실이다. 예수는 청중들에게 가르침을 주실 때 언제나 청중들의 지식에 호소하려는 방법으로 구약의 사건들을 인용하셨다.

예수의 가르침에는 구약성경 인용문이 중심을 이루고 있다. 그는 구약성경을 완전히 신뢰하여, 반대자들을 물리칠 때 사용하였고 거기에 근거하여 자신의 사명을 설명하였으며, 이를 발판으로 하여 자신의 가르침을 보다 진전시키는 데 사용하였다. 예수는 지금 구약성경으로 불리는 그때 당시 하나님의 거룩한 율법과 선지자의 글을 친히 사랑하셨을 뿐 아니라, 그 뜻에 따라 사셨고, 그 말씀에 근거하여 설교하셨다.

구약성경의 권위를 가장 잘 나타내는 것은 삼위일체 하나님의 제2 위격으로 신(神)·사람(人)으로 오신 예수 그리스도가 구약성경을 '하나님의 말씀'(마 15:6; 막 7:13; 요 10:35)으로 인정하시고 즐겨 인용하시며, 그 성경을 자신의 인격과 사역을 지시하고 나타내기 위해 사용하셨다는 사실이다.

한편 예수의 구약성경 인용은 예수가 구약성경에 대해 깊고 폭넓은 지식을 갖고 계셨음을 보여 준다. 예수는 구약성경의 어느 한 구절의 말씀만을 인용하실 때도 있지만, 여러 군데의 말씀을 자신의 필요를 위해 함께 유기적으로 결합하여 인용하기도 하셨다. 직접 인용도 있지만, 간접적인 인용이나 암시도 있다.

예수는 "기록한 바"라는 공식(公式, formula)을 사용하여 자주 구약성경을 직접 인용하셨다. 이 인용 공식은 문서로 기록된 구약성경이 지닌 책으로서의 권위를 입증해 주는 아주 중요한 표현이라고 할 수 있다.

이뿐만 아니라 예수는 광야에서 금식하시며 마귀의 시험을 물리치실 때, "사람이 떡으로만 살 것이 아니요 하나님의 입으로 나오는 말씀으로 살 것이니라"(마 4:4; 눅 4:4)고 단정적으로 말씀하시면서 구약성경 신명기 8:3의 말씀으로 마귀를 물리치셨다. 여기에서 예수가 신명기 8:3의 한 구절을 인용하셨음에도 "모든 말씀"(Παντι ρήματι, 판티 레마티)이라는 용어를 사용하고 계심을 주목해야 한다.

그 이유는 예수는 자신이 인용하신 구약성경의 말씀이 하나님으로부터 비롯되었으며, 또한 이 구약성경의 말씀이 하나님의 영감을 지닌 말씀으로써, 그 한마디 한마디가 다 우리의 영적인 생명을 위한 양식이라고 말씀하셨기 때문이다.

예수는 또한 "기록된바"와 같은 양식(樣式, formula)을 사용하여 구약성경을 직접 인용하셨는데, 이 인용 양식도 역시 기록된 성경으로서 구약성경이 지닌 신뢰성과 자기 말씀의 권위를 나타내시는 중요한 증거와 참고 자료로서의 권위를 나타내고 있다고 할 수 있다. 마태복음 6:29의 솔로몬의 영광에 대한 표현의 말씀과 또는 마태복음 12:42의 남방 여왕의 줄기찬 끈기에 대한 표현의 말씀은 놀라울 정도로 간결하고 삽화적(揷話的)이다.

그는 구약성경을 완전히 신뢰하여, 반대자들을 물리칠 때 사용하였고 거기에 근거하여 자기의 사명을 설명하였으며, 이를 발판으로 하여 자기 가르침을 보다 진전시키는 데 사용하였다.

마가복음에서 '인자'는 예수의 말씀을 통해 총 14번이나 언급되는데, 주로 권위와 고난 그리고 영광이라는 세 주제의 중심인물로 등장한다. 그중 인자의 고난은 8번 반복 언급되면서 인자는 '고난받는 존재'라는 강한 인상을 남긴다. 마가복음 9:12과 14:21에서 예수는 이 주제를 한 층 더 강화하고자 구약성경을 사용하시며 인자의 고난이 "기록"(γέγραπται, '기록되었다')

에 따르는 일이라 밝히신다.

더구나 누가복음 11:50-51(마 23:35)의 "그러므로 의로운 아벨의 피부터 너희가 성소와 제단 사이에서 살해한 바라갸의 아들 사가랴의 피까지 땅 위에서 흘린 의로운 피가 모두 너희에게 돌아갈 것이다"라는 말씀에서는, 유대인들이 정경으로 간주하였던 책의 첫 번째와 마지막 책이 어떤 성경들이었는지 확인할 수 있다.

여기에서 예수께서 유대인들이 알고 있던 구약성경 전체를 뜻하고자 하신 것이었음을 알 수 있다. 이런 주장을 할 수 있는 것은 유대인의 성경 분류법에 의하면 아벨이 구약성경 율법서의 맨 첫 성경인 창세기의 서두 부분인 4장에 나오는 인물이고, 사가랴는 히브리 구약성경의 구약 세 번째 구분인 성문서의 마지막 책인 역대하 24:20-21에 나오는 인물이기 때문이다.

따라서 이 구절은 예수가 구약의 세 개 구분, 특히 세 번째 부분을 모르셨다고 한다면 성립될 수 없다는 점에서 매우 중요한 의의를 지닌다. 이처럼 예수는 구약성경 전체를 꿰뚫고 계셨을 뿐만 아니라, 나아가서 성경 전체를 처음부터 끝까지 중요하게 여기셨다고 할 수 있다.

5) 적절한 비유적 형태를 활용하신 예수

마가복음(4:34)은 예수가 비유로만 가르치셨다고 한다. 이 기록처럼 복음서에 담긴 예수의 가르침은 주로 비유나 비유적 표현으로 되어 있다. 예수의 비유들 가운데 대표적인 것은 마가복음의 씨앗 비유이다.[26] 마가복음에서는 이 비유가 비유 중에서 가장 먼저 소개된다. 마가복음은 이 비유를 알지 못하면 다른 비유들을 알기 어렵다고 한다. 이러한 관점에서 이 비유는 예수의 비유들을 이해하기 위해 먼저 이해해야 하는 가장 기초적인 비유라고 볼 수 있다.

---

26 신현우, "마가복음의 씨앗 비유에 담긴 예수의 길," 「신약연구」, 제20권 제2호 (한국복음주의신약학회, 2021), 309-342.

마가복음에 담긴 해석은 돌밭에 뿌려진 씨앗의 경우를 환란이나 박해로 넘어지는 자의 경우라고 해석하는데 이것은 목숨을 다하지 않는 경우로서 신명기의 명령대로 하지 않는 경우(신 6:4-5)라고 볼 수 있다. 신명기는 힘을 다하여 하나님을 사랑하라고 하는 데 힘에는 경제력이 포함된다.

마가복음은 가시밭에 떨어진 씨앗의 경우를 부유함의 속임에 넘어지는 자를 가리킨다고 보기에 이 경우는 경제력, 즉 재물을 다해 하나님을 사랑하지 않는 경우에 해당한다고 볼 수 있다. 따라서 가시밭에 떨어진 씨앗의 경우는 신명기와 관련될 수 있다. 마가복음은 30배, 60배, 100배의 수확을 언급하여 씨앗의 번성을 묘사하는데 이러한 수확의 경우를 말씀을 듣고, 받아들이는 경우라고 해석한다.

이것은 신명기의 말씀 직전에 놓인 내용과 유사한 측면을 가진다. 이 말씀은 이스라엘이 계명을 듣고 행하면 이스라엘의 수효가 심히 번성할 것이라고 하기 때'문이다. 마가복음과 신명기의 이러한 연관성을 고려할 때 마가복음의 비유는 신명기를 따라 마음과 목숨과 힘을 다하여 하나님을 사랑하는 삶을 열매 맺는 씨앗에 비유한 것으로 볼 수 있다.

씨앗 비유는 "들으라"로 시작하고 "들도록 하라"로 마치는 수미상관 구조를 통해 볼 때 들음을 핵심 주제로 하며, 들음과 관련된 핵심 구절인 신명기를 연상시킨다. 랍비들의 비유들은 구약 구절을 배경으로 하므로 예수의 비유도 그렇다고 볼 수 있다. 씨앗의 비유를 신명기를 배경으로 해석한다면 이 비유는 마음 목숨 힘을 다하여 하나님을 사랑하는 삶에 관한 것이다. 이 비유는 하나님의 뜻을 행하는 자가 예수의 참된 가족이라는 선언에서 이어진다. 하나님의 뜻을 행함을 하나님의 말씀 특히 율법을 따름인데 마가복음은 씨앗을 말씀이라고 본다.

예수는 가르치시는 일에 있어서 비유를 가장 주요한 교육 방법으로 사용하셨다. 공관복음서에 나타난 그의 가르침의 3분의 1 이상이 비유의 형태로 전달되었다. 곧, '최고의 교사'(The Master Teacher)이신 예수는 진리를 전달하기 위해서 주로 사용하셨던 주요한 교육 방법이 비유로 가르치시는 것이었다.

예수의 가르침과 선교에 독특한 내용이 있고 또한 독특하게 완전한 모습을 띤 전달 방식이 있는 것에 비해, 그 어느 쪽에도 중복된 곳이 없고, 연구하며 사용할 수 있는 분명한 방법들도 있다.

예수의 가르침 가운데는 비유가 28개, 예화가 25개 정도라고 한다. 마가복음에 실려 있는 예수의 이야기 가운데 약 3분의 1 정도가 비유에 속한다. 이것으로 예수는 사람들의 주목과 관심을 끌었다. 그의 말은 사람들의 심장을 울렸고 따라서 그들이 그 의미를 되새기면서 그 재미있는 이야기 혹은 예화를 음미하였을 것이다.[27]

공개 토론이 허용되지 않은 일에 대해서는 비유를 사용해 그 의미들을 되새겼다. 어떤 경우에는 기적을 베푼 뒤에 바로 그것을 소재로 하여 가르치기도 하였다.

6) 몸소 시범을 통해 가르치신 예수

예수는 제자들에게 실제로 모범을 보이셨다. 그 구체적인 한 예로 제자들의 발을 씻기심으로 제자들에게 남을 섬기는 본을 보이신 것을 볼 수 있다.

> 예수께서 제자들의 발을 모두 씻겨 주신 후 다시 겉옷을 걸치시고 자리에 돌아와 그들에게 말씀하셨습니다. "내가 너희에게 한 일을 알겠느냐? 너희가 나를 '선생님' 또는 '주'라고 부르는데 그것은 옳은 말이다. 내가 바로 그런 사람이다. 주이며 선생님인 내가 너희 발을 씻겨 주었으니 너희도 서로 남의 발을 씻겨 주어야 한다. 내가 너희에게 행한 대로 너희도 행하게 하기 위해 내가 본을 보여 주었다(요 13:12-15).

---

27 김웅기, "예수의 비유 이해와 교육적 적용 연구," 「성경과 신학」 제65권, 한국복음주의신학회, 2013, 267-293.

예수는 지상에 계시는 동안에 자기를 가리켜 "나는 주와 선생이라"고 말씀하시고, 또 "내가 너희에게 행한 것 같이 너희도 행하게 하려 하여 본을 보였다"라고 말씀하셨다. 예수께서 자기를 가리켜서 내가 주와 선생이 되었다고 하시는 이 말씀은, 예수야말로 온 인류의 메시아라는 신앙 고백의 대상이 된다는 것을 증언하고 있다.

성경의 여러 곳에서 예수께서 교사로 불리시는 것을 볼 수 있다. 실제로 예수께서는 인류 역사상 위대한 교훈이나 가르침을 준 그 어떤 교사보다도 더욱 훌륭하고 위대한 발자취를 남기셨다. 예수는 말만이 아니라 행위로도 가르쳤다. 그 자신의 생애가 인류의 성결을 위한 최대의 영감(靈感)으로 비추고 있다.

그 무엇보다도 예수에게서 나오는 진리야말로 인격화된 진리 그 자체였고, 예수께서는 이 진리를 몸소 보여 주셨던 선생이셨다. 요한복음 3:2에서 니고데모는 하나님이 함께하시지 않고서는 예수와 같은 이런 가르침을 줄 수 없다고 고백했다. 예수는 진리의 확신을 가진 교사였으며, 제자들의 발을 씻기시는 섬기는 교사였다. 그는 하나님의 영원하신 창조주의 권위와 영광을 스스로 버리시고 피조물 속에서 자기 몸을 던져 육신을 입으시고 진리를 실천하시는, 행동과 삶으로 하나님 나라 구속의 진리와 복음을 계시하시던 선생이셨다.

그리스도는 또한 주님이신 동시에 겸허한 섬김의 교사였다. 그는 영광의 왕이시고, 모든 창조의 근원이시고, 모든 존귀와 권세를 이기신 하나님이셨지만, 낮고 천한 죄인의 삶 속에 오셔서 그들의 발을 손수 씻기시기까지 낮아지셨다.

예수에게는 '주'라는 말은 절대적인 권위를 가진 상전을 의미한다. 그 주님이 잃어버린 사람들을 구원하기 위해 종의 모습으로 그들의 발을 씻겨 주시며 제자들에게 친히 겸손의 모범을 행동으로 보여 주셨다. 겸손의 모범을 보이신 그리스도, 그리고 사랑으로 희생의 모범을 보이신 그리스도께서 제자들을 향해 이를 행하는 자는 복이 있다고 말씀하신다. 낮아지시며,

구원의 진리에 대한 확고한 권위를 가지고 선포하시며, 행동과 삶으로 가르치시는 그리스도의 모범은 천 마디의 웅변보다 힘이 있다.

7) 공동 식사의 현장 교육 주인공, 예수

예수를 비판하여 "보라. 저 사람은 먹보에다 술꾼으로 세리와 죄인의 친구다"(눅 7:34)라 일컫던 자들이 있을 정도로 예수는 비판하는 사람들에게 부응이라도 하듯 각계각층 다양한 사람과 식사하는 장면을 성경에 많이 남기고 있다. 실제로 예수는 제자들과는 물론이고, 매일 만나는 군중들, 세리와 죄인들, 나병 환자 시몬, 바리새인, 삭개오 등 수많은 각계각층의 사람과 식사를 함께 하셨다. 예수는 많은 사람과 식사를 하시면서 깊은 그의 신앙과 사상을 그들과 함께 나누셨다.

예수는 의도적으로 당시의 전통적 식탁 문화를 부정하고 죄인과 가난한 사람들과 함께 먹었다. 그리고 예수는 자주 하나님 나라를 사람들이 '먹고 마시는 잔치'에 자주 비유하면서(눅 13:29), 모든 사람이 차별 없이 모여 축제의 음식을 먹는 것은 하나님 나라의 중요한 모티프(motif)임을 드러내었다.[28]

예수의 활동을 혁명가로서 운동으로 간주하는 신약 성경학자 크로싼(J. Crossan) 교수는 예수가 다른 사람들을 도전하고 독려하는 방식으로 자신의 선교를 진행했는데, 1세기 당시 무상 치유와 개방된 식사('공동 식사')가 예수 운동의 핵심이었다고 주장한다.[29]

실제로 복음서의 예수는 금식하는 세례 요한과는 대조적으로 언제나 주변 사람들과 함께 식탁에서 먹고 마시는 '잔치하는 예수'(feasting Jesus)[30]로 묘사된다. 특히, 누가복음에 묘사된 예수의 사역은 대부분 식사를 하는 상

---

28 차정식, "먹고 마시는 일상적 향유와 예수의 신학적 지향—복음서의 '공동 식사' 모티프를 중심으로,"「한국기독교신학논총」, 제114집 (한국기독교학회, 2019), 100. 99-133.
29 J. Crossan & Watts, R., *Who Is Jesus? Answers to Your Questions about the Historical Jesus* (Louisville, KY: Westminster John Knox Press, 1996), 85.
30 J. 크로싼(J. Crossan),『예수』(*Jesus*), 김기찬 역 (서울: 한국기독교연구소, 2007), 96.

황과 관계가 있다. 이 때문에 예수는 지나치게 많이 먹는다는 비난을 받을 정도였다.

이런 예수의 식사는 당시 바리새인들의 그것과 성격이 달랐다. 바리새인들에게도 사회적 기능을 담당하는 공동 식사가 중요했다.[31] 그들은 전통적인 식사법에 따라서 공동 식사를 진행함으로써 자신들의 정체성을 한층 더 강화하려는 의도가 있었다.

바리새인들의 식탁 교제는 성전이 파괴되고 난 이후 한층 더 견고하고 엄격해졌다. 성전이 존재할 때는 성전의 제단이 이스라엘을 위해 속죄하는 역할을 했지만, 성전이 사라지고 난 이후로는 식탁이 인간에 대해 속죄하는 역할을 대신하게 되었다는 것이다. 바리새인들은 모두가 마주하는 식탁은 제의적 식탁처럼 신성한 질서를 소유한 것으로 받아들였다.

그들이 규정한 두 가지 규정은 농경법과 정결법에서 영향을 받은 것이었는데, 제사장이 성전에서 제의적 우월성을 요구받은 것처럼 부정한 음식을 먹어서는 안 된다는 것과 음식을 먹기 전에 십분의 일을 따로 떼는 엄격한 십일조의 준수를 강조하는 내용이었다.

그렇다면 바리새인들처럼 예수께서 식사 전략을 활용한 의도는 무엇이었을까?

앞서 언급한 J. 크로싼 교수는 예수가 주도한 공동 식사의 의도는 구성원 사이에 어떤 차별도 허락하지 않았고, 자신들의 공동체 안에 어떤 계급조직도 필요하지 않다고 보는 절대적 평등사상을 구현하는 행위이자 상징을 염두에 둔 혁명적 행동으로 이해한다.

> (예수의) 공동 식사는 유대교의 엄격한 정결 규정이나 지중해 지역의 명예와 수치, 후견과 의뢰의 가부장적인 결합에 대해 도전했을 뿐 아니라, 가장 근원적인 차원에서 문명의 영원한 속성 … 에 대해서까지 도전하였다 … 이것

---

31 임희숙, "먹거리 문화에 대한 기독교교육적 성찰," 「기독교교육논총」, 23집, (한국기독교교육학회, 2010), 284.

은 정치적인 혁명을 초래하지는 않았지만, 상상할 수 있는 가장 위험한 수준의 사회적 혁명을 그려냈다.³²

예수께서 시도한 공동 식사는 적들에 반대한 공동체의 밀폐된 지위를 파괴할 뿐 아니라 그런 희망을 배양할 목적으로 시도되었던 유대 방식의 교육행위였다. 그와 같은 행위를 통해 예수는 공동체를 형성하고, 공동체 내부에서의 행위를 규정하고, 공동체가 지향하는 가치를 함께 공유하는 사회적 경험으로서의 하나님 나라를 추구한 것이다.³³

---

32   J. Crossan & Watts, R., 앞의 책, 287.
33   엘리자베스 T. 그로프(Elizabeth T. Groppe), 『먹고 마시기: 모두를 위한 매일의 잔치—일상의 신학 3』(*Eating&Drinking*), 홍병룡 역 (서울: 포이에마, 2012).

제5장

예수께서 활용한 비유와 알레고리

1. 공관복음서에 나오는 비유

비유란 어떤 것을 이해하기 위해 다른 것을 옆에 놓고 비교하여 표현하는 방법으로 히브리어로 '마샬'(משׁל), 헬라어로 '파라볼레'(παραβολη)로, 문자적으로는 '나란히 놓음'이란 뜻이다. 비유는 언어상 '알레고리'(우화)와 긴밀한 관련이 있지만 비유는 일상적인 것, 누구나 알고 있는 것을 통해 전혀 알려지지 않은 다른 것을 이해하도록 돕는 표현 기법이다.

예수의 비유는 기독교의 사복음서와 정경에 속하지 않는 복음서 일부에서 볼 수 있는 이야기로, 주로 세 개의 공관복음서에서 다루고 있다. 이들은 예수의 가르침에서 중요한 부분을 차지하는데, 앞서도 언급한 바가 있지만, 기록된 예수의 가르침 가운데 약 3분의 1, 또는 4분의 1이 이 비유에 속한다.[1]

갈릴리 민중들이 쉽게 만날 수 있는 소재들을 활용하여 '하나님의 나라'라는 새로운 세상에 대해 말했다. 그분이 비유로 이야기한 이유는 청중들이 배우지 못한 사람들이었기 때문이다.[2] 비유의 주제를 논의할 때면 예수

---

1 예수의 가르침에서 비유가 차지하는 정도가 얼마인지에 대해서는 학자마다 약간의 이견이 있다. 아마도 이러한 차이는 비유에 대한 정의가 약간 다르기 때문에 일어난 것으로 볼 수 있다.

2 Kim Yung Suk, "Reading Mercy in the Parables of Jesus," *Current Theology and Mission*. 48(4) (2021), 18-21.

의 비유를 먼저 생각하게 된다. 왜냐하면, 예수가 이 비유를 그의 가르침 속에서 가장 빈번하게 사용하고 있기 때문이다. 그리고 그의 가르침 속에는 비유의 완전한 형태가 나오기 때문이다.

예수는 제자들을 가르치든지, 그의 말을 듣기 위해 몰려든 군중에게 설교하든지, 서기관 및 바리새인들과 논쟁을 하든지 항상 비유를 사용하였다. 마태는 "예수께서는 비유가 아니면 아무것도 말씀하지 아니하셨다"(마 13:34)라고 기록하고 있을 정도로 예수는 비유로 말씀하셨다.

미국 버지니아대학교의 신학부 신약학 교수인 김영석(Kim Yung Suk, 2021) 박사는 "예수께서 그의 비유들을 통해 청중들이 그들 자신을 읽게 했으며, 긍휼이란 렌즈로 타인을 생각하도록 만드셨다"[3] 라고 주장했다. 19세기 성경학자 리스코와 페아방(Lisco & Fairbairn) 박사는 예수의 비유는 눈에 보이는 세계로부터 빌려 온 이야기를 통해 '보이지 않는 세계'를 보여 주었다고 하였다.[4]

1) 비유는 예수의 트레이드 마크

예수의 트레이드 마크(trade mark)인 비유들을 듣고는 예수가 사용한 비유의 문학적, 철학적 깊이가 있는 비유 사용에 놀라움을 금치 못했던 사람들이 한둘이 아니다. 최근 신약학의 경향을 신학적, 역사적 예수의 비유 연구를 중심으로 살펴본 김덕기 교수도 그들 가운데 한 사람이다.

그는 신약의 역사적 예수 탐구의 주제가 되는 비유 연구의 대표적인 예로서 교회사학자 크로싼(J. Dominic Crossan) 교수의 비유 연구의 방법론과 해석학(解釋學)을 평가하고 비판하면서 그 한계를 거론하여 신약학의 최근 동향을 학계에 소개한 바 있다.

---

[3] 위의 책, 18.
[4] Friedrich Gustave Lisco, *The Parables Of Jesus Explained And Illustrated*. (Fb&c Limited, 2017), 9-11.

계시의 역설성(逆說性)을 예수 비유의 은유적 특성에서 발견하고 그것이 독자에게 주는 해석학적 효과를 강조하고 있다고 결론을 내리고 있다. 비유를 통해 다양한 의사 전달 방식에 의해 기독교의 메시지가 포착될 수 있다는 것을 보여 주었다는 것이다.

모든 비유 해석자들은 성서학이 교리나 사상, 이념으로 환원되기 쉬운 종래의 해석 방식의 이성 중심주의에서 벗어나 성경 원전(聖書原典)의 문학적 예술적 양식이 상상력을 불러일으켜 형성시키는 심미적 차원을 분석, 이해하는 방법론적 기틀을 마련하였다고 볼 수 있다고 본다.

예수의 비유는 대부분 알레고리가 아니다. 이야기의 세부적인 묘사들은 그 이야기를 보다 생동적이고 보다 효과적으로 만든다. 그리고 개개의 비유들은 한 가지 논점을 분명히 납득시키려 한다.

성경 주석사(聖經註釋史) 전체를 통해 볼 때, 선한 사마리아 사람의 비유에 나오는 세부사항, 이를테면 강도, 여관, 여관집 주인, 두 개의 동전 등등을 우의화(偶意化)하려는 끊임없는 시도만큼 쓸데없는 노력도 거의 없을 것이다. 그러나 사실상 이 모든 노력은 예수 자신이 이 이야기로부터 추출한 교훈을 모호하게 했을 뿐이다. "가서 너도 이같이 하라"는 가르침이 바로 그것이다.

2) 예수께서 비유를 즐겨 활용한 이유

예수는 왜 하나님의 진리를 비유로 가르치셨는가?

예수 이야기의 3분의 1 또는 4분의 1이 비유라는 사실에는 그 이유가 분명 있을 것이다. 마태복음 13장에서 예수께서 씨뿌리는 비유를 말씀하시고 나자 제자들은 왜 비유로 말씀하시는지에 대해서 여쭙게 되었다. 그 질문에 대해서 예수께서는 천국, 즉 하나님 나라의 비밀을 아는 것이 "너희에는 허락되었으나 저희에게는 아니되었다"(마 13:10-11)라고 말씀하셨다.

여기서 하나님 나라의 비밀을 아는 것이 허락된 "너희"는 누구를 가리키는 것이며, 그 비밀을 아는 것이 허락되지 아니한 "저희"는 누구를 말하는 것인지가 비유로 가르치신 이유를 찾는 일에 주요 열쇠이다.

여기서 말하는 '너희'는 신학자 신현우(2021) 교수에 의하면 "열매를 맺는 자들 즉 하나님의 뜻을 행하는 예수의 제자들로서 외인들과 대조된다. 이들은 씨앗 비유에서 열매를 맺지 못하는 자들과 대조된다." 따라서 하나님 나라의 비밀이 허락되지 않은 "저희들"은 예수의 사역에 공공연하게 도전하고 모함하고 비난한 사람들이라고 볼 수 있다.[5]

이와 같은 주장은 마태복음 13장의 "씨뿌리는 비유"가 제시되기 바로 전인 12장에서 예수와 바리새인들, 서기관들 사이에 논쟁이 있었다는 점에서도 유추할 수 있다.

비유를 통해 예수께서 전하시고자 하는 메시지는 일부의 사람들에게는 허락되었으나 어떤 사람들에게는 전해지지 않도록 하셨다는 것이 마태복음 13:10에서 17절과 병행 구절인 마가복음 4:10에서 12절까지 말씀에서 주장하고 있다. 일부 사람들에게는 예수의 메시지를 이해하지 못하게 하셨다는 성경 말씀은 쉽게 말하자면, "저희들"이 비유로 말해서 그 뜻을 깨닫지 못하게 하려고 비유로 말씀하셨다는 것이다. 해당 성경 본문을 통해 명백하게 드러난 요점은 비유의 의미를 이해하는 일에 있어 인간이 근원적으로는 수동적인 위치에 있다는 점이다.

즉, 하나님 나라의 비밀을 아는 것이 근원적으로 하나님의 손에 달려 있기에, 하나님 나라의 비밀을 아는 통찰력, 그것은 하나님의 은혜로 주어지는 것이다. 하지만 이러한 점이 비유의 의미를 아는 일에 있어서 사람의 노력이 전혀 필요하지 않음을 의미하는 것은 아니다.

비유는 기본적으로 무엇인가를 비교를 통해 설명하는 것이기 때문에 그 비유의 의미를 알고자 하면 사람들은 의식적인 노력을 동반하여 그 의미에

---

5 신현우, 앞의 책, 310.

대해서 숙고해 보아야 하기 때문이다. 이런 경우 필연적으로 생겨날 수 있는 질문이 있다.

예수께서는 하나님 나라에 대해서 분명하고 생생하게 가르치시기 위해서 비유를 사용하신 것이 아니었던가?

3) 비유의 메시지를 깨닫지 못한 이유

미국 신학자 보이스(Boice) 교수는 "저희들"이 예수의 비유에 나타난 메시지를 받지 못한 이유는 예수 그리스도를 거절했기(마 11:16-24) 때문이라고 말한다.[6] 그들은 예수를 기본적으로 신뢰하지 않았으므로, 그들에게는 비유의 의미를 이해하는 통찰력이 주어지지 않았다.

비유는 간단한 이야기이지만 생각을 요구하며, 그 이야기는 또한 그 하나님 나라가 실존적으로 오게 하시는 예수께 더 가까이 나아가게 하든지 멀어지게 한다. 그러므로 예수 그리스도께 마음이 닫힌 완악한 자들에게 비유의 의미를 알게 하는 것은 "거룩한 것을 개에게, 또 진주를 돼지에게 주는"(마 7:6) 것과 같은 어리석은 일이라 할 수 있다.

거기에 더하여 비유의 이해를 위해서는 의식적인 노력을 동반하는 사고가 필요한데, 또 어떤 경우에는 그 의미에 대해서 예수께 직접 물어보는 것이 필요한데, "저희들"은 예수를 믿지 않았기에 메시지에 귀를 닫았고, 그 의미를 더 알려고 하는 노력을 기울이지 않았다. 그러므로 예수께서 하나님과 하나님 나라를 계시하기 위해서 비유라는 방법을 쓰신 이유는 아마도 비유가 끼치는 교육적 효과를 극대화하기 위해서라고 할 수 있다.

기독교 교육학자 주크(Roy B. Zuck) 교수의 주장을 보면 그렇게 생각한 근거를 볼 수 있다. 즉, 주크 교수(1988)는 비유나 이야기를 통해 가르치는 것은 기본적으로 듣는 사람들의 흥미를 유발한다고 말한다. 그는 비유나 이

---

6 James Montgomery Boice, *The Gospel of Matthew* Vol. 1: *The King and His Kingdom* (Matthew 1-17). (Grand Rapids, MI: Baker Books, 2001), 230.

야기가 듣는 사람들의 흥미를 유발하는 이유를 다음과 같이 말하였다.

① 사람들은 다른 사람에 관해 듣는 것을 좋아한다. 예수의 대부분 비유는 어떤 점에서 사람과 관련되어 있다.
② 비유는 우리에게 의미를 발견하도록 도전을 준다.
③ 사람들은 구체적인 예를 통해 추상적인 진리나 관념을 배우길 좋아한다.
④ 듣는 이들은 이야기를 들으면서 상상을 통해 다른 사람의 상황을 간접적으로 체험할 수 있다.[7]

예수는 근본적으로 사람을 좋아하셨다. 그러기에 그의 화제의 중심은 사람이 있었다. 예수의 비유는 사람들에게 자연히 흡수력을 높게 만드신 것이었다. 또 비유라는 방식으로 전달되는 이야기들은 사람들의 뇌리에서 사라지지 않는 경향이 있다. 추상적인 진리와 학문적인 언어들로 구성된 수업 내용이나 설교 내용은 쉽게 잊지만, 다른 사람들의 살아있는 예를 통해 이야기식으로 전달되는 메시지에 대해서는 쉽게 잊지 못한다.

4) 비유를 활용한 효과적인 교육 방법

이경락 교수는 예수의 효과적인 교육 방법으로 비유를 활용한 점은 주목할 만하다고 본다.[8] 마가복음 4장의 씨뿌리는 비유는 예수가 하나님 나라의 비밀을 제자들에게만 보여 주기 위해 하신 말씀으로서 이 비유는 다른 비유들에 비해 가장 기본적이고 중요한 비유임을 강조하고 있다.

---

[7] 로이 B. 주크(Roy B. Zuck), 『예수님의 티칭 스타일』(*Teaching as Jesus Taught*), 송원준 역 (서울: 디모데, 1998), 500-501.
[8] 이경락, "예수님의 삶과 가르침을 통한 교육경영,"「로고스경영연구」, 제14권 제2호 (한국로고스경영학회, 2016), 1-14.

타국에 나갔던 농장 주인이 소출을 거두려고 보낸 종과 아들을 죽이고 포도원을 차지하려는 불의한 농부들의 비유를 다룬 마가복음 12장은 하나님의 종인 선지자들을 죽인 자들이 또한 하나님의 아들을 죽이고자 음모를 벌이고 있는 현실을 빗대어 예수께서 바리새인들에게 하신 경고의 말씀이다.

이외에도 누가복음 13장에서는 겨자씨와 누룩의 비유를 통해 하나님 나라는 처음에는 아주 작은 것에서 시작하지만 결국에는 큰 나라를 이루는 특징이 있음을 명료하게 설명하셨다.

누가복음 14장에 나오는 큰 잔치의 비유에서는 하나님 나라의 잔치에 초대를 받았으나 자신의 일상적인 일들 때문에 외면한 사람들은 하나도 그 잔치에 참여할 수 없음을 경고하고 계신다. 누가복음 15장에는 잃은 양을 되찾은 주인의 즐거움, 잃어버린 열 드라크마를 집 안 구석구석을 뒤져 되찾은 한 여인의 기쁨 그리고 집을 나가 자산을 탕진한 둘째 아들을 되찾은 아버지의 넘치는 기쁨이 비유로 소개되어 있다.

이러한 반복적인 비유는 예수의 말씀을 사모하여 몰려드는 세리와 죄인들을 보며 비난하는 바리새인과 서기관을 향해 아버지 하나님의 마음은 이들로 인해 기쁨이 충만하다는 사실을 강조하기 위한 것으로 보인다.

주인의 재산을 탕진한 불의한 청지기에 관한 누가복음 16장의 비유의 말씀은 가장 이해하기 어려운 난해한 말씀으로 분류된다. 다만 이 비유의 말씀을 통해 예수는 하나님과 재물을 겸하여 섬길 수 없음을 선포하고 계신 것은 분명하다.

마가복음 4:33-34에는 "예수께서는 제자들과 그 곁에 있던 사람들이 잘 알아들을 수 있게 여러 가지 비유로 그들에게 말씀을 전하셨습니다. 예수께서는 비유가 아니면 말씀하지 않으셨으나 제자들에게는 따로 모든 것을 일일이 설명해 주셨습니다"고 말씀하고 있다. 이를 통해 예수는 하나님 나라의 전파와 제자들의 교육 사역에서 비유를 얼마나 중요하게 활용하셨는지를 알 수 있다.

2. 예수의 비유에 나타난 천국

예수의 비유 중 가장 독특한 것은 하나님 나라, 즉 천국에 관한 비유이다. 이 비유들은 예수의 설교가 가지고 있는 특색을 재현하고 있다고 할 수 있다. 이 비유들은 예수의 사역 전체에 걸쳐 빠뜨릴 수 없는 중요한 것이다. 비유 속에서 천국 그 자체가 표현되고 있으며, 비록 숨겨진 형태이긴 하지만 예수는 자신의 사역과 인격에 관해 증언한다. 그러므로 이 비유에 대한 청중의 응답은 천국과 예수 자신에 대한 응답으로 된다.

천국에 대한 예수의 일반적인 비유에는 두 개의 상반되는 특색이 있다. 그중 하나는 천국은 이미 왔다는 것이고, 실현된 종말론, 다른 하나는 천국은 앞으로 올 것이라는 미래적 종말론이다. 개개의 비유에 있어 두 가지 중 어떤 특색이 우세하든지 비유에서 특히 강조되는 것은 영적 결단에 대한 왕국 도래(王國到來)의 긴박성이다.

예수 사역으로 인해 모습을 드러낸 짧은 기회는 너무나도 중요하기 때문에 어떤 일도 이 기회의 포착을 방해하지 못한다. 이 기회를 보증할 수 있다면 다른 것은 어떠하든 무방하다. 이 기회는 밭에 감추어진 보화이다. 이 보화를 얻기 위해서 어떤 사람은 그의 재산을 모두 팔아 이 밭을 샀다. 어떤 한 상인은 이 진주를 갖기 위해 그가 가진 모든 것을 팔아 버렸다.

천국과 이를 선교하는 자는 별로 인상적이지도 않고 중요한 것 같지도 않다. 왜냐하면, 아직 그 설교자는 제한받고 있으며, 천국 역시 '권능'으로 임하지 않았기 때문이다. 그러나 그것이 이를 경멸해도 좋다는 이유가 되지는 않는다.

시작은 비록 미미하나 그 완성은 위대하기 때문이다. 씨뿌리는 자의 비유와 겨자씨 및 누룩의 비유가 이것을 잘 말해 준다. 농부가 땅에 뿌린 씨앗은 움이 터 자라거니와, 그 농부가 다른 할 일에 바빠 거의 깨닫지 못하는 중에도 추수 때가 이르면 낫으로 익은 곡식을 거두는 것이다.

이와 마찬가지로 조그만 겨자씨도 거대한 관목(灌木)으로 자라며, 한 여인이 곡식 가루 그릇에 넣어 둔 누룩 한 줌이 내용물 전체를 부풀게 한다. 이 비유들 속에 나타나 있는 성장과 발전이라는 요소는 천국에 대한 진화론적 해석 방법으로 강조되어서는 안 될 것이다. 이 요소는 생명이나 자연의 가장 본질적인 특징이요, 위에서 말한 비유들도 이 특징에서 유래된 것이 사실이로되, 예수의 가르침에서는 이것이 중시되지는 않는다.

1) 천국의 보편성, 성장과 가치

이들 비유에는 제일 먼저 천국이 성장한다는 사실이 실증적으로 뚜렷하게 나타나 있다. 천국은 어떤 불가항력적인 힘으로 세워지는 것이 아니라 "씨의 성장"과 유사한 행동으로 세워진다는 것이다.

천국에 대한 비유 중에는 신비적 요소가 상당한데 이것은 이해하는 자들에만 주어진 것이다. 가라지 비유에는 천국의 돌발적인 특성이 설명되어 있는데 진짜와 가짜의 차이가 당장은 눈에 띄지 아니하나 마지막 종말에 이르면 뚜렷하게 분리된다는 것이다. 그러므로 현세적 상태에서의 천국은 그 동일성을 증명할 수 있는 하나의 실재물로서 고려될 수가 없다.

천국의 돌발성에 대한 동일한 특징은 겨자씨의 비유에서도 나타난다. 겨자씨의 작은 형체는 천국과 조화를 이루기가 어려우나 그 처음과 나중 상태는 극히 대조적이다. 이 대조적인 상태가 바로 이 비유의 요점이다. 천국의 현재성과 미래는 겨자씨와 겨자 나무의 관계와 같다. 예수 당시의 사람들은 천국에 대해 겨자씨만을 보았을 뿐이었으나 예수는 그것을 뛰어넘어 훨씬 앞을 바라보았다.

이와 유사한 진리가 누룩의 비유에 나타나는데 이 비유에서는 천국의 효력이 지극히 미세하나마 사람의 마음에 있어서 작동한다고 했다. 반죽 덩어리 전체가 누룩으로 퍼진 사실에 문제가 생기는데 어떤 이들은 이 사실이 교회 내부에 악이 침투한 것을 설명하는 것이라고 보기도 하였고, 어떤 경우에는 교회를 통해 세상에 선이 퍼진 것을 나타낸다고 보기도 하였다. 그러나 그 어느 쪽의 해석도 실존적인 세계 질서가 종말을 고하는 때에 올 궁극적인 천국의 승리를 나타내는 것이라는 해석만큼 적당한 것은 아니다.

보화(寶貨)와 진주(珍珠)의 두 가지 비유는 천국의 가치를 나타낸다. 천국의 가치는 사람들에게 다 그대로 나타나는 것은 아니라 오직 분별력이 있는 자들만이 다른 어떤 가치보다도 큰 가치로 인정할 것이다. 한편 그물의 비유는 천국의 유익을 받을 자격이 없는 자들이 한때나마 그 마지막 성취의 때까지는 유자격자와 함께 거기에 참여하게 되리라는 사실을 무리에게 생각나게 하였다.

포도원의 비유에서 천국이 유대인들에게만 제한적으로 열려 있는 것은 아니라는 사실이 나타나는데, 예수는 이 비유를 유대인 지도자들에게 말씀하시고 마태복음 21:43에 나타나는 "그러므로 나는 너희에게 말한다. 하나님이 너희에게서 하나님의 나라를 빼앗아서, 그 나라의 열매를 맺는 민족에게 주실 것이다"란 말씀으로 끝맺음하였다.

천국의 보편성에 관한 이와 같은 측면은 마태복음 8:11-12에서도 나타난다. 유대인들은 이방인들보다 먼저 천국의 기회를 하나님이 받았다. 그러나 천국은 모든 국가나 열방의 모든 계층 사람에게 적용된 것이라는 것이다. 후자의 사상은 회개와 믿음의 필요성을 강조한 두 아들의 비유에서도 그대로 적용되어 나타난다.

마태복음 22장의 혼인 잔치의 비유에서 천국의 초청 요구를 경멸하거나 무시한 자들의 운명이 나타나 있다. 이 비유는 유대 민족이 천국을 거절한 사실을 지적하는 것으로 보이는데 이 외에도 천국이 유대인의 민족적 개념들과 뚜렷이 구별되는 것을 보여 주고 있다.

3. 신약성경에 나오는 알레고리

1) 알레고리의 축의적인 의미

　비유보다 알레고리는 사람, 사건, 사물에 관한 이야기를 사용하여 본뜻은 뒤에 숨기고 비유하는 말만 드러내어 그 숨은 도덕적, 영적인 뜻을 넌지시 나타내는 표현법으로 상징화된 메시지 형식을 통해 많은 의미를 담아낸다. 알레고리(allegory)에 해당하는 헬라어는 '다른'의 의미가 있는 '알로스'(αλλος)와 '이야기하다'의 의미를 지닌 '앙고류에인'(αγγορευειν)이 있다. 문자적으로 설명하자면 알레고리는 의미하는 바를 다른 방법으로 표현하는 것을 뜻한다.

　그러므로 알레고리는 작가들이 축의적인 의미를 지닌 용어들을 사용하여 그 배후에 있는 신비한 진리를 밝히는 하나의 도구라고 할 수 있다. 작가가 감추어진 의미를 지닌 글을 쓰지 않았다 할지라도 작품 중에 쓰인 내용을 해석함으로써 시, 소설, 혹은 성경의 의미를 해석할 수 있고 이런 방법을 통해 해석자들은 작가의 쓰려고 하지 않았을지도 모르는 신비로운 의미를 해석한다.

　작품에 쓰인 알레고리는 그 이야기가 깊은 의미를 알려 주기 위한 암시가 계속되는데 이 때문에 알레고리를 '계속된 은유'라고 부르기도 한다. 예컨대, 직유법으로 쓰인 시편 42:1의 "오 하나님이여, 사슴이 목이 말라 헐떡거리며 시냇물을 찾듯이 내 영혼이 목이 말라 주를 찾습니다"라는 구절은 의미가 명백히 드러난다고 할 수 있다.

　은유(隱喩)는 직유(直喩)보다 의미가 더 모호하다. 예를 들면, 예수가 헤롯에 대해 말씀하실 때 "가서 저 여우에게 말하라"고 하신 경우는 은유적인 표현으로써 나타내는 것이 모호하다고 할 수 있다. 은유는 직유보다 덜 명확하게 비교하여 표현되긴 하지만 가끔 직유보다 더 생생하고 직접적이며 확실한 의미를 전달하기도 한다.

구약성경은 그 자체 내에 바로 약간의 알레고리가 사용되어 있다. 구약성경에서 에스겔서보다 알레고리적인 표현이 더 많이 사용된 곳은 없다. 에스겔서에는 다른 책에 비해 상징과 비유와 은유가 많이 나타나 있다.[9]

2) 신약성경에서 사용된 알레고리

알레고리는 먼저 우리말 번역이 어렵다. 이 단어는 고대 헬라어 문헌에는 여러 번 나타나지만, 신약성경에서는 명사형으로 갈라디아서 4:24에서 단 한 번 나타나고 있다. 이 단어에 대해 우리말 성경 주요 번역들과 일본어 번역들(JAS, KOG)은 모두 '비유'(比喩)로 번역하고 있다. 이 단어는 "어떤 사물에 가탁(假託)하여 어떤 뜻을 은연중에 비춘다"는 뜻이며, 함께 사용되는 우언(寓言)은 "어떤 사물에 비견하여 의견이나 교훈을 은연중에 나타내는 말"[10]이다.

신약성경에는 구약성경보다 더 많은 알레고리가 표현된 것 같다. 예수께서 자신을 "생명의 떡"이라 표현했고, 또 "포도나무"라고 표현했다. 그 외에 여러 가지와 관련지어 표현했는데 이러한 표현의 몇몇 종류가 은유적인 표현에 지나지 않는다고 할지라도 이 표현은 신앙 상 알레고리를 사용하셨다고 보아야 할 것이다. 예를 들면, 씨뿌리는 비유가 이에 속한다. 비유담(比喩談)에 대한 예수의 설명 중에 사용된 어떤 문자는 문자 자체가 품고 있는 뜻과는 다른 의미를 품어 있기도 했고 또 더 심오한 의미를 지니기도 했다.

초기 기독교 시대 철학자 필로(Philo of Alexandria)가 악한 농부에 대한 비유담 뒤에 언급된 "건축자들이 버린 돌"이란 구절을 그럴듯한 이론을 붙여 해석했었는데, 예수는 구약성경에서 인용된 그 말씀을 필로가 해석한 것처

---

9 김선종, "에스겔의 계약신학," *Canon&Culture,* 제9권 제1호 (한국신학정보연구원, 2021), 107-131.

10 김정우, "다시 보는 알레고리적 성경해석학," *Canon&Culture,* 제8권 제2호 (한국신학정보연구원, 2014), 15.

럼 알레고리적으로 설명하지는 않았다. 요한계시록에도 알레고리적인 표현이 많이 나타나 있다. 요한계시록에 쓰인 "여자", "생물" 그리고 "흰말"과 같은 표현은 문자적인 의미 자체보다는 더 심오한 의미를 지닌 말로 해석해야 한다.

제6장

예수 교육학의 스타 교사, 바울

1. 예수를 위해 모든 것을 버린 바울

예수께서 부르신 열두 제자, 예수께서 세우시고 각 지방으로 보내신 70인, 예수로부터 직접 가르침을 받은 사도들, 사도들이 선택한 스데반을 위시한 7명의 집사 그리고 성경에 이름 하나 남기지 않은 사도들의 제자 교부들 그리고 신명을 바쳐 예수를 전한 수많은 속사도, 이들이 갖는 공통점은 전부가 예수 교육학을 가르치는 교사란 점이다.

이들 예수 교육학의 교사들 가운데 발군의 능력을 발휘한 사람은 바로 스타 교사, 바울이다. 스데반 집사가 순교하던 현장에 있었던 사울(바울)이 교회를 박해하던 중 다마스쿠스에서 예수를 만나 회심한 이후, 그는 예수 교육학의 교사로서 로마에서 순교하기까지 그의 인생을 아낌없이 바쳤다.

그는 지중해 연안 도시들을 중심으로 20년에 걸친 전도 여행을 다녔으며, 그 바쁜 와중에서도 그는 그가 세운 교회들에 직접 편지를 썼다. 바울이 쓴 서신 중, 남아 있는 서신은 총 13편으로 이 서신들이 신약성경의 거의 반을 차지하고 있다. 사도 바울은 제2차 여행 중에 세운 빌립보 교회 사람들에게 다음과 같은 그의 신앙 고백을 남기고 있다

> 그러나 내게 유익하던 것들을 나는 그리스도 때문에 다 해로운 것으로 여깁니다. 내가 참으로 모든 것을 해로 여기는 것은 내 주 그리스도 예수를 아는 지식이 가장 고상하기 때

문입니다. 그분으로 인해 내가 모든 것을 잃어버리고 심지어 배설물로 여기는 것은 내가 그리스도를 얻고 그 안에서 발견되기 위한 것입니다(빌 3:7-9).

바울은 믿음의 아들 디모데에게 자신은 "복음을 위해 '선포자'와 '사도'와 '교사'로 세우심을 입었다"(딤후 1:11)라고 고백한 바가 있다. 그는 실로 예수학을 전파하려고 이 세상에 태어난 사람이었다. 사도행전이 묘사하는 바울은 다양한 정체성을 지닌 인물로 등장한다. 사도행전의 바울은 바리새인이자 다소의 시민이고, 로마 시민권자이자 기독교 박해자이며 동시에 기독교를 전파하는 선교사이다. 그런 그가 동족 유대인들에 의해 '이단'으로, 그리스 문화의 반대자로, 로마의 질서를 어지럽힌 사람으로, 거짓된 기독교 선포자로 고발된다.

그런데 중요한 점은 이렇게 복합성을 띤 사도 바울을 빼놓고서는 원시 기독교를 논할 수 없다는 사실이다. 지난 2천 년 동안 바울과 그의 서신은 기독교 신앙 역사의 중심이었다.

오늘날 역시 바울의 서신들이 동방 교회에서의 전통과 마찬가지로 가톨릭이나 프로테스탄트에서 신학, 예배와 목회자의 생활 원리의 실천적인 뿌리로 되어 있으며, 미국의 신약학 전공의 파웰(Mark A. Powell) 교수에 의하면, "사도 바울이 기독교 사상과 실천에 미친 영향은 다른 사도들과 전도자들보다도 월등하게 깊숙이 침투되어 있다"[1]라고 한다.

1) 바울의 다마스쿠스 체험, 회심(回心)

기독교를 박멸하려고 다마스쿠스로 가던 중 바울이 빛으로 경험한 그리스도 예수의 현현(顯現, christophany) 사건은 바울의 생애를 뿌리째 흔들었고, 이후 기독교 역사의 새로운 전기를 마련하였다. 예수 그리스도 자신은 그

---

1 Mark A. Powell, *Introducing the New Testament* (Grand, Rapids, MI.: Baker Academic, 2009), 12.

림자가 아니라, 진리 그 자체였고 율법의 완성이었다.[2]

이렇듯 형식적인 종교 의식과 율법 조문에 갇힌 '속박의 종교'(유대교)에서 예수 그리스도를 믿고 그를 따르는 모든 이에게 열린 '해방의 종교'(기독교)로 나아가는 기틀을 마련한 이가 바울이었다. 이것이 2천 년 전 부활하신 예수께서 바울을 부르신 이유였다. 전통적으로 바울의 생애에 있어 극적인 변화는 유대교에서 회심한 것으로 보았다. 율법의 기준을 성취하지 못해 지친 바울이 내적으로 죄책감에 시달렸다는 것이다. 그러다가 다마스쿠스 도상에서 '빛을 보고' 용서의 약속과 함께 기독교로 개종했다는 것이다.

예수는 바울이 이방인의 사도로 사용하시기 위해 우선 바울의 갇힌 문자로 인식된 율법 종교의 속박으로부터 그를 끌어내어 온 세상을 밝히고도 남을 진리의 본체를 보게 하셨다. 문자화된 율법 이면에 흐르는 생명의 영을 느끼게 하고 그것이 가리키는 예수 그리스도를 직시하도록 바울의 눈을 막고 있는 비늘을 제거하셨다(행 9:18).

바울은 갈라디아서에서 율법을 "그래서 율법은 그리스도의 때까지 우리를 '인도하는 선생'이 됐습니다. 이는 우리가 믿음으로 의롭다고 인정받게 하려는 것입니다"(갈 3:24)라고 했다. '인도하는 선생'(개역성경은 '몽학[蒙學]선생'[3]으로, 개역개정판에는 '초등교사'로 번역)은 헬라어로 '파이다고고스'(παιδαγωγὸς)이다.

이 '파이다고고스'는 당시 로마 사회에서 6-7세 정도의 나이에 해당하는 귀족 자녀들이 집과 학교를 오갈 때 그들을 보호해 주면서 일반적인 행동거지나 글쓰기, 읽기와 같은 기본적인 것을 가르쳤던 노예들을 가리킨다.

여기서 바울은 아이들이 장성하기까지 그들을 보호하고 돌보아 주는 노예 신분의 파이다고고스의 율법 역할도 예수 그리스도 시대의 개막과 함께

---

2   Massimo Leone, *Religious Conversion and Identity: The Semiotic Analysis of Texts* (New York: Routledie, 2004), Chapter 1.

3   '초등교사'(παιδαγωγὸς, 파이다고고스)란 율법이 죄를 억제시키며, 유대인들과 이방인들 사이의 구분을 유지하는 교육적 기능을 가지는 "교사"를 말한다.

종결되었음을 선포하는 것이다. 바울은 율법의 한시적 역할과 구원의 궁극적 실체로서의 예수 그리스도의 관계를 비교하여 설명한다. 율법은 단지 그리스도에게로 인도하는 가이드에 불과했다.

바울에게 있어서 예수 그리스도의 인격과 가르침은 문자로 만나야 할 대상이 아니라 영으로 깨닫고 체화(體化)해야 할 진리 그 자체였다. 그분의 가르침을 문자로 받아들이려고 한다면 다시 '파이다고고스'에 예속된 아이처럼 예수의 가르침을 죽은 문자 속에 가두려는 율법 종교로 회귀하는 것과 같은 것이다.

부활하신 예수 그리스도를 만나 회심하기 전까지 바울은 율법이 가리키고 있는 예수 그리스도를 보지 못했다. '개인 교사'는 다만 진리를 가리키는 자일 뿐이지 진리 그 자체는 아니었다. 회심하기 이전에 바울은 예수 그리스도를 가리키고 있는 손가락(율법)만을 본 셈이다. 그는 마지막인 율법을 처음이신 예수 그리스도 위에 두었다. 그러나 다마스쿠스에서의 회심 경험으로 바울은 율법에서 예수 그리스도에게로 돌아섰다.

(1) 바울의 회심에 대한 종교 심리학적 이해

회심으로서 바울의 다마스쿠스 사건에 대한 전통적 이해는 서양 사상에서는 아우구스티누스(Augustinus)가 경험한 자기 회심에 대한 이해까지 거슬러서 올라가는 긴 역사가 있다.[4]

일반적으로 개종(改宗, conversion) 또는 회심(回心, conversion)이란 무종교의 상태에서 일정 종교를 갖는다거나 하나의 종교에서 다른 종교로 옮아가는 행위를 말하는데 일반적으로는 어떠한 동기에서 정신적 변화를 일으켜 그때까지와는 전혀 다른 정신세계로 들어가는 것을 의미한다.

심리학자 윌리암 제임스(William James) 박사는 종교에서 논의하고 있는 회심이란 종교적인 과정을 나타내는 것으로 구체적으로 다음과 같이 말한다.

4　Peter G. Stromberg, *Language and Self-Transformation: A Study of the Christian Conversion Narrative* (Cambridge University Press, 2008), 26.

회심한다는 것은 점차적 혹은 급격한 과정이다. 이로써 지금까지 분열되고 의식적으로 잘못되고 열등하고 불행하였던 자아가 통일되고, 의식적으로 올바르며, 우월하고 행복을 가지게 되는데, 이는 종교적 현실에 한층 더 굳건히 의지하는 결과에서 이루어지는 것이다.[5]

그러므로 회심이란 분열시키는 자기를 통일시키는 관념, 목적, 가치 등의 재조직화라고 볼 수 있다. 말하자면 회심이란 마음속이 종래와는 다른 새로운 것을 중심으로 확립되고 이것을 둘러싸고 마음의 구조가 재편되는 것을 의미한다. 실증적인 연구에 있어서 오래된 것으로는 스타르벅 질문지 조사법(Starbuck, 1899)을 사용하여 전형적인 회심 체험은 소침(消沈)과 비탄(悲嘆), 전환점(轉換點), 환희(歡喜)와 평안(平安)이라고 하는 몇 가지가 명확한 특징적인 국면을 가지고 있는 것으로 보고, 중심적인 사실은 새로운 자아의 탄생이라고 하였다([그림] 참조).

이처럼 회심 체험에 의한 성격의 변용은 종교 심리학의 분야에서는 중심적 주제 가운데 하나인데, 그 과정이 종교 체험과 깊게 관련되어 있으므로 실증적으로 연구하는 것에는 어려움이 많이 있는 것으로 보인다.

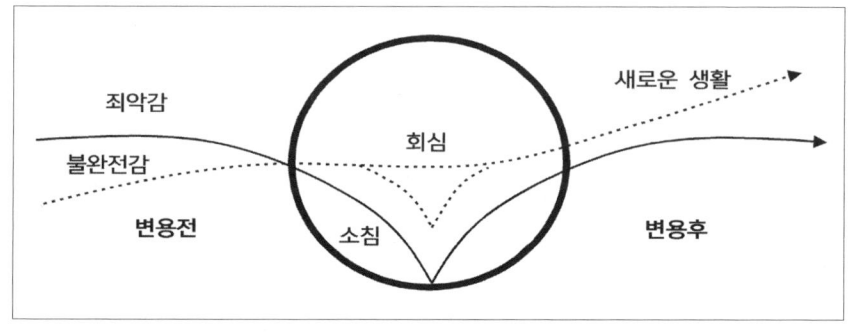

[그림] 회심의 과정

---

5   William James, *The Varieties of Religious Experience: a Study of Human Nature* (New York: Collier Books, 1961), 89.

(2) 바울의 회심에 대한 정신 의학적 접근

부활하신 예수의 만남을 체험한 바울의 회심은 '광선 집중'(sun stroke) 또는 '엄습'(seizure)에 의한 것이라는 몇 개의 정신 의학적 접근도 발표되었다. 예컨대, 1987년에 D. 랜드스보로우(D. Landsborough) 박사는 「신경학, 신경외과학 및 정신 의학지」에 "바울은 강렬한 햇빛으로 정상적인 신체를 상실하고 시력상실에 이은 격렬한 종교적 메시지로 인한 대뇌간질 발작의 현상"[6]이라고 썼다.

동일한 학회지에다 브론슨(James R. Bronson) 박사와 브류(Kathleen Brewer) 박사는 앞의 연구자들이 내린 결론을 반박하는 논문을 발표했는데, 랜드스보로우 교수가 설정한 가설과 내린 결론에는 오류가 있음을 지적하였다.

즉, 성경을 보면 햇빛은 바울 혼자서 본 것이 아니라 주위에 몇 사람이 함께 본 것이며, 눈이 멀게 된 것은 간질에 의한 것이라기보다는 종교적 지도자로서의 변환으로 수용한 영적인 힘에 의한 것으로 추정하였다.[7]

2012년에 「신경정신의학과 임상신경과학지」는 "바울의 회심 체험은 아마도 심리 유전적 요인에 의한 것으로 기인된다. 바울의 청각, 시각적 경험을 전체적으로 보아 정신병적 스펙트럼 증상(psychotic spectrum symtoms)에 관련된 '감정 기능 장애'로 보아야 한다"[8]라고 하였다.

(3) 특별한 은혜인 바울의 계시적인 체험, 회심

바울이 다마스쿠스에서 예수를 만난 일은 인간의 지혜로는 이해할 수 없는 계시적인 체험이다. 오히려 인간에게 있어서 보편적으로 일어날 가능성이 있으며 그런데도 그 의의에서는 끝없이 깊은 종교적 체험 - 자기의 영적

---

[6] D. Landsborough, "St. Paul and Temporal Lobe Epilepsy," *J. Neurol Neurosurg Psychiatry*, 50, (1987), 659-664.

[7] J. R. Brorson and K. Brewer, "Matters arising: St Paul and temporal lobe epilepsy," *J. Neurol Neurosurg Psychiatry*, 51, (1988), 886-887.

[8] E. D. Murray & M. G. Cunningham & B. H. Price, "The role of psychotic disorders in religious history considered," *J. Neuropsychiatry Clin Neurosci*. 24(4), (2012), 410-426.

사멸의 체험 - 이었던 것으로 볼 수 있다.

이와 같은 체험은 동서고금을 통해 어느 시대, 어느 종교에서도 존재한다. 그런데 바울의 회심이 특별한 것은 그의 영적 죽음의 체험은 "십자가에서 돌아가신 예수"로부터 임했다는 점이다. 이점은 바울이 "나도 주와 함께 십자가에서 죽었습니다"라는 고백에서 드러난다. 바울의 이러한 회심은 다마스쿠스 도상에서 실제로 예수 그리스도께서 사울에게 나타났다는 사실로서만 설명이 가능하다. 그 외의 어떠한 해석도 바울의 회심을 설명하기에는 불충분하다.

이처럼 인문 과학에서의 회심에 관한 연구는 종교에서의 회심이 신비적 사건인 동시에 우리의 이해를 넘어 발생한다는 점에서 기독교 회심을 충분히 설명할 수 없다.

최근 신학자 남성혁(Nam Sung Hyuk, 2019) 교수는 성경에 등장하는 회심에 대한 모델들을 탐색한 결과, 기독교 회심의 성경적 이해를 위해서는 바울의 경우처럼 회심이 일회성이기도 하지만 대다수 예수의 제자에게 있어서는 복수의 과정이었다는 점을 고려하여 전도 활동에서 일어나는 '만남', 즉 다양한 인간관계 속에서 만남의 과정 속에서 회심을 이해할 것을 제안한다.[9]

남 교수는 개인의 영역으로 치부하던 회심이 공동체의 영역이 확장되며, 교회 외부인들을 위한 활동으로 제약되던 회심과 전도가 더 나아가 교회 내부인과 제자도와 깊은 연관성이 있음을 깨닫게 한다는 것이다.

(4) 다마스쿠스 체험과 바울의 사도직에 대한 이해

바울의 다마스쿠스 도상의 체험은 사도행전에 모두 세 번에 걸쳐 소개되어 있다(행 9:1-19; 22:6-16; 26:12-18). 이들 세 개의 사도행전 기사들 사이에는 일치하지 않는 점이 있다.

---

[9] Nam Sung Hyuk, "Biblical Paradigms of Christian Conversion: Encounter and Process Conversion," *Mission and Theology*, 48, (2019), 179-216.

오늘날 대다수 학자가 동의하듯이 이들 세 개의 기록이 보여 주는 차이점은 누가 자신이 바울 회심에 대한 하나의 전승을 서로 다른 세 개의 문맥에 채택하여 사용한 결과로 가정하려고 한다. 특히, 두 번의 증언에서 바울은 매우 특이한 사실 한 가지를 강조하고 있다. 곧 다마스쿠스 가까이에서 경험한 그리스도 현현의 비전과 메시지는 오직 바울에게만 온전히 전달될 수 있었다는 사실이다. 물론 외관상 사도행전 9:7과 22:9는 서로 모순되어 보인다.

왜냐하면, 전자의 경우에 있어 누가는 바울과 동행했던 사람들이 다마스쿠스 도상에서 소리만 듣고 아무도 보지 못하였다고 증언하는 반면, 후자의 경우에 있어 바울이 사람들이 '큰 빛'(a great light)은 보면서도 그에게 말씀하시는 이의 소리는 듣지 못하였다고 증언하고 있기 때문이다. 그러나 어떤 경우이든 이들 증언은 상호 모순처럼 보이는 표현임에도 문맥상의 기능 곧 오직 바울만이 천상의 비전과 대화에 참여할 수 있었다는 사실을 특별히 강조하고 있다는 점에서는 별 차이가 없다.

따라서 알 수가 있는 것은 바울의 다마스쿠스 체험에 대한 바울 자신의 성격 규정에 있어 바울은 회심(回心)의 사건이라기보다는 소명(召命)으로 간주하고 있으며, 예수에 대한 인식의 근거를 철저하게 유대적 개념에서 이해하고 있다는 점이다.

그리고 바울이 그의 서신서(갈 1:15-16 등)에서 진술하고 있는 자전적인 체험에 관한 이야기를 정리해 보면 그는 다마스쿠스 체험을 구약의 본문을 인용하면서 그의 사도로서의 소명 의식에 대한 명분을 찾고 있음을 알 수 있다. 갈라디아서 1:15-16에서 그는 이렇게 말한다.

> 그러나 어머니의 태에서부터 나를 따로 세우시고 은혜로 나를 부르신 하나님이 하나님의 아들을 이방 사람들에게 전하게 하시려고 하나님의 아들을 내 안에 나타내 보이셨습니다 (갈 1:15-16).

신학자 조경철(2012) 교수는 바울의 다마스쿠스 체험에 관한 신약성서 전승에 관한 연구들을 종합한 결과, 다음과 같은 결론을 내리고 있다.

> 바울의 변화에 관한 신약성서 문헌들의 언급이 단순히 역사적인 사건에 기초하여 있기는 하지만, 상당 부분 미화되었으며, 때로는 조금 심하다 싶을 정도로 확대 과장되어 있다. 그러나 이러한 미화와 과장은 신학적인 의미와 의도에 따른 것이다. 우리에게 중요한 것은 바울이 회심하여 변화되었다는 단순한 역사적인 사실이 아니라, 그 역사적인 사실이 가지고 있는, 그래서 바울 자신과 그 시대의 그리스도인들 그리고 오늘 우리에게 말하려고 하는 신학적인 의미이다.[10]

신학자 김태현(2015) 교수는 갈라디아서에서 이야기하고 있는 이사야 49:1과 예레미야 1:5의 경우를 예로 들어 바울은 그의 사역에 두 가지의 의미를 부각시킨다고 한다.[11] 하나는 여호와의 종이 하나님에 의해 부르심을 받는다는 점을 강조하는 점이고, 다른 하나는 이사야서의 여호와의 종과 예레미야처럼 바울도 이스라엘과 열방들을 향하고 있다는 것을 강조한다.

유대인인 바울을 하나님이 이방 가운데 복음을 전하기 위해서 불렀다고 바울은 말한다. 이러한 바울의 진술에서 구약에서 이사야와 예레미야가 당시 하나님의 소명을 받는 것으로 이해되었던 것처럼, 바울 스스로가 개종으로 다마스쿠스 체험을 간주하는 것이 아니라, 소명으로 간주하고 있음을 알 수가 있다.

결론적으로 바울이 다마스쿠스에서 메시아를 만났다는 것은 그리스도에게로의 회복을 의미하는 것이며, 그 회복은 바로 이방에게도 복음이 전파

---

10 조경철, "바울의 다마스쿠스 체험에 관한 신약성서 전승에 관한 연구," 「신학과 세계」, 제73호 (감리고신학대학교, 2012) 77.
11 김태훈, "바울의 구약인용으로 본 다메섹 체험: 갈라디아서 1장15-16a를 중심으로," 「성경과 신학」, 제76집 (한국복음주의신학회, 2015), 101-128.

되는 것을 의미하며, 그 일의 사도로 부르심을 받았다는 것이다.

(5) 다마스쿠스 사건 이후 바울의 변화

바울의 다마스쿠스 사건으로 인해 바울 삶의 변화는 부활하신 예수에 대한 확신 때문에 다시 오실 주님의 재림에 대한 분명한 신학이 확보되었다.

이것은 기존 유대교의 묵시 문학과 구약의 종말론에서 형성된 그의 종말관이 다마스쿠스 사건에서 용해되어 그리스도 중심의 구원론적 종말론으로 나타나게 되었으며, '이미'(already)와 '아직'(not yet)의 구원사적 종말론의 구조가 확보되었다. 또 그 주님은 영광중에 다시 오신다고 하는 확신을 하게 된다.

그의 다마스쿠스에서의 깨달음은 "사울아, 사울아 네가 왜 나를 핍박하느냐?" 하시는 주님의 그 생생한 질문에서 주님과 신자는 머리와 몸임을 알게 되었다. 교회 공동체는 부활하신 주님과 이 땅의 신자들과 생명으로 연결된 소망의 공동체라는 것이다. 바울은 이 교회를 세우는데 모든 희생을 다 쏟아부었다. 따라서 다마스쿠스 사건은 바울에게는 선교의 강력한 동기를 갖게 했으며, 종말의 영광스러운 날을 준비하는 삶의 문제 곧 윤리의 문제에 결정적인 영향을 주었다.

그리스도 부활의 빛에서 과거를 조명하여 그리스도의 탄생과 고난과 십자가의 죽으심이 구원사의 사건으로 되살아나고 미래로는 다시 오실 주님을 기대하는 그리스도 중심의 구원론적 종말론을 형성하게 하였다.

(6) 바울의 선교 활동의 엔진, 소명 의식

바울의 선교 활동의 엔진은 무엇보다도 그의 소명 의식에 있다고 해야 할 것이다. 더구나 이방인의 사도라는 소명 의식은 바울이 이방인 세계에 진출하여 유대인들과의 치열한 투쟁을 마다하지 않게 하는 근원적인 동력이라고 할 수 있다.

이방인 선교사로서의 소명 의식이 가장 분명하게 드러난 곳은 로마서의 서두이다. 로마서 1:1-4에 의하면, 바울은 복음을 선포하도록 하나님에 의해서 선택과 부르심을 받았다고 한다. 그리고 1:5에서는 그의 복음 선포의 대상은 "모든" 이방인들이라고 적시한다

그러므로 바울은 자신이 세상을 향해 복음을 선포하도록 부르심을 받았다고 분명하게 이해하였으며 자신을 "이방인의 사도"라고 부르기를 주저하지 않는다(롬 11:13). 온 세상에 복음을 전하도록 부르심을 받았다는 바울의 소명 의식은 로마서에 지속해서 반복되어 나타나 있다.[12]

로마서 1:5에서는 자신이 언어, 문화, 교육의 수준 여하를 떠나서 모든 사람들에게 복음을 전해야 할 "빚진 자"라고 한다. 로마서 10:18에서는 시편 19:4(LXX)를 인용하면서 복음이 "온 땅에 퍼졌고 … 땅 끝까지 이르렀다"고 하는데, 이는 분명히 자신의 선교영역이 어디까지에 해당되어야 하는 것인지를 말한다. 15:16에서는 사도로서의 자신의 이방인 선교 활동을 "제사장으로서 섬기는 직분"을 이해하며, 이방인을 기독교인으로 얻는 것을 하나님께 드릴 "제물"을 얻는 것이라고 말한다.

바울의 이러한 이방인 사도로 부르심을 받았다는 소명의식은 다마스쿠스 앞에서 있었던 부활하신 그리스도를 만나서 변화되는 순간부터 그에게는 확고한 것이었다.

독일 종교사학자 마르틴 헹겔(Martin Hengel) 박사에 의하면 "부활하신 그리스도의 이러한 부르심은 바울을 기독교 '최초의 신학자'가 되게 했을 뿐만 아니라, 그를 단순한 신학자가 아닌, 선교하는 신학자로 되게 했으며, 그를 단순한 신학자가 아닌, 선교하는 신학자로 결정하였다"[13]라고 한다.

---

12 독일 신학자 에크하르트 슈네벨 교수에 의하면 바울은 선교 여행 중 도보로 8,700마일을 걸었고, 20여 차례의 배를 탔으며, 그의 전체 항해 거리는 거의 6,800마일이었는데, 전부 합하면 바울은 15,500마일을 다닌 것으로 나온다. Eckhard, J. Schnabel, *Paul the Missionary: Realities, Strategies and Methods* (Downers Grove, IL.: IVP Academic, 2008), 122.
13 조경철, "세계를 품은 바울의 선교 활동,"「신학과 세계」, 제76호 (감리교신학대학교, 2013), 46에서 재인용.

(7) 바울의 사도직 소명, 교회의 설립

바울은 "그 아들을 이방 사람에게 전하게 하시려고" 자신을 부르신 하나님의 소명(롬 11:13), 즉 자신의 소명을 '선지자의 소명'으로 보지 않고, '이방인의 사도'라는 직임으로 이해하고 있다. 또한, 바울은 로마서 15:16에서 '이방인을 위한 사도'의 직무자 하나님과 인간의 화해를 주된 임무로 하는 '제사장적 직'(職)에 해당하는 사실을 분명히 밝히고 있다. 바울은 갈라디아서 1:15-16에서 하나님이 복음 선포의 중요성이 자신을 부르신 목적이라고 강조하였다. 다른 몇 군데(고전 9:17 등)에서는 하나님이 몸소 복음을 바울에게 맡기셨다고 강조한다.

사도 바울의 가장 큰 특징은 그의 사도직이 복음과 불가분의 관계를 지니고 있다는 점이다. 이것은 김태영 박사에 의하면 원시 기독교의 사도직과 유대의 사도 개념 간의 가장 큰 차이이기도 하다.[14] 바울은 "하나님의 복음을 전하기 위해 따로 세우심을 받았기"(롬 1:1) 때문에 사도이며, 사도로 부르심을 받은 목적이 이방인에게 그리스도의 복음을 전하기 위해서라는 것을 잘 안다.

그가 사도가 된 것은 세례를 베풀기 위함이 아니요, 복음을 전하기 위함인 것을 의심할 수 없다(고전 1:17). 한 마디로 복음이 없는 그의 사도직은 아무런 의미가 없다. 바울이 적대자들과의 대결에서 자신의 사도직을 시종일관 변증하는 것도 이러한 이유 때문이다. 복음이 무너지면 자신의 사도직도 무너지고 말기 때문이다. 따라서 그의 직분의 핵심은 사도직과 복음의 통일성이라고 할 수 있다.

사도직과 복음은 부활이라고 하는 종말론적 사건이 그 공통의 기원을 갖는다. 갈라디아서에서 강조하고 있듯이 오직 예수 그리스도의 계시로 위임받은 복음의 사도라면, 복음은 부활하신 주님에 의해 사도에게 위임된 구원의 메시지로 정의될 수 있다.

---

14 김태영, "고린도후서에 나타난 바울의 사도직 이해: 고린도후서 10장-13장을 중심으로," (협성대학교 박사학위논문, 2017), 92.

사도로서의 바울은 복음의 전승의 전달자일 뿐만 아니라, 그의 전 존재가 복음으로 각인된다. 바울 안에 살아계신 주님 자신이 교회를 만나기 때문이다. 복음과 십자가에 달리신 예수 그리스도의 상응 관계가 바울의 복음 증거와 고난의 삶과의 상응 관계로 연결된다.

(8) 목회자, 사도 바울

바울의 편지와 누가의 사도행전에서 바울이 자신을 향해 목회자 또는 목자와 같은 단어를 사용한 적은 없지만, 다음과 같은 바울의 서신서에서 그의 목회자 상을 볼 수 있다.

고린도 교회를 향해 그가 "이것을 쓴 것은 내가 갈 때에 마땅히 나를 기쁘게 해 줄 사람들에게 근심이 없게 하려고"(고후 2:3) 편지를 쓰는 모습, 박해받는 데살로니가 교회가 복음을 지켰고 다시 그를 보기 원한다는 말을 듣고 "여러분이 주 안에서 굳게 서 있다니 우리가 이제 살 것 같습니다"(살전 3:8)고 말하며 크게 마음을 놓는다. 그리고 자신이 당한 고난에 대해 길게 열거한 뒤에 "그런데 이와 별도로 날마다 나를 억누르는 것이 있으니, 곧 내가 모든 교회를 위해 염려하는 것입니다"(고후 11:28)라고 안도하는 모습 등에서 바울이 품고 있는 목회자의 얼굴을 발견한다.

바울은 자신이 세워 놓은 기존 교회의 성도들을 "예수 그리스도의 심장으로"(빌 1:8) 사랑하며 지속해서 돌본 목회자였다. 그러나 "그가 '하나님의 집'을 짓는 '지혜로운 건축자'(고전 3:9)로서 그리스도의 복음을 하나님의 새 성전인 교회의 기초로 닦아 놓아, 그 후에 다른 사도들이 와서 그 위에 건물을 마저 세우게 한 점에서, 또한 자신은 '하나님의 밭'에 복음의 씨앗을 심어 놓고 떠나면 아볼로와 같은 다른 사도가 후에 와서 물을 주어 자라게 했다는 점에서, 바울은 단순한 목회자라기보다는 교회를 개척하는 목회자"[15]라고 부를 수 있다.

---

15 김철홍, "바울의 소명의식과 복음 선포에 나타난 그의 전도, 개종, 교회 개척의 특징," 「신학연구」, 제14권 제2호 (한국복음주의신약학회, 2015), 207.

(9) 프로테우스적 인간, 사도 바울

그리스 신화에 등장하는 자유자재로 변화, 변신할 수 있는 신(神) 프로테우스는 큰 뱀, 사자, 용, 불 등 모든 것으로 자기 모습을 바꿀 수가 있었다. 이를 비유하여 미국의 정신과 의사 로버트 제이 립톤(Robert Jay Lifton, 1926-) 박사는 프로테우스적 인간상을 설정한 바 있다.

프로테우스적 인간의 경우에는 배경이 없는 인물이나, 정체성이 결여된 인물이나 진정한 자신을 명확화하지 않은 인물이 아니라 오히려 "현대의 사회생활에 결코 빠트릴 수 없는 기능적 형태"[16]라고 주장한다. 즉, 프로테우스적인 것 속에 자기가 있고, 자아의 발전이 있다는 것이다. 그러한 의미에서 프로테우스적 인간은 뛰어난 실존주의적 인간이라고 할 수 있다.

이렇게 볼 때 바울은 복음의 진리를 어떤 환경 속에서도 일관성 있게 주장하면서, 그 진리를 상황에 따라 적절하게 설명하고 해석하는 역동성을 지닌 프로테우스적 인간이라고 말할 수 있을 것이다.[17]

바울에게 있어서 복음의 일관성은 최종적으로 예수 그리스도 안에서 그리고 그를 통해 인류 구원의 역사를 펼쳐나가는 하나님의 이야기에 있다. 그가 그리스-로마(Greco-Roman)의 다양한 문화 공간에서 복음을 전할 때 직면한 다양한 문화적 이슈에 대해 그가 얼마만큼 융통성이 있었는지는 고린도전서 9:19-23에서 짐작할 수 있다.

> 내가 모든 사람에 대해 자유로우나 스스로 모든 사람에게 종이 됐습니다. 이는 내가 더 많은 사람을 얻기 위해서입니다. 유대 사람들에게 내가 유대 사람처럼 된 것은 유대 사람을 얻기 위해서입니다. 나 자신이 율법 아래 있지 않지만 율법 아래 있는 사람들에게 내가 율법 아래 있는 사람처럼 된 것은 그들을 얻기 위해서입니다. 내가 그리스도의 율법 아래 있기 때문에 하나님의 율법을 떠난 사람이 아니지만 율법 없는 사람들에게 율법 없

---

16 Robert Jay Lifton, *The Protean Self: Human Resilience in an Age of Fragmentation* (New York: Basic Books, 1993), 35.
17 박아청, 『바울 프로테우스적 인간』 (서울: CLC, 2019), 18-24.

는 사람처럼 된 것은 그들을 얻기 위해서입니다. 연약한 사람들에게 내가 연약한 사람처럼 된 것은 연약한 사람들을 얻기 위해서입니다. 내가 여러 사람에게 여러 모양이 된 것은 어떻게든지 몇 사람이라도 더 구원하기 위함입니다(고전 9:19-22).

2. 사도 바울의 신앙 교육 주제

실제로 초대 교회는 처음부터 예수의 진리들을 가르치는 데 힘써왔다. 사도들은 주의 명령을 따라 그의 증인이 되었다. 그들은 직접 눈으로 보고 들은 바를 전파하였다. 그들은 교회에서 오직 하나님 계시의 말씀을 따라서만 교육했다.

특히, 바울은 초기에는 유대적 배경을 자랑하는 유대인들에 대해서 집중적으로 전도 활동을 수행했다. 바울의 교육 핵심 사역을 설교와 가르침으로 보는 것은 당연한 일이다. 바울이 행한 설교의 본문들을 많이 접할 수 있다. 적어도 사도행전에서만 여덟 편을 찾아볼 수 있다.

예컨대, 안디옥, 루스드라, 밀레도, 예루살렘 층계 위에서, 예루살렘 공회에서, 가이사랴에서 멜릭스에게, 가이사랴에서 베스도와 아그립바에게 행한 설교(연설)가 있다.

누가가 기록한 바울의 설교가 실제 바울의 설교와 얼마나 유사하다고 볼 수 있는가?

누가는 12년간 바울의 선교 사역에 동고동락하면서 바울의 문체, 어휘, 기술 등을 그대로 재생할 수 있는 특별한 위치에 있었다. 또는 누가의 기록에 나오는 바울의 설교와 서신서에서 사용하고 있는 어구는 상당히 유사성이 많다는 것을 짐작할 수 있는데, 누가는 바울의 설교를 집약적이고 요약적으로 정리했음을 알 수 있다.[18]

---

18 이승현, "누가와 바울이 본 성령과 교회의 탄생," 「영산신학저널」, 제36권 (한세대학교, 2016), 232-233.

누가의 기록에서 보는 바울의 설교는 상황과 청중에 따라 각각 다른 접근을 취하고 있음을 볼 수 있다.
아래는 청중이 유대인들인 경우의 접근 방식이다.

① 권위로서 성경을 사용한다.
② 일반적인 신학적 전통과 문화적 정통에로 동일시한다.
③ 권위로서 세례 요한을 사용한다.
④ 이방인을 향한 그의 사명을 말하기를 보류한다.
⑤ 그들의 문제에 대해 이해를 하도록 한다.
⑥ 개인적인 간증을 활용한다.
⑦ 직접적인 개인적 호소를 활용한다.

다음은 청중이 이방인들의 경우 접근 방식이다.

① 일반 계시를 사용한다.
② 종교적인 관심에 대한 해설을 언급한다.
③ 그리스의 시를 인용한다.
④ 가까이 있는 환경을 이용한다.
⑤ 청중에게 적합한 연설체와 어휘를 사용한다.

바울의 서신서에 나타난 그의 가르침은 "나는 여러분에게 권합니다"라는 바울이 즐겨 사용하는 용어와 함께 시작된다. 사실상 바울의 가르침은 서신들을 쓴 동기이기도 하므로, 그 가르침을 전부 나열한다는 것은 매우 방대한 작업이 될 것이다.

그러나 바울이 서신들을 교회에 상황에 따라 일관성을 가지고 교리적인 체계를 세우기 위한 목회적 의도로 기록했음은 자명한 일이다.[19]

1) 바울의 설교와 가르침의 중심 내용

바울은 자신의 사역과 설교를 철저히 예수 그리스도의 오심과 사심과 죽으심에 기초한 '십자가의 도'에 따라 수행하려고 하였다(고전 2:1-2). 바울 사역과 설교의 이러한 모습은 특히 고린도서를 통해 피력하고 있다.

신학자 심상법(2020) 교수는 "어리석고 약한 자로서"(As One Without Wisdom and Power)의 사도 바울의 사역과 설교의 모습을 다음과 같이 표현한다.

> 사도 바울은 철저히 십자가의 복음과 삶의 스타일에 기초한 것으로서 이것은 고전 2:1-5과 11:1의 말씀에 근거한 바울의 근면에 따른다.[20]

헬라의 철학과 종교와 문화가 로마화 된 고린도라는 도시에서 사람들은 지혜롭고 강한 것(지혜와 능력)을 최고의 미덕으로 삼으며 자랑과 교만과 멸시와 시기와 분쟁의 모습이 당시의 종교와 철학에 의해 조장되고 강화되고 포장되었다. 이러한 시대사조 혹은 시대정신에 영향을 받는 고린도의 기독교 역시도 사람의 지혜 혹은 세상적으로 설득력이 있는 지혜의 말로 세속화되고 변질되었다.

그러나 바울은 이러한 시대사조와는 달리 그가 전하는 것과 그가 사역하는 모습은 그러한 세상의 모습과는 판이하게 다른 모습이었다. 그것은 그가 그들에게 고백하고 있는 것처럼, 자신이 예수 그리스도의 사도

---

19 J. E. 아담스(J. E. Adams), 『설교연구』(Studies in preaching), 정양숙·정삼지 역 (서울: CLC, 1994), 153-154.
20 심상법, "'어리석고 약한 자처럼'(As One Without Wisdom and Power): 고린도서신을 통해 본 바울의 사역과 설교 이해," 「신학연구」, 제19권 제1호 (한국복음주의신약학회, 2020), 145.

(고전 1:1)이지만 "약하고 두려워 심히 떠는 모습"(고전 2:3)으로 사역하고 전하고 있었다. 한마디로 바울은 고린도인들의 견해나 관점에서는 철저히 '어리석고 약한 자'의 모습 가운데 사역하였다.

바울은 개인적인 간증을 여러 번 사용하였다. 일반적으로 바울이 자신의 회심에 대해 간증한 곳은 고린도전서 9:1; 15:8-10, 갈라디아서 1:13-17, 빌립보서 3:4-11이 인정받고 있다. 그러나 성경 해석가들은 로마서 10:2-4, 고린도전서 9:16-17, 고린도후서 5:16, 에베소서 3:1-13을 여기에 더하고 있다. 바울이 자신의 회심을 되풀이하여 간증하고 있는 이유는 다음의 몇 가지로 생각할 수 있다.

① 사도직의 기원과 사명의 진정성을 제기(엡 3:1-13)
② 바울 복음의 신적 계시(갈 1:13-17)
③ 그리스도를 믿는 믿음으로 말미암는 의의 복음 계시(빌 3:4-11)
④ 높임 받으신 그리스도의 영광(고후 3:4-4:6)
⑤ 그리스도의 새 창조(고후 5:16)

2) 예배 의식과 신앙 규범의 중심, 신앙 고백

초대 교회의 예배에 있어서 신앙 고백은 필수적인 요건을 갖추고 있었다. 비록 완전한 신앙 고백은 신약성경에서 발견되지 않는다고 하더라도 초대 교회는 분명한 신앙 고백이 있던 신앙 공동체였다. 초대 교회는 명확한 예배 의식과 신앙 규범을 갖추고 있고 엄격한 회원 자격과 징계 조치를 시행했던 공동체를 유지하고 있었다. 이처럼 초기 기독교인들은 분명한 교리적 내용을 가지고 있었음을 알 수 있다.

이러한 사도적 신앙은 "주께 받은" 것이며, 교회에 "전하여 준" 것이다(고전 11:23). 또한, 이것은 직접 혹은 다른 충성 된 이들을 통해 간접적으로 교회에 계승되었다.

특히, 바울에게 있어서 "주께 받은 것"은 직접 주께로부터 직접 받은 계시를 말한다. 사도 바울은 자신의 복음을 이렇게 말한다.

> 내가 전한 복음은 사람에게서 비롯된 것이 아닙니다. 그 복음은, 내가 사람에게서 받은 것도 아니요, 배운 것도 아니요, 예수 그리스도의 나타나심으로 받은 것입니다(갈 1:12).

바울은 자신이 받은 계시의 독자성을 주장하며, 다른 사도들의 복음에 대해 자신의 독립성을 주장한다. 그러므로 바울에게 있어서 복음은 모든 전승에 우선한다.[21]

초대 교회에서 빈번히 반복되는 한 신앙 고백은 "예수님은 주님이시다"라는 간명한 진술이다. 바울이 이 진술을 신앙 고백으로 역설하였다는 것은 "사람은 마음으로 믿어서 의에 이르고, 입으로 고백해서 구원에 이르게 됩니다"(롬 10:10)라 하였고, "내가 여러분에게 전해 드린 말씀을 헛되이 믿지 않고, 그것을 굳게 잡고 있으면, 그 복음을 통해 여러분도 구원을 얻을 것입니다"(고전 15:2)라고 한 것으로 확신할 수 있다.

이것은 바울이 고린도 교회에 전한 복음이었고, 그들이 받은 것이었다. 그러나 4-6절에 바울이 이것을 다른 사도들과 동일한 선포임을 밝혔다는 것에 주목할 필요가 있다. 여기에서 "성경대로"(κατὰ τὰς γραφάς, '카타 타스 그라파스')는 바울이 구약성경에서 복음을 본질적으로 규명하였다는 것을 말하며, 초기 교회가 구약성경을 근거로 해서 예수의 죽으심과 부활에 대한 이해를 확증했다는 것을 말한다.

이러한 예수의 죽으심과 부활에 대한 구약성경을 근거로 한 신앙 고백문의 편린(片鱗)들이 초기 교회에 널리 사용되고 있음을 추정할 수 있다. 이렇게 바울은 주님으로부터 직접 받은 계시와 구약성경에 근거한 신앙 고백문 형식 그리고 초대 교회의 신앙 고백 전승을 자신의 서신들을 통해 선포하

---

21 김세윤, 『바울 복음의 기원』(*the Origin of Paul's Gospel*) (서울: 두란노서원, 2018), 550-551.

고 반복함으로써, 교회가 사도적 신앙을 온전히 계승하도록 교육한 것이다.

또한, 바울은 간접적으로는 질문을 통해 교회에 신앙 고백을 하게 하는 교육을 하였다. 복음서를 통해 볼 때, 예수께서는 공생애 사역에서 총 225번의 질문을 던지셨으며, 바울은 이보다 많은 250번의 질문을 했다는 통계가 있다.[22]

바울은 서신서에서 교리를 취급할 때 이러한 방법을 사용한다. 예컨대, 로마서 3:29에서 이런 질문을 한다.

"하나님은 유대 사람만의 하나님이십니까?

이방 사람의 하나님도 되시지 않습니까?"

그러나 이미 바울은 그 대답을 질문의 형식 속에 암시했다. 그러므로 로마 교인들에게 그가 원하는 고백을 얻어냈다. 이러한 방식은 바울이 유대교의 가장 기본적 신념인 유일신론을 취하여 유대교를 반박하는 데 사용하고 있다.

3) 바울이 신앙 교육에 사용한 교리적 내용

바울은 율법과 은혜라는 그의 논증이 추상적으로 보이지 않도록 하기 위해, 예리한 질문을 기독교인의 보편적 체험과 연결했다.[23]

이 질문은 다음과 같은 몇 가지 교리적 내용을 전제로 한다.

① 개인의 성령 체험은 하나님께 받아들여졌다는 보증이다.
② 이 생활의 지속성은 성령을 더 의존하는 것이다.
③ 갈라디아 교인들이 경험한 그 영적 투쟁들은 그 믿음의 점진적 발전이 끝까지 지속하고 있다는 보증이다.

22　로이 B. 주크(Roy B. Zuck), 앞의 책, 370-371.
23　이승문, "'성령의 약속'(갈 3:14)과 갈라디아 공동체의 내재화," 「대학과 선교」, 제43집 (한국대학선교학회, 2020), 35-60.

④ 성령께서는 율법으로는 전혀 산출된 적이 없는 그런 이적의 일들을 아직도 그들 가운데 수행하고 계신다.

이 네 가지가 정상적인 기독교인의 생활에서의 표준들로 간주하게 하려고 바울은 이같이 질문하고 대답을 유도하고 있다.

또한, 갈라디아서 3:19에서 이런 질문을 한다.

"그러면 율법의 용도는 무엇입니까?"

이것은 바울의 질문이라기보다 율법에 대한 그의 논증을 유대교 대적자들의 것으로 볼 수 있다. 이것은 갈라디아 교인들이 당면한 문제이기 때문에 바울이 그 질문을 던지고 있는 것 같지만 사실상 질문을 받는 거나 다름 없다. 이에 대한 바울의 대답은 명쾌하다. 곧 율법은 "약속을 받으신 그 후손이 오실 때까지 범죄들 때문에 덧붙여 주신 것입니다." 바울은 이러한 명쾌한 대답의 출처는 성경임을 밝히고 있다(갈 3:22). 따라서 그의 질문은 곧바로 성경에 의한 교리적 진술로 이어진다.

이뿐 아니라, 바울의 이러한 질문을 활용한 교육은 서신서에 수없이 나타난다. 이는 질문을 듣는 자가 스스로 대답하거나 배우려는 욕구를 유도함으로써, 교리적 내용을 알게 하는 교육적 기능을 갖는다.

바울의 교리적 질문에 대한 교회의 대답뿐 아니라, 교회의 의견과 질문에 대한 바울의 대답을 통해 바울이 이러한 문답식 교육을 통해 신앙 계승에 주력했음을 알 수 있다. 역사적으로 문답식 교육의 교육적 기능은 이미 잘 알려진 바이다. 바울이 사용했던 이러한 문답식 신앙 교육의 방법론은 지금도 고려되어야 할 교육 과정의 필수 원리라 할 수 있다.[24]

아마도 이 시대에 오늘날의 사도신경이 형성되기 시작했을 것으로 신학자들은 보고 있다. 사도신경은 대단히 짧은 분량으로 만든 것 가운데 신앙에 대한 가장 훌륭한 대중적인 요약으로 평가된다.

---

24 김근수, "사도 바울의 교회교육의 실제-바울서신을 중심으로," 「개혁논총」, 제5권 (개혁신학회, 2006), 7.

주기도문이 기도 중의 기도요, 십계명이 율법 중의 최상의 율법이듯이 이 사도신경은 신조 중의 신조이다. 필요한 모든 기독교 신앙의 근본적인 조목들을 단순한 성경적 용어를 사용하여 기술하고 있으며, 가장 자연스러운 순서인 하나님과 창조로부터 시작하여 부활과 영생으로 끝내고 있다.

기독교 신앙을 이보다 더 간단히 잘 요약한 것은 없다고 일컬어지고 있는 이 사도신경이 이 시기에 기도문으로서 태동한 셈이다. 오늘날의 내용과 같은 문장대로는 아니지만 일찍부터 이 신경의 전신들이 초대 교회에서는 세례 문답을 통해 고백 되었다.

4) 기도하는 사람, 사도 바울

바울은 뛰어난 기도의 사람이었다. 회심한 후의 바울에 대해 언급하고 있는 요점들 가운데 하나는 "그는 지금 기도하고 있다"(행 9:11)는 것이다. 그뿐만 아니라 그는 "끊임없이 기도하십시오"(살전 5:17)라고 데살로니가 교회에 명하였다.

서신서에 나타난 바울의 기도는 대략 33군데나 된다. 바울의 기도를 살펴보려는 이유는 기독교인의 기도는 공동체적인 특정을 갖기 때문이다. 기독교인의 기도가 개인적 특성을 배제하는 것은 아니지만, 훌륭한 개인의 기도 모범은 공동체를 통해 발전해 왔으며 공동체적 특성을 갖게 되었다. 바울에게는 특히 그러하다고 할 수 있다.

바울은 그 자신이 고린도전서 14:3-5에서 하나님에게 방언을 말하는 자도 교회의 덕을 세우기 위해 통역하지 아니하면 "각각 다른 음색이 다른 소리를 내지 않으면 알 수 없는 것"과 "나팔 소리가 분명하지 않은 소리를 내면, 전투를 준비할 수 없는 것"으로 비유하였다. 바울은 이처럼 기도의 교회적 유익을 매우 강조하고 있다. 이러한 가르침은 바울이 추구한 기도의 내용이 교훈적인 기능이 있다는 사실과 무관하지 않다.

바울의 서신서가 집회에서 낭독될 때, 그의 기도의 내용이 함께 들려졌다는 것을 생각한다면, 그것이 하나의 교육적 모범이 되었다는 사실을 쉽게 추측할 수 있다.

5) 성찬 집례와 제정을 통한 현장 교육

바울은 서신서 속에서 성찬을 설교와 가르침의 주요한 주제로 삼고 있다. 바울은 성찬에 대한 교훈에 관해 이것이 "주께 받은 것"(고전 11:23)이라고 하였다. 이것은 바울이 성찬에 대한 자신의 교훈을 강화하기 위해 '주의 만찬'의 전통 혹은 전승을 수용하고 전달하는 자임을 분명히 하고 있다.

바울의 성찬에 대한 집례(執禮)와 제정(制定)을 통한 교훈의 내용은 크게 두 가지로 생각할 수 있다.

첫째, 본질적인 내용으로 예수의 명령, "이것을 행하여 나를 기념하라"(고전 11:24-26)는 예수의 말씀에 기인한 것이다.

둘째, 적용적 내용으로 "자기를 살피고 주의 만찬에 참예하라"(고전 11:28)는 말씀과 "모임이 판단 받는 모임이 되지 않게 하라"(34절)는 말씀이다.

특히, 고린도 교회가 성찬에 대한 혼란이 있었다는 것을 고려한다면, 바울의 언급이 단순히 성찬의 의미를 설명하기보다, 고린도 교회의 성찬 교리를 체계화하려는 계기를 마련하는 의도였음을 알 수 있다.

특히, 두 번째 내용은 고린도 교회의 성찬의 혼란을 고치려는 의도가 보인다. 34절 끝에 바울이 "나머지 문제들은 내가 가서 말하겠습니다"라고 한 것은 결코 우연이 아니다. 바울이 후에 무엇을 가르치려고 했는지에 대해 알 수 없지만, 그것이 주의 만찬에 대한 관련된 것이라고 짐작하는 데는 어려움이 없다.

이로써 바울이 성찬에 대한 전승을 단지 전달하는 것에만 그치지 않고, 그것에 창조적인 첨가를 하여 성만찬에 대한 의식적 제도를 확립하려고 시도한 것을 짐작할 수 있다. 이것은 비단 고린도 교회뿐만 아니라 이 서신을 회람하는 모든 교회에 성찬 예식의 제도 수립에 적지 않은 영향을 끼쳤을 것으로 생각된다. 또한, 이것은 바울이 성찬을 교회 교육의 아주 중요한 주제로 삼고 있었다는 것을 의미한다.

6) 바울의 독창적인 인간론, 겉 사람·속사람

예수에게 사람의 '속'은 인간의 진정성을 판별하는 중요한 기준으로 인간의 '겉'에 치중하는 예전적·제의적 인간형의 '회칠한 무덤' 같은 행태에 비판적 기준으로 작용한다. 나아가 바울에게 '속사람'은 '겉 사람'과 짝하여 '옛사람'·'새사람'의 이중적 대립 구도를 확대·심화하는 개념으로 사용된다.

외식적인 사람들을 질타하신 예수에 비해 바울은 겉 사람·속사람을 내세워 인간 본성에 대한 독창적인 견해를 드러낸다. 바울의 인간 본성론의 독특함은 "겉 사람"과 "속사람"(고전 4:16, 엡 3:16), "옛사람"과 "새사람"(롬 6:6; 엡 4:22; 골 3:9-10) 그리고 "육체적인 사람"과 "영적인 사람"(고전 2:14-15)과 같은 대조 구조에 있다.

바울에게는 '안에 있는 사람 속사람'과 '밖에 있는 사람 겉 사람'이라고 하는 생각은 물론 이에 해당하는 말도 구약성경에는 없다. 말하자면 이 사상은 신약성경, 특히 국제인 바울에게서만 나타나는 독특한 것이라 할 수 있다. 바울은 겉과 속의 인간을 조명하는 것과 함께 '우리의 옛사람'을 언급함으로써 특정 시점을 중심으로 인간의 존재론적 위상이 전환되고 있음을 시사한다.

바울의 친필 서신 가운데 유일하게 '옛사람'을 언급하는 부분은 다음과 같다.

우리의 옛사람이 십자가에 못 박힌 것은 죄의 몸이 멸해져 우리가 더 이상 죄의 종이 되지 않게 하려는 것임을 압니다. 이는 죽은 사람은 이미 죄에서 벗어났기 때문입니다 (롬 6:6-7).

이 말의 사용하는 방법은 다양한 '속사람들'과 같은 경우는 교회의 안과 밖의 의미, "안에 있는 사람으로서 하나님의 율법을 섬기고 있으며", "겉 사람은 낡아가나, 우리의 속사람은 날로 새로워진다"는 말은 내적 인간, 외적 인간을 의미한다.

바울에게 이 독특한 사상이 나온 것을 역시 그의 생애와 관련해서 이해해야 할 것이다. 이른바 그의 일생은 '겉 사람'(ὁ ἔξω ἄνθρωπος, 호 엑소 안드로포스)으로서는 로마법에 따르고, 그 보호를 받으며 또 스스로 그것을 이용하는 인간이지만, '속사람'(τὸν ἔσω ἄνθρωπον, 톤 에소 안드로폰)은 어디까지나 유대인이었다.

그러나 이것은 유대인에게는 도저히 인정할 수 없었다. 그들에게 있어서는 하나님과의 계약이 절대적이고 그 계약인 율법을 준수한다는 것이 곧 신앙이며 구원이기 때문에 바울과 같은 생각을 받아들일 여지가 있을 수 없다. 이렇게 생각하면 바울의 사상이 당시의 세계에 있어서 얼마나 독특한 것인지가 이해가 갈 것이다. 그리하여 이 생각은 '속사람'과 '겉 사람'이라는 모양으로 그 후의 서구 문명의 방향을 결정하는 데 영향을 주었다.[25]

이 '겉·속사람'의 개념에 대해 신학자 한스 디터 베츠(Hans Dieter Betz) 교수는 바울이 고린도 교회 내에 활성화된 중간기 플라톤 철학의 영육 이원론적 인간론에 대한 논의에 그 나름의 답변을 요구받는 상황에서 자신의 동역자들과의 대화를 통해 이 개념을 선택하여 나름의 맥락(인간론적, 기독론적, 구원론적)에서 변용함으로써 서구 문명의 방향에 심대한 영향을 주었다고 주장한다.

---

25 Hans Dieter Betz, "The Concept of the 'Inner Human Being'(ho-eso-anthropos) in the Anthropology of Paul," *New Testament Studies*, 46(3), (2000), 315-341.

바울이 추구하는 겉 사람과 속사람의 궁극적인 목표는 기독교가 보이는 것을 추구하는 것이 아니라 보이지 않는 것을 추구하는 것임을 표방한다는 것은 다음에 제시하고 있는 그의 고백에서 알 수 있다.

> 그러므로 우리는 낙심하지 않습니다. 우리의 겉사람은 쇠할지라도 우리의 속사람은 날마다 새로워지고 있습니다. 우리가 잠시 당하는 가벼운 고난은 그것 모두를 능가하고도 남을 영원한 영광을 우리에게 이뤄 줄 것입니다. 우리가 주목하는 것은 보이는 것들이 아니라 보이지 않는 것들입니다. 보이는 것들은 잠깐이나 보이지 않는 것들은 영원하기 때문입니다(고후 4:16-18).

3. 사도 바울의 신앙 교육 원리

바울서신에서 보이는 신앙의 실천적인 면을 고려해 볼 때 그의 교육 원리를 다음과 같이 몇 가지를 추출할 수 있다.

1) 인류는 한 가족, 형제자매

예수가 부르짖은 하나님 나라의 구현에 일생을 바친 사도 바울 역시 모든 인류는 한 형제자매로서 예수 안에서는 모두가 하나라는 의식이 있었다. 바울서신 전편에서 시사하고 있지만, 구체적으로 모든 인간은 예수 안에서 하나라고 하는 사실은 갈라디아서 3:28에서 강조하고 있다.

여기에는 유대 사람(인종 또는 종족), 그리스 사람(인종 또는 민족), 종, 자유인(신분 또는 계급), 남자, 여자(성)도 없는 평등한 인간관계를 가지고 있다.

> 유대 사람도 없고 그리스 사람도 없고 종도 없고 자유인도 없고 남자도 없고 여자도 없습니다. 여러분 모두는 그리스도 예수 안에서 하나기 때문입니다(갈 3:28).

2) 예수 중심적인 교육

그리스도에 사로잡힌 바울의 교육은 예수를 중심으로 이루어 가는 교육이었다. 즉, 예수를 모든 피교육자에게 삶의 중심이 되게 하는 방식을 취하였다. 바울의 제자 교육은 구체적으로 그리스도의 삶을 본(本)으로, 모든 기독교인의 삶의 모델로 제시하는 예수 중심적 교육이었다고 말할 수 있다.

바울의 삶 자체가 그리스도 중심적인 예수에 사로잡힌 바울의 교육은 그리스도 중심적 교육이었다. 즉, 예수가 바울의 모든 것이었듯이 그의 교육 역시 무엇보다도 그리스도를 푯대로 하는 예수 중심적 교육이었다.

3) 본(本)보기 교육

바울의 교육은 예수의 교육과 마찬가지로 가르침과 본(本)이 서로 일치된 산교육이고 '생활의 교육'이었다. 바울의 편지들과 그에 대한 사료들을 검토해보면 "그 자신이 경험하고 그의 말과 활동으로 야기된, 그의 역사 그리고 그의 소신과 신학이 얼마나 영속적이고 철저한 상관관계에 있는가 하는 것을 알 수 있다."[26] 그의 활동이 그의 소신과 신학이었고, 그의 소신과 신학은 그의 말과 활동에서 핵심적인 구심점이 되었음을 분명히 볼 수 있다.

예수는 모든 그의 제자들을 하나님의 자녀로 선포하였고, 그들에게 하나님의 사랑을 본받을 것을 촉구하셨다. 바울은 예수를 모든 믿는 자들의 구조로 선포하고 예수를 본받을 것을 촉구했다. 또한, 중요한 것은 예수께서 제자들을 위해 본이 되는 삶을 사셨다는 것이다. 바울도 예수께서 제자들에게 따를 것을 요청하신 것처럼 그의 교회 성도들에게 그를 본받을 것을 촉구하였다.

---

26 김태영, "고린도후서에 나타난 바울의 사도직 이해: 고린도후서 10장-13장을 중심으로," 97.

> 내가 그리스도를 본받는 자 된 것 같이 너희는 나를 본받는 자 되라(고전 11:1).

이것이 사도 바울 교육의 특징이다. 그는 본(本)을 제시하고 또 자신이 본의 삶을 사심으로써 철저한 본보기의 교육을 시행하였다. 사도 바울의 윤리는 한마디로 "그리스도를 본받아" 사는 것이다.

궁극적으로 사도 바울의 교육 목표는 예수 그리스도를 닮아가는 인간을 형성하는 것이라 할 수 있을 것이다. 바울의 목회서신 가운데 디모데전서 4:6-16에는 올바른 교회 지도자의 상(像)이 묘사되어 있다. 11절에서 바울은 디모데(교직자)에게 6-12절에 기술된 것을 가르치라고 권면한 후, 바로 다음 구절인 12절에서 교직자의 말이나 행실이나 사랑이나 믿음이나 순결에 있어 신도들의 본이 되어야 한다고 권면한다.

이처럼 교직자의 모범적인 삶으로서의 촉구는 가르치는 일과 연관되어 있는데, 이러한 바울의 본보기 교육에 관한 관심은 15절에서도 엿볼 수 있다. 여기서는 디모데 자신과 그의 말을 듣는 사람들의 구원을 위해 디모데가 발전하는 모습을 보여야 한다고 촉구한다. 이것은 바로 12절에서 언급된 내용, 즉 교직자는 신도들의 본보기 되어야 한다는 권면과의 연관 속에서 이해할 수 있다.

심지어 바울은 "너희 믿음의 제물과 섬김 위에서 내가 나를 전제(奠祭)[27]로 드릴지라도 나는 기뻐하고 너희 무리와 함께 기뻐"(빌 2:17)하면서, 감옥에서 자신의 죽음을 예견하며 자신의 생애의 어떤 상황보다 자신이 위임받은 일에 목숨을 걸었다. 이는 "자기를 낮추시고 죽기까지 복종하셨으니 곧 십자가에 죽으심"(빌 2:8)을 보여 준 "그리스도 예수의 마음"(빌 2:5)을 본받고 자신의 삶과 말속에 예수 그리스도께서 살아서 역사하는 것을 의미하였다.

27　전제(Drink offering): 구약 시대에 행해진 제사 방법 중 하나로 피를 상징하는 포도주를 붓는 의식(출 29:40-41; 민 15:5)이다.

4) 사랑의 교육

1세기의 바울은 오늘의 사회적·정치적 민주주의 체제보다는 사람들의 인격의 힘에 더 높은 가치를 두었다. 바울은 영적인 자유를 전파하는 사람이었지만 자유보다도 더 귀한 것이 있다고 설파했다. 그것은 사랑이었다. 그 사랑은 성령으로부터 나 온 섬김의 자유였다. 그에게서 만나는 모든 사람은 "그리스도께서 위해 죽으신 형제"(고전 8:11)였기에 주님의 심장으로 모든 사람을 섬기고 사랑하게 된 것이다.

바울의 교육은 사랑과 화해의 교육이었다. 바울은 그가 세운 교회의 교인들을 영적 자식처럼 대하였고 또한 영적 자녀처럼 교육하였다. 사도 바울은 자신의 교회에 속한 성도들에게 영적인 아버지로서 "너희는 나를 본받는 자 되라"(고전 4:15-16)고 권면한다. 여기에서 바울의 자아의식을 보게 되는데, 그는 자신의 위치를 영적 아버지의 위치로 밝히고 있다.

부모와 자식의 관계는 위에서 언급한 바와 같이 기본적으로 '사랑의 관계'요, 부모의 자식 교육은 '사랑'과 '용서'를 기본 바탕으로 하는 교육이다. 이것은 바울이 말한 일만 교사나 스승들의 교훈과 바울의 그것(교훈)과의 차이점이라 할 수 있다.

바울은 교인들을 고난과 박해와 분만의 진통 속에서 낳은 자식처럼 사랑하고 자식처럼 교육한 것이다. 부모와 자식에 대한 교육은 이론과 감시의 교육이 아니라 용서와 사랑을 토대로 한 본의 교육인 것처럼 바울의 교육은 사랑과 헌신과 구체적 본의 제시를 토대로 한 복음적 전인 교육이었다.

5) 자유의 교육

바울의 교육은 주체 의식이 없는 맹목적인 모방이나 주입식 강요를 통한 교육이 아니라 참 자유와 해방의 교육이다. 율법이 감시 감독하는 파이다고고스(초등교사)의 역할을 했고 율법의 교육이 맹목적 주입식 교육의 성격을 띠고 있었다면 복음의 교육은 그리스도 안에서 참 자유인이 된 해방인들을 위한 교육이었고, 개방적이고 진취적인 민주적 성격을 띤 교육이라 할 수 있다.

예수께서 먼저 그의 제자들을 죄에서 해방해 자유롭게 해 주시고 자유인으로서 그들을 교육하여 천국 복음의 전파자로 파송하신 것처럼, 바울은 그의 복음을 받아들이는 사람들에게 그리스도 안에서의 참 자유와 해방 그리고 하나님 자녀의 특권을 선포하고 그들을 하나님의 고귀한 자유인으로 교육을 하였다.

사도 바울은 결코 기독교인들의 자율 능력을 의심하는 보수적이거나 폐쇄적인 교육자는 아니었다. 그는 죄의 사슬에 얽매여서 포로나 노예와 같은 상태에 있던 유대인과 이방인들에게 참 자유와 해방을 선포하였다. 바울의 교육은 속박에서 자유로, 종의 신분에서 하나님 자녀의 신분으로 탈바꿈시키는 교육이었다.

제7장

명설교가 베드로와 야고보의 신앙 교육

1. 성령이 충만한 베드로의 설교

예수께서 잡히시던 밤에 예수를 세 번이나 부인하고 예수가 처형당한 후에 다시 갈릴리 바다로 돌아가서 고기를 다시 잡는 등 인간적인 나약함을 보였던 그가 부활하신 예수를 만난 후에는 공공장소에서도 대담하게 예수를 외치는 명설교가로 거듭 태어났다.

베드로 사도는 초대 교회에서 중심된 역할을 했는데 원시 기독교의 공동체의 신앙생활의 초석을 닦았다. 베드로는 그는 교육을 제대로 받지 못한 사람이었지만 예수의 초림과 재림을 분명하게 설정하고 초림과 재림 사이의 기간에 살아가야 할 신앙의 목표를 신학적으로 심도있게 다룬 베드로전·후서를 기록하였다.

1) 회개를 가르치는 설교자, 베드로

세례 요한과 예수가 회개의 세례(막 1:4)와 회개 선포(막 1:14-15)로 공적 사역의 첫 문을 여는 점은 매우 인상적이다. 마찬가지로 예수의 부활과 승천 후 새로운 구원의 역사의 출발점인 오순절 사건 직후 베드로가 회개로 설교를 시작하였다는 것 역시 흥미롭다.

세례 요한과 예수가 사역의 시작을 회개의 선포로써 새 시대의 개막을 알린 것처럼 베드로가 회개를 설교하는 것도 오순절 성령 역사의 시작과 더불어 맥을 같이한다. 베드로의 회개 설교가 구약 전승에 충실하다고 가정할 때, 하나님에게 돌아오라는 권고를 예수 그리스도로 대치한 것은 예수가 하나님이라는 사실을 대변하는 것이다.

구약에서 선지자들은 회개를 뜻하는 전문 용어로 명사를 사용하지 않았다. 대신 회개의 동사 "하나님께 돌아오라"는 뜻에서 율법과 언약을 강조하였다. 베드로의 회개 설교가 구약 전승에 충실하다고 가정할 때, 하나님에게 돌아오라는 권고를 예수 그리스도로 대치한 것은 예수 그리스도가 하나님이라는 사실을 대변하는 것이다.[1]

사도행전에는 베드로의 설교는 아홉 편이 있는데, 그중에서도 비교적 설교의 형식을 갖춘 가장 대표적인 설교는 오순절 성령 강림 직후에 행한 설교(행 2:14-30), 성전 미문에 앉아있던 장애인을 고친 후 솔로몬 행각에서의 설교(행 3:12-16) 그리고 고넬료와 그의 친척들에게 행한 설교(행 10:34-43)라고 할 수 있다.[2]

이 세 편의 설교는 베드로가 서로 다른 형편에서 다른 목적을 가지고 각기 다른 대상에게 설교하였다.

첫 번째, 오순절 설교는 예루살렘에 모여든 유대인과 입교한 이방인들에게 오순절 성령 강림에 대한 해석을 시작으로 선포된 것이다. 세례 요한과 예수가 사역의 시작을 회개를 선포함으로써 새 시대의 개막을 알린 것처럼 베드로가 회개를 설교하는 것도 오순절 성령 역사의 시작과 더불어 맥을 같이한다.

---

1 하워드 마샬(I. Howard Marshal), 앞의 책, 317-336.
2 윤은희, "베드로 설교에 나타난 '회개' 모티프 연구," (호서대학교 박사학위 논문, 2007), 84.

두 번째, 솔로몬 행각에서의 설교는 예루살렘 솔로몬 행각에서 장애인을 고친 것이 원인이 되어 유대인들을 청중으로 하여 구원의 문이 아직 유대인들에게 열려있다는 내용으로 설교하게 된 것이다. 베드로는 장애인을 일으킨 능력은 예수의 이름에 있는 것이고, 고침을 받은 자는 믿음으로써 이 능력을 힘입었다는 것을 강조하고 있다.

세 번째, 고넬료 집에서의 설교는 이방인 고넬료와 그의 친척들을 문이 열려 있음을 전하게 된 상황이다. 고넬료는 베드로를 통해 복음을 듣고, 예수가 유일하신 참 하나님이라는 사실을 알고 변화되었다.

신학계에서는 일반적으로 고넬료와 그의 친척들 앞에서 행한 베드로의 설교는 이방인인 고넬료가 구원받음으로 예수의 복음이 인종적으로는 유대인을 넘어 모든 민족에게, 지리적으로는 팔레스타인을 벗어나 로마 세계까지 확장될 수 있음을 설명한다고 평가한다.[3]

이상에서 본 세 편의 설교는 각기 다른 장소와 상황 속에서 하나님의 말씀을 선포하고 있지만, 그 안에서 공통적인 신학 사상을 담고 있다. 특히, 베드로의 설교에는 공통으로 대상이 누구든 회개를 촉구하고 있다는 점이 뚜렷하게 나타난다.[4] 사도 베드로는 사도행전 초반부에 기록된 대로 초대 교회사에서 매우 중요한 위치를 차지하고 있으며 훌륭한 지도력을 발휘하였다. 예수께서 승천하시자, 이어서 그는 가롯 유다를 대신할 후임을 선출하는 회의를 주관하였다(행 1:15-26).

사도행전 2장에서 베드로는 오순절에 성령의 충만함을 받아 예수 그리스도의 복음을 선포했다. "베드로의 오순절 설교는 초대 교회 복음 선포의 전형이다. 이 설교를 통해 부활하신 예수께서 '주와 그리스도' 되심이 선포

---

[3] 이영호, "고넬료의 집에서 행한 베드로의 설교에 대한 연구(행 10:23b-43)," 「영산신학저널」, 제56권 (한세대학교, 2021), 98.

[4] 김성규, "베드로의 설교에 나타난 회개권고," 「신약논단」, 제20권 제4호 (한국신약학회, 2013), 985-1016.

되었고, 이 설교를 원형으로 이후에 바울과 다른 전도자들이 예수 그리스도의 복음을 선포했다."[5]

베드로는 담대하게 오순절 주일에 무리를 향해 설교하였으며, 그의 설교는 약 3천 명을 회개시킬 정도로 강력하였다. 이 설교가 명백하게 보여 주는 바는 사도 베드로가 구약성경에 정통하였다는 사실이다. 이 설교를 통해 베드로는 구약의 예언 및 모형과 나사렛 예수 사이와의 관계를 분명히 알고 있었으며, 베드로는 구약적 하나님 백성의 연속으로 나타난 예수 그리스도의 교회에 허락하신 성령의 은사를 통해 구체화된 연속성을 인식하였음을 짐작할 수 있다.

오순절 이후 베드로는 성전 미문(美門)의 일어설 수 없는 장애인을 기적적으로 낫게 하였다. 또 베드로는 또 다른 설교를 하였으며, 이로 인해 베드로와 요한은 체포되어 옥에 갇히게 되었다. 다음 날 아침, 베드로는 법정에서 매우 담대하게 답변하였다.

베드로는 가이사랴의 로마 백부장 고넬료가 회심하여 세례를 받은 후, 이어서 예루살렘으로 돌아가 베드로의 이방인 선교 사역을 반대하는 '할례당'의 비평에 대해 답변하였다. 핍박이 심해지면서 헤롯은 요한의 형제인 야고보를 죽이고, 베드로를 옥에 가두었다. 그날 밤 천사는 기적으로 베드로를 옥에서 풀어 주었다. 베드로는 마리아의 집에 모여서 그의 구원을 위해 열렬히 기도하고 있던 신자들에게 주께서 건져 주신 사실을 이야기한 후, 그곳을 떠나 "다른 곳으로 갔다"(행 12:12-17).

베드로가 어디로 갔는지는 알 수 없으며, 따라서 여기서부터 그의 행적은 확실하지 않다. 분명히 예루살렘 교회에서 베드로가 차지했던 위치는 종지부를 찍게 되었고 야고보가 그 지도권을 떠맡았다. 사도행전에서는 예루살렘 공의회를 열었을 때 베드로가 다시 한번 나타난다(행 15장). 이 공의회에서 베드로는 이방인에 대한 선교를 변호하였다. 이뿐만 아니라 그는

---

[5] 이성민, "사도행전 2장의 베드로의 오순절 설교 이해: 사도적 복음 선포의 전형," 「신학과세계」 제101집 (감리교신학대학교, 2021), 181.

공의회에서의 논쟁에 있어서 쾌히 절충이 이루어지도록 도움을 주었다.

사도 바울은 갈라디아서에서 베드로와 이방 선교에 대한 그의 관련성에 관해 흥미로운 입장을 가졌다. 바울은 말하기를 그가 회심한 지 3년째 되는 해에 예루살렘에 있던 베드로를 15일 동안 방문하였다고 하였다. "십 사년 후에" 바울은 다시 예루살렘을 방문하였다. 이 방문을 사도행전 15장에 있는 예루살렘 공의회에 참석한 것으로 간주하는 것은 매우 타당한 듯하다. 바울은 야고보와 베드로(게바)와 요한을 가리켜 그 교회의 기둥이라고 하였다(갈 2:9). 더욱이 바울은 할례 자에 대한 베드로의 선교와 무할례 자, 즉 이방인에 대한 바울과 바나바의 선교를 구별하였다.

베드로는 본도와 갈라디아와 갑바도기아와 아시아와 비두니아에 있는 신자들에게 베드로전서를 보냈는데, 이 지방은 타우루스산맥과 흑해 사이에 있는 지역이었다. 추측하건대 베드로는 이 지역에서 복음 사역에 힘쓴 듯하다.

2) 사도 베드로의 선교 활동

바울이 떠나간 후에 베드로는 안디옥에서 상당 기간 머물렀다. 이 사실은 초기 기독교도들이 제시하는 안디옥의 주교 목록에서 확인된다. 3세기의 교부인 오리게네스 이래 초기 기독교도들은 안디옥의 1대 주교는 바울이 아니라 베드로라고 파악하였다. 바울이 안디옥 교회에 3년이나 체재했음에도 바울이 아니라 베드로가 초대 주교로 추앙되었던 것은 베드로가 안디옥 교회에 새로운 토대를 구축했음을 의미한다.[6]

---

6   3세기의 기록인 「사도 헌장」(*Apostolic Constitutions*)은 베드로를 초대 주교로 제시하지 않고 베드로가 임명한 에보디우스가 초대 주교이고 바울이 임명한 이그나티우스가 2대 주교였다고 전한다. Bradshaw, Paul F., *The Search for the Origins of Christian Worship* (Oxford University Press, 2002), 85–87.

안디옥 교회가 베드로를 계승했다는 것은 안디옥 교회의 신학에서도 확인된다. 원래 안디옥 교회는 진보적인 헬라파가 세웠으며, '안디옥 사건'이 발생하기 이전까지 이교도 출신 신자와 유대인 출신 신자 간의 차별을 철폐하는 진보적인 태도를 보였다.

그러나 바울이 안디옥 교회를 떠난 후 안디옥 교회에서 바울 신학의 색채는 엷어졌다. 이 사실은 안디옥 교회의 3대 주교로 2세기 초에 순교하였으며, 여러 교회에 편지를 쓴 교부 이그나티우스에게서 확인할 수 있다.[7]

베드로는 예루살렘 교회의 선교사로서 여러 지역을 여행하고 다녔으며, 고린도는 교통의 중심지였다. 특히, 베드로가 로마에 선교했다는 사실을 생각해 볼 때 베드로가 로마에 가기 전에 고린도를 방문했을 가능성이 높다. 고린도 교회의 신자들이 베드로를 본 적이 있다는 사실은 바울의 글에서도 확인된다. 바울은 고린도 교회 신자들에게 "우리가 다른 사도들과 주의 형제들과 게바와 같이 믿음의 자매 된 아내를 데리고 다닐 권리가 없겠느냐"(고전 9:5)라고 말하였다.

만약 고린도 교회의 신자들이 베드로가 그의 아내를 데리고 선교 여행을 다니는 것을 본 적이 없다면 바울의 이 말은 성립하기 어렵다. 따라서 베드로는 고린도를 방문한 적이 있으며, 그때 고린도 교회의 신자들 일부가 깊은 감명을 받고, 바울이 아니라 베드로를 최고 지도자로 삼아야 한다고 생각했음이 틀림없다.

베드로의 선교는 고린도에서 끝나지 않았다. 아시아에서 고린도를 지나 서쪽으로 가면 로마에 닿는다. 베드로는 바울이 그랬듯이 예루살렘에서 출발해서 서쪽, 즉 로마 제국의 수도인 도시 로마로 향했다. 1세기 후반과 2세기의 여러 문헌이 베드로가 로마에서 활동했다는 것을 입증한다.

신약성경은 베드로가 로마에 갔다는 것에 대해 언급하는 바가 없다. 그러나 베드로가 로마에 거주한 것은 초기 기독교 문헌에 입증되고 있다. 가

---

7   정기문, "베드로 재평가를 위한 선교 활동 고찰,"「서양고대연구」제53권 (한국서양고대역사문화학회, 2018), 81.

장 최초의 참고 자료는 로마의 감독 클레멘트(약 A.D. 88-97)가 고린도 교인들에게 보낸 서신(클레멘트 I서)에서 볼 수 있다. 4세기 기독교 역사가인 유세비우스는 베드로의 로마 방문에 대해서 다음과 같이 이야기한다.

> 클라우디우스 통치기에 우주의 섭리자께서 절대적인 선과 인간에 대한 사랑으로 사도 가운데 가장 강하고 위대한 베드로를, 그의 뛰어난 덕으로 다른 사도들의 지도자였던 베드로를 로마로 이끄셨다.[8]

A.D. 200년경 터툴리아누스는 네로 통치하의 로마에서 발생한 베드로와 바울의 순교를 언급하였다. 유세비우스는 초기의 권위 있는 자료를 인용하면서 베드로와 바울이 로마에서 네로의 박해 기간에 순교하였다고 기록하였다. 베드로는 로마 교회에서 활동하고, 거기서 순교함으로써 로마 교회에 의해서 최고의 지도자로 숭앙 되었다.[9]

3) 베드로 설교의 중심, 이방인의 구원

베드로 설교의 핵심은 예수 그리스도의 사건 중심이었다. 철저하게도 예수로 시작하여 예수로 마치는 설교였다. 예수 그리스도는 베드로에게 있어서 "나사렛 예수"(행 2:22)로 이해되었다. 그러나 베드로에게 예수는 "그리스도요, 살아계신 하나님의 아들"(마 16:16)이시다. 그에게 예수는 '주 예수', '주 예수 그리스도'가 되신다. 이는 간증의 적용이 된다.

또한, 베드로 설교의 핵심은 그리스도의 죽음과 부활이다. 예수의 죽음은 단순한 순교이거나, 모범적인 자기희생이 아니라, 죄인들을 위한 대속

---

8 유세비우스(Eusebius Pampilius), 『유세비우스의 교회사』(The Ecclessiastical History), 엄성옥 역 (서울: 은성, 1995), 6.
9 정기문, 앞의 책, 91에서 재인용.

적 죽음이었다. 예수의 부활은 신적 자기 증명의 필연적 사건이다.[10]

베드로의 설교는 유대인들뿐 아니라, 이방인들을 대상으로도 수행되었다. 그 설교의 내용이 유대인들은 복음을 배척하고, 이방인들은 복음을 환영하는 요소가 드러난다(행 11장). 베드로가 고넬료의 가정에서 한 설교를 통해 사도행전 기자는 이방인도 구원받았다는 사실을 분명히 한다. 하나님이 이방인들의 마음을 깨끗하게 하시고, 주 예수의 은총이 주어짐으로 그 정당성이 부여된다. 하나님이 예수를 메시아로 보내 주심으로 말미암아 이스라엘과의 언약을 성취하셨기 때문에 이제 아무런 차별 없이 이방인도 언약 가족이 될 수 있다.

사도행전 기자는 복음이 누구에게나 보편적으로 제시되어야 한다는 사실을 강조한다. 보편주의는 다른 어느 복음서보다 사도행전에서 가장 많이 부각되어 있다. 사도행전은 특정 그룹이나 출신 성분을 편들지 않고 다 수용하는 것이 이질적 구성원으로 이루어진 공동체가 존립할 수 있는 근거를 마련한다.

오순절 성령 강림은 언어적 장벽과 지리적 장벽과 인종적인 장벽 그리고 성별적이며 계층적인 장벽까지도 철폐하였다. 유대인뿐만 아니라 이제는 이방인도 예수로 인해 구원을 받게 된 것이다. 예루살렘 사도 회의 때 행한 베드로의 마지막 설교는 구원은 할례나 율법을 지킴으로서가 아니라 오직 믿음으로 그리고 오직 은혜로(행 15:11) 받는다는 중요한 토대를 마련하여 놓았다.

4) 베드로가 표방하는 기독교인의 정체성

사도 바울처럼 사도 베드로 역시 적대적 주변 세계 속에서 교회가 지녀야 할 정체성에 관해 관심을 가지고 박해와 고난 속에서 택하심을 받은 자

---

10 Paul Bornett, *The Importance of Peter in Early Christianity* (Authentic Media, 2016), 33-42.

들의 공동체 교회의 집단 정체성을 그의 서신서 베드로전서에서 강조하고 있다.[11]

베드로는 교회의 독특성을 강조한다. 그가 말하는 독특성은 서신의 첫 부분부터 등장한다. 교회는 하나님의 "택하심을 받은 자들"이며, "하나님 아버지가 이미 아신 자들"이다. 교회는 "성령으로 거룩해진 자들"이며, "예수 그리스도의 귀한 피 뿌림을 받은"(벧전 1:2) 자들이다. 그들은 거듭났고, 하나님의 능력으로 보호하심을 받고 있으며, 일시적인 고난으로 훼손될 수 없는 산 소망으로 궁극적인 구원과 영광의 상속을 기다리고 있는 자들이다.

이 표현들은 교회가 세상과 구별된, 하나님의 사랑과 돌보심을 받는 특별한 공동체임을 암시한다. "택하심을 입은 자들"이란 말이 하나님의 수직적인 관계를 드러낸다면, "흩어진 나그네"[12]라는 말은 주변 세상과의 수평적인 관계를 나타낸다. 이처럼 교회는 하나님의 선택으로 구별되었음에도, 아니 하나님의 선택으로 성별 되었기 때문에 이 세상이 본향이 아닌 '나그네'가 되었다는 것이다.[13]

따라서 수신자들은 "나그네(πάροικος, 파로이코스)와 거류민"(παρεπίδημος, 파레피데모스, 손님)(2:11)으로서 주변 세상과 거리를 두어야 하며, 이 세상의 가치관에 일방적으로 동화되어서는 안 된다. 본향인 천국에 소망을 둔 신앙 공동체라면 결코 이 땅에 안주할 수 없기 때문이다.

베드로전서에는 일반적으로 교회를 지칭하는 '에클레시아'라는 용어는 나오지 않지만, 초기 기독교 공동체가 가졌던 교회의 개념은 두드러지게 나타난다. 에클레시아의 언어적 의미는 "~로부터 불러낸 사람들"이라는 의미가 있다. 그런데 베드로전서 2:9를 보면, 교회는 하나님이 특별히 하나님의 아름다운 덕을 선포하도록 "어두운 데서 불러낸" 공동체임을 제시한다.

---

11 이승호, "베드로전서에 나타난 교회의 정체성," 「선교와 신학」, 제41집 (장로회신학대학교, 2017), 458.
12 J. R. 미켈리스(J. R. Michaelis), 『베드로전서』 (Word biblical commentary: 1 Peter), 박문재 역 (서울: 솔로몬, 2006), 62-76.
13 위의 책, 115-116.

베드로전서에는 교회를 가리키는 "너희"라는 용어가 서신 전체에 걸쳐 42회나 등장한다. 따라서 "너희"라는 2인칭 복수 대명사를 믿음의 공동체인 교회를 가리키는 말로 보아도 무방할 것이다. 그리하여 하나님의 택하심(1:1; 2:9; 5:13)과 부르심(1:15; 2:9; 3:9; 5:10) 그리고 사명은 기독인으로서의 새로운 정체성의 가장 기본적인 근거가 된다. 그들은 아직 세상에 살고 있지만, 이 세상에 속한 사람들이 아니라 하나님의 영역에서 하나님의 영광을 위해 살아야 할 존재들이다.

··· 우리의 시민권은 하늘에 있다 ··· (빌 3:20).

더 나아가 베드로전서의 저자는 교회를 참 이스라엘로 생각한다. 그는 교회를 "택하신 족속이요, 왕 같은 제사장들이요 거룩한 나라로 그의 소유된 백성"으로 규정함으로써, 과거 하나님의 백성이었던 이스라엘에게 제공된 지위를 기독교인들에게 돌리고 있다.

그들이 이방인 기독교인이라도 이제는 하나님의 백성이 되어 과거 이스라엘의 특권을 누리는 자들이라고 언급한다. 이러한 자기 정체성의 고취는 아직 수적으로나 질적으로 미미한 초기 기독교 공동체가 하나의 독립된 공동체로 형성되는 데 매우 크고 중요한 역할을 했을 것이다. 교회의 독특성과 함께 베드로전서의 저자가 교회의 연대와 결속을 강조하는 것은 당연한 귀결이었다. 공동체의 분열은 곧 교회의 집단 정체성의 파괴를 의미하기 때문이다.

베드로전서는 교회가 주변 사회로부터 받는 배척과 박해로 인해 배교(背敎)의 위험성까지 있다는 사실을 알고 있다. 사회 과학적 분석에 의하면, 외부 세계와의 갈등과 사회 상황에 대한 실망을 지닌 진취적이고 미래 지향적인 공동체들은 외부 세계에 대항할 수 있는 내적 응집력을 추구하기 마련이다.[14]

---

14 캐롤라인 오시에크(Carolyn. Osiek), 『신약의 사회적 상황』(*What are they saying about the social setting of the New Testament*), 김경진 역 (서울: CLC, 1999), 119-120.

이런 점에서 베드로전서에는 집과 그것에 대한 모티프가 많이 나타난다. 앞에서 언급한 바와 같이 교회는 사회·정치적으로 소외된 사람들에게 안전과 소속감 그리고 연대할 수 있는 '집'을 제공해 주었다. 그 집은 '신령한 집'이며 하나님을 모신 하나님의 집이다(벧전 4:17).

그 집에서는 하나님이 아버지가 되시며, 동료 기독교인들은 하나님의 자녀요, 형제자매가 되는 가족 공동체이다. 신자들은 고난을 받을 때 고립되지 않고 하나의 가족에 속해 있다. 이 점에서 기독인들은 함께 세워지고 "하나님이 기쁘시게 받으실 신령한 제사를 드릴 거룩한 제사장들이 된다"(벧전 2:5). 베드로전서의 저자 베드로는 이처럼 '집'과 '가족'의 개념을 반복적으로 사용함으로써 주변 세계의 소외와 반목을 극복할 대안으로 가족 공동체 안에서의 연대감을 강조한다.

5) 공동체의 기본 윤리, 상호 섬김과 존중

베드로 서신 속에서 기독교인은 그 근본적 정체성이 철저하게 하나님의 부르심에 의해 규정된다. 이것은 베드로전서의 시작 부분에서부터 나타나고 있다. 하나님의 택하신 자들(ἐκλετοί, 에크레토이)이 된 것은 특히 이방인 기독교인들의 입장에서 볼 때 말할 수 없이 큰 특권이며 영광스러운 일이다.[15] 이 집단 정체성을 강화하고 유지해 나가는 것이 바로 도그마를 확립하고 분명하게 밝히는 것이다. 이 기독교 신앙의 도그마를 확립하는 것은 신앙 공동체의 각 구성원 한 사람 한 사람의 기독인 정체성을 확립하는데 터전을 마련해 준다.

이러한 가족 같은 신앙 공동체의 일치를 위해 가장 필요한 것은 사랑이다. 그러기에 기독인들은 "꾸밈없이 서로 사랑해야"(벧전 1:22)하며 "무엇보다도 먼저 서로 뜨겁게 사랑하면서"(벧전 4:8) 서로 용서하고 서로 원망하지

---

15 최승락, "베드로서신에 나타난 세상 속 그리스도인의 신행일체(信行一體)," 「신약연구」, 제7권 제1호 (한국복음주의신약학회, 2008), 79.

않고 대접하고 서로 청지기같이 봉사해야 한다.

상호 헌신과 상호 존중은 가족 구성원 모두에게 적용되는 가족 윤리의 본질이다. 그리스-로마 환경에서 기록된 서신에서 베드로는 가족의 구성원들이 상호 섬김과 존중의 규범 아래 자신들의 위치(예: 남편, 아내, 자녀, 종)에 합당하게 행동하고 책임을 다하도록 권면한다(벧전 2:13-3:7).

> 사랑하는 사람들이여, 나는 외국 사람과 나그네 같은 여러분에게 영혼을 대적해 싸우는 육체의 정욕을 멀리할 것을 권면합니다. 여러분은 이방 사람 가운데 선한 행실을 나타내십시오. 그러면 그들이 여러분을 악을 행하는 사람들이라고 비방하다가 여러분의 선한 일들을 보고 하나님이 돌아보시는 날에 하나님께 영광을 돌리게 될 것입니다(벧전 2:11-12).

이와 같은 다양한 인종과 각기 다른 배경을 지닌 사람들이 사랑으로 하나가 된 공동체는 그 자체로 "모든 사람이 한 가정의 식구가 되고, 사랑으로 연합하는 새로운 공동체에 들어오는 것을 환영합니다"[16]라고 하는 선교적 초청이 된다. 교회 공동체의 독특성과 내부적 결속 및 연대는 결코 세상에 대한 배타성을 의미하지 않는다. 베드로전서의 수신 공동체는 처음부터 이방 세계의 다양한 관계와 갈등 구조 속에서 존재했다. 이것은 이미 교회의 존재 자체가 선교적 차원을 지닌다는 것을 의미한다.

교회의 존재와 삶의 방식은 주변 세상에 매력을 주거나 혐오감을 일으킬 수는 있어도 결코, 중립적이 될 수는 없다. 따라서 하나님의 백성으로서 택함과 구별됨은 세상과의 단절이나 고립이 아니다. 오히려 하나님의 은혜와 소망을 주변 사람에게 전하는 선교적 호소가 된다.

이런 맥락에서 볼 때 앞서 본 베드로의 주장은 사도 바울이 빌립보 교회에 보낸 서신에서 "우리의 시민권은 하늘에 있다"(빌 3:20)라고 하신 말씀과 더불어 히브리서 기자의 다음과 같은 히브리서 기자의 선언과도 일맥상통

16　보쉬(D. Bosch), 『변화하고 있는 선교』(*Transforming Mission*), 김병길·장훈태 역 (서울: CLC, 2000), 268.

한다고 볼 수 있을 것이다.

> 우리는 이 땅 위에 영원한 도시가 아니라 다만 장차 올 도시를 갈망하고 있기 때문입니다(히 13:14).

6) 베드로의 신앙 공동체 연대와 결속

베드로 서신 속에서 그리스도의 고난은 믿는 자들을 위한 대속의 효과뿐만 아니라 그들의 실천적 삶의 모범적 본(本)으로서의 역할도 가진다. 그래서 기독교인들은 고난의 종이신 예수 그리스도의 길과 그 발자취를 따라 살도록 부르심을 받았다는 것이 강조되고 있다(벧전 2:21).

베드로는 여기에서 두 가지의 일상적인 이미지를 사용하는데, 하나는 본(本)이라는 단어로, 문자적으로는 학생들이 알파벳을 배우기 위해 따라 써 놓은 것을 가리킨다. 비유적으로는 사람이 따라야 할 하나의 인도자적 전형을 가리킨다. 예수 그리스도께서 성도들에 대해 이런 역할을 하시는데, 이는 성도의 자유 선택이 아니라 반드시 따라야 할 의무에 속한다.

또 하나의 이미지는 발자국의 이미지인데, 이를 따른다고 할 때는 제자로서의 따름의 의미가 있다. 이처럼 그리스도는 신자들이 그 동일한 형상을 빚어내기 위해 본받고 따라야 할 전형이 된다. 이것은 성도들 속에 꼭 있어야 할 요소이다. 베드로 서신의 "가정법규"(*The Household Code*) 속에는 별도로 종(하인)들에게 주는 권면도 있지만, 그 이전에 모든 신자가 하나님의 종들(벧전 2:16)이라는 것을 그 권면의 출발점으로 삼고 있다.

> 여러분은 자유인으로 사십시오. 그러나 그 자유를 악행의 구실로 사용하지 말고 하나님의 종으로 사십시오(벧전 2:16).

2. 행함을 중시한 야고보의 덕행 교육

1) 행위의 중요성을 강조한 서신, 야고보서

야고보서는 언제 누구에게 보내기 위해 기록되었는가?

야고보서에 율법과 복음이라는 중요한 논쟁적인 주제가 등장하지 않는 것은 A.D. 49년 예루살렘 공의회 이전에 기록되었을 가능성을 높여 준다. 그러한 경우 야고보서는 신약성경 중에서 가장 초기에 기록된 서신이 된다. 초기에 야고보는 독자가 구약성경에 대한 지식을 갖고 있다는 것을 전체로 많은 구약적인 개념을 인용한다.

야고보서는 "하나님과 주 예수 그리스도의 종"(약 1:1)이 쓴 서신이다. 주 예수의 형제 야고보는 기독교인들이 참된 믿음이란 그 믿음에 근거하여 실제적인 실천의 삶을 사는 것이라고 가르치기 위해 이 편지를 썼다. 그러므로 야고보서는 구약성경을 잘 알고 있는 저자가 "흩어져 있는 열두 지파"인 기독교인 디아스포라 유대인들에게 보낸 편지로 볼 수 있다.

논의된 주제는 믿음과 행함(2:14-26), 혀의 사용(3:1-12), 병자를 위한 기도(5:13-16) 등이다. 야고보서는 최근까지도 일부 학자들에 의해서 금언(禁言)들을 모아 놓은 잠언서와 같다고 여겨지거나[17] 윤리적 훈계를 기록한 유대와 그리스문학의 전통에 속한 권고 양식으로 여겨졌다.[18]

역사적 야고보 사도는 예루살렘 멸망 어간까지 모(母) 교회를 이끈 지도자로서 기독교 최초의 감독이라 불릴만한 인물이었다. 그는 예루살렘 교회의 지도자였고, 동시에 여러 초기 교회들의 지도자로 인정받았다. 이러한 야고보의 지도적 위치는 그가 의인이라는 평가와 필연적으로 연동되었다.

---

[17] Jame Martin & Michael J. Kruger, et. al., *A Biblical-Theological Introduction to the New Testament: The Gospel Realized*. (Wheaton, IL.: Crossway, 2015), 440-441.
[18] 주기철, "야고보서 5:14의 ἀσθενεῖ τις ἐν ὑμῖν("너희 중에 병든 자가 있느냐") 해석 문제," 「갱신과 부흥」, 제28호 (고신대학교, 2015), 58.

의인 야고보는 초기 교회의 지도자로서 신학적 견해와 실천을 달리하는 교회들의 화합을 위해 노력하였고, 초기 교회에 큰 영향을 미칠 전향적인 신학적 견해를 보여 주었다.[19]

사도 야고보는 그의 야고보서를 통해 행함을 강조한 신앙 교육을 내세우고 있다. 그런데 이 서신의 정경(canon)으로서 갖는 지위는 예수의 젖동생 야고보의 작품인 것이 거의 확실한 것으로 밝혀지기까지는 여전히 의문시되어왔다.

2) 믿음의 서신, 야고보서

야고보서는 '믿음'(πίστις, 피스티스)의 서신이다. 흔히들 야고보서가 '행위'(ἔργον, 에르곤)를 강조한다고 하지만, 야고보서는 시작부터 마지막까지 '믿음'을 말한다. 야고보서에는 '믿음'이 16회 나타나며, 동사 '믿다'(πίστεύω, 피스테오)도 3회 언급된다.

이렇게 하여 다섯 장밖에 안 되는 야고보서에 '믿음'은 무려 19번이나 나타나며, 게다가 1, 2, 5장에 언급되어 야고보서 전반에 걸쳐 폭넓게 다루어지고 있다.

야고보서는 수신자들에 문안하는 인사로 시작한다.

> 하나님과 주 예수 그리스도의 종 야고보는 흩어져 있는 열두 지파에게 안부를 전합니다. 내 형제들이여, 여러 가지 시험을 만나거든 온전히 기쁘게 여기십시오(약 1:1-2).

야고보서의 문안 인사에서 수신자 대상이 누구인지를 밝혀 준다. 그리고 그들이 기독교회의 신자로서 가지고 있는 특징이 무엇인지를 짐작하게 한다. 그리고 이 수신자들의 특징은 야고보서의 내용이 무엇인가를 가늠하게 한다.

---

19 이상목, "예루살렘 교회의 야고보---초기 교회의 정립과 야고보의 역할," 「대학과 선교」, 제37집 (한국대학선교학회, 2018), 93.

(1) 열두 지파

전통적으로 이스라엘 '열두 지파에게'라는 말은 유대 민족의 전체성(entirety) 또는 통합성(integrity)을 가리키는 말로 이해되었으나, 유대 민족이 디아스포라 당시 멀리 흩어졌기 때문에 팔레스타인 밖에서 함께 모여 뚜렷한 민족적 존재 기반을 확보하기란 불가능한 일이었음으로 이 '열두 지파에'라는 말을 상징적으로 이해하는 것이 올바른 해석일 것이다.[20]

야고보가 말하는 열두 지파는 혈통적 아브라함의 자손이 아닌 예수를 믿고 구원받은 하나님의 참 백성, 즉 신·구약을 통틀어 구원받은 모든 신자를 가리킨다. 그들은 영적 이스라엘이며 참 이스라엘이다. 그래서 바울은 이들을 "하나님의 이스라엘"(갈 6:16)이라고 부른다. 이들은 예수를 믿어 구원받은 모든 신자, 즉 우주적 교회이다. 따라서 이 편지는 땅에 존재하는 모든 신자와 교회들이 받고 읽고 지켜야 할 하나님의 말씀이다.

성경은 신자를 상대로 기록되었으며, 신자는 성경을 읽고 따르는 사람이다. 야고보는 각지에 흩어져 있는 모든 교회 – 새 이스라엘 –에게 편지하고 있다.

(2) 흩어진 자(디아스포라)

또한, 야고보서의 수신자는 '흩어진 자'(διασπορᾶς, 디아스포라, 벧전 1:1-2)들이다. 신자는 흩어진 자이다. 분산(分散)이 신자의 정체성이다. 신자는 하나님과 주 예수 그리스도의 종(δούλος, 둘로스)이기에 묶인 자이지만 동시에 흩어진 자이므로 땅끝까지 나아간다.

신자는 한 곳에 모여 지역 교회를 이루지만 또한 세계 곳곳에 흩어져 사명을 감당한다. 신약의 신자는 땅끝을 향해 나아가는 신자이다. 이것은 이미 초대 교회부터 실현되었다. 예루살렘 교회는 하늘만 쳐다보면 안 되고 땅끝까지 나아가야 했다. 그런데 예루살렘에 있는 교회에 대한 큰 박해가 일어났고 사도 외에는 다 모든 땅으로 흩어지게 되었다(행 8:1).

20　이복우, "야고보서 1:1-4에 나타난 신자의 특징," 「신학정론」, 제37권 제1호 (합동신학대학원대학교, 2019), 345.

(3) 기쁘게 사는 자

야고보는 '기뻐하다'는 말로 문안 인사를 했다. 이 단어는 야고보서를 제외하고 바울의 13편의 서신을 포함하여 신약성경 서신서 중에서 단 한 번도 문안 인사에 사용되지 않았다. 단지 사도행전 안에 등장하는 편지에서만 두 번 사용되었을 뿐이다.

그러므로 야고보가 '기뻐하다'는 말로 문안 인사를 한 것은 매우 의도적이라 하지 않을 수 없다.[21] 야고보서를 받는 수신 교회들은 흩어져 있었으며, 여러 가지 시험과 어려운 상황에 부딪혀 고난 중에 있었다. 그런 환경인데도 사도 야고보는 '기쁨'으로 인사를 한다.

이렇게 함으로써 야고보는 신자는 아무리 어렵고 힘들고 부정적인 상황에서도 기쁨을 잃으면 안 된다는 교훈을 준다. 신자의 특징은 상황을 초월하여 기쁨을 잊지 않는 것이다. 신자는 흩어져 있어도 슬픔 중에 있어도 기쁨으로 인사하며 어려움 가운데서도 기쁘게 사는 신비한 능력을 소지한 사람들이다.

(4) 야고보서를 '지푸라기 서신'이라 부른 연유

예수의 젖동생인 사도 야고보가 쓴 야고보서는 고난 중에 있는 믿음의 사람들을 권면하기 위해[22] 작성된 '믿음의 서신'이다. 그런데 야고보서의 통일된 주제를 찾는 일은 쉽지 않아 보인다. 왜냐하면, 야고보서를 구성하는 단락들은 간략하며 그 연결성을 찾기가 쉽지 않기 때문이다.

그 때문에 야고보서를 구약의 잠언과 유사한 특성을 가진, 여러 권면을 느슨하게 모아 놓은 글로 여기기 쉽다. 이처럼 야고보서는 사도 야고보가 예루살렘에서 설교한 것을 간략하게 요약하여 모아 놓은 글이라고 말하는 이들도 있다.

---

21   위의 책, 347.
22   조병수, "야고보서 1:1-11 주해," 『신약신학 열두 주제』 (서울: 합동신학대학원, 2001), 185.

그런데 야고보서만큼 그 진가에 대한 이해를 받지 못했던 성경은 없는 것 같다. 특히, 믿음을 강조한 종교개혁 기간에는 야고보서는 심지어 루터로부터 "지푸라기 서신"(Strawy Epistle)이라는 소리조차 들었었고 업신여김을 받기까지 했다. 루터는 야고보서 안에는 그리스도의 죽음이나 부활 등의 중요한 복음적 내용이 전혀 없다는 것을 지적하면서 1522년에 독일어로 출판된 그의 신약성경 초판에서 야고보서를 제외해 버렸다.

이처럼 야고보서[23]는 정경 형성과 종교개혁의 과정에서 외면받은 적이 있지만, 그러나 바울서신과 관련하여 믿음과 행함의 관계에 대한 열렬한 논쟁으로 어느 정도 지위를 회복하게 되었다.[24]

그러나 무엇보다도 야고보서가 신앙 서신(信仰書信)으로서 그 의의성을 확보하게 된 것은 그동안 야고보서의 신학이라고 하는 것은 바울 신학의 틀과 시각에서 비추어 보는 큰 흐름에서 벗어나 신약 해석학에 있어 다양한 문학적 접근 방식론이 시도되면서 야고보서의 신학적, 문학적 통일성을 추구한 연구의 결과란 점을 유의해야 한다.[25]

야고보서의 신학이 '믿음과 행위'의 문제를 본격적으로 다루는 2장이 아니라 1장에서 찾아진다는 신학계의 주장과 야고보서의 문학적 구조에 있어서 서론인 1장이 갖는 '예시적 기능' 등을 고려하면, 1:18과 21절의 신학적 그리고 문학적 결정성은 충분히 조명될 가치가 있다.

실제로 1:21의 "심긴 말씀"이란 야고보서 1장이 전개하는 '잉태와 출산의 말씀 구원론'(1:12-15)의 절정이고 요약이라 할 수 있다.

특히, 21절의 "심긴 말씀"은 "온유하게 받으라"는 명령의 기초요 근거가 되며, "온유하게 받으라"는 실천적이고 윤리적인 명령은 그 이후 야고보서

---

23 야고보서는 정경 형성의 과정에서 의심받는 7권 위서에 포함되었으며, 루터에 의해 "지푸라기 서신"으로 간주하였다. 그가 야고보서를 "바로 지푸라기 서신"(Right Strawy Epistle)이라고 언급한 것은 그의 신약성경 1522년도판의 서언에서 찾아볼 수 있다.
24 이준호, "야고보와 바울의 행함과 믿음," 「신약연구」, 제10권 제3호, (한국복음주의신약학회, 2011), 653.
25 채영삼, "'마음이 심긴 도를 온유함으로 받으라': 야고보서 1:21b의 신학적 중감성," 「신약연구」, 제9권 제3호 (한국복음주의신약학회, 2010), 467-668.

에서 본격적으로 등장하는 많은 '교훈들'의 요체요 근간이 된다.[26]

믿음을 중시한 바울과 행함을 강조하는 야고보와의 비교를 연구한 신학자 이승구 교수가 내린 다음과 같은 결론은 야고보서의 참된 의미를 재인식하게 한다.

> 로마서와 야고보서의 중심 사상은 서로 대립되는 것처럼 보인다. 하지만, 언어적으로는 대립되는 것처럼 보이지만, 로마서에서 바울이 말하는 행위는 회심(conversion) 이전의 행위이며, 야고보서에서 야고보가 말하는 행위는 회심 이후의 행위이기 때문에, 야고보의 행함에 대한 강조는 바울의 로마서와 대립되는 것이 아니라, 로마서에서 강조하는 이신칭의(以信稱義)에 대한 오해 가능성을 차단하고 오히려 바로잡아 준다는 주장이 더 설득력이 있다. 따라서, 로마서와 야고보서는 이신칭의에 대한 올바른 이해에 있어서 상호 보완적이라고 보는 것이 합리적이고 신앙적이다.[27]

한때는 "지푸라기 서신"[28]이라고 불렸던 야고보서를 루터가 그의 설교를 통해 여러 번 찬양했다는 사실을 아는 사람은 그리 많지 않을 것이다. 루터는 야고보를 종교개혁 초기에는 경시하였고, 1522년에 야고보서를 "지푸라기 서신"이라고 표현하면서, 그 사도성과 정경성을 의심했다.

하지만 1545년부터는 이 표현을 삭제했다. 그 이후, 루터는 "교회의 근본 건축 재료로서의 지푸라기"를 거론하면서 야고보서에 대한 평가를 새로이 하면서 다음과 같이 말한다.

---

26 위의 책, 512.
27 이승구, "칭의에 대한 야고보의 가르침과 바울의 가르침의 관계(2)," 「신학정론」, 제30권 제2호 (합동신학대학원대학교, 2012), 645.
28 Martin Luther, *Martin Luther: Selections From His Writing,* ed. John Dillenberger, (New York, Anchor Books, 1962), 19.

나는 야고보를 찬양하며 야고보서를 높이 찬송한다. 이는 그가 그의 서신서에서 사람의 교훈을 전하는 것이 아니라 하나님의 법을 굳세게 지키는 법을 매우 훌륭하게 전하기 때문이다.[29]

루터가 '지푸라기'라는 표현을 쓴 것이 '야고보서를 조소하기 위해서였다'라고 하기보다는 그리스도의 교회라는 건물에 꼭 필요한 건축 자재를 문학적 은유로 표현했다고도 보는 편이 차라리 나을 수도 있겠다는 의견이 신학계에 일어나기 시작했기 때문이었다.

특히, 미국 루터신학교 신약학 교수인 웬거트(T. J. Wengert) 박사는 루터가 야고보서를 "지푸라기 서신"이라고 말한 것을 재해석해 보아야 할 필요가 있다고 보고, 이에 대한 새로운 음미를 제시하면서 다음과 같이 말한다.

루터가 "지푸라기"라고 표현한 것은 독일식의 모욕적인 표현이 아니라, 고린도전서 3:12에서 사도 바울이 "금이나 은이나 보석이나 나무나 풀이나 짚으로 이 터 위에 세우면"이라고 묘사하는 것처럼 요한, 바울, 베드로를 금에 비유한 데 비해 야고보를 짚으로 빗대어 표현했을 것이다.[30]

지푸라기가 교회 건물 증축의 가장 중요한 응집제가 될 수 있는데, 루터는 아마도 이러한 의미에서 '지푸라기'라는 표현을 사용했을 것이다. 루터는 야고보서를 통해 성도의 행함을 두 가지 측면에서 이해하고 있다. 하나는 선한 행실로 믿음을 드러내는 것이며, 다른 하나는 인내하면서 참는 행위이다. 루터는 야고보서를 인용하며, '가식 믿음'을 지적한다. 그리고 '믿음의 내용'으로서의 행함을 강조한다.[31]

---

[29] Timothy J. Wengert, "Building on the one foundation with straw: Martin Luther and the epistle of James," in *Word World*. 35(3), (2015), 259.
[30] 위의 책, 258.
[31] 전대경, "루터와 칼빈의 로마서와 야고보서 이해를 통한 개혁주의 이신칭의 재조명," 「ACTS 신학저널」, 제34집 (평택대학교, 2017), 217.

3. 예수 교육학의 학습 지도서, 야고보서

1) 도덕적 교훈과 목회적 권면의 야고보서

신약성경 중에서 가장 강한 도덕적인 교훈과 목회적인 권면을 제공한다. 이것은 야고보서의 108개 구절 중 이인칭 명령형 동사가 52개 등장하는 것에서 단적으로 알 수 있다. 그러므로 야고보서는 믿음을 중요시하는 사도 바울과 행함을 중시하는 야고보 사도 간의 대립은 야고보 서신을 매우 약화하는 역할을 하였다.

실제로 주의 형제 야고보는 그의 권위적인 서신에서 "만일 사람이 믿음이 있노라 하고 행함이 없으면 무슨 이익이 있으리요 그 믿음이 능히 자기를 구원하겠느냐"(약 2:14)라고 반문한 후에 단호하게 "행함이 없는 믿음은 그 자체가 죽은 것이"라고 단언한다. 이 때문에 많은 신학자는 야고보가 믿음으로 의롭다 함을 받는다는 바울의 표어를 직접 반대하는 것으로 본다. 더 큰 어려움은 바울서신과 야고보서가 함께 창세기 15:6에 호소하여 아브라함을 실례로 들어 자신들의 주장을 강화하고 있다는 데 있다(롬 4:3; 약 2:23).

그리하여 야고보서와 바울서신이 대립되는 문제에 관한 연구가 신학자들 사이에 많은 논쟁거리를 제공해 왔다.[32] 그런데 감사한 것은 그러한 연구의 결과는 바울서신과 야고보서가 주장하는 행함과 믿음의 관계를 올바로 이해하는 데 큰 도움을 주고 있다는 사실이다.[33]

그러므로 히버트(D. Edmond Hiebert) 박사와 같은 성경학자는 "야고보의 목적이 구원하는 믿음이 역동적이며 열매 맺는 믿음임을 설명하는 것보다 그의 독자들이 자신의 믿음이 참된 것인지 아닌지 판단하도록 일련의 판단

32　이승구, "칭의에 대한 야고보의 가르침과 바울의 가르침의 관계(2)," 「신학정론」, 제30권 제2호 (합동신학대학원대학교, 2012), 631-658.
33　이준호, 앞의 책, 655-688.

기준을 보여 주는 것"[34]이라고 주장한다.

그러면 야고보서가 행함을 중요시하여 신앙에서 덕행을 강조하는 신앙 교육으로 윤리적인 권면을 제공하는 야고보서의 교훈은 어디에서 기인한 것일까?

야고보서의 상황을 보여 주는 언급들에는 어떤 것들이 있는가?

야고보서의 독자들은 부유한 사람들을 선대하고 가난한 자들을 천대하였다(약 2:1-4). 그들은 가난한 자를 구제하는 일에 무관심하였다(약 1:27; 2:15-16). 더욱이 그들은 마음을 다스리지 못하였으며(약 1:19), 말을 함부로 하여 다른 사람에게 상처를 주었으며(약 1:19; 3:1-12), 이웃을 판단하고 말로 비방하였다(약 4:11-12). 또한, 그들은 위로부터 오는 지혜가 아닌 세속적인 지혜를 추구하였으며(약 3:13-18), 자유롭게 하는 온전한 율법인 십자가의 도에 대해 올바로 이해하지 못하였다(약 1:25).

이렇게 야고보서의 독자들은 회심하여 예수 그리스도를 믿고 있으나 회심과 믿음의 열매를 보여 주는 데 실패하였다. 이러한 야고보서 독자들의 상태는 반 율법적이라고 할 수 있다. 그러므로 사도 야고보는 반 율법적인 태도를 변화시키기 위해 그의 서신에서 행함으로 성취할 수 있는 의에 대한 보편적인 "증거"로서 온유한 말과 가난한 자 구제를 중심으로 하는 사랑의 실천을 강조해야만 하였다. 즉, 야고보는 그의 독자들에게 참된 기독인은 신앙 고백과 일치하는 행함으로 자신의 믿음이 온전하다는 것을 입증해야 한다고 가르쳐야만 했던 것이다(약 2:21-22).

야고보서는 신약성경 중 가장 강한 도덕적인 교훈과 목회적인 권면을 제공한다. 앞서도 언급한 바와 같이 이것은 야고보서의 이인칭 명령형 동사가 52개나 나오는 것에서도 야고보서의 기술 목적을 어느 정도 이해할 수 있다. 야고보서를 읽는 이들은 "그의 체계는 구약에 뿌리를 두고 있으며 예

---

[34] 김석근, "야고보가 말하는 '온전한 율법'의 해석과 적용," 「성침논단」, 제12권 제1호 (성서침례대학원대학교, 2017), 85에서 재인용.

수의 가르침에 의해 빚어졌으며 매우 신학적인 성격을 띠고 있다"[35]라고 언급한 신학자 라이리(C.C. Ryrie) 교수의 견해를 염두에 둘 필요가 있다.

2) 야고보서의 시범을 통한 인성 교육

야고보가 전략적으로 인용한 아브라함은 이삭을 드리는 순종으로 의롭다함을 받았으며(약 2:21), 라합은 정탐꾼 두 명을 환대함으로 의롭다 함을 받았으며(약 2:25), 욥은 고난 중에 인내함으로 의롭다 함을 받았으며(약 5:11), 엘리야는 기도함으로 의롭다 함을 받았다(약 5:17).

야고보는 앞에서 죽은 믿음의 실례로 귀신의 믿음을 말한 후에 유대인의 조상 아브라함을 산 믿음의 실례로 든다. 야고보가 아브라함을 언급한 이유는 아브라함이 이삭을 제단에 드리는 행함으로 의롭다 함을 받았기 때문이다. 야고보의 목적은 아브라함이 결코 이삭을 드리는 행함으로만 의롭다 함을 받았다고 말하는 데 있지 않다. 그는 이미 의롭다 함을 얻은 아브라함이 올바른 순종을 통해 믿음을 표현하였기 때문에 행함으로 그의 믿음이 완전해졌으며 의롭다 함을 얻었다고 말한다.

야고보는 아브라함과도 같이 여리고의 라합도 행함으로 자신의 믿음을 보여 주었다고 말한다. 야고보는 여호수아서 2장과 6장의 내용을 사용하지만, 특별히 어느 본문을 인용하지는 않는다. 라합은 유대인 첩자 둘을 만나 지붕에서 신앙 고백을 하였다. 즉, 그녀는 "우리가 듣자 곧 마음이 녹았고 너희의 연고로 사람이 정신을 잃었나니 너희 하나님 여호와는 상천하지(上天下地)에 하나님이시니라"(수 2:11)고 마음을 솔직히 털어놓았다.

라합은 신앙 고백만 할 뿐만 아니라 하나님의 이름으로 여리고 땅을 탐색하러 온 유대인 두 정탐꾼을 선대 하여 숨겨주었다. 그렇게 함으로써 그녀와 그녀의 부모와 남녀 형제의 운명을 하나님께 맡겼다. 여호수아서에서

---

[35] 이준호, 앞의 책, 654에서 재인용.

라합의 행함은 믿음을 대신하지 않았다. 하지만 그녀의 믿음의 증거이자 표현이었다. 야고보서는 바로 그 점을 중시하여 독자들에게 라합처럼 행위로 자신의 믿음을 보여 주어야 한다고 말한다. 이렇게 야고보서는 선한 행함을 보여준 네 명의 의로운 인물을 구약성경에서 인용하여 행함의 중요성을 강조하고 있다.

야고보서의 이러한 실례를 통한 덕행 시범 교육은 같은 신약성경 안에 편집된 히브리서에서도 찾아볼 수 있다. 히브리서의 저작자는 그의 흔히 믿음 장(章)이라 부르는 11장을 통해 수많은 신앙의 조상과 선진들의 신앙의 본(실례)을 제시하여 신앙 계승을 위한 시범 교육의 한 실천적인 측면을 기록하고 있다.

야고보서는 구약의 인물 4명을 대표적으로 선정한 데 비해 히브리서 기자는 아담의 아들 아벨로부터 시작하여 에녹, 노아, 아브라함, 사라, 이삭, 요셉, 모세, 라합, 기드온, 바락, 삼손, 입다, 다윗 및 사무엘과 선지자들을 제시하면서 이들은 신앙의 모범을 보였다고 한다.

이처럼 히브리서나 야고보서는 구약성경을 인용하여 그의 행함에 대한 덕행 교육의 시범을 제시하고 있다. 사도 야고보는 구약성경을 하나님의 말씀으로 주어진 정경으로 인정하여 그 권위를 받아들였으며 그것을 근거로 행함을 강조한다.

3) 예수 교육학의 현장 교육 자료, 야고보서

야고보서는 예수의 가르침을 많이 알고 있는 사람에 의해 기록되었다. 분명히 초기 전승을 사용하여 예수의 가르침을 반영하고 있기 때문이다. 야고보서의 행함과 관련된 언급들은 산상수훈과 연결되어 있으며 그 성격과 사상적인 면에서 많은 공통점을 보여 준다. 그러나 산상수훈을 보고 기록한 증거로서 직접 인용은 찾을 수 없다. 그 이유는 마태복음의 저자가 참조하였을 가능성 있는 전승과 같은 어떤 것을 야고보가 다른 상황에서 독자적으로 사용하였기 때문일 것이다.

야고보서의 행함에 대한 강조는 산상수훈에 등장하는 행함에 대한 교훈과 유사하다. 유사성을 보여 주는 것은 분명히 많다. 그중 중요한 주제는 시험을 만났을 때 기뻐하라는 교훈(약 1:2과 마 5:10-12), 기도하라는 교훈(약 1:5과 마 7:7-12), 성내지 말라는 교훈(약 1:20과 마 5:22), 말씀을 듣고 행하는 자가 되라는 교훈(약 1:22, 2:14과 마 7:21, 24-27), 긍휼을 베풀라는 교훈(약 2:13과 마 5:7), 열매에 관한 교훈(약 3:11과 마 7:16-20), 비판하지 말라는 교훈(약 4:11-12과 마 7:1-5) 등이 있다.

야고보서와 마태복음의 산상수훈은 행함과 관련된 내용에서 뚜렷하게 병행을 이룬다. 그러나 내용상의 유사성에 근거하여 야고보가 예수의 가르침을 직접 듣고 인용하였다거나 마태복음에서 직접 인용하였다고 확정하기는 어렵다.

그것은 문자적으로도 결코 동일하지는 않지만, 내용에 있어서 병행을 이루고 있다는 것은 야고보가 예수의 가르침을 직접 들었거나 초대 사도들의 전승을 통해 주의 가르침을 깊이 묵상하였을 가능성을 높여준다. 야고보는 어떤 형태로든 초대 교회 전승으로 물려받은 예수의 가르침에 의존하였을 것이다.

영국의 성경학자 윌리암스(R. R. Williams) 박사는 야고보서와 산상수훈과의 유사성을 고찰한 후 다음과 같은 결론을 내렸다.

> 두 문서 사이의 정확한 문헌 역사보다 중요한 것은 야고보가 예수님의 생애 동안의 교훈들과 너무 흡사한 견해와 견해가 있다는 것이다. 야고보서의 많은 부분이 "예수님에 관한" 복음보다는 "예수님의 복음"처럼 나타난다.[36]

---

[36] R. R. Williams, *The Letters of John and James: Commentary on the Three Letters of John and the Letter of James* (The Cambridge Bible Commentry: Cambridge, 1965), 22.

바울과 야고보, 두 사도가 똑같이 예수의 가르침에 근거하고 있지만, 서로 다른 주님의 교훈을 사용하여 다른 예수의 강조점을 보여 준다. 즉, 두 사도는 서로 다른 예수의 강조점을 선택하여 사용한다.

예컨대, 바울서신과 야고보의 서신에서 주장하는 점을 면밀히 비교 분석한 브루노(Chris Bruno) 박사와 같은 신학자는 "두 사도가 제공하는 서로 다른 두 줄기 강을 거슬러 올라가면 예수의 가르침 안에서 하나로 만나는 것을 볼 수 있으며, 믿음과 행위가 상호 연관적으로 통일되어 있으며, 다양성을 나타내고 충분히 신앙적임을 보여 주고 있다"[37]라고 결론을 내리고 있다.

그런 면에서 야고보서는 신약성경 가운데 예수 교육학을 실행하는 데 안내 역할을 하는 측면이 가장 유별나게 부각되어 있다고 할 수 있다. 그러므로 야고보서를 예수 교육학의 학습 지도안이라 부를 수 있을 것이다.

---

[37] Cris Bruno, and Douglas J. Moo, *Paul vs. James: What We've Been Missing in the Faith and Works Debate* (Moody Publishers, 2019), 96.

제8장

세계로 확장되는 예수의 교육학

1. 열방으로 뻗어가는 사도들의 행로

　성령에 의해 권능을 부여받고 사도들은 하나님의 능력 있는 일을 선포하기 시작했다. 다른 나라나 혹은 로마에서 온 경건한 유대인들은 이 사람들이 각각 자기 나라말로 하나님의 능하신 일에 대해 말하는 것을 듣고 놀랐다. 각기 자기 나라말로 하나님의 말씀을 듣게 입과 귀를 열어주신 것은 앞으로의 선교의 세계화를 암시한다.
　이제는 세계로의 선교의 확장을 예시하는 것으로 볼 수 있다. 서남아시아, 유대의 변경 갈릴리에서 일어난 예수의 교육학이 세계화(Globalization)의 길로 접어든 것을 말한다.

1) 제국에서의 기독교의 급속한 팽창

　예수가 처형당하신 것은 A.D. 30년, 로마 황제 네로에 의한 박해가 A.D. 64년, 이것은 정말 신기한 현상이라고밖에 말할 수 없다.
　그것은 예수가 돌아가신 것이 34년인데 그를 교주로 하는 기독교는 로마에서 탄압받지 않으면 안 될 만큼 대형 종교단체가 되어 있었다는 사실은 정말 기이한 일이 아닌가?

이렇게 기독교는 이미 "탄압을 받지 않으면 안 될 정도"로 급속하게 확장되어 있었다. 이 사실은 로마의 종교 박해는 황제 네로가 "로마의 대화재(Great Fire of Rome)는 네로의 방화"[1]라고 격분한 민중을 진정시키기 위해 기독교도를 방화의 범인으로 몰아 희생물로 삼은 사건의 원인 제공이라는 주장과도 관련이 있다.

로마의 역사가 타키투스(Publius Cornelius Tacitus)는 이 화재가 목조 경기장의 스탠드 아래의 매점에서 화재가 발생해 일어난 것으로 기록하고 있다.[2] 이런 경우 패닉상태가 되어 온 관중들이 혼란에 빠져 대참상(大慘狀)이 일어나기 때문에 수많은 희생자가 발생하는 것은 조금도 이상한 일이 아니다.

이것은 후대의 전(全) 로마에 퍼졌던 '대박해'와는 달리 오히려 국지적인 사건이고 기독교도에 있어서는 불행한 사건이었음은 틀림이 없다.[3] 그런데 한 가지 분명한 사실은 이 사건이 64년에는 기독교도가 로마에서 상당한 세력을 가지고 있었다는 것을 증명해 준다는 사실이다.

불과 34년 만에 갈릴리에서 발생한 구약의 종교, 오히려 유대교의 한 분파라고도 할 수 있을 기독교가 제국의 수도 로마에까지 진출하는 것은 너무 짧은 기간이라고 말하지 않을 수 없다.

어떻게 해서 이렇게 로마에 기독교인이 급속도로 많아지게 되었을까?

역사학자이자 교회사가 앨런 크라이더(Alan Kreider)에 따르면 로마 제국의 박해 속에서 초기 기독교의 희한한 성장은 기독교인들의 성품, 태도, 행동으로 형성된 친척, 이웃, 동료와의 "정서적인 유대"에 기인했다.

그 예로 "자기 아내가 더 나은 사람이 된 것"을 본 남편은 "하나님을 위한 후보자"가 되어 갔다. 초기 교회 밖 "외부인들은 그들의 삶과 공동체가

---

[1] Paul J. Chara, "Great Fire of Rome," *Salem Press Encyclopedia,* (2020), 2.
[2] Ronald Mellor, *Tacitus' Annals* (Oxford: Oxford University Press, 2010), 23.
[3] 64년 로마에서 대화재가 발생하였고, 네로가 그가 불을 냈다는 소문을 잠재우기 위해서 기독교 신자들을 박해하였다고 한다. 이런 주장은 타키투스의 진술에 근거하고 있는데, 그러나 근래의 연구에 의하면 로마의 화재와 네로의 기독교 박해 사이에 직접적인 연관은 없었다고 한다. 정기문, "네로의 기독교 박해," 「역사문화연구」, 제73집 (역사문화연구소, 2020), 143-168.

하나님의 성품을 반영했던 기독교인들에게 매력을 느꼈다."[4]

이와 관련해서 또 한 가지 제시할 수 있는 근거로는 초기 기독교회의 공동체가 그 당시의 로마권의 가족 공동체의 주요한 모범이 되었기 때문이라는 사실을 들 수 있다.[5]

2) 로마인의 눈에 비친 기독교

예수께서 십자가에 달려 죽은 지 대략 80여 년 후에 소아시아의 본도와 비두니아의 로마 총독이었던 플리니우스(Plinius) 2세는 그의 눈에 '미신'(迷信)으로 보이는 기독교의 무서운 확장에 대해서 염려하는 보고서를 작성했다. 그에 따르면, 나이와 계층과는 관계없이 모든 사람이 기독교의 복음에 감화를 받았고, 이 전염병은 마을과 들판으로 확장되어, 로마 제국의 황제 숭배를 위해 세워진 성전은 텅 비어가고 희생 제사는 중단될 정도라고 했다.[6]

로마의 역사가 타키투스(Tacitus)도 기독교를 "더러운 미신"(superstitio)이라고 하면서 그 위험성을 다음과 같이 강조했다.

> '창시자'의 처형으로 잠시 억압되었던 이 미신이 다시 발흥하였다. 이 질병의 고향인 유대에서뿐만 아니라, 로마에서도 그랬다. 로마에서는 A.D. 64년에 네로의 박해를 받았다.[7]

---

4 앨런 크라이더(Alan Kreider), 『초기 교회와 인내의 발효』 (*The Patient Ferment of the Early Church*), 김광남 역 (서울: IVP, 2021), 144-261.
5 박정수, "헬레니즘 시대 유대교와 기독교의 가족 에토스," 「다문화와 평화」, 제14집 제2호 (성결대학교, 2020) 50-73.
6 조경철, "세계를 품은 바울의 선교 활동," 「신학과 세계」, 제76호 (감리교신학대학교, 2013), 40에서 재인용.
7 Paul Barnett, *Jesus & the Rise of Early Christianity: A History of New Testament Times* (Downers Grove, Illinois: InterVarsity Press, 2002), 30.

역시, 로마의 역사가 수에톤(Sueton)은 A.D. 49년에 로마의 유대인들 사이에 크레스투스(Chrestus)[8]로 인해 소요가 일어나서 클라우디우스 황제가 칙령을 내려 로마에서 유대인을 추방하는 조처를 했다고 말한다. 그러므로 예수가 처형된 지 불과 19년 후에 예수의 메시지가 제국의 수도인 로마에서 일어난 소요 사태의 원인이 되어 황제가 개입하지 않으면 안 될 정도였다는 것이다.

3) 바울의 선교 근거지, 디아스포라 유대인

당시의 디아스포라(Διασπορα)의 유대인의 총인구는 팔레스타인의 인구보다도 적지 않았다. 그러므로 구약 전통을 지키려는 사람들은 바울과 같은 생각을 받아들이기가 쉬웠다. 거기에서 바울의 전도가 오로지 '이방인으로의 전도'가 되어 그가 '이방인에의 사도'로 칭하게 된 것은 이상한 일이 아니다.

사울(=바울)이 그가 다마스쿠스로 가는 길에서 환상 중에 예수를 만났을 때 그 예수는 다마스쿠스에 있는 아나니아라는 제자에게 나타나 그에게 사울을 만나 보기를 요청하였다. 이때 사울이 어떤 사람인 것을 아는 아나니아가 놀라서 주저하고 있을 때 예수께서는 그에게 앞으로 사울이 어떠한 역할을 할 것인지를 명백하게 알려 주셨다(행 9:15-16).

바울의 활동 근거지는 우선 시리아의 안디옥이었다. 바울이 안디옥을 근거지로 선정하는데 다음과 같은 이유가 작용하였을 것으로 짐작된다. 왜냐하면, 안디옥에는 상당히 큰 유대인 공동체가 있었으며, 스데반 순교 이후 사울의 기독교 박해로 많은 유대 기독교인이 이곳으로 피신하여 큰 규모의 신앙 공동체를 형성한 것으로 보이기 때문이다.

---

8 미신적인 유대인이란 뜻으로 그 당시 기독교인을 경멸해서 부른 호칭.

그리고 안디옥에는 사도행전 11장과 13장에 언급된 것처럼 이방인 중심의 안디옥 교회가 있었을 뿐만 아니라, 그곳으로 흩어진 유대인 기독교인 중심의 교회들도 있었던 것으로 보인다. 사실 초기 교회를 세워나갔던 중요한 거점은 사도 바울이 선교의 전초 기지로 활동했던 안디옥만 있었던 것이 아니다. 안디옥과 함께 예루살렘이라고 하는 컨트롤 타워가 있었다.

여기서 바울의 선교 사역지에서 일어났던 이신칭의의 복음에 대한 오해와 반발의 문제를 해결하기도 했으며, 독자적으로 로마에 흩어져 있는 교회(약 1:1; 벧전 1:1)들을 위한 복음의 재해석과 교회론의 방향을 제시하기도 했다.[9]

네리 F. 산토스(Narry F. Santos) 교수와 같은 교회사학자는 유대인의 박해 운동으로 촉발된 유대인들의 디아스포라가 기독교 전파에 크게 영향을 주었다고 한다.[10] 바울 시대의 디아스포라의 인구가 5-6백만 명으로 팔레스타인 본국의 인구 수보다 많았다고 한다. 당시 가정 교회의 규모는 대체로 50명 정도였던 것으로 알려져 있다. 다른 그리스 도시들과 같이 안디옥에는 이러한 가정 교회들이 여러 곳에 있었던 것으로 보인다.[11]

4) 사도 시대의 정황, 박해 속의 초대 교회

A.D. 313년 이전까지 초대 교회는 정치적, 종교적, 사회적 요인 등 여러 원인으로 박해를 받았다. 하지만 그 박해의 종국은 역설적이게도 기독교 공인과 국교화였다. 막강한 군사력을 바탕으로 넓은 영토를 군림한 로마제국의 거대한 정치 권력이 그토록 보잘것없고 군사적 저항조차 하지 않은

---

9 채영삼, "공동서신의 새 관점," 「신약논단」, 제21권 제3호 (한국복음주의신약학회, 2014), 774-781.
10 Narry F. Santos, "Diaspora in the New Testament and Its Impact on Christian Mission," *Torch Trinity Journal*. 13 (Torch Trinity Graduate School of Theology, 2010), 3-18.
11 신약성경에서 보이는 교회는 모두 가정 교회이다. 가정 교회는 1세기 중엽 이후에 조금씩 변화를 경험하지만, 콘스탄티누스 황제에 의해 기독교가 공인되어(313년) 바실리카(basilica)라는 직사각형 교회당이 세워지기까지는 가장 보편적인 교회 형태였다.

팔레스타인 변방 종교인 기독교가 어떻게 공인되고 국교화되었는지는 수많은 학자의 연구 대상이다.

로마 제국과 초대 교회와의 관계를 이해하기 위해서는 기독교 공인 이전과 이후를 구분할 필요가 있다. 313년 콘스탄티누스(Constantinus) 황제가 밀라노 칙령을 통해 기독교를 공인하기 이전까지 기독교는 혹독한 박해를 감내해야만 했고, 처절한 순교와 형극의 길을 걸어가야 했기 때문이다.

반면, 313년 기독교 공인과 392년 테오도시우스(Theodosius I) 황제의 기독교 국교화를 통해 기독교가 로마 제국의 종교로 자리잡혀감에 따라 순교자의 피로 세워진 거룩한 교회의 승리로 자축하기도 하지만, 기독교 공인 자체가 콘스탄티누스 황제의 제국 통일과 권력화를 위한 수단으로 이용되고 기독교 정체성이 변질되기 시작했다는 비판을 면하기 어렵다.

기독교의 공인으로 박해받던 교회가 특권을 누리는 교회로, 대중들의 메시아적 희망을 심어준 공동체가 특권층의 기득권을 누리는 제도적 교회로, 종말론적 시간의 공동체가 현실에 안주하는 공간의 공동체로 변화됨으로써 그 본래의 기원과 목표 그리고 과제와 기능을 상실하기 시작했다. 이런 특권에 도취된 기독교는 당시 로마 제국의 모순된 정치적, 경제적 권력 체제를 승인하거나 정당화함으로써 이른바 로마 제국의 정치적 보편주의와 교회의 종교적 보편주의가 궤를 같이하면서 발전되었다.

이에 당대의 경건한 교부들은 성서적 신앙과 윤리에 근거하여 초대 교회의 세속화와 변질에 강력하게 경고했다. 특히, 로마 제국 시기의 초대교부들은 재산을 잃고 쫓겨난 수천의 참혹한 탄식을 세상에 대변했다. 그들은 로마법이 제공한 절대적이며 독점적인 소유권 개념을 공박하기도 했다.[12]

그렇기에 기독교 공인 이후에도 교리적인 갈등을 비롯한 교회와 국가 간의 긴장과 갈등은 계속되었음을 주지해야 한다. 이렇듯 로마 제국과 초대 교회의 관계를 파악하기 위해서는 시대적인 구분에 따른 차이점과 교회와

12　김유준, "로마 제국과 초대 교회와의 관계사," 「대학과 선교」, 제55집 (한국대학선교회, 2017), 186에서 재인용.

국가 각각의 입장의 차이점을 통해 좀 더 세밀하게 살펴볼 수 있다.

1-2세기에 걸친 국가에 대한 교회의 태도는 복종과 순응의 태도가 주도적이었다. 이러한 점은 베드로전서 2장과 로마서 13장, 요한계시록 13장 등의 신약성경 본문에 근거한 사도들의 입장과 클레멘스(Clemens)와 폴리카르푸스(Polycarpus) 등 사도적 교부의 서신에 나타나 있다.

특히, 로마서 13장에 나타나는 국가 권력에 대한 복종적인 바울의 입장은 다음 세대의 기독교인들에게서 계승되고 있다. 예컨대, 베드로전서 2:13-14, 17절에서도 국가에 대한 복종적 태도가 잘 드러나고 있다. 또한, 기독교를 박해했던 도미티아누스 시대에 기록된 것으로 여겨지는 클레멘스 1서 60:4에서도 만백성의 일치와 평화를 기도하는 교회의 교부들도 역시 지상의 지배자들의 신복임을 언급하고 있다.

빌립보 교회에 보낸 폴리카르푸스의 서신 12:3에도 박해하고 미워하는 왕들과 지배자들과 방백들을 위해서는 물론, 심지어 적대적인 이단자를 위해서도 기도할 것을 요청하고 있다. 폴리카르푸스가 박해에 직면한 신자들에게 다음과 같이 인내와 믿음을 요구하는 것은 요한계시록 13:10과 일맥상통하는 점이 있다.

> 누구든지 사로잡힐 사람은 사로잡힐 것이요 누구든지 칼로 죽임을 당할 사람은 칼로 죽임을 당할 것입니다. 여기에 성도들의 인내와 믿음이 있습니다.

2. 지구촌 도처에 확장되는 예수 교육학

1) 기독교 교회의 생일, 오순절

갈릴리 시골 마을 한구석에서 시작된 예수의 사역이 전 세계로 급속히 뻗쳐 나간 가장 중요한 원인 가운데 하나로 결코 빼놓을 수 없는 것은 오순절 예수의 제자들이 성령 체험을 한 사건을 통해 제자들이 전도의 불을 붙이게 되었다는 사실이다. 성령에 의해 권능을 부여받고 사도들은 하나님의 능력 있는 일을 선포하기 시작했다.

파르티아(Parthia, 페르시아 제국)나 혹은 로마에서 온 경건한 유대인들은 이 사람들이 자기 나라의 말로 하나님의 능하신 일에 대해 말하는 것을 듣고 놀랐다. 각기 자기 나라의 말로 하나님의 말씀을 듣게 입과 귀를 열어주신 것은 앞으로의 선교의 세계화를 암시한다. 이제는 세계로의 선교 확장을 예시하는 것으로 볼 수 있다. 이것은 곧 예수의 교육 활동이 국제화(國際化), 세계화(世界化)[13]의 길로 접어든 것을 말한다.

베드로의 성령에 감동된 설교에 대한 반응으로 유대인, 비유대인 할 것 없이 많은 사람이 그리스도를 영접하고 세례를 받았다. 그 결과로 초대 교회가 탄생하였다. 성령을 부어 주신 이 오순절 사건과 더불어 이른바 '성령의 나누어 주심'이 시작되었다. 하나님이 그의 성령을 모든 육체에 부어주실 것이라는 선지자 요엘의 예언이 성취되었다. 또는 성령이 오시면 친히 제자들에게 마땅히 해야 할 말을 가르쳐 주실 것이라는 예수의 말씀도 성취되었다.

---

[13] 빅토르 루도메토프(2013) 교수는 기독교가 지중해 연변의 도시들을 중심으로 확산되어가는 현상을 "정통 기독교의 세계화(Globalization of Orthodox Christianity)"로 본다. Victor Roudometof, *Globalization and Orthodox Christianity: The Transformations of a Religious Tradition*. (New York: Routledge, 2013), 1-17.

2) 스데반 집사의 순교와 제자들의 선교

초대 교회 최초의 순교자 스데반 집사, 그는 성령과 지혜가 충만한 사람으로 교회 안에서의 구제 사역을 맡은 일곱 집사 가운데 한 사람으로 기사와 표적을 많이 행하였으며 지혜와 성령의 충만함으로 여러 사람과 변론하여 이겼다. 이 때문에 그는 공회에 잡혀갔으며 공회 앞에서 당당하게 복음을 변증한 결과 그의 설교를 들은 완악한 회중에 의해 돌에 맞아 순교하였다. 스데반 집사의 순교는 이방에로의 선교의 기폭제가 되었다.

성령께서 빌립에게 구스 내시에게 가라고 지시하셨고, 그 후에 "빌립을 이끌어" 갔다. 성령은 안디옥 교회에서 바울과 바나바를 선교사로 세우는 일에 함께하셨고, 그 선교에서 야기된 중요한 문제를 협의하는 데 있어서 교회를 지도하셨다.

바울은 에베소의 장로들에게 말하기를 성령께서 그 교회를 돌보도록 그들로 감독자를 삼으셨다고 했는데, 아마 바울은 모든 교회에 대해 이 사실을 말하고자 했을 것이다. 따라서 교회의 나이는 성령의 나이라고 생각할 수 있으며(행 2:1-4), 그 이전의 시기는 성령이 "아직 저희에게 계시지 아니"한 때라고 말할 수 있을 것이다.

3) 열방으로 향하는 사도들의 발걸음

기독교 선교 역사에 관한 자료들을 보면 열두 사도들은 모두가 하나같이 주의 명령에 따라 열방으로 선교 활동에 나선 것을 볼 수 있다. 마태는 초기에 팔레스타인 일대에서 복음을 전했고 나중에는 또한 이집트, 구스, 마게도냐 등의 지역에서 복음을 전했다고 한다. 어떤 이는 그가 A.D. 60년경에 에티오피아에서 순교하였다고 한다.

벳새다 출신 어부였던 요한은 말년에 로마 제국의 도미티안 황제에 의해 밧모섬에 유배되어가서 요한계시록을 썼다. 소아시아 태생으로 요한의 제자인 이레니우스(Irenaeus) 교부는 요한이 A.D. 98년까지 에베소에서 살았다고 한다.

베드로의 형제인 안드레는 에베소 지방과 그리스의 북부 지방인 마케도니아에서 그리고 남부 도시인 고린도에서 전도하다가 그 지역의 총독에 의해 X형의 십자가에 묶여서 순교 당했다고 한다.

사도 빌립은 안드레의 친구로서 그는 성경의 초대 일곱 집사 중 한 사람인 빌립 집사와는 다른 인물이다. 사도 빌립은 안드레와 함께 제자로 예수의 부름을 받은 의(?) 제자로서, 나다나엘을 예수께로 인도했던 인물이다. 빌립은 열심으로 복음을 전파하다가 히에라볼리에서 순교했다고 한다. 히에라볼리(Hierapolis)는 지금의 터키 중부지방에 있으며, 현재의 이름은 파묵칼레로서 유명한 온천지이다. 그곳에는 빌립을 기념하는 '빌립기념교회'의 유적이 남아있다.

헬라식 이름으로 '디두모'라고도 불리우는 도마는 열정적이면서도 이성적인 사람이었다. 그의 사역과 생애에 관해서는 그 이후 성경의 기록에서는 찾아볼 수 없다. 그러나 3세기의 교회사가인 유세비우스와 제롬 등의 기록에 의하면 도마는 A.D. 52년부터 20년간 인도에 가서 선교 활동을 하다가 순교한 것으로 알려져 있다. 인도의 남동쪽 해안 도시 마라포레에는 도마의 무덤으로 알려진 곳이 있으며, 그곳에 도마를 기념하는 교회당이 세워져 있다.

다대오는 유다라는 다른 이름으로도 소개되고 있는데 그는 예수의 열두 제자 중 알패오의 아들 야고보의 아들로서, 신약성경 유다서를 기록한 인물이다. 전설에 의하면 그는 유대, 사마리아, 이두매, 리비아, 수리아 그리고 메소포미아에서 전도하고 페르시아에서 순교하였다고 한다.

사도인 야고보는 예루살렘 최초의 감독이었으며, 역사가 유세비우스의 기록에 의하면 A.D. 62년경에 예루살렘에서 순교하였다고 한다.

3. 사도들의 선교 사역과 서신서 집필

1) 바울의 서신을 통한 선교 사역

신약성경 저자 중 바울만큼 소통의 방법으로 편지를 사용한 인물도 없다. 그는 편지 양식을 통해 개인 혹은 공동체를 향해 기독교인의 소명과 사명에 대해 끊임없이 이야기를 나눈다. 바울은 선교 활동하는 가운데 그 바쁜 일정 속에서도 그는 그 편지들을 통해 그의 선교 사역을 이루어갔다.

그러므로 바울의 편지들을 살펴보면 그의 선교 사역의 상황을 짐작할 수 있다. 바울서신에 관한 연구는 오래전부터 신학계에서 활발한 연구가 이루어지고 있다. 최근에 발표된 국내 연구 몇 개를 살펴보면, 강대훈 교수는 바울서신을 통해 '가족의 가치와 규례'[14]를 찾으며, 김주한 교수는 바울서신에 나타난 '바울의 선교 전략'[15]을, 심상범 교수는 '바울의 외모와 선교의 모습'[16]을 탐색하고 있다.

바울이 편지를 쓴 동기들은 다양하지만 가장 중요한 요인은 바울이 세운 교회(로마 교회나 골로새 교회는 제외)나 개인의 문제를 해결하기 위해서였다. 전도 여행 중이었던 바울은 자신이 직접 세운 교회나 다른 교회들, 또 교회 안에서의 성도 개인의 문제에 대한 소식을 듣게 되었다.

그렇지만 들려오는 각 교회나 개인의 문제들을 바울 자신이 직접 방문하여 해결하기에는 시간상으로나 거리상으로 많은 한계가 있었다. 이러한 한계들을 극복하기 위한 방편으로 바울은 편지를 쓴 것이었다. 그러므로 바울서신은 크게 두 가지의 목적에서 기록되었다고 할 수 있다.

---

14 강대훈, "신약에 나타난 가족의 가치와 규례―공관복음, 바울서신, 베드로전서를 중심으로," 「교회와 법」, 제8권 제1호 (한국교회법학회, 2021), 10-43.
15 김주한, "바울의 선교 전략으로서의 재방문 목회―사도행전과 바울서신을 중심으로," 「한국개혁신학」, 제66권 (한국개혁신학회, 2021), 24-59.
16 신상법, "어리석고 약한 자처럼(As One Without Wisdom and Power)―고린도서신을 통해 본 바울의 사역과 설교 이해," 「신약연구」, 제19권 (한국복음주의신약학회, 2020), 145-193.

첫째, 목회적인 목적에서였다. 바울이 교회에 증거 한 복음을 교회에 다시 설명하고 가르쳐 잘못된 교훈으로부터 보호하기 위해서였으며, 참된 진리로 교회를 세우기 위한 것이었다.

둘째, 변증적인 목적이었다. 복음의 내용을 변질시키고 바울을 비방하는 사람들에 대해 변증하려는 것이었다.

바울이 쓴 서신들은 고대 헬라의 서신 형태 양식보다는 유대의 서신 형태의 양식을 취하고 있다. 헬라의 서신 형태는 사도행전 15:23-29의 사도회의의 칙령의 회람 편지나 루시아가 총독 벨릭스에게 보낸 편지(행 23:26)처럼 단순한 "누가 누구에게 문안한다"는 형식이다.

그러나 유대 서신을 본뜬 바울서신은 발신인이 나오고 수신인이 뒤에 나오며 인사가 나오는 방식을 취하고 있다. 발신자로서의 바울은 자신을 사도, 예수 그리스도의 종으로 소개하였다. 발신자가 바울 혼자인 경우도 있지만, 다른 사람들을 함께 발신인으로 쓰기도 하였다.

고린도전서는 디모데(고후 1:1), 갈라디아서는 함께 있는 모든 형제(갈 1:2), 빌립보서와 골로새서의 경우는 디모데(빌 1:1; 골 1:1), 데살로니가전서와 데살로니가후서는 실루아노와 디모데(살전 1:1; 살후 1:1), 빌레몬서는 디모데(몬 1:1)가 공동 발신인으로 쓰였다.

이것은 고대 편지 양식에서는 드문 모습으로 공동 책임과 편지의 공신적인 특징을 보여 주기 위한 것으로 보인다. 수신인은 교회 공동체나 개인이었다. 인사말은 헬라 편지에서 따온 은혜라는 말을 기독교적인 색채에 덧입혀 썼으며 히브리 전통적인 인사말인 평화를 추가하여 사용하였다. 그리고 수신인을 향한 감사의 글을 썼다(갈라디아서 제외). 그다음은 본론을 썼으며, 본론 이후 개인 소식과 마지막 문안 인사, 기도와 축도 등으로 편지를 끝맺었다.

바울서신의 특징은 그 자체를 하나의 큰 설교로 볼 수 있다는 것이다. 바울은 편지에서 교회 공동체와 대화하면서 복음을 말하고 있다. 교리적인 특징을 많이 담은 로마서조차 일방적인 진술이 아니라 대화식으로 복음을 진술하고 있음을 볼 수 있다.

바울이 쓴 편지가 무엇이냐에 대해서는 학자들 간에 이견이 다소 있지만, 일반적으로 바울에 의해 기록된 편지는 13편으로 본다. 13편의 바울서신은 대략 편지 내용이 긴 것부터 차례로 배열되어 있다. 교회에 보낸 편지가 9편으로 로마서, 고린도전서, 고린도후서, 갈라디아서, 에베소서, 빌립보서, 골로새서, 데살로니가전서, 데살로니가후서이다. 개인에 보내진 편지는 4편으로 디모데전서, 디모데후서, 디도서, 빌레몬서이다.

2) 사도들(베드로·요한·유다)의 서신을 통한 사역

바울뿐만 아니라 다른 사도들 역시 그들의 선교 사역으로 각 신앙 공동체에 편지를 보냈다(야고보가 1편, 베드로가 2편, 요한이 3편, 유다가 1편). 그들은 다양한 교회 공동체에 사도의 권위로 편지들을 보냈다. 그리고 사도들이 쓴 편지들 가운데는 편지를 인편으로 왕래했기 때문에 그 과정에서 분실한 것도 있을 수도 있다. 예컨대, 바울 사도가 고린도전서 5:9에서 없어진 편지를 이야기하는 것을 보면 짐작할 수 있다.

사도들이 쓴 편지는 주로 파피루스에 갈대 펜과 잉크로 기록되었고 말거나 접어서 묶어 놓았으며 흔히 개인적인 비밀이나 인증을 위해 봉인되었다. 그와 같은 편지들은 밀랍을 칠한 서판에 철필로 기록되었는데, 이것은 주로 잘 지워지지 않게 하려는 경제적인 이유에서였다. 로마의 공식적인 우편 업무가 개인적인 서신 교환자에게는 개방되지 않았으므로 기독교인들은 교인들을 우편 배달부로 채용했다(행 15:22; 고후 8:16-23; 빌 2:25; 골 4:7).

신약성경의 서신들은 개인이나 교회의 특별한 필요성에 응하여 인간의 지혜로 기록된 것처럼 하나님의 인도를 받아 기록되었지만(고전 7:1; 딤후 3:16), 저자들은 그들이 쓴 편지들이 모든 시대와 온 세상 전체 기독교 신자들이 보게 될 것은 물론, 그 편지들이 한 권으로 만들어져 이 세상에서 가장 영향력을 가진 책이 될 줄은 상상도 하지 못했을 것이다.

기독교 공동체들은 사도로부터 받은 편지(원본)는 곧 없어지므로 그것을 다수의 사본으로 만드는 작업을 해야만 했다. 기독교 초기부터 중세에 이르기까지 수도원 수도사의 가장 중대한 임무가 성경 사본을 필사하는 일이었다. 바울서신을 제외한 다른 서신들을 일반적으로 공동서신이라고 하는데, 즉 히브리서, 야고보서, 베드로전·후서, 요한일, 이, 삼서 및 유다서를 말한다.

신약성경에서 세상을 교회를 위한 복음과 신학 목회와 신앙에 있어서 주요 주제로 다루고 있는 정경 모음집이 있다면 주저 없이 '공동서신'(Catholic Epistles)을 지목할 수 있다.[17] 신약의 정경을 기록하고 보존하기 시작했던 초대 교회는 예수의 죽으심과 부활 그리고 승천 이후 사도들을 중심으로 그 복음을 펼쳐나갈 때 그저 공백 상태에서 그렇게 한 것이 아니다. 초기 기독교의 교리들이 거짓 교사들과 이단적인 가르침들에 대해 변론하면서 그 체계를 이루어나갔던 것처럼 신약의 정경 형성 과정도 이와 유사했다.

이들 공동서신은 물론 초기 기독교 시대의 선교 상황을 알아보는 데 필수적인 내용을 담고 있다. 그러므로 초대 교회의 모습을 보려면 이들의 서신들을 주의 깊게 살펴볼 필요가 있다.

3) 히브리서와 베드로전·후서

먼저 히브리서를 보면 히브리서가 편지이긴 하지만 바울의 편지와 크게 차이가 있는 점은 권면이나 권고가 끝부분에 나오고 있을 뿐인 데 비해, 이 히브리서에서는 끝에도 대단원이 나오고 중요하게 한 토막 한 토막의 석의(釋義)가 일단락질 때마다 밀접하게 관련되어 권면이 나오고 있어서 전체를 균형 있게 음미해 보면 흡사 문서로 된 설교를 귀로 듣는 대신에 눈으로 읽

---

[17] 채영삼, 『공동서신의 신학』(고양: 이레서원, 2017), 18-61.

는 것처럼 느껴진다.

히브리서 연구에서 아무래도 흥미 있는 문제는 필자가 누구냐 하는 것이다. 히브리서의 집필자를 바울이라고 본 것은 처음에는 서방 교회였다. 그 후 동방 교회가 뒤를 따랐으며 신약의 정경으로 용납이 된 큰 이유도 이 바울의 비중 때문이었다고 볼 수 있다. 그러나 근래의 사정을 바로 말한다면 가톨릭교회의 성경 연구가 1914년에 히브리서의 집필자는 간접적으로 바울이라고 발표했음에도 가톨릭 성경학자 가운데는 대체로 다른 사람을 필자로 보고 있다.

히브리서가 취급하고 있는 중보자 기독론이 바울의 기독론과 흡사한 점도 있지만, 대표적으로 갈라디아서나 로마서에서 볼 수 있는 바와 같이 구약의 율법이냐, 복음의 자유냐 하는 양자택일의 그의 정통적 이론을 고려할 때 히브리서의 사상을 지나치게 구약에 대해 긍정적일 뿐만 아니라 사실 방대한 구약의 해석을 기초로 하여 의존하고 있어서 집필자가 바울이라고 고정하기가 매우 어렵다.

히브리서를 받아 읽을 교회의 상황은 바로 내적으로 그리고 외적으로 어려움에 직면하고 있는 근본적인 흔들림을 기초에서부터 의식하는 위기에 서 있는 교회이다. 구체적으로 말하여 내적으로는 기독교 신앙의 최초 감격이나 처음 열심히 식어 다시 유대주의의 원점으로 돌아가려는 움직임이 없지 않은가 하면, 외적으로 개개 신자의 생명을 위협하는 조직적인 박해의 먹구름이 더욱 번져가고 있을 그러한 때이다.

히브리서의 저자는 히브리서 12:3에 "너희가 생각하라" 간곡히 권면하였으며 그보다 앞서서 2절에서는 "우리의 믿음을 시작하신 이요 또 완성하시는 예수를 바라보자." 이렇게 문제의 해결이 성실한 기독론에 걸려 있음을 교훈하는 것이다.

이처럼 기독론을 중요시하는 히브리서는 지극히 원만하고 균형 있는 전개를 하고 있어서 1장에는 태초 창조에 참여하시는 그리스도의 신성과 4장에는 "동정심 많으신 인간적 그리스도" 그리고 5:7에 가서는 "겟세마네 동산에서 통곡하시는" 인간 예수의 묘사에 있어 그의 기독론이 그 이상 절묘할 수 없다고 할 수 있다. 그런데 히브리서 13:8의 "예수 그리스도는 어제나 오늘이나 영원토록 동일하시니라"의 말씀은 신약성경 27권 중 요한복음 신학과 함께 이 히브리서 사상만이 유독 '오늘의 그리스도' 문제로 다루고 있는 구절이어서 성경 전체의 '마스터키'가 되고 있다.

베드로전서는 제1세기 마지막 삼분기 중 사도 베드로의 이름으로 쓰인 서신으로, 소아시아에 흩어져서 이방 사회에서 소수파로 압제당하고 있는 기독교인 공동체를 격려하고 훈계하려는 목적이 있다.

이 서신은 그리스도의 죽음과 부활이 기독교인의 사회적 삶을 살기 위해 갖는 의미를 역설하는 유창한 언변이나, 공통된 기독교 전승의 풍부한 사용, 하나님의 택함 받은 거룩한 백성들에게 위임된 신적인 숭고함과 책임감을 표현하는 고상한 표현, 사회적 적대 세력들에 직면하여 형제적인 결속과 희망을 북돋는 호소, 그 감동적인 목회적 어조 등으로 인해 초기 교회에서 일찍부터 인정받는 문서가 되었다.

저자는 베드로전서와 후서 첫머리에는 각각 사도 베드로가 이 편지를 집필했다고 나와 있고, 전통적인 시각에 따라 대체로 두 편지 모두 사도 베드로의 친서로 인정된다. 그러나 당대에는 이름있는 사람을 저자로 내세워 집필하는 일도 있었기 때문에 의문을 제기하는 학자들도 있다. 하지만 최근의 베드로전서에 관한 대부분의 연구는 베드로의 저작이라는 주장에 대한 높은 신뢰를 보인다. 그 하나가 신학자 정창교(2022) 교수의 논문을 들 수 있다.[18]

베드로전서의 문제는 과연 집필자가 베드로와 예수의 제자였던 베드로가 같은 사람인가 아닌가 하는 데 있다. 요한복음 1:44에 의하면 베드로는 벳새다 출신이며 학교 교육을 받은 일이 없는 갈릴리 어부이고 사도행전 4:13에 보면 "아무런 교육도 받지 않은 평범한 사람"으로 알려져 있었다.

---

18 정창교, "베드로전서의 가훈 표에 나오는 이중 전략," 「신약논단」, 제29권 제1호 (한국신약학회, 2022), 98.

그런데 베드로전서는 70인역 헬라어의 구약을 인용한 것으로 보아 처음부터 헬라어로 쓴, 다시 말하여 번역물이 아니며, 거기에 헬라어의 언어 구사가 그럴 수 없이 완벽하여 신약의 다른 책에서는 발견되지 않는 높은 표준의 단어가 60개나 발견되고 있어서 과연 이 고도의 헬라어 문학이 어부가 쓴 편지이냐 하여 문제가 되고 있다.

그런데 집필자 문제는 베드로전서 5:12에 베드로의 대필(代筆)을 '실라'가 했다고 되어 있어서 해결되고 있으며 실라가 바울의 동행자이기도 했기 때문에 일석이조격으로 바울 사상과 베드로 사상의 유사성을 동시에 해명해주기도 한다.

이 편지의 주제는 '그리스도의 고난과 성도가 받는 고난'이다. 마가복음 8장에서 그리스도의 고난을 깨닫지 못해 주님으로부터 준엄한 책망을 받은 일이 있는 제자 베드로가 이 고난의 신학을 그의 편지에서 전개하고 있음을 너무나 당연하다고 할 것이다. 이미 수 없는 고난을 당했고 헤롯에 의해 처형 직전의 위기까지 체험한 베드로는 성도들에게 닥쳐오는 고난을 당하여 담대하도록 위로하고 있다. 네로 황제의 대박해에 연루된 그는 소아시아에 있는 성도들이 당할 고난을 예견하고 있었다. 이 성도들을 향한 그의 메시지는 5:12의 믿는 자들을 도우시는 '하나님의 참된 은혜'라는 말로 요약되고 있다.

베드로후서는 거짓 교사들의 영향을 받은 교회의 무질서를 책망하고 널리 퍼진 도덕 무용론 - 성도는 윤리적일 필요가 없다는 이단설 - 에 대해 경고하고 있다. 이런 이유로 일부 성경학자들은 이 거짓 교사들을 영지주의자들의 선구자로 간주하기도 한다.

이런 문제점에 대한 베드로의 대책은 거짓 교훈을 물리치는 획기적인 방법으로 성도의 덕행을 촉구하는 것이었다. 사실상 이것이 이 편지의 핵심이며 제1장의 주요 내용이다.

4) 유다서, 요한일서·이서·삼서, 요한계시록

유다서의 저자는 자신을 "예수 그리스도의 종이요 야고보의 형제"라고 밝히고 있다(1절). 전통적으로 이 야고보는 예수의 동생으로 초대 예루살렘 교회의 지도자였던(행 15:13) 야고보로 따라서 유다서의 저자 유다는 예수의 네 형제 중 한 사람(막 6:3의 야고보와 요셉과 유다와 시몬)이었을 것으로 간주된다. 그는 다른 형제들과 마찬가지로 부활 이전에는 신앙이 없다가 부활 이후에 오순절 교회의 지도자 중의 한 명이 되었다(행 1:14).

유다는 편지를 읽는 성도들을 격려하면서도 거짓 교사들을 대항하도록 경고하고 있다. 이 간략한 편지는 기독교 신앙을 왜곡시키는 선생들을 묘사하는 데 있어 성경과 자연을 과감하게 끌어들여 거짓 교사들의 특징, 동기 그리고 방법까지 알려 주고 있다.

요한일서, 이서, 삼서에서 쉽게 읽을 수 있는 '사랑의 강조'는 지식이 제일이 아니라는 반 영지주의적 변론 때문에 강조된 것이라 볼 수 있다. 이들 세 편의 편지에서 들은 사도 요한이 얼마나 그의 '어린 자녀들을' 사랑했으며, 또한 그들의 영적인 충만을 위해 깊은 관심을 두고 있었음을 잘 보여 준다.

요한계시록이 편지의 틀(계 1:4-8; 22:21) 안에 기록된 묵시 문서라는 점은 이 책이 단순히 종말에 발생할 사건들을 알려 주기 위해 기록된 것이 아니며 소아시아 일곱 교회(계 2-3장)의 실존적 문제해결을 위해 기록된 목회서신의 성격을 갖고 있다는 사실을 말해 준다.

요한계시록은 본문 자체에 의하면 저자는 사도 요한이다(계 1:4; 22:8). 초대 교회의 전승과 여러 자료를 종합해 보면 이 요한은 세베대의 아들인 사도 요한이다. 일부 사람들은 계시록의 문체가 요한복음이나 요한의 서신들의 것과 다르다는 사실을 강조하지만 묵시 문학의 고유한 성격이나 계시가 환상으로 주어졌다는 사실 그리고 죄수로 있었던 요한의 환경 등을 고려해 볼 때, 문체의 차이는 쉽게 이해된다.

요한계시록은 교회가 로마에 의해 박해받아 황제숭배를 강요당하던 시기에 기록되었다. 일부 학자들은 로마의 대화재 이후 A.D. 64년 박해 중에 기록되었다고 생각한다. 그러나 정신 분열의 증세가 있었던 난폭한 도미티안(A.D. 81-96)의 박해 중에 기록된 것이 확실하다.

당시 요한은 밧모섬에 유배되어 있었는데, 네로는 정적들이나 성도들을 유배시키는 정책을 사용하지 않았지만 도미티안은 여러 사람을 각지로 유배시켰다. 또 소아시아의 일곱 교회가 완전히 발전된 형태로 묘사되어 있는데, 이것은 A.D. 64년경의 상황과는 모순된다. 요한계시록은 1세기 소아시아 교회에서 출발해 초림과 재림 사이의 기간에 지속해서 등장할 사건들을 다루고 있으며 이 사건들은 궁극적으로 새 하늘과 새 땅의 시기에 도달해서야 끝이 난다고 가르친다.

사탄은 1세기 소아시아 성도들을 로마 제국의 정치적 힘과 경제적 부를 통해 핍박하고 미혹했다. 그리고 이 공격은 로마 제국이 멸망했다고 끝나지 않는다. 사탄은 또 다른 시기에 로마 제국 같은 또 다른 정치·종교적 세력을 통해 지속해서 교회를 핍박하고 미혹한다. 그리고 이런 공격은 최후 심판 때까지 쉬지 않고 계속될 것이다.

신약성경이 그리스도의 초림과 관련된 네 복음서로 시작되고 있는 것과 마찬가지로 요한계시록은 그리스도의 재림이라는 주제로 신약성경을 마감하고 있다. 요한계시록은 또한 신·구약을 통해 흐르고 있는 계시의 많은 흐름들의 절정을 이룰 뿐 아니라 또한 아직 성취되어야 할 많은 예언의 계시에 대한 결론을 제공해 준다. 그리스도의 재림과 그에 앞서 이루어질 몇 년간의 일들이 요한계시록에서는 성경의 어떤 다른 책보다 사실적으로 드러나 있다.[19]

요한계시록의 수신자는 실제로 존재했던 일곱 교회들이다. 특별히 에베소 교회는 바울의 전도 중심지였다. 그러나 당시 교회에만 보낸 편지는 아

---

19 신동욱, "역사해석의 책으로서 요한계시록 읽기," 「인문사회 21」, 제13권 제1호 (아시아문화학술원, 2022), 639-650.

니다. 교회들을 통해 세계 만민, 즉 모든 교회에 보낸 편지이다. 서론에 일곱 교회에 보낸 편지라는 언급이 있는데 이 교회들은 모든 교회의 대표로 볼 수 있다. 요한계시록은 소아시아 성도뿐 아니라 계시록을 읽는 독자들에게 시대마다 반복되는 핍박과 미혹 앞에 굴하지 말고 예배와 증언을 통해 죽도록 충성하라고 가르치고 있다.

5) 지금도 계속, 성취되어 가고 있는 사도행전

초대 교회의 전승들은 바울의 동료였던 누가가 자신의 여행기를 기초로 해서 이 책을 기록했다고 전한다. 사도행전의 저자가 바울의 동료였다는 사실은 '우리'라는 말을 사용한 여러 구절을 보아 명백히 알 수 있다. 우리는 이 바울의 동료가 '누가'임을 곧 알 수 있고 골로새서 4:14과 빌레몬서 24절도 그가 의사 누가였음을 말해주고 있다. 또 의학 용어를 자주 사용한 점도 이 결론을 뒷받침한다.

사도행전 1:8의 예수의 말씀에 근거한, "예루살렘, 온 유대, 사마리아, 땅끝"에 이르게 되는 선교 프로그램은 땅끝인 로마에 입성하여 바울이 복음을 전하는 것으로 마무리된다. 특히, 바울의 로마 입성에 관한 보도는 가장 먼저 로마의 형제들과 만남으로서 시작된다.

바울이 로마에 오기까지 많은 형제가 그를 안내하고 마중을 나온 것으로 기록되어 있지만(행 28:15), 그들이 어떻게 바울과 그 일행이 로마로 오게 된 사실을 알게 된 경위에 대해서는 전혀 알 수 없다. 하지만, 분명한 사실은 바울이 로마 공동체를 로마 외곽에서 만나고 있다는 것이다. 그런데 그 이후 그들과 만남이나 관계에 대해서는 전혀 언급되지 않고 있다.

사도행전에 나타난 바울의 로마에서의 행적은 단지 로마에 거주하고 있는 소위 디아스포라 유대인들, 특히 유대인 중 높은 사람들과 만남을 추진하고 그들에게 복음을 선포하는 것으로 끝난다. 그런데 누가는 바울의 더 이상의 행적에 대해서는 침묵하고 있다. 그 점에 대해서는 국내·외 학자들

이 여러 가지 이유를 가설로 제시하고 있다.[20]

그런데 가장 중요하고 확실한 한 가지 사실은 사도행전은 아직 끝나지 않았다는 것이다. 오순절에 임하신 성령의 사역은 오늘도 진행 중(현재 진행형)이시라는 사실이다. 마가의 다락방에서 오순절 사건은 하나님의 구원 사역의 종결점이 아니라 일대 전환점이었고 삼위일체 하나님의 종말론적 구원 사역의 또 다른 출발점이기도 하였다.[21]

사도행전의 전반부부터 교회 정체성을 성령과 밀접하게 연결하며 하나 됨을 강조한다. 승천하신 주 예수는 성령의 임재를 약속하고, 마침내 주와 그리스도로 고백하는 사람들에게 성령을 부어 주셨다.

미국의 신학자 피터 와그너(C. Peter Wagner) 교수는 사도행전을 『성령행전』(*Acts of the Holy Spirit*)[22]이라고 하면서 사도행전은 복음이 세계로 퍼져나갈 때 초대 교회는 성령의 사역으로 교회가 부딪친 문화적인 장애를 어떻게 극복하고 교회가 성장, 발전하는 지를 밝히 보여 준다고 한다.

사도행전의 이해하기 힘든 결말에 관한 연구들을 정리한 신학자 정창 교 교수는 사도행전이 그러한 결말을 내린 것에 대한 다음과 같은 그의 설명(짐작)은 주목할 만하며, 설득력이 매우 높은 견해로 보인다.

> 사도행전의 결말은 한편으로는 닫힌 결말이요, 또 한편으로는 열린 결말, 즉 이중적 의미를 지니고 있다. '닫혀 있다'는 의미는 누가의 의도에 적합하게 마친 결말이라는 의미이며, '열려 있다'는 의미는 독자들에게 해석의 가능성을 열어 주고 있다는 것이다.

---

20 조광호, "이방인 선교의 관점에서 본 사도행전의 주요 주제들 - 사도행전의 저술 목적을 파악하기 위한 하나의 시도," 「신약논단」, 제19권 제4호 (한국신약학회, 2013), 129-160.
21 Paul Barnett, *Jesus, the Rise of Early Christianity: A History of New Testament Times*. (InterVarsity Press, 2002), 21.
22 C. Peter Wagner, *Acts of the Holy Spirit* (Ventura, Calif.: Regal Books, 2000).

이미 초대 교회의 시작부터, 더 나아가 이스라엘의 역사부터 직접 역사를 이끌어 오신 하나님의 역사가 앞으로도 하나님의 택함 받은 그릇들과 독자들을 통해 계속될 것을, 그리고 아무도 그러한 역사를 막거나 방해할 수 없음을 나타내고 있다. 누가는 하나님이 아닌 인간이 드러날 것 같은 모든 사항은 침묵으로 생략하고, 하나님의 뜻은 어떠한 인간적인 방해나 반대에도 실현될 수밖에 없음을 항변하고 있다.[23]

사실 사도행전의 결실은 예수의 지상에서의 마지막 권고 말씀에 충실하게 진행하고 있는 이름도 없는 수많은 예수의 증인들 – 하늘나라의 책에 등재된 사람들 – 을 통해 이루어졌으며, 앞으로도 세상 끝날까지 이루어질 것을 믿어 의심치 않는다.[24]

---

23 정창교, "사도행전 결말에서의 누가의 침묵과 외침," 「신약논단」, 제25권 제2호 (한국신약학회, 2018), 759-760.
24 한 해외 선교기관의 보고서에 의하면 한국은 2018년 말에 21,378명의 선교사를 146개국에 파송하였다고 한다. Steve Sang-Cheol Moon, "Missions from Korea 2019: Supporting Raising," *International Bulletin of Mission Research*, Vol. 43(2) (Seoul: Korea Research Institute for Mission, 2019), 188-195.

에필로그

인간 교육의 숨 쉬는 교과서, 성경

　구약성경은 히브리인들이 쓴 자화상(自畵像)이며 유대 민족이 만들어 낸 민족 교육의 교과서이다. 신약성경은 구약성경을 계승하고 구약성경에서 예언한 것을 성취하였음을 말해 준다. 그러므로 구약성경이 유대 민족의 자기 이해가 만들어 낸 문학 작품이라고 한다면 신약성경은 초대 교회의 구성원들이 세계인으로서 원대한 인류 구원의 꿈을 품고 쓴 예술품이라 할 수 있다.

　신약성경이 구약성경을 계승하고, 구약성경 없이는 신약성경이 있을 수 없는 것처럼 기독교도 또한 구약성경 없이는 있을 수 없다. 이와 동시에 "구약성경 ⇨ 신약성경 ⇨ 기독교가 전적으로 동일한 것"이 아닌 것도 당연하다. 그것은 사상이 태어나서 죽어 사라지는 고문헌이 되어 있지 않다는 증거이다.

　갈릴리 변방 지역에서 일어났던 시골내기 한 사나이, 예수에 의해 촉발된 비전은 그의 갈릴리 촌뜨기 제자들에 의해 그대로 지나 2천 년 동안 실현됐다. 그 비전은 앞으로도 예수 교육학이 제자들에 그대로 계승, 전승되어 그가 다시 오실 그날까지 계속 변함없이 이루어져 갈 것이다.

　예수의 공생애와 초대 교회에서 역사(役事)하신 성령은 시공(時空)을 초월하여 오늘도 동일하게 역사하신다. 성령은 과거에도 역사하셨고, 오늘도 역사하시며, 미래에도 역사하실 것이다. 성령은 살아계신 하나님의 창조와 생명의 영이시오, 언제나 우리와 함께 거하시기를 원하시는 예수의 자유와 사랑의 영(靈)이시기 때문이다.

예수 교육학의 주인공은 오늘도 이렇게 말씀하신다.

"세상 끝날까지 항상 너희와 함께 있을 것이다."

이 시간에도 지구촌 방방곡곡 구석구석에까지 예수의 명령을 충실히 지키려는 수많은 제자, 신자에 의해 그의 교육학이 수행되고 있다. 이후로도 성경은 인간 교육의 살아 숨 쉬는 교과서로서 "세상 끝날까지" 그 역할을 성실히 감당해 나갈 것이다.

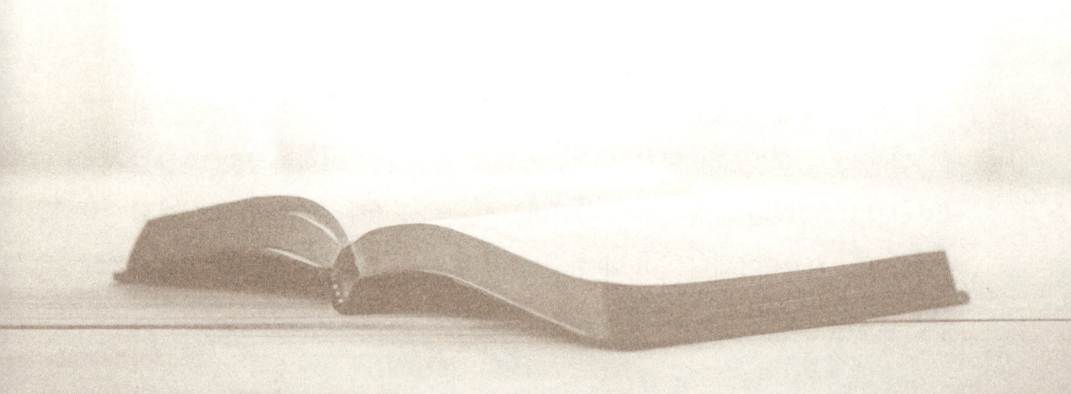

참고 문헌

국내 서적

강대훈. "신약에 나타난 가족의 가치와 규례---공관복음, 바울서신, 베드로전서를 중심으로."「교회와 법」제8권 제1호, 한국교회법학회, 2021, 10-43.강성두.『욥기의 삶과 고난이해』서울: 대한기독교서회, 2006.

게리 E. 쉬니처(Gary E. Schnittjer).『토라 스토리』(*The Torah story: an apprenticeship on the pentateuch*). 박철현 역, 서울: 솔로몬, 2014.

게르트 타이쎈(Gerd Theissen).『기독교의 탄생』([*The*] *religion of the earliest churches: creating a symbolic world*). 박찬웅·민경식 역, 서울: 대한기독교서회, 2008.

_____ .『역사적 예수』(*Der historische Jesus*). 손성현 역, 서울: 다산글방, 2010.

기동연. "구약 시대의 공적인 형태의 신앙 교육."「성경과 신학」제75집, 개혁신학회, 2015, 35-67.

김경진. "목회 리더십의 원형으로서의 기독론 연구."「신약논단」제22집 제1호, 한국신약학회, 2015, 213-250.

김경희. "예수의 하느님나라 선포를 통해 본 평등의 비전."「신학사상」제150호, 한신대학교, 2010, 37-81.

김광모. "누가복음 2장 49하반절의 의미론적 번역 제언."「성경원문연구」제14호, 대한성서공회, 2004, 107-127.

김근수. "사도 바울의 교회교육 실제---바울서신을 중심으로."「개혁논총」제5권, 개혁신학회, 2006, 1-22.

김덕기. "최근 신약학의 동향: 예수의 비유 연구의 방법론을 중심으로."「신학논평」제21집, 연세대학교, 1993, 323-356.

김동용. "예수와 여인."「제3시대」158호, 서울: 제3시대그리스도교연구소, 2019,

29-35.

김상래. "요나의 기도(욘 1:17-2:10)에 묘사된 요나의 성격 이해." 「구약논단」 제53집, 한국구약학회, 2014, 223-234.

김선종. "에스겔의 계약신학." *Canon&Culture*, 제9권 제1호, 한국신학정보연구원, 2021, 107-131.

김성규. "베드로의 설교에 나타난 회개권고." 「신약논단」 제20권 제4호, 한국신약학회, 2013, 985-1016.

김성희. "예수의 공감 사역 -마가복음-마가복음의 σπλαγχνίζομαι를 중심으로." 「신약논단」 제20권 제3호, 한국신약학회 2013, 685-720.

_____. "십자가, (빈)무덤, 부활장면의 여인들 비교연구." 「대학과 선교」 제50권, 한국대학선교회, 2021, 165-194.

김세윤. 『바울 복음의 기원』(*the Origin of Paul's Gospel*) 서울: 두란노서원, 2018.

김순영. "불평등 사회의 생태적 전환을 위한 잠언의 지혜." 「구약논단」 제27권 제3호, 한국구약학회, 2021, 182-215.

김영준. "이사야 56장 1-8절 이방인에 관한 연구." 「기독교문화연구」 제24집, 한남대교, 2021, 139-167.

김영진. "포로기와 포로기 이후의 신학사상." 「구약논단」 제21집, 한국구약학회, 2006, 33-50.

김옥연. "누가복음에 나타난 예수의 여성에 대한 관점 연구." 「대학과 복음」 제13집, 대학복음화학회, 2008, 91-110.

김웅기. "예수의 비유 이해와 교육적 적용연구." 「성경과 신학」 제65권, 한국복음주의신학회, 2013, 267-293.

김유준. "로마 제국과 초대 교회와의 관계사." 「대학과 선교」 제55집, 한국대학선교회, 2017, 183-212.

김용운. "하느님의 자비에 대한 이해: 'Compassion'의 개념을 중심으로." 「신학전망」 151집, 광주가톨릭대학교, 2005, 183-211.

김은수. "왕의 복음과 선교적 제자도." 「선교신학」 제58집, 한국선교신학회, 2020, 119-140.

김정우. "개혁주의 정경해석학에 대한 제언." 「신학지남」 제76권 제3호, 신학지남사, 2009, 80-99.

_____. "다시 보는 알레고리적 성경해석학." *Canon&Culture*, 제8권 제2호, 한국신학정보연구원, 2014, 5-48.

김정훈. "선지자 요나의 메시지 초점연구." 「인문학연구」 제8집, 관동대학교, 2004, 5-34.

김재성 편. 『바울 새로 보기』 서울: 한국신학연구소, 2000.
김종성. "엘로힘(旋軔 퀭)과 야웨(藕抑) 속에 나타난 하나님의 선교." 「선교신학」 제33집, 한국선교신학회, 2013, 105-135.
김주한. "바울의 선교전략으로서의 재방문목회—사도행전과 바울서신을 중심으로." 「한국개혁신학」 제66권, 한국개혁신학회, 2021, 24-59.
김진규. "시편의 문맥적 이해의 복음주의적 성경해석의 기여." 「성경과 신학」 제62집, 한국복음주의신학회, 2012, 187-211.
김찬국. "사해 사본과 구약." 「신학논단」 제5집, 연세대학교, 1959, 19-33.
김창대. 『한권으로 꿰뚫는 소예언서』 서울: IVF, 2013.
김철홍. "바울의 소명의식과 복음 선포에 나타난 그의 전도, 개종, 교회 개척의 특징." 「신학연구」 제14권 제2호, 한국복음주의신약학회, 2015, 206-243.
김태영. "고린도후서에 나타난 바울의 사도직 이해: 고린도후서 10장-13장을 중심으로." 협성대학교 박사학위논문, 2017.
김태훈. "바울의 구약인용으로 본 다메섹 체험: 갈라디아서 1장15-16a를 중심으로." 「성경과 신학」 제76집, 한국복음주의신학회, 2015, 101-128.
김판임. "쿰란공동체와 초기 그리스도교 공동체의 예배생활." 「신학사상」 제131호, 한신대학교, 2005, 131-159.
_____. "바울파와 아볼로파, 고린도 교회 분쟁의 실상에 관한 연구." 「대학과 선교」 제20권, 한국대학선교학회, 2011, 181-208.
_____. "가르치시는 예수-예수의 교육 내용, 교육 방법, 교육 목표에 관한 연구." 「신학사상」 제175호, 한신대학교, 2016, 135-168.
김한성. "하나님 이름 표기와 역대기 사가의 신학적 전망 연구." 「신학과 목회」 제48권, 영남신학교, 2017, 31-54.
김향균. "지속가능 포용사회를 위한 예수 그리스도 사랑의 성인교육학적 재해석." *Androgogy Today*, 제22권 제3호, 한국성인교육학회, 2019, 180-210.
김혜원. 『예언서』 서울: 생활성서사, 2012.
김희권. "구약성경의 율법들." 「법학논총」 제19집, 숭실대학교, 2008.
김희석. "소선지서에 나타난 인자하심에 대한 설명 패턴의 발전 양상: 호세아~요나를 중심으로." 「총신대논총」 제38집, 총신대학교, 2006, 283-314.
고영렬. "간음하다 잡힌 여인(요7:53-8:11)에 대한 사본학적 연구." 「신약논단」 제21권 제1호 한국신약학회, 2014, 127-159.
남명현. "나비(נָבִיא)와 선교적 사명: 예레미야1장4-10절을 중심으로." 「선교와 신학」 제57집, 장로회신학대학교, 2022, 261-294.

남성혁(Nam Sung Hyuk).『초대 교회의 갈등과 성장』서울: CLC, 2015.
_____. "Biblical Paradigms of Christian Conversion: Encounter and Process Conversion." *Mission and Theology*, 48, 2019, 179-216.
노재관. "신약 정경 형성에 관한 연구,"「칼빈논총」제2000권, 칼빈대학교, 2000, 111-144.
달라스 윌라드(Dallas Willard),『하나님의 모략』(*The Divine Conspiracy*). 윤종석 역, 서울: 복있는사람, 2015.
데이비드 J. 보쉬(David J. Bosch)『변화하고 있는 선교』(*Transforming mission*). 김병길 · 장훈태 역, 서울: CLC, 2000.
도날드 거쓰리 (Donald Guthrie).『디모데전후서 · 디도서』(*The Letter to the 1 Timothy, 2 Timothy & Titus*). 양용의 역, 서울: CLC, 1992.
도날드 블뢰슈(Donald G. Bloesch).『기도의 신학』(*(The) Struggle of prayer*). 오성춘 · 권승일 역, 서울: 한국장로교 출판사, 1996.
디트리히 본회퍼(Dietrich Bonhoeffer).『나를 따르라』(*Nachfolge*). 이신건 역, 서울: 신앙과지성사, 2013.
로이 B. 주크(Roy B. Zuck).『예수님의 티칭 스타일』(*Teaching as Jesus taught*). 송원준 역, 서울: 디모데, 2000, 61-75.
C. S. 루이스,『순전한 기독교』(*Mere Christianity*). 장경철 · 이종태 역, 서울: 홍성사, 2001.
리차드 A. 버릿지(Richard A. Burridge).『네 편의 복음서, 한 분의 예수』(*Four Gospels, One Jesus?*). 김경진 역, 서울: 기독교연합신문사, 2000.
마빈 A. 스위니(Marvin A. Sweeney),『예언서』(*The Prophets*). 홍국평 역, 서울: 대한그리스도교서회, 2015.
마크 A. 포웰(Mark A. Powel).『사도행전신학』(*What are they saying about Acts?*) 이운연 역, 서울: CLC, 2014.
J. R. 미켈리스(J. R. Michaelis).『베드로전서』(*Word biblical commentary: 1 Peter*). 박문재 역, 서울: 솔로몬, 2006.
민경식. "초기그리스도교 복음서들의 정경화와 미정경화."「한국사상사학」제55권, 한국사상사학회, 2017, 177-203.
민경진. "에스라 - 느헤미야서의 문학적 구조분석."『에스라 - 느헤미야 어떻게 설교할 것인가』HOW 주석 14. 서울: 두란노 아카데미, 2009.
A. 바이저 · K. 엘리거(Artur Weiser · Karl Elliger)(1985).『국제성서주석 26: 소예언서』(*Das Buch der zwolf Kleinen Propheten*). 서울: 한국신학연구소.
박경미. "세계화에 맞선 평등사상."「신학전망」제167집, 광주카톨릭대학교, 2009, 38-77.

박경희. "하나님과 하나님 백성 안의 관계 안에서 읽은 예언과 예레미야의 고백."「복음과 실천」제65집, 침례신학대학교, 2020, 33-60.

박성호. "'고난 받는 종' 예수: 네 번째 '야웨의 종의 노래'(사 52:13-53:12)에 대한 초대교회의 기독교적 해석." *Canon&Culture*. 제11권 제1호, 한국신학정보연구원, 2017, 169-211.

박수암.『사도행전』서울: 대한기독교서회, 2006.

박신배. "구약의 축제."「한국문화신학회 논문집」제6집, 한국문화신학회, 2003, 152-184.

박아청.『교육학의 원조 구약성경』서울: 교육과학사, 2017.

_____.『예수 교육학의 세계화 신약성경』서울: 교육과학사, 2017.

_____.『정체성이론에서 본 예수와 기독교』계명대학교, 2019.

박영호. "바울은 왜 교회를 에클레시아로 불렀는가?"「신학논단」제23권 제2호, 한국신약학회, 2016, 401-440.

박요한 영식.『고통은 왜: 욥기 해설』서울: 성바오르, 2002.

박정식. "요한복음 12장에 나타난 네 가지 사건의 신학적 의미(2)."「광신논단」제29권, 광신대학교, 2019, 83-106.

박종수. "구약성서의 인간이해."「한국그리스도교신학논총」제73집, 한국그리스도교학회, 2010, 5-28.

_____. "시내산 성경 사본(Codex Sinaiticus)「성경과 고고학」제70-71호, 한국성서고고학회, 2011, 38-60.

박형신. "존 로스 번역본 예수성교 요안복음전의 초판(1982)의 '간음한 여인 이야기'(요 7:53-8:11) 삭제문제."「한국교회사학회지」제43집, 한국교회사학회, 2016, 61-92.

박형용.『주해 사도행전』서울: 성광문화사, 1981.

_____. "목회자 바울과 그의 목회원리."「신학정론」제4권 제2호, 합동신학대학원대학교, 1986, 239-260.

배정훈. "전도서에 나타난 잠정적인 지혜."「구약논단」제17권 제4호, 한국구약학회, 2011, 10-32.

_____. "예수의 성전 정화사건이 한국 개신교 교회에 주는 교훈."「신학과 교회」제16권, 혜암신학연구소, 2021, 67-99.

배재욱. "마태복음 20:17-28의 세 번째 수난 예고에 나타난 예수의 섬김 사상."「신약연구」제10권 제1호, 한국복음주의신약학회, 2011, 25-53.

배종열. "신약성경 목록순서."「성경과 과학」제80권, 한국복음주의신학회, 2016, 207-209.

서동수. "사도행전의 해석학적 원리(1:4-8)에 나타난 종말론적인 구원의 우주보편주의와 민족주의의 갈등과 그 해소." 「신약논단」 제24권 제4호, 한국신약학회, 2017, 883-924.

선정규. "과연 '성전 청결 사건'인가--막11:15-18을 중심으로." *Canon&Culture* 제6권 제2호, 한국신학정보연구원, 2012, 165-196.

E. P. 샌더스(E. P. Sanders). 『예수와 유대교』(*Jesus and Judaism*). 황종구 역, 서울: 크리스챤 다이제스트, 1994.

소기천. "신약성서에 나타난 내제자의 여성 경향성." 「신약논단」 제23권 제4호, 한국신약학회, 2006, 897-946.

손세훈. "고대 이스라엘의 자녀 교육 이해." 「기독교교육정보」 제34집, 한국기독교교육정보학회, 2012, 211-237.

송승인. "복음서의 "인자"에 대한 연구." 「신학연구」 제57권 제2호, 한신대학교, 2020, 7-29.

송영목. "간음하다 잡힌 여자 사건에 나타난 예수님의 선지자로서의 정체성(요 7:53-8:11)." 「신약연구」 제14권 제3호, 한국복음주의신약학회, 2013, 517-546.

송창현. "쿰란 사본과 성서연구." 「성경원문연구」 제6집, 대한성서공회, 2005, 7-38.

스티브 메이슨(Steve Mason). 『요세푸스와 신약성서』(*Josephus and the New Testament*) 유태엽 역, 대한기독교서회, 2002.

신경수. "예수의 구약성경 이해." 「신학지평」 제3집, 안양대학교, 1995, 41-67.

신동욱. "역사해석의 책으로서 요한계시록 읽기." 「인문사회 21」 제13권 제1호, 아시아문화학술원, 2022, 639-650.

심상법. "어리석고 약한 자처럼'(As One Without Wisdom and Power)—고린도서신을 통해 본 바울의 사역과 설교이해. 「신약연구」 제19권, 한국복음주의신약학회, 2020, 145-193.

신현우. "마가복음 4:1-9의 씨앗 비유에 담긴 예수의 길." 「신약연구」 제20권 제2호, 한국복음주의신약학회, 2021, 309-343.

심승환. "공자와 예수의 교육 철학에 담긴 가르침과 배움의 상보적 관계." 「교육 철학」 제38집, 한국그리스도교교육정보학회, 2005, 113-138.

J. E. 아담스(J. E. Adams). 『설교연구』(*Studies in preaching*). 정양숙·정삼지 역, 서울: CLC, 1994.

안경승. "기독교상담 방법론으로서 예수의 비유 고찰." 「복음과 상담」 제27권 제1호, 한국복음상담학회, 2019, 176-206.

안근조. "구약성서 잠언에 나타난 마음교육." 「그리스도교교육정보」 제39집, 한국그리스도교교육정보학회, 2013, 375-403.

양종래(Yang Jong Rae). "The Uncleansing the Temple and the Cursing of the Fig Tree." 「신학

과 복음」 제8권, 신학과실천학회, 2020, 51-168.

앨런 크라이더(Alan Kreider). 『초기 교회와 인내의 발효』(*The Patient Ferment of the Early Church*) 김광남 역, 서울: IVP, 2021.

엘리자베스 T. 그로프(Elizabeth T. Groppe). 『먹고 마시기: 모두를 위한 매일의 잔치---일상의 신학 3』(*Eating&Drinking*). 홍병룡 역, 서울: 포이에마, 2012.

엘리 홀저 · 오릿 켄트(E. Holzer·O. Kent). 『하브루타란 무엇인가』(*Philosophy of havruta*). 김진섭 역, 오산: D6코리아교육연구원, 2019.

월터 윙크(Walter Wink). 『사탄의 체제와 예수의 비폭력』(*Engaging the Powers*). 한성수 역, 서울: 한국기독교연구소, 2004.

유상섭. 『설교를 돕는 분석 요한복음』 서울: 규장, 1999.

유딧 롬니 웨그너(Judith R. Wagner)·장춘식. "고대 랍비 유대교에 나타난 여성들의 모습과 신분."「한국여성신학」제43권, 한국여성신학자협의회, 2009, 9-47.

유선명. "아굴 어록(잠언 30:1-9)의 신학적 의미와 지혜 문학의 이해를 위한 기여." *Canon&Culture* 제12권 제1호, 한국신학정보연구원, 2018, 33-60.

유세비우스(Eusebius Pampilius). 『유세비우스의 교회사』(*The Ecclessiastical History*). 엄성옥 역, 서울: 은성, 1995.

유은종. 『마음으로 읽은 소예언서』 용인: 킹덤북스, 2011.

유재덕. "교사로서의 역사적 예수 연구: 유대적 관점에서."「그리스도교교육논총」제44집, 한국기독교교육학회, 2015, 145-175.

유지미. "성전과 소년 예수."「성경연구」제7권 제1호, 한일장신대학교, 2000, 60-71.

유진 H. 메릴(Eugine H. Merill). 『역사적 구약개요』(*Historical survey of the Old Testament*). 김진영 역, 서울: 크리스챤 다이제스트, 2005.

유화자. "이스라엘의 교육 방법에 관한 고찰."「성경과 신학」제25집, 한국복음주의신학회, 1998, 329-365.

윤은희. "베드로 설교에 나타난 '회개' 모티프 연구." 호서대학교 박사학위논문, 2007.

윤형형. "구약신학적 관점에서 본 하나님의 쉠/이름." *Canon&Culture,* 제7권 제2호, 한국신학정보연구원, 2013, 143-166.

오민수. "이스라엘의 선택과 열방과의 관계 스펙트럼."「구약논단」제27권 제3호, 한국구약학회, 2021, 40-71.

옥장흠. "통전적 기독교교육에 관한 연구: 탈무드의 신앙 교육을 중심으로." 성공회대학교 박사학위논문, 2012.

이경락. "예수님의 삶과 가르침을 통한 교육경영."「로고스경영연구」제14권 제2호, 한국로고스경영학회, 2016, 1-14.

이관표. "현대신학의 케노시스 이해로 본 하나님과 인간: 케노시스 이론을 통한 신-이해와 인간-이해의 재구성." 「한국조직신학논총」 제51집, 한국조직신학회, 2018, 45-79.
이복우. "야고보서 1:1-4에 나타난 신자의 특징." 「신학정론」 제37권 제1호, 합동신학대학원대학교, 2019, 333-366.
이사야. "예언서에 나타난 선교사상." 「대학과 선교」 제30집, 한국대학선교학회, 2015, 43-71.
이상근. 『성경주해 사도행전』 서울: 대한예수교장로회 총회 교육부, 1982.
이상목. "예루살렘 교회의 야고보---초기 교회의 정립과 야고보의 역할." 「대학과 선교」 제37집, 한국대학선교학회, 2018, 67-96.
이성민. "설교자의 누가복음 연구(II)." 「신학과세계」 제97호, 감리교신학대학교, 2019, 233-267.
_____. "사도행전 2장의 베드로의 오순절 설교 이해: 사도적 복음 선포의 전형." 「신학과세계」 제101집, 감리교신학대학교, 2021, 181-214.
이성혜. "역사 속에 행하시는 하나님과 이스라엘의 반응." 「성경과 신학」 제79집, 한국복음주의신학회, 2016, 1-25.
이승구. "칭의에 대한 야고보의 가르침과 바울의 가르침의 관계(2)." 「신학정론」 제30권 제2호, 합동신학대학원대학교, 2012, 631-658.
이승문. "'성령의 약속'(갈3:14)과 갈라디아 공동체의 내재화." 「대학과 선교」 제43집, 한국대학선교학회, 2020, 35-60.
이승현. "누가와 바울이 본 성령과 교회의 탄생." 「영산신학저널」 제36권, 한세대학교, 2016, 229-259.
이승호. 『사도행전』 서울: 한국장로교출판사, 2008.
_____. "베드로전서에 나타난 교회의 정체성." 「선교와 신학」 제41집, 장로회신학대학교, 2017, 437-468.
이영호. "고넬료의 집에서 행한 베드로의 설교에 대한 연구(행 10:23b-43)." 「영산신학저널」 제56권, 한세대학교, 2021, 85-124.
이은우. "창세기 1:1-2:4a의 수사적 구조에 나타난 생태윤리." 「구약논단」 제44집, 한국구약학회, 2012, 10-34.
이일호. "회당의 기원." 「성경과 고고학」 제60호, 한국성서고고학회, 2008, 46-60.
이재호. "힘의 남용에서 섬김으로-심리발달 측면에서." 「장신논단」 제48권 제1호, 호남신학대학교, 2016, 335-359.
이준호. "야고보와 바울의 행함과 믿음." 「신약연구」 제10권 제3호, 2011, 653-688.

이풍인. "히브리서 4:2절과 11:39-40절에 나타난 새 언약 백성의 특권."「신학지남」제 87권 제1집, 신학지남사, 2020, 7-27.

_____. "히브리서에 나타난 거룩한 대화 연구."「신학지남」제88권 제4집, 신학지남사, 2021, 71-98.

이형원. "구약성서 묵시 문학을 중심으로 한 종말론적 교훈."「복음과 실천」제18권 제 1호, 침례신학대학교, 1995, 287-307.

이형의. "예수를 따른 갈릴리의 여인들—막달라 마리아에 대한 고찰을 중심으로."「한 국신학논총」제6권, 한국신학교육연구원, 2007, 159-180.

이혜용. "예수의 대화전략—「누가복음」을 중심으로."「텍스트언어학」제19권, 한국텍 스트언어학회, 2005, 133-160.

이훈구. "다니엘서 나타난 하나님의 선교 연구."「복음과 선교」제14집, 한국복음주의 선교신학회, 2011, 236-260.

임동원(1996). "요나서에 나타난 아이러니의 기능."「신학과 현장」제6집, 목원대학교, 233-267.

_____ (2020). "고대근동 문학작품과 구약성서의 병행본문 연구."「신학과 현장」제30 집, 목원대학교, 7-30.

임인환. "신명기에 나타난 유대인의 교육관."「성경과 고고학」제50호, 한국성서고고학 회, 2006, 24-37.

임창복. "히브리 및 유대교육에 관한 연구."「장신논단」제5권, 장로회신학대학교, 1989, 280-304.

임희숙. "먹거리 문화에 대한 기독교교육적 성찰."「기독교교육논총」제23집, 한국기독 교교육학회, 2010, 273-296.

장동신. "모세와 아론으로서의 예수."「신약논단」제23권 제4호, 한국신약학회, 2006, 1,115-1,141.

장종철. "유대 민족과 종교 교육."「기독교언어문화논집」제17집, 국제기독교언어문화 연구원, 2014, 33-54.

전대경. "루터와 칼빈의 로마서와 야고보서 이해를 통한 개혁주의 이신칭의 재조명." 「ACTS 신학저널」제34집, 평택대학교, 2017, 193-233.

전성용. "성서란 무엇인가."「교수논총」제16권, 서울신학대학교, 2004, 433-457.

정기문. "70년대 이후 유대-기독교의 동향."「역사와 세계」제52집, 효원사학회, 2017, 149-174.

_____. "베드로 재평가를 위한 선교 활동 고찰."「서양고대사연구」제53권, 한국서양 고대역사문화학회, 2018, 69-99.

_____. "초기 기독교 지도자들의 예수 '만들기'." 「서양사연구」 제60집, 한국서양사연구회, 2019, 101-126.

_____. "네로의 기독교 박해." 「역사문화연구」 제73집, 역사문화연구소, 2020, 143-168.

정승우. 『예수, 역사인가 신화인가』 서울: 책세상, 2005.

정창교. "사도행전 결말에서의 누가의 침묵과 외침." 「신약논단」 제25권 제2호, 한국신약학회, 2018, 731-768.

_____. "베드로전서의 가훈표에 나오는 이중전략." 「신약논단」 제29권 제1호, 한국신약학회, 2022, 97-131.

정효제. "유대회당과 교회의 학교 기능에 관한 고찰." 「성경과 고고학」 제105호, 한국성서고고학회, 2020, 212-224.

조경철. "바울의 다마스쿠스 체험에 관한 신약성서 전승에 관한 연구." 「신학과 세계」 제73호, 감리교신학대학교, 2012, 46-77.

_____. "세계를 품은 바울의 선교 활동." 「신학과 세계」 제76호, 감리교신학대학교, 2013, 38-70.

조광호. "이방인 선교의 관점에서 본 사도행전의 주요 주제들—사도행전의 저술 목적을 파악하기 위한 하나의 시도," 「신약논단」 제19권 제4호 한국신약학회, 2013, 129-160.

조병수. 『신학신학 열두 주제』 서울: 합동신학대학원, 2001.

조병하. "초대 교회(1-2세기) 이단형성(의 역사)과 정통확립에 대한 연구." 「성경과 신학」 제72권, 한국복음주의신학회, 2014, 291-323.

조용훈. "산상설교의 윤리적 특징에 대한 연구." 「장신논단」 제48권 제4호, 장로회신학대학교, 2016, 229-252.

_____. "산상설교의 여섯 가지 반제에 나타난 윤리적 해석과 그 현대적 의미에 관한 연구." 「기독교사회윤리」 제45집, 한국기독교사회윤리학회, 2019, 123-157.

조재형. 『그리스-로마 종교와 신약성서』 서울: 부크크, 2018.

조휘휘. "구약성경의 형성과 전승." 「성경과 고고학」 제49호, 한국성서고고학회, 2006.

주기철. "야고보서 5:14의 ἀσθενεῖ τις ἐν ὑμῖν("너희 중에 병든 자가 있느냐") 해석문제." 「갱신과 부흥」 제28호, 고신대학교, 2121, 33-70.

차정식. "먹고마시는 일상적 향유와 예수의 신학적 지향--복음서의 '공동 식사' 모티프를 중심으로." 「한국기독교신학논총」 제114집, 한국기독교학회, 2019, 99-133.

채영삼. "'마음이 심긴 도를 온유함으로 받으라': 야고보서 1:21b의 신학적 중감성." 「신약연구」 제9권 제3호, 한국복음주의신약학회, 2010, 467-668.

_____ . "공동서신의 새 관점." 「신약논단」 제21권 제3호, 한국신약학회, 2014, 774-781.

_____ . 『공동서신의 신학』 고양: 이레서원, 2017.

천사무엘. "구약 정경의 형성 과정에 대한 제고: 표준이론을 중심으로." 「구약논단」 제20권 제1호, 한국구약학회, 2014, 200-226.

최경은. "구약성경에 나타난 언어의 기원에 대한 소고." 「기독교언어문화논집」 제5집, 국제기독교언어문화연구원, 2002.

최승락. "베드로서신에 나타난 세상 속 그리스도인의 신행일체(信行一體)." 「신약연구」 제7권 제1호, 한국복음주의신약학회, 2008, 71-106.

최원준. "영생을 위한 기름: 열처녀의 비유." 「성경연구」 제131호, 한일장신대학교, 2005, 38-49.

최재덕. "예수 시험 기자(마4:1-11; 눅4:1-13)의 진정성과 이의 신학적 함의에 관한 연구." 「장신논단」 제49권 제4호, 장로회신학대학교, 2017, 39-64.

_____ . "역사적 예수 연구의 필요성과 효용성 - 역사적 예수에 대한 연구는 왜 필요한가?" 「성서학연구원 저널」 제101호, 장로회신학대학교, 2019, 5-16.

최준규. "예수의 교육 원리와 현대적 의미." 「종교 교육학연구」 제25권, 한국종교 교육학회, 2007, 67-72.

캐런 좁스·모세 실바(Karen H. Jobes, & Moises Silva). 『70인역 성경으로의 초대』(Invitation to the Septuagint). 김구원 역, 서울: CLC, 2007.

캐롤 A. 뉴섬(Carol A. Newsom). (엮음), 『여성들을 위한 성서주석: 신약편』(Women's Bible Commentary). 박인희 등 역, 서울: 대한기독교서회, 2012.

캐롤라인 오시에크(Carolyn Osiek). 『신약의 사회적 상황』(What are they saying about the social setting of the New Testament). 김경진 역, 서울: CLC, 1999.

피터 크레이기(Peter C. Craigie 외 2인). 『예레미야 1-25』(Word Biblical Commentary. Jeremiah 1-25). 권대영 역, 서울: 솔로몬, 2011.

존 폴킹혼(John Polkinghorne). 『케노시스 창조이론: 신은 어떻게 사랑으로 세상을 만드셨는가?』((The) work of love: creation as kenosis). 박동식 역, 서울: 새물결플러스, 2015.

J. M. 프라이스(J. M. Price). 『선생 예수』(Jesus the teacher). 박영록 역, 서울: 침례회출판사, 1968.

필립 얀시(Philip Yancey). 『내가 알지 못했던 예수』(The Jesus I Never Knew). 김성녀 역, 서울: 한국기독학생회출판부, 2012.

하경택. "코헬렛의 마지막 교훈(전11:9-12:7)으로 보는 전도서의 신학." 「구약논단」 제27권 제3호, 한국구약학회, 2021, 72-103.

하비 콕스(Harvey Cox). 『예수 하버드에 오다: 1세기 랍비의 지혜가 21세기 우리에게 무엇을 뜻하는가?』(When Jesus came to Harvard: making moral choices today). 오강남 역, 서울: 문예출판사, 2015.

하워드 마샬(I. Howard Marshall). 『복음의 증거: 사도행전 신학』(Witness to the Gospel: The Theology of Acts). 류근상 역, 서울: 크리스챤출판사, 2004.

한국성서고고학회. "사해 사본들." 「성서고고학」제2호, 한국성서고고학회, 1994, 18-52.

한상석. "공(空)과 케노시스(κένωσις)—『金剛經』과 빌립보서 2장5-8절을 중심으로." 서강대학교 박사학위논문, 2018.

J. 허버트 케인(J. Herbart Kane). 『기독교 세계 선교사』((A) Concise history of the Christian world mission) 박광철 역, 서울: 생명의말씀사, 1981.

국외 서적

Amdt, W. F. & F. W. Gingrich. *A Greek-English Lexicon of the New Testament and the Other Early Christian Literature*. Chicago: The University of Chicago Press, 1979.

Anderson, L. W. & Krathwohl, D. R. (Eds.). *Taxonomy for Learning, Teaching, and Assessing: A Revision of Bloom's Taxonomy of Educational Objectives*. New York: Longman, 2001.

Balfour, Rory. "Teach us to Pray: The Lord's Prayer in the Early Church and Today, By Justo L. González, Eerdmans, 2020." *Reviews in religion and theology,* 28(2), 2021, 189-191.

Barnett, Paul. *Jesus & the Rise of Early Christianity: A History of New Testament Times*. Downers Grove, Illinois: InterVarsity Press, 2002.

Bradshaw, Paul F. *Eucharistic Origin,* New York: Oxford University Press, 2004.

Brownback, Lydia. *The Prostitute and the Prophet*. Crossway Wheaton, Ill.: Sheffield Academic Press, 2016.

Betz, H. Dieter. "The Concept of the 'Inner Human Being'(ho-eso-anthro-pos) in the Anthropology of Paul." *New Testament Studis,* 46(3), 2000, 315-341.

Boice, James Montgomery. *The Gospel of Matthew*. Vol. 1: *The King and His Kingdom* (Matthew 1-17). Grand Rapids, MI: Baker Books, 2001.

Bornett, Paul. *The Importance of Peter in Early Christianity*. Authentic Media, 2016.

Burney, C. F. *The Poetry of Our Lord: An Examination of the Formal Elements of Hebrew*

Poetry in the Discourses of Jesus Christ. Oxford: Clarendon Press, 2008.

Bruno, Cris and Douglas J. Moo. *Paul vs. James: What We've Been Missing in the Faith and Works Debate.* Moody Publishers, 2019, 96.

Caputo, John D. *Paul among the Philosophers.* Bloomington: Indiana University Press, 2009.

Casey, Maurice. *Jesus of Nazareth: An Independent Historian's Account of His Life and Teaching.* New York: T&T. Clark, 2010.

Chapman, Stephen B. *The Law and the Prophets: A Study in Old Testament Canon Formation.* Tübingen: Mohr Sieback Verlag, 2020.

Chara, Paul J. "Great Fire of Rome." *Salem Press Encyclopedia,* 2020.

Clines, D.J.A, and D.M.Gunn. 'Form, Occasion and Redaction in Jeremiah 20', *ZAW* 88, 1976, 390-409.

Crossan, J. D. *The essential Jesus: What Jesus really thought.* New York: HarperSanFrancisco, 1994.

Crossan, John Dominic & Watts, R. *Who Is Jesus? Answers to Your Questions about the Historical Jesus.* Louisville, KY: Westminster John Knox Press, 1996.

Via, Dan Otto, Jr. The Right Straw Epistle Reconsidered: A Study in Biblical Ethics and Hermeneutic. *The Journal of Religion.* Vol. 49(3), 1969, 253-267.

Clark, David. *The Lord's Prayer: Origins and Early Interpretations.* Turnhout, Belgium: Brepols Publishers, 2016.

Eavey, C. B. *History of christian education.* Chicago: Moody Press, 1964.

Ehrman, Bart D. *The New Testament: A Historical Introduction to Early Christian Writings.* Oxford University Press, 2000.

Elwell, Walter A. Robert W. Yarbrough. *Readings from the First-Century World Primary Sources for New Testament Study.* Grand Rapids, Mich.: Baker Books, 1998.

Esposito, John L. ed. "Ahl al-Kitab." *The Oxford Dictionary of Islam.* Oxford: Oxford University Press, 2014.

Fassberg, Steven E. "Which Semitic Language Did Jesus and Other Contemporary Jews Speak?" *The Catholic Biblical Quarterly,* 74(2), 2012, 263-280.

Frecberick Mathewson, Denny. *An Introduction Islam.* New York: Routledge, 2016.

Friedman, Richard E. *Who wrote the Bible?* Simon & Schuster, 2019.

Funk, R. *Honest to Jesus: Jesus for a new millennium.* New York: HarperCollins, 1996.

Glaze, Jr., R. E. "The Relationship of Faith to Works in James 1:22-25 and 2:1'26." *Theological Educator: A Journal of Theology and Ministry,* 34, 1986, 40-51.

González, Justo L. *Teach us to Pray: The Lord's Prayer in the Early Church and Today*. Wm. B. Eerdmans Publishing Co, 2020.

Gorman, Michael J. *Scripture: An Ecumenical Introduction to the Bible and its Interpretation*, Peabody: Hendrickson Publishers, 2005.

Grant D. Miller Helena & Lisa Pomson Alex. *International Handbook of Jewish Education*. New York: Springer, 2011.

Green, Joel B. etc. *Dictionary of Jesus and the Gospels*. Downers Grove: Inter-Varsity Press, 1992.

Grenshaw, James L. "Education in Ancient Israel." *Journal of Biblical Literature*, 104. Epigraphic Evidence, BASOR 344, 2006, 47-74.

Harris, W. V. *Ancient literacy*. Cambridge: Harvard University Press, 1989.

Hawkins, O. S. *The Bible Code: Finding Jesus in Every Book in the Bible*. Thomas Nelson Incorporated, 2020.

Koester, Helmut. *History, Culture, and Religion of the Hellenistic Age*(2nd ed.). New York: Walter de Gruyter, 1995.

Helyer, Larry R. *The witness of Jesus, Paul, and John: an exploration in biblical theology*. Downers Grove, Ill.: IVP Academic, 2008.

Hiebert, D. Edmond. "The Unifying Theme of the Epistle of James," *Bibliotheca Sacra* 135, 1978, 221-231.

Hezser, Catherine. *The Social Structure of the Rabbinic Movement in Roman Palestine*. Tübingen: Mohr Siebeck, 1997.

Leone, Massimo. *Religious Conversion and Identity: The Semiotic Analysis of Texts*. New York: Routledie, 2004.

Neusner, Jacob. *The Emergence of Judaism*. Louisville: Westminster John Knox Press, 2004.

James, Martin,; Michael J., Kruger, et. al. *A Biblical-Theological Introduction to the New Testament: The Gospel Realized*. Wheaton, IL: Crossway, 2015, 440-441.

James, William. *The Varieties of Religious Experience: a Study of Human Nature* New York: Collier Books, 1961.

Keith, C. *Jesus' Literacy: Scribal Culture and the Teacher from Galilee*. Library of Historical Jesus Studies 8, LNTS 413. London: T&T Clark, 2011.

_____. *Jesus Against the Scribal Elite: The Origins fo the Conflict*. London: T&T Clark, 2020.

Kent, O. & A. Cook. Havruta Inspired Pedagogy: Fostering An Ecology of Learning. for

Closely Studying Texts with Others. *Journal of Jewish Education,* 78, 2012, 227-253.

Kessler, Edward. *Introduction to Jewish-Christian Relations.* Cambridge: Cambridge University Press, 2010.

Koester, H. "One Jesus and Four Primitive Gospels." *Trajectories through Early Christianity,* Philadelphia: Fortress Press, 1971.

Kostenberger, Andreas J. *Salvation to the Ends of the Earth-A Biblical Theology of Mission.* Illinois: Downers Grove, IVP, 2020.

Kumar, Krishan. "The Return of Civilization—and of Arnold Toynbee?" *Comparative Studies in Society and History.* 56(4), 2014, 815-843.

Lifton, Robert Jay. *The Protean Self: Human Resilience in an Age of Fragmentation.* New York: Basic Books, 1993.

Lisco, Friedrich Gustav. *The Parables Of Jesus Explained And Illustrated.* Fb&c Limited, 2017.

Lundbom, Jack R. *Jeremiah 1-20.* New Haven and London: Yale University Press, 2009.

Luther, Martin. *Martin Luther: Selections From His Writing,* ed. John Dillenberger. New York: Anchor Books, 1962.

Mark, A. Powell. *Introducing the New Testament: A Historical, Literary, and Theological Survey.* Grand Rapids. MI, USA: Baker Academic, 2009.

Mark, Washofsky. *Jewish Living: A Guide to Contemporary Reform Practice.* Behrman House Press, 2001.

McDermott, Ryan. "The Ordinary Gloss on Jonah." *The Journal of the Modern Language Association of America,* 128(2), 2013, 424-438.

McDonald, L. M. *Biblical Canon: Its origin, Transmission and Authority.* Baker Academic: Grand Rapids, 2007.

Middleton, Niamh M. *Jesus and Women: beyond feminism.* Cambridge: The Lutterworth press, 2021.

Mike, Graves. *Table Talk: Rethinking Communion and Community.* Wipf and Stock Publishers, 2017.

Moon, Steve Sang-Cheol. "Missions from Korea 2019: Supporting Raising." *International Bulletin of Mission Research.* Vol. 43(2) Seoul: Korea Research Institute for Mission, 2019, 188-195.

Munck, Johannes. *The Acts of the Apostles.* New York: Garden City: Doubleday & Company, 1981.

Neill, S. *The Interpretation of the New Testament, 1861-1961*. London: Oxford University Press, 1972.

Pamphilus, Eusebius. *The Ecclesiastical History*. Tr. by C. F. Cruse. Grand Rapids: Baker Book House, 1992.

Peterson, David G. *Prayer in Paul's Writings: Teach us to pray*(ed). D. A. Carson. Grand Rapids Baker Book House, 1994.

Pink, A. W. *Gleaning from Paul: Studies in the Prayers of the Apostle*. Chicago: Moody Press, 1967.

Ronald, Mellor. *Tacitus' Annals*. Oxford: Oxford University press, 2010.

Rombs, Ronnie J. *Tradition & The Rule of Faith in the Early Church*. Washington D.C.: The Catholic University of America Press, 2011.

Roudometof, Victor. *Globalization and Orthhodox Christianity: The Transformations of a Religious Tradition*. New York: Routledge, 2013.

Runesson, Anders. *The origins of the synagogue: a socio-historical study*. Stockholm: Almqvist & Wiksell, 2001.

Ryrie, Charles C. *Biblical Theology of the New Testament*. Chicago: Moody Press, 1959.

Samkutty, V. J. *The Samaritan Mission in Acts*. Library of New Testament Studies 328, A&C Black, 2006.

Santos, Narry F. "Diaspora in the New Testament and Its Impact on Christian Mission." *Torch Trinity Journal*. 13. Torch Trinity Graduate School of Theology, 2010, 3-18.

Schnabel, Eckhard J. *Paul the Missionary: Realities, Strategies and Methods*. Downers Grove, IL.: IVP Academic, 2008.

Schneemelcher, Wilhelm. *New Testament Apocrypha*(translated by R. McL. Wilson). Westminster John Knox Press, 1992.

Shields, Robin. *Globalization and International Education*. New York: Bloomsbury, 2013.

Vos, Cas J. A. *Theopoetry of the Psalms*. London: Bloomsbury Publishing Plc. 2005.

Wagner, C. Peter. *Acts of the Holy Spirit*. Ventura, Calif.: Regal Books, 2000.

Wengert, Timothy J. "*Building on the one foundation with straw: Martin Luther and the epistle of James*" in Word World. 35(3) 2015, 251-261..

Williams, R. R. *The Letters of John and James: Commentary on the Three Letters of John and the Letter of James*. The Cambridge Bible Commentry: Cambridge, 1965.

Wink, Walter. *Engaging the Powers*. Minneapolis, Fortress Press, 1992.

Yoder, Christine Roy. "Shaping Desire: A Parent's Attempt." *Journal for Preachers*, 33,

2010, 54-61.

Zeitlin, Irving M. *Ancient Judeism: Biblical criticism from Max Weber to the present.* Polity Press, 2013.

Ziolkowski, Jan M. Putnam, Michael C. J. *The Virgilian TrAdition: The First Fifteen Hundred Years.* Yale University Press, 2008.

찾아보기

단어

ㄱ

개혁자적 정화 행동(Reformer's Cleaning Act) 187
경전(scripture) 157
공감의 사역자, 예수 188
공동체 교육 245
광야 유랑기(曠野流浪期) 70
교육과 정치를 담당한 사사(士師)들 92
교육자이신 야웨 하나님 6, 9, 84
구전 교육(口傳敎育) 62
구전 율법 67, 68, 69
긍휼의 예수 190
기독교 교회의 생일, 오순절 350
기독교인의 정체성 324

ㄷ

디아스포라 29, 45, 46, 49, 72, 77, 86, 91, 330, 332, 346, 347, 362

ㄹ

랍비 27, 28, 29, 46, 47, 48, 56, 62, 67, 68, 73, 77, 78, 79, 81, 114, 129, 193, 200, 205, 206, 216, 218, 219, 220, 221, 222, 223, 225, 230, 236, 240, 260, 261, 263, 268, 373, 378
랍비 요하난 벤 자카이 28, 46
랍비 호칭의 배경 218
랍비 힐렐(Hillel) 79
로버트 1세 에스티엔느 22
로버트 1세 에스티엔느(Robert I Estienne, 1503-1559) 22

ㅁ

마카비 전쟁 41
모세 14, 15, 16, 18, 21, 24, 25, 30, 37, 43, 52, 54, 61, 63, 66, 67, 68, 69, 70, 73, 76, 78, 80, 84, 88, 89, 96, 114, 146, 152, 170, 172, 216, 235, 238, 260, 340, 375, 377
모세오경 14, 15, 16, 24, 25, 30, 43, 52, 68, 78, 146, 216
미쉬나 67, 68, 79, 81
믿음의 서신, 야고보서 331

ㅂ

바울의 다마스쿠스 체험, 회심(回心) 288
바울의 사도직 소명, 교회의 설립 298
배금주의 186, 187
베드로의 신앙 공동체 329
보편주의 7, 130, 131, 135, 137, 138, 141, 142, 173, 174, 175, 176, 324, 348, 371
보혜사(保惠使, Comfort) 258
본(本)보기 교육 313
비교 16, 27, 29, 33, 34, 116, 118, 162, 163, 174, 178, 203, 217, 252, 274, 277, 284, 290, 318, 335, 342, 368
비유 8, 99, 143, 150, 176, 184, 189, 190, 200, 202, 220, 221, 222, 232, 239, 241, 242, 243, 251, 256, 261, 263, 264, 267, 268, 269, 271, 274, 275, 276, 277, 278, 279, 280, 281, 282, 283, 284, 285, 300, 308, 329, 336, 350, 367, 368, 372, 377

ㅅ

사도 바울의 신앙 교육 원리 8, 312
사도성 159, 161, 335
사도성(Apostolicity) 159
사도신경 307, 308
사용성 161
사해 사본 33, 34, 369, 378
산상설교 187, 232, 234, 235, 236, 238, 243,

247, 376
산상설교(山上說敎) 234
산상수훈(山上垂訓) 234
서기관 양성 학교 74
서기관 학교 6, 35, 73, 75
서민 언어(the tongue of the ordinary people) 233
선지자, 예수 170
선지자적 상징 행동(Prophetic Symbolic Act) 187
성결 법전 51, 52
성경(聖經, Scripture) 157
성경 암송 교육 43
성경의 자증 159
성문 율법 67, 68
성서(聖書, Bible) 157
성인 교육가(adult educator) 215
성인식 43, 61, 62
성인식(成人式) 61
성전 청결 185, 186, 187, 222, 262, 372
성찬 집례 309
세계주의 7, 138, 141, 174, 175
소년 예수(Ἰησοῦς ὁ παῖς, 이에수스 호 파이스) 228
속사도 시대 165
쉬나고게 73
쉬나고게(συναγωγή, 회당) 73
쉐마 54, 62, 68, 76, 79, 114, 115, 146
스바냐 111, 112
신명기 21, 24, 43, 54, 55, 76, 77, 79, 88, 89, 114, 115, 119, 133, 144, 145, 146, 266, 268, 375
신명기(申命記) 54
신앙 규범의 중심, 신앙 고백 304
신앙을 절감하는 용기 7, 122
신앙의 규범 16, 167
신앙의 규칙(κανόνα τῆς ἀληθείας) 159
신약 정경화 160

ㅇ

아굴의 기도 120, 122
아모스 105, 106, 108, 111
알레고리 8, 274, 276, 284, 285, 286, 368
알레고리(우화) 274
알레고리(allegory) 284
알파벳의 사용 76
야고보의 덕행 교육 8, 330
얌니아 15, 27, 29, 48, 128, 129
얌니아 회의 15, 29, 129
에스겔 26, 60, 97, 98, 101, 103, 110, 285, 368
에스라 시대 30, 56
여성의 역할 7, 192
여성 제자들 202, 203
영감성 30, 159, 161
영감성(靈感性, inspiration) 159
영혼의 노래, 시편 124
예레미야 14, 26, 27, 31, 39, 60, 69, 70, 79, 97, 98, 100, 101, 102, 103, 105, 110, 187, 295, 369, 371, 377
예수의 문해력과 언어력 7, 230
예수의 비유 184, 189, 200, 267, 268, 269, 274, 275, 276, 278, 279, 281, 367, 368, 372
예수의 사역 7, 170, 184, 188, 189, 192, 203, 230, 234, 259, 271, 277, 281, 350
예수의 윤리적 판단 기준 238
예수의 학력(學歷) 224
예수 이미지 7, 215
예시바 47
예언서에 나타난 세계주의 사상 7, 138
예언자들의 사명 6, 94
예언자 요나 7, 130
예언자의 소명 의식 97
예언자적 확증 262
오바댜 27, 108
오순절 성령 강림 318, 324
오이쿠메네 44
오이쿠메네(οικουμενε, '세계', '세상', 'One world') 44
외경서(外經書, Apocryph) 69
요나 7, 108, 110, 130, 131, 132, 171, 368, 369, 375
요엘 106, 108, 109, 110, 111, 350
유대인 교육의 목표 55
유대인 폭동 사건 44
유월절 36, 37, 45, 57, 58, 65, 68, 117, 172, 227
율법 교육과 민족 정체성 89
율법서 15, 24, 143, 144, 267
의무 교육 체제 81
이사야 26, 27, 33, 34, 60, 70, 71, 84, 88, 96, 97,

98, 100, 103, 105, 133, 134, 135, 136, 137, 139, 174, 175, 187, 225, 238, 257, 295, 368, 374
이상적인 교사상 88
이상적인 교사상(教師像) 88
일인일기(一人一技)교육 65

ㅈ

자녀 교육의 헌장, 쉐마 115
장(chapter)과 절(verse) 21
정경 6, 15, 16, 28, 29, 30, 129, 156, 157, 158, 159, 160, 161, 167, 249, 267, 274, 331, 334, 335, 340, 356, 357, 368, 370, 377
정경성의 원리 158, 161
정서 교육에 나타난 교육 원리 7, 148
정통성 91, 161
제사장, 예수 171
조기 교육 61
주기도문 232, 249, 250, 251, 308
지혜자, 코헬렛 126
질문과 토론 64

ㅊ

창조주를 기억하는 교육 116
책의 국민 56
체화 교육(體化敎育) 65
칠십인역 18, 19, 21, 29, 33, 69

ㅋ

컴패션(compassion, 긍휼) 190
케노시스 177, 178, 180, 244, 245, 374, 377, 378
케노시스(κενωσις) 244
케노시스 사상 177, 178
케투빔 15, 24

ㅌ

타나크 15, 16, 29
탈무드 49, 57, 62, 64, 67, 68, 72, 79, 373
토라 7, 15, 24, 25, 26, 35, 36, 38, 40, 48, 49, 50, 62, 64, 65, 73, 74, 78, 86, 91, 114, 115, 116, 144, 146, 200, 225, 226, 231, 239, 240, 367
토라 교육 35, 36, 74

ㅍ

표적(表蹟, σημεῖον, 세메이온) 260
품성 교육 243
프로테우스적 인간, 사도 바울 300

ㅎ

하나님의 주권 108, 112
하나님의 주권(主權, Sovereignty) 112
하브루타 64, 373
하스모니안 왕조 41, 42, 43
학가다(Haggadah) 68
할라카 68
할라카(Halakha) 68
헬레니즘 15, 39, 40, 41, 44, 193, 345
현장 교육 주인공, 예수 271
호세아 98, 99, 100, 105, 108, 369
화해 교육 244
회당 6, 27, 28, 29, 48, 49, 73, 74, 77, 78, 79, 80, 81, 116, 124, 176, 200, 219, 220, 222, 224, 225, 226, 230, 233, 245, 347, 352, 374, 376

18가지 기도문 27
70인역 성경 30, 39, 377

인명

ㄱ

강대훈 353, 367
고영렬 213, 369
기동연 76, 367
김경진 216, 326, 367, 370, 377
김경희 242, 367
김근수 307, 367
김동용 202, 367
김석근 338
김선종 285, 368
김성규 319, 368
김성희 188, 189, 203, 209, 368
김세윤 305, 368
김순영 122, 368
김영준 133, 134, 135, 368
김영진 141, 368
김옥연 197, 368
김용운 189, 191, 368
김웅기 269, 368
김유준 348, 368
김정우 157, 285, 368
김종성 19, 369
김주한 353, 369
김찬국 34, 369
김창대 108, 369
김철홍 299, 369
김태영 298, 313, 369
김태훈 295, 369
김판임 215, 369
김한성 17, 369
김회권 25, 369
김희석 108, 369

ㄴ

남명현 103, 369
남성혁 293
노재관 159, 370
뉴섬 A. 캐롤(Newsom A. Carol) 203

ㄷ

디트리히 본회퍼(Bonhoeffer, Dietrich) 248

ㄹ

로이 B. 주크(Roy B. Zuck) 279, 306, 370
리차드 A. 버릿지(Richard A. Burridge) 216, 370

ㅁ

마커스 보그(Marcus Borg) 190
메리 앤 탈버트(Mary Ann Tolbert) 202
민경식 160, 250, 367, 370

ㅂ

박경미 176, 370
박성호 104, 371
박신배 57, 371
박아청 1, 2, 4, 230, 300, 371
박정수 345
박정식 253, 371
박종수 32, 143, 371
박형신 213, 371
배재욱 178, 371
배정훈 129, 187, 371
보쉬(Bosch D.) 328

ㅅ

소기천 193, 372
송승인 253, 372
신동욱 361, 372
신상법 353
신현우 267, 277, 372
심상법 303, 372

ㅇ

안경승 184, 372
안근조 143, 372
앨런 크라이더(Alan Kreider) 344, 345, 373
양명수 105
양종래 185, 372

엘리자베스 T. 그로프(Elizabeth T. Groppe)　273,
　　373
오민수　38, 373
옥장흠　57, 373
월트 윙크(Walter Wink)　200
윌라드 달라스(Dallas Willard)　236
유딧 R. 와그너(Judith R. Wagner)　200
유선명　122, 373
유재덕　217, 225, 263, 373
유지미　227, 373
윤은희　318, 373
윤　형　19
이경락　279, 373
이관표　180, 374
이복우　332, 374
이상목　331, 374
이성민　197, 320, 374
이승구　335, 337, 374
이승문　306, 374
이승현　301, 374
이승호　173, 325, 374
이영호　319, 374
이재호　180, 374
이준호　334, 337, 339, 374
이풍인　172, 375
이형의　192, 196, 375
이혜용　232, 375
이훈구　175, 375
임인환　55, 375
임창복　55, 375
임희숙　272, 375

ㅈ

장동신　172, 375
장종철　86, 375
장춘식　200, 373
전대경　336, 375
정기문　170, 322, 323, 344, 375
정중호　135

정창교　358, 364, 376
정효제　74, 78, 376
조경철　295, 297, 345, 376
조광호　363, 376
조병수　333, 376
조병하　161, 376
조용훈　235, 236, 238, 247, 376
조　휘　20
주기철　330, 376

ㅊ

차정식　271, 376
채영삼　334, 347, 356, 376
천사무엘　30, 377
최승락　327, 377
최재덕　169, 377
최준규　240, 377

ㅋ

캐롤라인 오시에크(Carolyn Osiek)　326
크레이그 A. 에반스(Craig A. Evans)　187

ㅍ

필립 얀시(Yancey Philip)　200

ㅎ

하비 콕스(Harvey Cox)　236
하워드 마샬(I. Howard Marshal)　318, 378
한상석　178, 378

G

G. 타이센(G. Theissen)　224, 226

J

J. 크로싼(J. Crossan)　271, 272
J. E. 아담스(J. E. Adams)　303
J. R. 미켈리스(J. R. Michaelis)　325